Autoren: Hanns Frericks, Heidi Frericks, Helmut Landwehr, Martina Schiele
Unter Mitarbeit von: Andrea Knupfer

# Der Deutschlotse

Deutsch für Berufsfachschulen und Berufsschulen in Baden-Württemberg

2. Auflage

Bestellnummer 5267

Winklers
westermann

Die in diesem Produkt gemachten Angaben zu Unternehmen (Namen, Internet- und E-Mail-Adressen, Handelsregistereintragungen, Bankverbindungen, Steuer-, Telefon- und Faxnummern und alle weiteren Angaben) sind i. d. R. fiktiv, d. h., sie stehen in keinem Zusammenhang mit einem real existierenden Unternehmen in der dargestellten oder einer ähnlichen Form. Dies gilt auch für alle Kunden, Lieferanten und sonstigen Geschäftspartner der Unternehmen wie z. B. Kreditinstitute, Versicherungsunternehmen und andere Dienstleistungsunternehmen. Ausschließlich zum Zwecke der Authentizität werden die Namen real existierender Unternehmen und z. B. im Fall von Kreditinstituten auch deren IBANs und BICs verwendet.

Die in diesem Werk aufgeführten Internetadressen sind auf dem Stand zum Zeitpunkt der Drucklegung. Die ständige Aktualität der Adressen kann vonseiten des Verlages nicht gewährleistet werden. Darüber hinaus übernimmt der Verlag keine Verantwortung für die Inhalte dieser Seiten.

Druck: westermann druck GmbH, Braunschweig

**service@winklers.de**
**www.winklers.de**

Bildungshaus Schulbuchverlage Westermann Schroedel Diesterweg Schöningh Winklers GmbH, Postfach 33 20, 38023 Braunschweig

ISBN 978-3-8045-**5267**-8

westermann GRUPPE

# Der Kompetenzlotse

Im folgenden Text erfahren Sie, wie der Bildungsplan *Deutsch für die Berufsschule* in Baden-Württemberg ab Schuljahr 2016/17 mit dem Buch *Der Deutschlotse* erfüllt werden kann.

Zentral für den Bildungsplan ist der Begriff der **Kompetenzorientierung**; er wird in einem Informationstext des Kultusministeriums erläutert: „Dabei geht es nicht um reine Wissensvermittlung, sondern um die Entwicklung und Förderung von Fähigkeiten und Fertigkeiten, die Schülerinnen und Schüler in realen persönlichen und beruflichen Herausforderungen anwenden können."

Und weiter: „Der Erwerb von Kompetenzen ist wie jeder Lernvorgang ein Prozess. Dieser Prozess geht von unterschiedlichen Ausgangpunkten aus und wird auch nach aktivem Besuch des Unterrichts auf unterschiedlichem Niveau enden.

Die Kompetenzen entstehen im Handeln und ihr Erwerb vollzieht sich erfahrungsgemäß als ein langsamer Prozess. Dieser wird dadurch am ehesten befördert, wenn durch wiederholtes Handeln Routinen entstehen. Die im Unterricht initiierten Schülerhandlungen müssen sich folglich immer an diesen Kompetenzen ausrichten."

Neben der Handlungs- und Prozessorientierung ist kennzeichnend die **Orientierung am Output**, am tatsächlichen Resultat des Unterrichts: „Der kompetenzorientierte Unterricht strebt stets ein von den Schülerinnen und Schülern vorzulegendes Produkt an." Dabei ist „der Begriff ‚Produkt' sehr weit zu fassen, z. B. kann ein Produkt auch ein geplantes und vorgetragenes Statement sein. Am Output ist das Ausmaß des Kompetenzerwerbs bzw. die Ausprägung der jeweiligen Kompetenz erkennbar."

Ein dritter Orientierungspunkt ist der Begriff der **Metakognition**: „Erwerb und Ausbau der Kompetenzen erfordert ein Nachdenken über den eigenen Lernprozess, die erstellten Produkte sowie über eigenes und fremdes Kommunikationsverhalten. Der kompetenzorientierte Unterricht muss also auch, z. B. durch Feedbackmethoden, Anreize bieten, sich mit dem Kompetenzerwerb an sich auseinanderzusetzen und diese zu reflektieren."

Was bedeutet das nun für das Fach Deutsch? Für den Bereich des Schreibens z. B. definiert der Bildungsplan folgendes Ziel: „Die Schülerinnen und Schüler planen, verfassen und überarbeiten Texte zielgerichtet, situations- und adressatenbezogen. Sie formulieren ihre Texte sprachlich differenziert und stilistisch angemessen. Im Mittelpunkt stehen dabei Schreibaufträge und Schreibformen in persönlichen, beruflichen und gesellschaftlichen Handlungssituationen." Es ließe sich auf den Begriff bringen als Fähigkeit, situationsadäquat zu schreiben. Dies schließt unterschiedliche Teilkompetenzen ein: einwandfreie Rechtschreibung (nach Überarbeitung des Textes mithilfe geeigneter Nachschlagewerke), Beherrschung der Grammatik des Deutschen, die Reflexion des Zieles, der gegebenen Situation und des Adressaten, d. h., was soll mit dem Text erreicht werden, an wen wendet er sich hier und jetzt, und welche Erwartungen hat der Adressat?

Damit das im fortgeschrittenen Alter Jugendlichen und jungen Erwachsenen noch gelingen kann, ist die Motivation für das Lernen, das oft nicht schnell erfolgreich sein kann, besonders wichtig. Berufsbezug und Relevanz für das eigene Alltagsleben sind ebenso unverzichtbar wie attraktive Themen und Texte – auch literarische –, die junge Menschen ansprechen und herausfordern.

Um eine Kompetenz zu erwerben, ist es erforderlich, sie in ihrem spezifischen Teilbereich (beispielsweise einem der Textsorte und dem Adressaten angemessenen Sprachstil) zu kennzeichnen, auszuführen und – oft vernachlässigt – der Schülerin oder dem Schüler eine konstruktive, also auch ermutigende, und verständliche Rückmeldung zu geben, sodass die Erfahrung mit der spezifischen Fähigkeit im Bewusstsein verankert wird und beim nächsten Versuch wieder erinnert und angewendet werden kann. Erst wenn ein solcher Regelkreis vollständig durchlaufen ist, kann von Kompetenzerwerb gesprochen werden.

Im Folgenden wird erläutert, was „Der Deutschlotse“ in den fünf Schwerpunkten des Bildungsplans anbietet, und wie seine Benutzer diese Schwerpunkte in den einzelnen Kapiteln finden können?

## Sprechen und Zuhören

Im ersten Schwerpunkt der Grundstufe stehen Gesprächssituationen im Mittelpunkt und Präsentationen vor einer Gruppe. Sowohl als Sprechende als auch als Zuhörende müssen Kompetenzen erworben werden, um die Situationen und Anforderungen erfolgreich zu bewältigen. Im ersten Kapitel „Texte lesen und verstehen“ im Abschnitt „Leseanlässe“ (S. 16) geht es darum, sich über Bilder und Texte zu verständigen. Das zweite Kapitel „Kommunikation“ ist als Ganzes darauf bezogen, Gespräche in Gruppen, das Auftreten Einzelner, Rollenspiele u. a. durchzuführen, gründlich zu reflektieren und dabei mit dem Zuhören sowie dem Sprechen verbundene Aufgaben zu bearbeiten. Auch die Körpersprache, ihre geschlechtsspezifischen und statusbezogenen Aspekte werden dargestellt und in einer Vielzahl von Situationen mithilfe von einfachen und komplexen Aufgabenstellungen erfahrbar gemacht. Insbesondere Konflikte und ihre Vermeidung haben im privaten und beruflichen Leben einen hohen Stellenwert. Das Kapitel drei „Berufsorientierte Kommunikationsformen“ stellt im Abschnitt „Präsentieren und freies Reden“ (S. 50–52) Schwierigkeiten in den Mittelpunkt, die beim freien Reden zu lösen sind. Auch Vorschläge für einen Beobachtungsbogen werden gemacht, der Mitschülerinnen und Mitschülern sowie Lehrerinnen und Lehrern dazu dient, eine genaue und ergiebige Rückmeldung zu geben, um das Wahrgenommene zu besprechen und so den Kompetenzerwerb zu sichern. Unter der Überschrift „Gesprächsinhalte notieren“ im Abschnitt „Berichten“ (S. 56–59) werden Schreibformen geübt, die auch dazu beitragen können, genaues Zuhören zu trainieren und die im Betrieb alltägliche Aufgabe zu bewältigen, präzise Anweisungen zu geben (und weiterzugeben) – die prozessbezogenen Kompetenzen „Sprechen“ und „Schreiben“ sind verbunden.

Im Abschnitt „Stellung nehmen“ (S. 92 f.) des fünften Kapitels „Stellungnahme ohne Textgrundlage“ werden Kompetenzen durch die Vorgehensweise beim Diskutieren und mündlichen Argumentieren vermittelt; im siebten Kapitel „Visualisierung“ zeigt der Abschnitt „Sonderformen der Visualisierung“ (S. 131–133) Möglichkeiten, Hilfsmittel für eine mündliche Präsentation herzustellen. Besondere Formen des Sprechens und Zuhörens spielen beim Geschichtenerzählen oder -vorlesen eine Rolle (als Methode des „storytelling“ wird dies sogar in der Organisationsentwicklung von Betrieben und Institutionen eingesetzt); sie zu beherrschen ist eine große Anforderung, beispielsweise im familiären Bereich (Kinder lieben es, wenn Eltern oder größere Geschwister ihnen eine Geschichte erzählen oder vorlesen), aber auch bei festlichen Anlässen im Betrieb. Drei Unterrichtsprojekte ermöglichen im zwölften Kapitel „Kreatives Schreiben, Vortragen und Erzählen“ den Kompetenzerwerb in diesem Arbeitsbereich (S. 233–259). Schließlich ist das Vorstellungsgespräch im Rahmen eines Bewerbungsverfahrens eine berufliche Herausforderung an die Fähigkeiten zu sprechen und zuzuhören, die es erforderlich macht, sich intensiv damit auseinanderzusetzen. Hinweise und Übungsmöglichkeiten stehen am Ende des dreizehnten Kapitels „Sich bewerben – ein Unterrichtsprojekt“.

## Schreiben

Im zweiten Schuljahr sind im Bildungsplan schwerpunktmäßig prozessbezogene Kompetenzen beim Schreiben vorgesehen. In „Der Deutschlotse“ stehen dazu eine Vielzahl von Inhalten und Aufgaben in verschiedenen Kapiteln zur Verfügung. Der Abschnitt „Wege zum Textverständnis“ im ersten Kapitel „Texte lesen und verstehen“ schlägt unter der Überschrift „Den Text bearbeiten“ eine Partnerarbeit vor (S. 19), in der auch in spielerischer Form eine schriftliche Inhaltswiedergabe vorgesehen ist, schließlich auch eine Reflexion. Zur 5-Schritt-Lesemethode (S. 20–22) sind Vorarbeiten schriftlich festzuhalten und es werden weitere kreative Ideen angeführt. Berufsorientierte Kommunikation erfordert es manchmal, einen Vorgang oder Gegenstand schriftlich zu beschreiben, ebenso einen Bericht oder ein Protokoll zu verfassen, Anleitungen, Beispiele und Übungen dazu finden sich im dritten Kapitel „Berufsorientierte Kommunikationsformen“ in den Abschnitten „Beschreiben“ und „Berichten“ (S. 52–55).

Die Wiedergabe von Sachtexten ist ein großer Abschnitt im vierten Kapitel „Stellungnahme auf der Grundlage eines pragmatischen Textes“, darin auch die Stellungnahme auf der Grundlage eines Sachtextes (im Bildungsplan als „pragmatische Texte“ bezeichnet). Zur Stellungnahme ist auch im fünften Kapitel „Stellungnahme ohne Textgrundlage“ alles zu finden, was zum Schreiben eines solchen Meinungstextes erforderlich ist. Im sechsten Kapitel „Privater Geschäftsbrief und E-Mail“ werden die in verschiedener Hinsicht normierten Formen des Geschäftsbriefs erläutert, wirkungsvolle Beispiele detailliert untersucht, formuliert und grundlegende Überlegungen dazu angestellt; zum E-Mail-Verkehr werden inhaltliche, sprachliche und sogar ethische Fragen bearbeitet.

Zu den zentralen Formen des kompetenzorientierten Schreibens, die in einigen Kapiteln thematisiert werden, gehört die Schreibwerkstatt. Sie wird in ihren einzelnen schlüssig aufeinander folgenden Schritten dargestellt; dabei werden unterschiedliche Ebenen für die Überarbeitung eines selbst verfassten Textes durchlaufen, sodass ein guter Text entsteht.

Auch die Schaubildanalyse im achten Kapitel zielt nach gründlicher Vorarbeit darauf hin, einen Fließtext zu erstellen, der als Aufsatzart auch in der Abschlussprüfung gefragt ist; mit einem Schreibplan (S. 151) schließt das Kapitel ab.

Erzähltexte sowie Gedichte können gelesen, vorgelesen oder vorgetragen werden; auch im Alltag kann es Gelegenheiten geben, in denen erwartet oder gewünscht wird, zu ihnen in schriftlicher Form etwas festzuhalten, wenn man beispielsweise im Rahmen einer Argumentation eine Geschichte oder den Inhalt eines Spielfilms oder Fernsehberichts wiedergeben oder einen Standpunkt (wie er in der Lyrik oft in Gestalt einer besonderen Erfahrung dargestellt wird) zitieren will – etwas, das man in literarischer Form kennengelernt hat. Das neunte Kapitel „Inhaltsangabe literarischer Prosatexte“ bezieht sich in Aufgaben zu Texten vollständig auf diese Möglichkeiten des Umgangs mit Literatur, das zehnte Kapitel „Kreatives Schreiben, Vortragen und Erzählen“ und elfte Kapitel „Lyrik und ihre Interpretation“ teilweise. Darüber hinaus werden auch zur schriftlichen Interpretation literarischer Texte, also der Möglichkeit, sein eigenes Verständnis darzustellen, Wege geebnet und zur Art und Weise der schriftlichen Vermittlung eigener Gedanken vielfältige Aspekte erörtert.

Um eine Möglichkeit, sich mit Literatur kreativ und spielerisch schreibend zu beschäftigen, geht es im zwölften Kapitel „ Kreatives Schreiben, Vortragen und Erzählen“. Selbst im Geschäftsbrief ist manchmal Kreativität gefragt, und im Nachdenken über die eigene Situation im Beruf kann es angebracht sein, sich selbst mit Gefühlen, Hoffnungen und Ängsten einzubringen und das anderen schriftlich mitzuteilen, damit zur Sprache kommt, was sonst vielleicht nur beiläufig erwähnt wird und nicht den Stellenwert bekommt, den es verdient.

Für die beruflichen Entwicklungschancen kann es ganz wichtig sein, auf die eigene Person bei einer Bewerbung schon im ersten Anschreiben so aufmerksam zu machen, dass die Empfänger einen guten Eindruck bekommen. Das erfordert Sorgfalt und Achtsamkeit nicht nur in inhaltlicher, sondern auch in sprachlicher und formaler Hinsicht – Thema im dreizehnten Kapitel „Sich bewerben – ein Unterrichtsprojekt".

Sprache zu beherrschen ist beim Schreiben in fast allen Situationen eine zentrale Forderung, der man sich nicht entziehen kann, wenn man im Beruf und Privatleben Nachteile vermeiden und Erfolg haben will. Wichtige Grundlagen, Wiederholungen von teilweise Bekanntem, aber oft Vergessenem, und Ergänzungen vermittelt das vierzehnte Kapitel „Sprache beherrschen".

## Sprache und Sprachgebrauch

Als Schwerpunkt des zweiten Schuljahrs der Ausbildung sieht der Bildungsplan ausdrücklich den Gegenstand des Deutschunterrichts vor, der auch in allen anderen Kompetenzbereichen eine unverzichtbare Rolle spielt: die Sprache. Dementsprechend geht es um sie in reflektierter Weise, nicht nur um ihre Beherrschung (Gegenstand des vierzehnten Kapitels „Sprache beherrschen"). Es sind die für den menschlichen Umgang wesentlichen Formen der Beziehung, die bei inhaltlichen Fragen immer mitschwingen und oft die entscheidenden Ursachen für gelingende Kommunikation sind, aber auch für Konflikte, und die deshalb im Deutschunterricht ein Gegenstand besonderen Nachdenkens und umfassender Bearbeitung sind.

Das zweite Kapitel „Kommunikation" bezieht sich ausführlich darauf und vermittelt Möglichkeiten zum Kompetenzerwerb in den wesentlichen Punkten, die mit dem sprachlichen Miteinander zu tun haben. Dabei ist es keineswegs überflüssig, sich auch grundsätzlich mit allem zu befassen, was Sprache ist, und sich bewusst zu machen, was dabei vor sich geht und was Sprache als lebendiges System umfasst. Thematisiert wird das Geschlecht ebenso wie die soziale Rolle und den Status der an der Kommunikation Beteiligten.

Auch in anderen Zusammenhängen ist es erforderlich, das Augenmerk auf die sprachliche (einschließlich körpersprachliche) Ebene zu richten, so bei Präsentationen wie in Abschnitt „Präsentieren und freies Reden" (S. 50–52) im dritten Kapitel „Berufsorientierte Kommunikationsformen". Dabei bemerkt derjenige, der vor einer Zuhörerschaft steht, oft gar nicht, was sich bei seinem Auftreten alles abspielt. Deshalb ist ein qualifiziertes Feedback in diesen Situationen, die immer auch sprachlich Herausforderungen sind, besonders wichtig. Selbst beim Telefongespräch wird mehr vermittelt als die Aussage (siehe Abschnitt „Berichten, S. 56 f.), z. B. ein Führungsstil und seine Folgen. Die Methode der sprachlichen Überarbeitung eines Textes anzuwenden (z. B. S. 79, 81) und auch zu reflektieren, wie sie gestaltet werden kann (Schreibwerkstatt, S. 325–328) und warum sie immer wieder eingesetzt werden sollte, kann in diesem Kompetenzbereich eine Rolle spielen.

Ganz besonders geeignet für Reflexion von Sprache und Sprachgebrauch ist immer die Literatur; dafür bieten die Kapitel neun bis zwölf vielfältige Möglichkeiten, z. B. im Zusammenhang mit der Interpretation von Lyrik das Nachdenken über sprachliche Bilder.

## Pragmatische Texte und Medienprodukte

Im ersten Berufsschuljahr sind pragmatische Texte und Medienprodukte schwerpunktmäßig Gegenstand des Deutschunterrichts. Vom ersten Kapitel an sind die Inhalte dieses Kompetenzbereichs zu finden: Lesetechniken wie reziprokes Lesen (auch S. 19, 323) und die 5-Schritt-Lesemethode (S. 20–22) werden ausführlich erläutert und an Sachtexten geübt. Auch im zweiten Kapitel werden Texte zum Thema „Kommunikation" bearbeitet. Als zentrale Schreibformen werden im dritten Kapitel „Berufsorientierte Kommunikationsformen" Bericht und Protokoll erklärt sowie praxisbezogene Aufgaben gestellt. Im Zusammenhang mit dem Lesen einer Szene aus der Zeit des Nationalsozialismus werden Recherchen angestellt und die Ergebnisse berichtet bzw. dokumentiert (S. 226); in Projekten kann eine Dokumentation der Ergebnisse und der Vorgehensweise hergestellt und als Teil der Präsentation vorgestellt werden (dreizehntes Kapitel). Das Erschließen, Wiedergeben und Kommentieren von Sachtexten (Schreibform: Zusammenfassung) sind ebenso wie die Frage nach der Funktion eines Textes und die Aufgabe, ihm gezielt Informationen zu entnehmen, Thema des vierten Kapitels „Stellungnahme auf der Grundlage eines pragmatischen Textes". Ein Schaubild zur Mediennutzung Jugendlicher (S. 138), das auch der Reflexion des eigenen Mediengebrauchs dient, und andere Diagramme bereiten die zentrale Schreibform „Schaubildanalyse" im achten Kapitel an zahlreichen Beispielen vor. Auch der Visualisierung ist ein ganzes Kapitel gewidmet (siebtes Kapitel); darin sind auch weitere pragmatische Texte zu finden. Geschäftsbrief (Kapitel sechs), Bewerbung (Kapitel dreizehn) und Stellungnahme (Kapitel vier und fünf) sind ausführlich in eigenen Kapiteln behandelt.

## Literarische Texte und Medienprodukte

Zwar spielt Literatur auch in Bereichen wie „Kommunikation" und „Sprache beherrschen" eine wichtige Rolle, sie ist aber erst im dritten Ausbildungsjahr ausdrücklich als Schwerpunkt (Kompetenzbereich fünf) des Deutschunterrichts vorgesehen. Die Kapitel neun, zehn, elf und zwölf sind vor allem auf die Auseinandersetzung mit Literatur bezogen. Die Reflexion der eigenen privaten und beruflichen Lebensgestaltung ist dabei ein zentrales Ziel, das durch die Auswahl der Texte, aber auch durch die Aufgabenstellung angestrebt wird, das aber auch unter übergeordneten Gesichtspunkten, z. B. einer Liebesbeziehung oder von Macht und Ohnmacht, zu sehen ist. Schreibformen wie „Charakterisierung" und „Interpretation" werden erarbeitet sowie Kurzfassungen des Inhalts und die Filmkritik (S. 182), aber auch ein produktionsorientierter Umgang mit literarischen Texten und das kreative Schreiben in der Gruppe (S. 249–256). Integriert sind dabei immer wieder sprachliche Übungen (u. a. zu Stil und Grammatik, z. B. direkte und indirekte Rede (S. 166–169), und eine vertiefte Reflexion der Sprachgestaltung.

526710

Kapitel 11

## Lyrik und ihre Interpretation



Kapitel 12

## Kreatives Schreiben, Vortragen und Erzählen

# Texte lesen und verstehen

Begriffe nachschlagen

W-Fragen einsetzen

Sie lernen im Kompetenzbereich „Pragmatische Texte und Medienprodukte“ Texte mithilfe von Lesetechniken

- auf Wort-, Satz- und Textebene zu entschlüsseln,
- Textzusammenhänge zu erschließen und sie zu verstehen,
- Texteinhalte zu nutzen, indem Sie sie für sich und andere visuell darstellen.

Arbeitsmethoden kennen und reflektieren

**Texte lesen**

Lesetechniken

**Texte verstehen**

Thema erkennen

Schlüsselbegriffe erkennen

**Texte bearbeiten**

Fragen an den Text stellen

Inhalte verstehen

Zusammenhänge erkennen

**Texte nutzen**

Strukturen veranschaulichen

Argumentationswissen erweitern

## Leseanlässe

Warum lesen Sie Texte? Um das herauszufinden, gehen Sie nach der Think-pair-share-Methode (▸▸▸ S. 322) vor.

1. *Think*
   *Überlegen Sie alleine: Weshalb lesen Sie Texte? (Zeit: zwei Minuten)*

2. *Pair*
   *Tauschen Sie sich mit Ihrem Nachbarn bzw. Ihrer Nachbarin aus: Notieren Sie die Gründe, die Ihr Partner für das Lesen von Texten angibt, auf Karten (pro Karte ein Grund).*
   *Beide Partner legen ihre Karten vor sich auf dem Tisch aus.*

3. *Share*
   *Bearbeiten Sie in Form des Gruppentourismus (▸▸▸ S. 323) die folgenden Aufgaben:*

   - *Jedes Paar lässt seine Karten liegen und bewegt sich um einen Tisch weiter nach rechts.*
   - *Lesen Sie, welche Gründe für das Lesen von Texten das Paar rechts von Ihnen notiert hat. Wenn auf einer Karte am Nebentisch derselbe Grund steht, den Sie selbst fürs Lesen angegeben haben (nur einer!), nehmen Sie diese Karte an sich.*
   - *Nach zwei Minuten bewegen Sie sich wieder um einen Tisch nach rechts weiter. Verfahren Sie genauso wie vorher (Karte mit demselben Grund mitnehmen usw.), bis Sie einmal an jedem Tisch waren.*



526716

- *Die Karten werden nun an der Tafel oder Pinnwand – nach Gründen geordnet – befestigt und im Plenum besprochen.*
- *Besprechen Sie im Plenum auch Probleme, die Sie beim Lesen von Texten haben!*

# Wege zum Textverständnis

## SICH EINEN ÜBERBLICK VERSCHAFFEN – WORUM GEHT ES HIER?

1. *Sie haben zehn Sekunden Zeit: Lesen Sie die Überschrift des folgenden Textes und sehen Sie sich kurz das Foto dazu auf der nächsten Seite an. Schreiben Sie dann auf ein Blatt Papier, worum es bei diesem Text vermutlich geht.*
2. *Tauschen Sie sich mit Ihrem Partner oder Ihrer Partnerin aus und einigen Sie sich auf das Thema, das der Text Ihrer Meinung nach behandelt.*
3. *Besprechen Sie im Plenum, welches Thema der Text behandelt.*
4. *Klären Sie in Partnerarbeit, was Sie über dieses Thema wissen wollen. (Tipp: Nutzen Sie die W-Fragen,* ▸▸▸ *S. 29)*

Sebastian Moll

### Speckröllchen lösen Begeisterung aus

**Schönheitsideal.** Ein Nacktfoto des Models Lizzi Miller in der Zeitschrift „Glamour" macht in den USA Furore.

Die Tinte der Septemberausgabe von „Glamour" war noch nicht trocken, da quoll das E-Mail-Postfach der Chefredakteurin der Frauenzeitschrift, Cindi Leive, bereits vor E-Mails über. Begeisterte Leserinnen konnten nicht an sich halten, ihre überschwängliche Freude und Dankbarkeit für jenes Foto loszuwerden, das auf Seite 194 des Heftes zu sehen war: „Danke, danke, danke", schrieb etwa Rhonda aus New York, „danke für dieses Bild. Es gibt mir all mein verlorenes Selbstbewusstsein wieder." Und eine Leserin aus Georgia lobte freudig: „Das ist das fantastischste Bild, das ich je in einem Frauenheft gesehen habe."

Auf dem Foto war die 20 Jahre alte Lizzi Miller zu sehen, eine hübsche junge Frau mit einem natürlichen und sympathischen Lächeln. Miller trug nichts außer einem String-Tanga, aber das war es nicht, was die Gemüter der Betrachter so erhitzte. Das wirklich Aufregende an der Aufnahme war, dass ganz deutlich eine Speckrolle zu sehen war – das Model hatte weder die Luft angehalten, um das Bäuchlein zu kaschieren, noch hatten im Nachhinein die Photoshop-Experten in der Bildredaktion Hand angelegt. Seitdem wird in den USA nonstop über die Seite 194 geredet – Leive und Miller tingeln von Talkshow zu Talkshow, und die Blogs quellen vor Kommentaren zu dem Skandalbild nur so über. Die Reaktionen sind beinahe einhellig positiv: Die Entscheidung, eine junge Frau zu zeigen, die nicht so aussieht wie Naomi Campbell oder Kate Moss, wird als mutiger Akt der Rebellion gewertet. „Ein Hoch auf ‚Glamour'", kommentierte eine Bloggerin des Online-Magazins „Blackbook". „Auf dass wir in Zukunft immer mehr Models wie Lizzi Miller zu sehen bekommen."

Models wie Lizzi Miller, das sind Frauen, die von den Agenturen als „Plus-Size" eingestuft werden. Die junge Kalifornierin wiegt bei einer Körpergröße von 1,80 Meter 81 Kilo und trägt Größe 40. Ihr Body Mass Index – eine Formel für das Verhältnis zwischen Größe und Gewicht – beträgt 25,1, zwei Zehntelpunkte über dem, was das US-Gesundheitsministerium als „normal" einstuft. Die durchschnittliche Amerikanerin hat einen BMI von 26,1. Und dennoch war ihre Abbildung ganz offensichtlich eine Provokation.

Nicht spindeldürr und trotzdem fröhlich: das US-Model Lizzi Miller (Foto: AP)

Der Grund dafür ist weder überraschend noch neu: Models haben im Durchschnitt einen um 23 Prozent niedrigeren BMI als der mittlere Wert der weiblichen Bevölkerung. Das Ergebnis: 40 Prozent der Amerikanerinnen sind mit ihrem Körper unzufrieden, 75 Prozent glauben, sie müssten abnehmen. Und diese Werte haben sich in den vergangenen 25 Jahren nicht geändert, wie „Glamour" ermittelte. Vor diesem Hintergrund ist es gewiss eine kleine Revolution, wenn ein Magazin eine Frau mit einer durchschnittlichen Figur abbildet. Die euphorischen Reaktionen unterstreichen, welch eine Befreiung das für die seit Jahrzehnten von unrealistischen Idealen gepeinigten amerikanischen Damen war. „Endlich eine Frau, die aussieht wie ich", schrieb eine „Glamour"-Leserin an die Redaktion. „Sie ist echt, und sie legt ein breites Grinsen auf mein Gesicht", schwärmte eine andere. „Bringt sie auf den Titel." Distanziertere Beobachter waren allerdings etwas weniger euphorisch über den vermeintlichen Aufstand gegen die Knochengerüste. Die Psychologin Stacy Rosenvelt, die vom Fernsehsender NBC interviewt wurde, nannte das Foto bestenfalls einen „Babyschritt in die richtige Richtung." Die feministische Website „Jezebel" sagte, sie hoffe zwar sehr, dass „Glamour" tatsächlich, wie Chefredakteurin Leive behauptet, weiter den Weg gehe, „die ganze Bandbreite weiblicher Schönheit zu zelebrieren". Einstweilen sah Jezebel dafür noch kein Anzeichen: „Das Foto erschien in einer Selbsthilfegeschichte zum Thema Körperakzeptanz. Selbst auf dem Aufmacherfoto für diese Geschichte war jedoch ein spindeldürres Model zu sehen, das unzufrieden in den Spiegel schaut. Und die übrigen 295 Seiten des Heftes waren voller Diättipps, Trainingsanleitungen und Anzeigen für Produkte, die Frauen helfen sollen, anders auszusehen, als sie eigentlich sind." Das weibliche Körperideal ist also noch weit davon entfernt, wirklich umgestülpt und revolutioniert zu werden.

„Wir zeigen alle Schaltjahre ein stämmiges nacktes Mädchen", schrieb Jessica Bennett auf dem Blog des Nachrichtenmagazins „Newsweek", „schwärmen dann davon, wie hübsch sie ist, und beten am nächsten Tag wieder die Überschlanken an." Zumindest Lizzi Miller selbst scheint die „Glamour"-Story jedoch gutgetan zu haben: „Früher habe ich auch die Magazine verzweifelt nach Mädchen abgesucht, die so aussehen wie ich, und bin in tiefe Depressionen verfallen, wenn ich keine gefunden habe." Jetzt muss sie einfach nur die Seite 194 der aktuellen „Glamour" aufschlagen.

(Moll, in: Stuttgarter Zeitung, 12.09.2009)



526718

## LESETECHNIK I

Erschließen Sie den Text durch reziprokes Lesen (►►►S. 323):

1. *Lesen Sie zunächst alleine den ersten Abschnitt. Unterstreichen Sie in einer Kopie des Textes alle Wörter, die Sie nicht verstehen, und schlagen Sie diese Wörter in einem Wörterbuch nach.*

2. *Arbeiten Sie mit einem Partner weiter. Entscheiden Sie, wer A und wer B ist.*

   - *B stellt A Fragen, die aus dem ersten Textabschnitt heraus beantwortet werden können.*
   - *A fasst den Inhalt des Textabschnittes zusammen.*
   - *A und B klären gemeinsam noch unbekannte Wörter.*
   - *B macht eine Vorhersage darüber, was im nächsten Abschnitt stehen wird.*

3. *Verfahren Sie mit allen Abschnitten des Textes so, aber:*

   - *Bei jedem Abschnitt tauschen Sie die Rollen. Beim nächsten Abschnitt stellt also A an B Fragen usw.*
   - *Ab dem zweiten Abschnitt prüfen Sie, ob die Vorhersagen zutreffend waren.*

## DEN TEXT BEARBEITEN

Nachdem Sie sich in einem ersten Lesedurchgang mit dem Inhalt des Textes vertraut gemacht haben, sollen Sie sich nun ein vertieftes Textverständnis verschaffen. Bearbeiten Sie hierzu folgende Aufgaben:

1. *Lesen Sie den Text nochmals alleine durch.*
   *Finden Sie anschließend gemeinsam mit Ihrem Partner oder Ihrer Partnerin eine Überschrift für jeden Abschnitt.*

2. *Lesen Sie den Text ein drittes Mal alleine durch. Unterstreichen Sie alle wichtigen Informationen im vierten Abschnitt („Der Grund dafür ist weder …“).*

3. *Tauschen Sie sich mit Ihrem Partner aus und entscheiden Sie gemeinsam, welche der von Ihnen jeweils unterstrichenen Informationen wichtig sind.*

4. *Fassen Sie alleine den Inhalt des vierten Abschnittes schriftlich in eigenen Worten auf einem separaten Blatt zusammen. Bauen Sie hierbei drei Fehler ein.*

5. *Gehen Sie mit einem anderen Paar zusammen. Tauschen Sie Ihre Zusammenfassungen „über Kreuz“ mit Ihren neuen Partnern aus. Er oder sie muss die drei Fehler finden und unterstreichen. (Wer die Aufgabe schneller als der Rest der Klasse bearbeitet hat, kann den zweiten Abschnitt nach demselben Muster bearbeiten.)*

6. *Entscheiden Sie sich zusammen mit Ihren neuen Partnern für eine Antwort auf die folgenden Fragen, die sich auf den Text beziehen:*

1. Die Leserinnen der Frauenzeitschrift „Glamour" freuen sich über das Bild von Lizzi Miller,
   a) weil sie auch so aussehen wollen wie das Model.
   b) weil es eine Selbstbestätigung für sie darstellt.

2. Das Foto löste eine Sensation aus, weil es
   a) eine dicke junge Frau zeigt.
   b) anders als die üblichen Modelaufnahmen ist.

3. Nach wissenschaftlichen Gesichtspunkten ist Lizzi Miller
   a) etwa normalgewichtig.
   b) deutlich übergewichtig.

4. Die Amerikanerinnen glauben, sie müssten abnehmen, weil
   a) ihr BMI zu hoch ist.
   b) sie sich an dünnen Modellen orientieren.

5. Auf der Website von „Jezebel" wird kritisiert,
   a) dass die Leserinnen von „Glamour" nicht darin bestärkt werden, sich so zu akzeptieren, wie sie sind.
   b) dass zu viele überschlanke Frauen gezeigt werden.

6. Jessica Bennett
   a) glaubt, dass in Zukunft mehr normalgewichtige Frauen in Zeitschriften abgebildet werden.
   b) glaubt nicht, dass in Zukunft mehr normalgewichtige Frauen in Zeitschriften abgebildet werden.

## REFLEXION

- Überlegen Sie sich, ob es für Sie hilfreich war, einen Text in dieser Form zu bearbeiten.
- Beziehen Sie nun „Stellung":
  Stellen Sie sich auf einem im Klassenzimmer ausgelegten Band entsprechend Ihrer Erfahrung auf – wer diese Form der Bearbeitung sehr nützlich fand, stellt sich ganz links auf das Band, wer diese Form der Bearbeitung überhaupt nicht nützlich fand, stellt sich ganz rechts auf das Band. Eine Position dazwischen nehmen diejenigen ein, die die Methode eher nützlich oder eher nutzlos fanden.
- Besprechen Sie nun im Plenum Ihre Ansichten (bzw. Ihren „Standpunkt").

## LESETECHNIK II

Bearbeiten Sie den nächsten Text nach der 5-Schritt-Lesemethode (▸▸▸S. 23):

Simone Gaul

# In der Ruhe liegt die Kraft

**Phlegmatiker.** Faultiere sind wahre Entspannungskünstler. Sie verbringen den Großteil ihres Lebens hängend in den Bäumen. Auch beim Sex gilt: bloß kein Stress.

Sein Ruf eilt ihm voraus: Das Faultier hat es zwar etwas besser getroffen als Kollege Stinktier, doch auch ihm drückt sein Name einen Stempel auf. Ein besonders sportliches Dasein traut dem Faultier jedenfalls keiner zu. Im Gegenteil: Die kleinen Tierchen mit den langen Krallen sind die Meister des Rumhängens. Fast ihr gesamtes Leben verbringen die Entspannungskünstler kopfüber, hängend, an einem Ast in den Baumwipfeln. Sie sind die Couchpotatoes des Tierreichs, und dabei wahre Energiesparwunder. Denn da sie so viel schlafen – und vor allem: da sie sich auch im wachen Zustand so gut wie nicht bewegen – verbrauchen Faultiere kaum Energie. Sie haben den langsamsten Stoffwechsel aller Säugetiere: Nur etwa einmal pro Woche klettert das Faultier vom Baum herab, um sein Geschäft zu verrichten.

Ein kleiner Phlegmatiker also. Und dazu nicht allzu sozialkompetent. Denn nicht nur Bewegung findet das Faultier äußerst unangenehm, auch Gesellschaft behagt ihm ganz und gar nicht – abgesehen von ein paar Algen, die in seinem Fell wachsen und ihm so zu einer perfekten Tarnung verhelfen. Faultiere sind keine Beziehungstypen. Sie verbringen ihr Leben lieber allein, als Einzelgänger. Der angenehme Nebeneffekt: Sie vermeiden aufkommenden Streit von vorneherein. Das spart viel Kraft.

Der weniger schöne Nebeneffekt: Wem nützt ein effektiver Energiesparhaushalt, wenn er dabei vor lauter Trägheit ausstirbt? Dann wäre die Natur über ihr Ziel ganz klar hinausgeschossen. Und an Sexappeal lässt so ein kontaktscheuer Bewegungsmuffel tatsächlich zu wünschen übrig. Doch [obwohl] beide Partner den Fortpflanzungstrieb vermutlich als lästige Ruhestörung empfinden, sind sie ab und an doch bereit, sich in die Gesellschaft eines Artgenossen zu begeben. Wer bei den Faultieren wen anlockt, ist unklar. Macht der Mann den ersten Schritt oder die Frau? Forscher haben Männchen beobachtet, die sich weiblichen Tieren langsam näherten, aber ebenso Weibchen, die auf die Männchen zugingen. Ein klares Balzritual oder Regeln, wer die Initiative ergreift, scheint es nicht zu geben. Bei den Faultieren gilt nur eins: bloß kein Stress! Das Männchen kann schon mal einen ganzen Tag lang im selben Baum hängen wie das Weibchen, bevor sich die beiden langsam näherkommen.

Wenn es schließlich so weit kommt, verhalten sich die Tiere eigentlich wie immer: Sie hängen am Baum. Entweder krallen sich beide Faultiere nur mit den Vorderbeinen fest oder eines der Tiere hängt an den Vorder- und das andere an den Hinterkrallen. Klingt ungemütlich? Der Körper eines Faultieres ist für ein Hängerleben ausgerichtet. Das Fell wächst umgekehrt wie bei allen anderen Vierbeinern und der Scheitel des Faultierfells verläuft auf dem Bauch.

Das Weibchen bringt sein Junges ebenfalls hängend zur Welt, nur selten zieht es sich für die Geburt auf eine Astgabel zurück. Die Gesellschaft des Jungtiers ist auch die einzige, die eine Faultierfrau für einige Monate am Stück erträgt. Anschließend ist erst mal wieder Ruhe. Alles andere wäre auch viel zu anstrengend.

(Gaul, in: Stuttgarter Zeitung, 12.09.2009)

## Die 5-Schritt-Lesemethode

**1. Schritt:** Sehen Sie sich den Text an: Worum geht es?
Was muss man mit dem Text machen?
Sind dem Text Aufgaben beigefügt?

**2. Schritt:** Lesen Sie den Text und klären Sie unbekannte Wörter. Unterstreichen Sie (ggf. in einer Kopie des Textes) Schlüsselwörter bzw. Antworten, die der Text auf Fragestellungen in den Aufgaben gibt.

**3. Schritt:** Beantworten Sie die Fragen zum Text
ODER überprüfen Sie die von Ihnen unterstrichenen Begriffe.
Lesen Sie den Text ein zweites Mal.

**4. Schritt:** Schreiben Sie sich stichwortartig die wichtigsten Informationen aus dem Text heraus.

**5. Schritt:** Legen Sie den Text und Ihre Stichworte weg und wiederholen Sie den Textinhalt, indem Sie ihn jemandem, der den Text nicht kennt, erklären.

Nun haben Sie den Text erschlossen und können weiter mit ihm arbeiten. Suchen Sie sich hierzu eine oder mehrere der unten stehenden Aufgaben aus:

1. *Finden Sie zu jedem Abschnitt eine Überschrift.*

2. *Schreiben Sie eine Zusammenfassung der ersten zwei Abschnitte und bauen Sie drei Fehler ein.*

3. *Erklären Sie schriftlich die folgenden Begriffe:*

   *a) Couchpotato*
   *b) Stoffwechsel*
   *c) Phlegmatiker*
   *d) sozialkompetent*
   *e) effektiv*
   *f) Sexappeal*
   *g) Balzritual*
   *h) Initiative*

4. *Formulieren Sie zu jedem Abschnitt des Textes eine Frage und jeweils eine richtige und eine falsche Antwort auf diese Frage.*

5. *Formulieren Sie zu jedem Abschnitt eine richtige und eine falsche zusammenfassende Aussage. Geben Sie Ihre Zusammenfassungen bei Ihrer Fachlehrkraft ab.*

6. *Schreiben Sie zwei Erklärungen für die folgenden Begriffe, von denen jeweils nur eine richtig ist:*

   *a) Baumwipfel*
   *b) Säugetier*
   *c) sein Geschäft verrichten*
   *d) behagen*
   *e) Tarnung*
   *f) Trägheit*
   *g) kontaktscheu*
   *h) lästig*
   *i) Artgenosse*

7. *Organisieren Sie zur Überprüfung der Aufgaben 2 bis 6 ein Quiz.*
   *Tipp: Ihre Fachlehrkraft steht Ihnen zur Beratung zur Verfügung.*



526722

# Texte nutzen

Lesen Sie den folgenden Text, indem Sie eine der Ihnen vertrauten Lesetechniken anwenden. Unterstreichen Sie zunächst auf einer Kopie alle Wörter, die Sie nicht verstehen. Schlagen Sie diese Wörter in einem Fremdwörterlexikon bzw. Wörterbuch der deutschen Sprache nach.

Markus Reiter

## Das Prinzip Gier, getarnt als Naturrecht

**Internet.** Wer Filme oder Musik illegal herunterlädt, bringt die Urheber um ihren Lohn. Das ist nicht cool.

So insgesamt erfreulich die Entwicklung des Mediums Internet ist, zum großen Problemfall entwickelt es sich mehr und mehr im Urheberrecht. [... Der] laxe Umgang mit dem Urheberrecht bringt alle am Kunstwerk Beteiligten – zumindest – um die materiellen Früchte ihrer Arbeit. Das ist es, was derzeit massenhaft mit Musiktiteln, Videospielen, Hörbüchern, Computerprogrammen, Grafiken und Filmen geschieht.

*Im Laden hieße es Diebstahl*

Jeder sieht ein, dass sich strafbar macht, wer in einen Laden geht und eine CD, ein Buch oder eine DVD, ohne zu bezahlen, in seiner Tasche verschwinden lässt. Das gilt auch dann – um gleich ein Argument der Urheberrechtsgegner aufzugreifen –, wenn diese Werke alle irgendwie auf der Weltgeistesgeschichte fußen. Geschieht der Diebstahl nur noch virtuell, erkennen diese Urheberrechtsgegner nichts Unrechtes mehr darin. Schließlich sei die Datei, anders als die CD oder das Buch, ja nicht weg – selbst wenn Künstler, Verlag, Label, Verkäufer und alle anderen leer ausgehen.

Man erhält von Jugendlichen, die man wegen ihrer Urheberrechtsverletzung im Internet befragt, ziemlich kuriose Antworten. Der 17-jährige Florian (die Namen sind aus naheliegenden Gründen geändert) zum Beispiel meint: „Die Stars verdienen ohnehin genug. Denen macht es nichts aus, wenn ich einen Track nicht bezahle." Der 18-jährige Daniel hat sich folgende Erklärung zurechtgelegt: „Ich ziehe einen Film immer erst aus dem Netz. Wenn er gut ist, kaufe ich mir die DVD. Wenn er schlecht ist, sollten die kein Geld dafür bekommen." Und Tine (16) findet: „Alle meine Freunde ziehen sich illegale Downloads. Wenn das alle machen, müsste man doch einen Weg finden, das zu legalisieren."

Im Gespräch wird schnell klar, dass die Jugendlichen um die Schädlichkeit ihres Tuns für die Produzenten geistiger Leistungen wissen. Nur sehr wenige stellen in Abrede, dass Künstler für ihre Arbeit Geld verdienen sollten. Die Diebe geistigen Eigentums entscheiden sich – in einem Akt der „Konfabulation", wie Soziologen das nennen würden – aus pur egoistischen Motiven für den illegalen Download. Sie finden es schlichtweg angenehm, kostenlos an Dinge zu kommen, für die sie eigentlich zahlen müssten. Die Urheberrechtsdiskussion dreht sich deshalb auch nicht darum, Baupläne für Laserschneider, Rasenmäher oder Atombomben öffentlich ins Netz zu stellen (obwohl ja auch diese auf der gesamten Technikgeschichte beruhen), sondern es geht um Werke, die die Generation Internet einfach gern haben möchte – also Musiktitel, Computerspiele, Filme. Die illegale Aneignung wird dann vom Gehirn nachträglich und oft unbewusst mit fadenscheinigen Argumenten rationalisiert.

*Im Netz hat man schnell viele Freunde*

Eine solche nachträgliche Rationalisierung persönlicher Gier (denn nichts anderes ist es, wenn man Dinge besitzen will, ohne dafür bezahlen zu müssen), leistet die Piratenpartei.

Sie schreibt in ihr Programm: „Wir sind der Überzeugung, dass die nichtkommerzielle Vervielfältigung und Nutzung von Werken als natürlich betrachtet werden sollte."

Wer sich ein bisschen mit den sogenannten sozialen Netzwerken im Internet auskennt, wird sofort erkennen, dass die Unterscheidung zwischen kommerzieller und nichtkommerzieller Nutzung von Kopien im Internetzeitalter nicht funktioniert. Im Netz ist jeder Nutzer über ein, zwei oder drei Ecken mit jedem anderen Nutzer verbunden. Viele Mitglieder in sozialen Netzwerken haben Hunderte von Freunden. Theoretisch müsste also nur ein einziger Mensch einen Musiktitel bezahlen und ihn mit seinen Freunden teilen, die ihn wiederum mit ihren Feunden teilen und so weiter.

Das Recht, Privatkopien anzufertigen, wie es heute noch im Urheberrecht verankert ist, stammt aus einer Zeit, in der Musikstücke mühsam auf Audiokassetten kopiert werden mussten. Anders als bei Dateien verlor die Musik mit jeder weiteren Kopie an Qualität. Der Vervielfältigung waren natürliche Grenzen gesetzt.

So gut wie alle Argumente gegen das bestehende Urheberrecht erweisen sich als nachträgliche Rationalisierungen des egoistischen Impulses: „Ich will das jetzt – und ich will nix dafür bezahlen." Kein jugendlicher Urheberrechtsverletzer will mit seinem illegalen Download gegen die Ausbeutung von Künstlern durch die Fonoindustrie protestieren oder gegen die Ungerechtigkeit des Verlagswesens.

Sicherlich gibt es gute Gründe, das extrem unübersichtliche Urheberrecht zu reformieren, so dass sich der schlichte Diebstahl vom kreativen Umgang mit einem urheberrechtlich geschützten Ausgangsmaterial einfacher trennen lässt. Dies ist aber kein Grund, die Prinzipien des Urheberrechts einfach über Bord zu werfen. Wer Kulturprodukte konsumieren will, dem sollte klar sein, dass er dafür bezahlen muss – und dass er mit Strafe zu rechnen hat, falls er sich dem verweigert.

(Reiter, in: Stuttgarter Zeitung, 16.04.2010)

## Downloads: Was verboten ist und was nicht

*Urheberrecht:* Wer auf Internettauschbörsen urheberrechtlich geschützte Werke, also zum Beispiel Filme oder Musiktitel, bereitstellt, handelt illegal. Ebenso verboten ist es, dieses Material aus dem Internet herunterzuladen. So schreibt es der sogenannte Zweite Korb der Urheberrechtsnovelle vom 1. Januar 2008 vor.

*Strafrecht:* Raubkopierern droht eine Geldstrafe oder eine Freiheitsstrafe von bis zu drei Jahren. Wer gewerbsmäßig mit Raubkopien handelt, muss mit bis zu fünf Jahren Freiheitsentzug rechnen. Allerdings stellen die Staatsanwaltschaften bei „geringer Schuld" das Verfahren in der Regel ein.

*Zivilrecht:* Die Rechteinhaber, Musik- oder Filmindustrie etwa, reagieren weniger zimperlich: mit Abmahnungen und Schadenersatzforderungen. Wer Tausende von Files illegal feilbietet, muss mit Schadenersatzansprüchen in sechsstelliger Höhe rechnen. Internetanbieter sind verpflichtet, den Rechteinhabern die persönlichen Daten der Raubkopierer zur Verfügung zu stellen.

*Privatkopie:* Das Urheberrecht erlaubt allerdings Privatkopien, zum Beispiel von einer CD auf einen MP3-Player. Voraussetzung: Dabei wird kein Kopierschutz geknackt.

*Novellierung:* Das Bundesjustizministerium sitzt an einer weiteren Überarbeitung des Urheberrechts. Der Koalitionsvertrag strebt ein „hohes Schutzniveau und eine wirksame Durchsetzbarkeit" an. *msr*

(Reiter, in: Stuttgarter Zeitung, 16.04.2010)



526724

1 *Worin besteht für viele junge Menschen der Unterschied zwischen Ladendiebstahl und dem illegalen Herunterladen urheberrechtlich geschützten Materials?*

2 *Nennen Sie die Argumente der Raubkopierer, mit denen sie ihr Tun rechtfertigen.*

3 *Geben Sie in eigenen Worten die Position der Piratenpartei wieder.*

4 *Mit welchen Folgen müssen Sie rechnen, wenn Sie urheberrechtlich geschützte Werke (Filme, Musiktitel) aus dem Internet herunterladen, ohne dafür zu bezahlen?*

5 *Unter welchen Bedingungen ist es erlaubt, urheberrechtlich geschütztes Material zu kopieren?*

6 *Erklären Sie, weshalb der Gesetzgeber in früheren Jahren großzügiger mit dem Recht, Musik für private Zwecke zu kopieren, umgehen konnte.*

7 *Welche Aufgabe hat die Staatsanwaltschaft?*

8 *Was ist eine „Konfabulation"?*

9 *Erklären Sie die folgenden Formulierungen in Ihren eigenen Worten:*
*a) „stellen in Abrede" (Z. 44)*
*b) „schlichtweg" (Z. 50)*
*c) „fadenscheinig" (Z. 62)*

10 *Womit beschäftigt sich ein Soziologe?*

11 *Was ist der Unterschied zwischen Strafrecht und Zivilrecht?*

12 *Wie beurteilen Sie die Haltung der Piratenpartei?*

13 *Kopieren Sie sich die folgenden, dem Text entnommenen Begriffe, schneiden Sie sie aus und stecken Sie sie in einen Briefumschlag:*

| | | | |
|---|---|---|---|
| Strafrecht | Urheberrecht | Raubkopien | |
| | Qualität | illegaler Download | soziale Netzwerke |
| Piratenpartei | Kopierschutz | Schadenersatzforderungen | |
| | Privatkopie | Rechteinhaber | Freiheitsstrafe |
| nichtkommerzielle Nutzung | Audiokassetten | Diebstahl | |
| | Urheberrechtsverletzung | Motive | geistiges Eigentum |
| kommerzielle Nutzung | Gier | Naturrecht | |
| | Abmahnung | Geldstrafe | Zivilrecht |

- *Arbeiten Sie zu dritt zusammen. Entscheiden Sie zunächst, wer A, B und C ist.*
- *Jedes Gruppenmitglied wählt dann einen Begriff aus.*

- A spricht eine Minute lang über diesen Begriff (welche Informationen gibt Ihnen der Text zu diesem Begriff? Was wissen Sie selbst zu diesem Begriff?).
- B achtet auf die Zeit. C wiederholt in drei Sätzen, was A gesagt hat.
- Danach wechseln Sie die Rollen im Uhrzeigersinn.

**14** *Versuchen Sie, den Inhalt des Textes zu veranschaulichen:*

- *Arbeiten Sie alleine. Breiten Sie die Begriffe aus Ihrem Briefumschlag vor sich aus. Legen Sie nun damit eine sogenannte Struktur, das heißt: Bilden Sie mit den Begriffen den Inhalt des Textes „Das Prinzip Gier, getarnt als Naturrecht" ab, indem Sie die Begriffe in eine sinnvolle Anordnung legen.*
- *Kleben Sie Ihre Struktur auf ein A3-Blatt.*
- *Ergänzen Sie Ihre Begriffe noch mit Pfeilen, Symbolen und handschriftlichen Zusätzen, um die Zusammenhänge zu verdeutlichen. Ein Beispiel für eine Strukturlegung zu einem anderen Thema zeigt das Bild.*

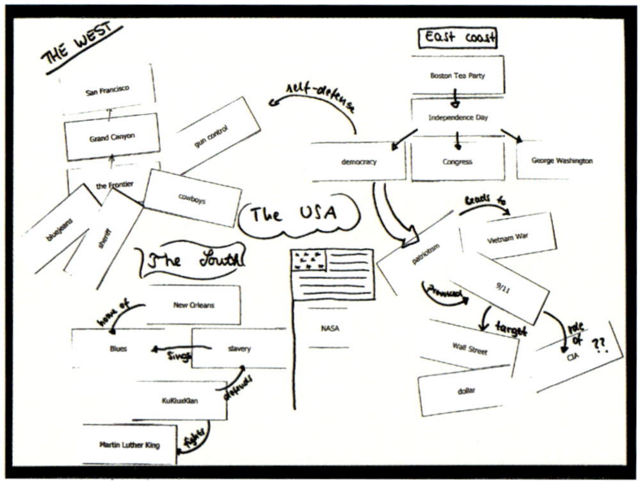


Lesen Sie den Text „Jungen mögen es nicht gern jugendfrei" unter Einsatz einer der Lesetechniken, die Sie kennengelernt haben. Schlagen Sie unbekannte Wörter nach.
Bearbeiten Sie dann die folgenden Aufgaben.

Adrienne Braun

## Jungen mögen es nicht gern jugendfrei

*Das Gehirn merkt sich gute Gefühle leichter – deshalb können Computerspiele doch dumm machen*

Lena kommt oft zu spät zum Mittagessen. Weil sie nach der Schule noch quasselt, im Drogeriemarkt Kosmetik ausprobiert oder die Clique noch irgendwelche Pläne schmiedet. Nach dem Essen hängt sie schon wieder am Telefon. Alles ganz normal mit 14. Philipp ist 16. Wenn er eine Freistunde hat, geht er am liebsten kurz nach Hause, zum Essen ist er immer pünktlich. Nach den Hausaufgaben sitzt er abwechselnd am PC oder vor dem Fernseher, Anrufe bekommt er fast nie, alle paar Wochen findet irgendwo eine Netzwerkparty statt. Dann sitzen vier oder fünf Jungen zusammen, im Dunkeln vor ihren Kisten, jeder hat seine eigenen Getränke und Chips dabei und nimmt das Leergut wieder mit. Wenn man Philipp fragt, ob sein Schulnachbar eigentlich Geschwister hat, dann sagt er nur: „Keine Ahnung, ist doch auch egal."

*Die meisten Schulabbrecher sind heutzutage männlich*

Auch das ist für Jungen in diesem Alter nicht ungewöhnlich. Jungen und Mädchen unterscheiden sich eben im Sozialverhalten und bei ihrer Freizeitbeschäftigung. In den vergan-



526726

genen Jahren hat sich allerdings eine enorme Kluft bei den schulischen Leistungen aufgetan. Die Jungs werden immer schwächer. Früher hat das Geschlecht bei Schulabbrechern keine Rolle gespielt, heute sind es zu zwei Dritteln Buben, die es nicht schaffen. Warum? Weil sie sich lieber mit Ego-Shootern als mit Mathe und Englischvokabeln beschäftigen. Machen Computerspiele dumm? Hemmen sie die Intelligenz?

Schon ein Neunjähriger verbringt im Durchschnitt anderthalb Stunden vor der Glotze und eine halbe Stunde mit PC-Spielen.

In Wissenschaft und Öffentlichkeit herrscht Dissens, was die Nutzung elektronischer Medien bewirkt – bisher wurde vor allem der Zusammenhang mit Gewalt und Aggression diskutiert. Es ist nachgewiesen, dass übermäßiges Fernsehen sich negativ auf Sprach- und Lesekompetenz auswirkt – aber auch auf die Intelligenz? Das kriminologische Forschungsinstitut Niedersachsen wollte es genauer wissen. In einem Forschungsprojekt hat sein Leiter Christian Pfeiffer den Zusammenhang zwischen Medienkonsum und Schulleistung untersucht. Das Ergebnis ist eindeutig: Kinder mit extrem hohem Medienkonsum haben doppelt so oft eine Empfehlung für die Hauptschule als andere.

Für die Studie wurden Schüler zwischen zwölf und 17 Jahren befragt. Die Ergebnisse lassen auf den Umsatz der Mediamärkte schließen. Denn 62 Prozent der Jungen besitzen einen PC – bei den Mädchen sind es nur 45 Prozent. Fast ein Fünftel der Jungen gibt an, verbotene Spiele zu spielen, bei den Mädchen sind es weniger als zwei Prozent – sie sitzen auch höchstens eine Stunde am Tag vor dem PC, während die Jungen drei Stunden spielen, chatten, surfen.

Philipp hat seine Eltern monatelang tyrannisiert, bis er seinen eigenen Rechner bekam. Den Fernsehkonsum konnten die Eltern überwachen, seitdem er einen Computer hat, gelingt es kaum noch, ihn zu anderen Dingen zu motivieren. Zufrieden war er dennoch nicht: Kaum war die Kiste installiert, bettelte er um einen Internetzugang. Als er ihn hatte, sollte eine Flatrate her, jetzt hat er sie – und ist doch noch nicht zufrieden, weil er unbegrenzt downloaden will. Zeit für die Schule bleibt da kaum noch.

Pfeiffer sieht einen eindeutigen Zusammenhang zwischen Medienkonsum und der sinkenden Schulleistung. Dabei geht es nicht nur darum, dass wegen der Computerspiele kaum Zeit zum Lesen oder Lernen bleibt. Der Magdeburger Hirnforscher Henning Scheich gibt eine Erklärung: Das Gehirn belohnt den Menschen, wenn er Erfolg hat – Dopamin wird ausgeschüttet und verschafft ein Gefühl der Befriedigung. Das, was dieses gute, befriedigende Gefühl ausgelöst hat, bleibt bevorzugt im Gehirn hängen. Eine erfolgreiche Strategie, ein bewährter Mechanismus wird so leichter gelernt und ist für die Zukunft verfügbar – auch wenn es nur der Erfolg in einem virtuellen Kampf ist.

*Spiele sprechen emotional mehr an als Hausaufgaben*

Wenn Häuser bombardiert oder Außerirdische gejagt und erschossen werden, wird dieser an sich sinnvolle Mechanismus der Abspeicherung permanent gereizt. Ob dann überhaupt noch schulische Inhalte eine Chance haben, im Langzeitgedächtnis zu landen, ist fraglich, meint der Hirnforscher Scheich. Zumal Lernerfolge weniger verlässlich und emotional intensiv sind als bei einem Computerspiel. Je länger jemand also spielt, desto mehr Dopamin wird ausgeschüttet und desto mehr Falsches bleibt hängen.

Dass der emotionale Reiz stets hoch bleibt, dafür sorgen die Kids selbst. Ein Drittel der Jungen spielt Spiele, die erst ab 18 Jahren freigegeben sind. Mehr als die Hälfte schaut zudem im Fernsehen Filme, die nicht für ihr Alter freigegeben sind, bei den Mädchen ist das dagegen eine unbedeutende Minderheit.

Computerspiele können freilich auch Intelligenz und kognitive Fähigkeiten fördern, so die Studie. Aber Deutschland hat nicht ohne Grund bei den Pisa-Tests so schlecht abgeschnitten: Hier gibt es keine Mittagsschule, sodass sehr viel Zeit bleibt, sein Hirn mit dem Falschen zu blockieren.

(Braun, in: Stuttgarter Zeitung, 28.01.2006)

1. *Welche der folgenden Aussagen bezüglich des Textinhaltes treffen zu?*

1. Es ist nicht verwunderlich, dass Philipp nicht weiß, ob sein Banknachbar in der Schule Geschwister hat, weil Philipp
   a) wenig Freunde hat.
   b) seine Freizeit vorwiegend mit der Nutzung elektronischer Medien verbringt.
   c) so wenig Zeit wie möglich in der Schule verbringt.

2. Zu viel Fernsehen wirkt sich negativ aus auf
   a) die Lesekompetenz.
   b) die Sprachkompetenz.
   c) die Intelligenz.

3. Computerspiele wirken sich negativ auf die Schulleistungen aus, weil
   a) das Gehirn zu viel Dopamin ausschüttet.
   b) sie das Langzeitgedächtnis blockieren.
   c) sie das Gehirn dazu bringen, ein falsches Belohnungsmuster zu entwickeln.

2. *Was ist gemeint mit folgenden Aussagen?*

a) „In Wissenschaft und Öffentlichkeit herrscht Dissens, was die Nutzung elektronischer Medien bewirkt". (Z. 39 ff.)
b) „Hier gibt es keine Mittagsschule, sodass sehr viel Zeit bleibt, sein Hirn mit dem Falschen zu blockieren." (Z. 119 ff.)

3. *Führen Sie die Sätze fort, sodass sie mit den Aussagen des Textes übereinstimmen:*

a) Mädchen zeigen bessere Leistungen in der Schule, weil sie …
b) Philipp hat kaum mehr Zeit für die Schule, denn …
c) Kinder, die täglich stundenlang vor dem Computer oder Fernseher sitzen, …
d) Jungen schauen häufiger Filme im Fernsehen an, die nicht für ihr Alter freigegeben sind, weil sie …
e) Erfolg erzeugt …

4. *Ordnen Sie die folgenden Überschriften den entsprechenden Sinnabschnitten des Textes zu:*

- Jugendliche und altersbeschränkte Medien
- Schulleistungen und Geschlecht
- Computerspiele und Schule
- Auswirkungen elektronischer Medien auf Jugendliche
- Computerspiele und Gehirnfunktion
- Mediennutzung und Geschlecht
- Sozial- und Freizeitverhalten von Mädchen und Jungen

5. *Diskutieren Sie:*
*Stimmen die Aussagen des Artikels mit Ihren Beobachtungen überein? Welche Argumente erscheinen Ihnen plausibel (nachvollziehbar), welchen würden Sie widersprechen?*


526728

# Texte lesen und verstehen

## Kompetenzen

Sie haben die Kompetenz erworben, Texte zu erschließen und zu verstehen, indem Sie

1. verschiedene Lesetechniken wie das
   - reziproke Lesen in Partnerarbeit und die
   - 5-Schritt-Lesemethode beherrschen.
2. unterschiedliche Methoden der Textbearbeitung und der Texterschließung beherrschen und dabei folgendermaßen vorgehen:
   - Sie lesen einen Text, mit dem Sie arbeiten wollen, stets mit einem Stift in der Hand.
   - Sie unterstreichen sparsam (Schlüsselwörter und dazugehörende Informationen).
   - Sie benutzen Farben zum Unterstreichen.
   - Sie schlagen unbekannte Wörter nach.
   - Sie stellen Fragen an einen Text mithilfe der W-Fragewörter:

| | | | | |
|---|---|---|---|---|
| Wer ...? | Was ...? | Wann ...? | Wo ...? | Wie ...? |
| Warum ...? | Wozu ...? | Womit ...? | Wodurch ... ? | Welche Folgen ...? |

   - Sie bilden Sinnabschnitte.
   - Sie fassen jeden Abschnitt in einer Überschrift zusammen.
   - Sie versuchen, den inneren Aufbau eines Textes – seine Struktur – zu erkennen.
   - Sie visualisieren den Textinhalt (vgl. Kapitel „Visualisierung", ▸▸▸ S. 125 ff.).
3. verschieden Arbeitsmethoden anwenden und Ihre Vorgehensweise reflektieren.

Auf einen Blick

# Kommunikation

Situationen spielend erfahren und erproben

Sie lernen in den Kompetenzbereichen „Sprechen und Zuhören" und „Sprache und Sprachgebrauch" Kommunikationsmittel

- verbal und nonverbal einzuordnen,
- sprecher- und sprachbezogen zu unterscheiden,
- situativ einzuordnen,
- situationsadäquat und adressatenorientiert anzuwenden.

Die Statuswippe kennen und vermeiden

# Was ist Kommunikation?

Menschen sind soziale Wesen und aufeinander angewiesen. Kommunikation ist also ein elementarer Bestandteil unseres Lebens. Jeder Mensch hat das Bedürfnis, sich mitzuteilen und sich mit anderen Menschen auszutauschen. Ob wir miteinander reden, uns streiten oder uns anschweigen – in jedem Fall kommunizieren wir. Der Kommunikationsforscher Paul Watzlawick sagte einmal: „Man kann nicht nicht kommunizieren."

1. *Erstellen Sie eine Skizze (Strukturbild), wie der Kommunikationspsychologe Friedemann Schulz von Thun den Grundvorgang der zwischenmenschlichen Kommunikation sieht:*

Friedemann Schulz von Thun

### Miteinander reden [Auszug]

[R] Da ist ein *Sender*, der etwas mitteilen möchte. Er verschlüsselt sein Anliegen in erkennbare Zeichen – wir nennen das, was er von sich gibt, seine *Nachricht*. Dem *Empfänger* obliegt es, dieses wahrnehmbare Gebilde zu entschlüsseln. In der Regel stimmen gesendete und empfangene Nachricht leidlich überein, so daß eine Verständigung stattgefunden hat. Häufig machen Sender und Empfänger von der Möglichkeit Gebrauch, die Güte der Verständigung zu überprüfen: Dadurch, daß der Empfänger zurückmeldet, wie er die Nachricht entschlüsselt hat, wie sie bei ihm angekommen ist und was sie bei ihm angerichtet hat, kann der Sender halbwegs überprüfen, ob seine Sende-Absicht mit dem Empfangsresultat übereinstimmt. Eine solche *Rückmeldung* heißt auch *Feedback*.

(Schulz von Thun, 1981, S. 25)

# Kommunikationsstörungen und Konflikte

## EINE NACHRICHT UND IHRE VIER SEITEN

Eigentlich ist Kommunikation ganz einfach – sollte man meinen. Oft jedoch übermitteln wir mit dem, was wir mit Worten sagen, zusätzliche Botschaften, die zwar nicht verbal ausgedrückt werden, die aber sehr wohl in der von uns gemachten Aussage mitschwingen. Stellen Sie sich die folgende Situation vor:

> Der Lehrer kontrolliert die Hausaufgaben. Er steht vor dem Tisch des Schülers Andreas Müller und sagt: „Na klar, Müller hat mal wieder keine Hausaufgaben gemacht!"

1. *Versuchen Sie im Partnergespräch zu klären, welche Gefühle der Lehrer mit dieser Äußerung zum Ausdruck bringt.*

2. *Wie wird der Schüler reagieren? Wie wird das Gespräch zwischen Lehrer und Schüler verlaufen? Entwickeln Sie schriftlich ein Rollenspiel (eine Dialogszene) der Situation. Spielen Sie dieses Rollenspiel in einer Vierergruppe durch (zwei Spieler, zwei Beobachter).*

(3) *Vermutlich wird sich ein Streitgespräch entwickeln – überlegen Sie in Ihrer Vierergruppe, warum das so ist.*

(4) *Versuchen Sie, die Schülerantwort so zu verändern, dass sich kein Streitgespräch ergibt.*

In der vorgestellten Situation handelt es sich offensichtlich um ein Konfliktgespräch. Konflikte entstehen oft durch Kommunikationsprobleme. Der Psychologe Friedemann Schulz von Thun hat genauer untersucht, weshalb Kommunikation so konfliktträchtig ist, und folgende interessante Theorie entwickelt. Er geht davon aus, dass jede „Nachricht" vier Aspekte beinhaltet, die er mithilfe eines „Kommunikationsquadrates" modellhaft darstellt. Er beschreibt die Bestandteile einer „Nachricht" wie folgt:

## Friedemann Schulz von Thun

[R] Schauen wir uns die „Nachricht" genauer an. Für mich selbst war es eine faszinierende „Entdeckung" [...], *daß ein und dieselbe Nachricht stets viele Botschaften gleichzeitig enthält.* Dies ist eine Grundtatsache des Lebens, um die wir als Sender und Empfänger nicht herumkommen. Daß jede Nachricht ein ganzes Paket mit vielen Botschaften ist, macht den Vorgang der zwischenmenschlichen Kommunikation so kompliziert und störanfällig, aber auch so aufregend und spannend.

Um die Vielfalt der Botschaften, die in einer Nachricht stecken, ordnen zu können, möchte ich vier seelisch bedeutsame Seiten an ihr unterscheiden. Ein Alltagsbeispiel:

Der Mann (= Sender) sagt zu seiner am Steuer sitzenden Frau (= Empfänger): „Du, da vorne ist Grün!" – Was steckt alles drin in dieser Nachricht, was hat der Sender (bewußt oder unbewußt) hineingesteckt, und was kann der Empfänger ihr entnehmen?

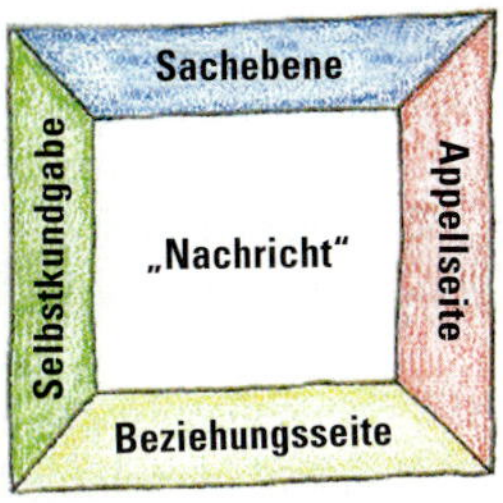


**1. Sachinhalt (oder: Worüber ich informiere)**
Zunächst enthält die Nachricht eine Sachinformation. Im Beispiel erfahren wir etwas über den Zustand der Ampel – sie steht auf Grün. Immer wenn es „um die Sache" geht, steht diese Seite der Nachricht im Vordergrund – oder sollte es zumindest. [...]

**2. Selbstoffenbarung (oder: Was ich von mir selbst kundgebe)**
In jeder Nachricht stecken nicht nur Informationen über die mitgeteilten Sachinhalte, sondern auch Informationen über die Person des Senders. Dem Beispiel können wir entnehmen, daß der Sender offenbar deutschsprachig und vermutlich farbtüchtig ist, überhaupt, daß er wach und innerlich dabei ist. Ferner: daß er es vielleicht eilig hat usw. Allgemein gesagt: In jeder Nachricht steckt ein Stück Selbstoffenbarung des Senders. Ich wähle den Begriff der Selbstoffenbarung, um damit sowohl die gewollte *Selbstdarstellung* als auch die unfreiwillige *Selbstenthüllung* einzuschließen. Diese Seite der Nachricht ist psychologisch hochbrisant [...].

**3. Beziehung (oder: Was ich von dir halte und wie wir zueinander stehen)**
Aus der Nachricht geht ferner hervor, wie der Sender zum Empfänger steht, was er von ihm hält. Oft zeigt sich dies in der gewählten Formulierung, im Tonfall und anderen nichtsprachlichen Begleitsignalen. Für diese Seite der Nachricht hat der Empfänger ein besonders empfindliches Ohr; denn hier fühlt er sich als Person in bestimmter Weise behandelt (oder mißhandelt). In unserem Beispiel gibt der Mann durch seinen Hinweis zu erkennen, daß er seiner Frau nicht recht zutraut, ohne seine Hilfe den Wagen optimal zu fahren.

Möglicherweise wehrt sich die Frau gegen diese „Bevormundung" und antwortet barsch: „Fährst du oder fahre ich?" – wohlgemerkt: ihre Ablehnung richtet sich in diesem Fall nicht gegen den Sachinhalt (dem wird sie zustimmen!). Sondern ihre Ablehnung richtet sich gegen die empfangene Beziehungsbotschaft.

Allgemein gesprochen: Eine Nachricht senden heißt auch immer, zu dem Angesprochenen eine bestimmte Art von Beziehung auszudrücken. Streng genommen ist dies natürlich ein spezieller Teil der Selbstoffenbarung. Jedoch wollen wir diesen Beziehungsaspekt als davon unterschiedlich behandeln, weil die psychologische Situation des Empfängers verschieden ist: Beim Empfang der Selbstoffenbarung ist er ein nicht selbst betroffener *Diagnostiker* („Was sagt mir deine Äußerung über *dich* aus?"), beim Empfang der Beziehungsseite ist er selbst „betroffen" (oft im doppelten Sinn dieses Wortes).

Genaugenommen sind auf der Beziehungsseite der Nachricht zwei Arten von Botschaften versammelt. Zum einen solche, aus denen hervorgeht, was der Sender vom Empfänger hält, wie er ihn sieht. In dem Beispiel gibt der Mann zu erkennen, daß er seine Frau für hilfsbedürftig hält. – Zum anderen enthält die Beziehungsseite aber auch eine Botschaft darüber, wie der Sender *die Beziehung zwischen sich und dem Empfänger* sieht („so stehen wir zueinander"). [...] Freilich kann es sein, daß der Empfänger mit dieser *Beziehungsdefinition* nicht einverstanden ist, die [Äußerung] für deplaciert und zudringlich hält. Und so können wir nicht selten erleben, daß zwei Gesprächspartner ein kräftezehrendes Tauziehen um die Definition ihrer Beziehung veranstalten. [...]

L ▸▸▸ *Vgl. zu diesem zweiten Aspekt der „Beziehungsseite" einer Nachricht auch den Abschnitt zu „Status" S. 39 ff.*

**4. Appell (oder: Wozu ich dich veranlassen möchte)**

Kaum etwas wird „nur so" gesagt – fast alle Nachrichten haben die Funktion, auf den Empfänger *Einfluß zu nehmen*. In unserem Beispiel lautet der Appell vielleicht: „Gib ein bißchen Gas, dann schaffen wir es noch bei Grün!"

Die Nachricht dient also (auch) dazu, den Empfänger zu veranlassen, bestimmte Dinge zu tun oder zu unterlassen, zu denken oder zu fühlen. Dieser Versuch, Einfluß zu nehmen, kann mehr oder minder offen oder versteckt sein – im letzteren Falle sprechen wir von Manipulation. Der manipulierende Sender scheut sich nicht, auch die anderen drei Seiten der Nachricht in den Dienst der Appellwirkung zu stellen. Die Berichterstattung auf der Sachseite ist dann einseitig und tendenziös, die Selbstdarstellung ist darauf ausgerichtet, beim Empfänger [eine] bestimmte Wirkung zu erzielen (z. B. Gefühle der Bewunderung oder Hilfsbereitschaft); und auch die Botschaften auf der Beziehungsseite mögen von dem heimlichen Ziel bestimmt sein, den anderen „bei Laune zu halten" (etwa durch unterwürfiges Verhalten oder durch Komplimente). Wenn Sach-, Selbstoffenbarungs- und Beziehungsseite auf die Wirkungsverbesserung der Appellseite ausgerichtet werden, werden sie *funktionalisiert*, d. h. spiegeln nicht wider, was ist, sondern werden zum Mittel der Zielerreichung. [...]

Der Appellaspekt ist vom Beziehungsaspekt zu unterscheiden, denn mit dem gleichen Appell können sich ganz unterschiedliche Beziehungsbotschaften verbinden. In unserem Beispiel mag die Frau den Appell an sich vernünftig finden, aber empfindlich auf die Bevormundung reagieren. Oder umgekehrt könnte sie den Appell für unvernünftig halten („ich sollte nicht mehr als 60 fahren"), aber es ganz in Ordnung finden, daß der Mann ihr in dieser Weise Vorschläge zur Fahrweise macht.

Natürlich enthält auch dieses Buch etliche Appelle. [...] Ein wesentlicher Appell lautet zum Beispiel: Versuche, in kritischen (Kommunikations-)Situationen die „leisen" Selbstoffenbarungs-, Beziehungs- und Appellbotschaften direkt anzusprechen bzw. zu erfragen, um auf diese Weise „quadratische Klarheit" zu erreichen! [...]

(Schulz von Thun, 1981, S. 26–30.)



526734

Um sein Kommunikationsmodell noch anschaulicher zu machen, hat Friedemann Schulz von Thun dem „Sender" noch vier „Schnäbel" und dem Empfänger „vier Ohren" für die Kommunikation der verschiedenen Seiten ein und derselben Nachricht gegeben:

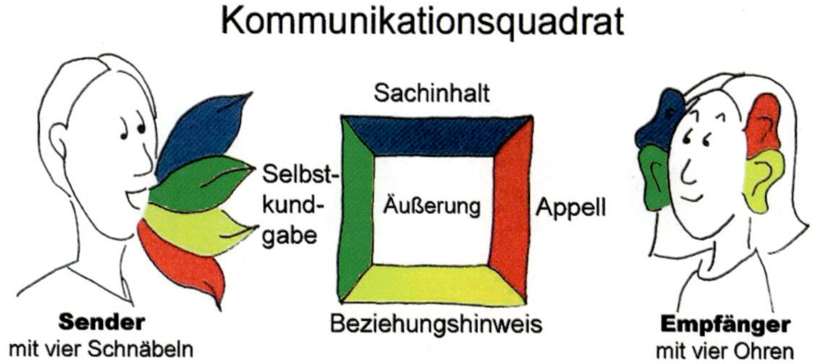


① *Bearbeiten Sie den Text von Schulz von Thun nach der 5-Schritt-Lesemethode (▸▸▸ S. 22).*

② *Stellen Sie den Textinhalt übersichtlich in einer Zusammenfassung dar.*

③ *Analysieren Sie das von Ihnen im Rollenspiel entwickelte Gespräch zum Thema Hausaufgaben auf der Grundlage des „Kommunikationsquadrates" von Schulz von Thun.*

④ *Mit welchem „Ohr" müssen Sie als Empfänger besonders gut zuhören, wenn Sie einen Konflikt entschärfen wollen?*

⑤ *Entwickeln Sie in Partnerarbeit wirklichkeitsnahe Dialoge zu den folgenden konfliktträchtigen Situationen:*

1. Schülerin zur Lehrerin: „Ihr Unterricht ist zum Sterben langweilig!"
2. Mutter zum Sohn: „Wenn deine neue Freundin so verständnisvoll ist, zieh doch zu ihr! Die soll dann aber auch deine dreckige Wäsche waschen!"
3. Lehrer zur Schülerin: „Ist das deine neue Haarfarbe oder rostet dein Hirn?"
4. Ehemann zur Ehefrau: „Räumt hier eigentlich überhaupt mal jemand auf?"
5. Ausbilder zum Azubi: „Wie lange, glaubst du, werden wir uns deine Faxen noch gefallen lassen?"

*Überlegen Sie nun, wie Sie durch aktives Zuhören (Hören mit „vier Ohren") einen Konflikt entschärfen können.*

## VERSTECKTE BOTSCHAFTEN

Oft sagen wir nicht (oder nicht deutlich genug), was wir meinen. Wir sagen zum Beispiel: „Lass mich in Ruhe!", obwohl wir meinen: „Hilf mir! Es geht mir schlecht!" Dies führt oft zu Missverständnissen, denn der Empfänger unserer Botschaft nimmt diese oft für bare Münze und entschlüsselt sie nicht. So lässt uns der Freund in diesem Beispiel vielleicht wirklich in Ruhe und redet nicht mit uns, obwohl wir uns Zuwendung wünschen. Wir sind enttäuscht, dass unser Freund so unsensibel ist, der Freund hingegen denkt von uns, dass wir grob sind.

Im Privat- wie im Berufsleben ist es also wichtig, „versteckte" Botschaften zu hören und sie entschlüsseln zu können; hierdurch können viele Kommunikationsprobleme behoben werden.

(1) *Betrachten Sie den Hägar-Cartoon:*

- *Versuchen Sie unter Bezugnahme auf das Kommunikationsquadrat von Schulz von Thun zu formulieren, welche versteckte Botschaft Helga Hägar zukommen lassen möchte.*
- *Weshalb sagt Helga nicht, was sie „eigentlich" sagen will?*
- *Erklären Sie, inwiefern Hägars Antwort (aus seiner Sicht) völlig logisch ist.*
- *Welche Konsequenz wird diese Antwort vermutlich haben?*

(2) *Entschlüsseln Sie die folgenden „versteckten" Botschaften. Was möchte der Sprecher oder die Sprecherin eigentlich sagen?*

a) Du hast am Wochenende bestimmt schon was vor!
b) Also, meine S-Bahn-Verbindung ist ja total schlecht. Ich muss zweimal umsteigen und jedes Mal zwanzig Minuten warten. Na, da hast du's ja gut, du hast ja ein Auto.
c) Der Thomas, wie der um die Karin rumschwänzelt, total peinlich ist das ja. Und die dumme Kuh tut dann immer noch so blöd!
d) Mit der letzten S-Bahn bin ich kurz nach Mitternacht am Bahnhof, dann habe ich noch zehn Minuten Fußweg nach Hause. In den letzten drei Jahren sind in unserer Stadt keinerlei Überfälle auf Frauen vorgekommen.
e) Die Tafel ist nicht geputzt.

## ICH- UND DU-BOTSCHAFTEN

Falls man nicht gerade mit Hägar verheiratet ist, gilt: Es wäre in den meisten Fällen für alle an der Kommunikation Beteiligten einfacher, wenn wir sagen würden, was *wir* wollen. Das ist aber oft gar nicht so einfach, vor allem, wenn wir aufgeregt oder verärgert sind.

(1) *Analysieren Sie die folgende Gesprächssituation:*

- *Wie entsteht der Konflikt?*
- *Wie könnte er entschärft werden?*

Cem: Wie kannst du nur so blöd lachen, wenn der Meier mich im Unterricht anmacht?
Peter: Hey, jetzt beruhig dich mal – du bist ja vielleicht empfindlich! Es war eben zum Schießen komisch, als der Meier das über deine Hose gesagt hat.
Cem: Du Idiot! Was glaubst du eigentlich, wer du bist! In Zukunft kannst du deine Matheaufgaben woanders abschreiben!

Peter: Null Problem – es gibt genügend andere Leute in der Klasse, die wesentlich besser in Mathe sind als du – und außerdem nicht so Weicheier!

Es ist Ihnen vielleicht aufgefallen, dass die beiden immer vom anderen reden, nie von sich selber.

(2) *Schreiben Sie den Dialog um, indem Sie Cem und Peter jeweils von sich reden lassen, also:*

Cem: Peter, ich möchte mit dir über die Sache im Unterricht reden …

(3) *Was ändert sich, wenn man von sich redet, also sog. „Ich-Botschaften" sendet?*

(4) *a) Welche Formulierungen verwenden wir häufig, wenn wir Du-Botschaften senden? Wie reagiert der Kommunikationspartner in der Regel auf solche Formulierungen? Warum?*
*b) Überlegen Sie sich Formulierungen für Ich-Botschaften. Wie reagiert der Kommunikationspartner auf diese Formulierungen? Weshalb zeigt er vermutlich hier eine andere Reaktion?*

(5) *Arbeiten Sie in Dreiergruppen. Formulieren Sie die folgenden Du-Botschaften in Ich-Botschaften um und lesen Sie sie laut vor. Diskutieren Sie in Ihrer Gruppe die Wirkung der Ich-Botschaften.*

a) Nie beteiligst du dich an der Gruppenarbeit. Du sitzt immer nur faul rum und machst nichts. Du kannst dir in Zukunft eine andere Gruppe suchen!
b) Du hast schon wieder vergessen, die Heizung zurückzudrehen, wenn du das Haus verlässt. Weißt du eigentlich, was Heizöl zurzeit kostet? Aber das ist ja wieder typisch. Dir ist's ja egal, woher das Geld kommt, Hauptsache, du hast's warm.
c) Du könntest wirklich mal wieder dein Zimmer aufräumen. Das sieht ja aus wie im Schweinestall! Du hast doch nichts zu tun, wieso sitzt du dann den ganzen Tag in dieser Sauerei?
d) Den ganzen Abend flirtest du mit dieser Mia rum! Du glaubst wohl, ich sehe das nicht? Du brauchst dann aber auch nicht wieder angekrochen kommen, wenn sie dich abblitzen lässt!

### Ich-Botschaften

Erfolgreiche Ich-Botschaften bestehen aus:
1. Beschreiben der Situation,
2. Benennen der eigenen Gefühle,
3. Formulierung eines Wunsches bezüglich des Verhaltens des anderen.

### Wie äußere ich Kritik?

- „Überfallen" Sie den anderen nicht.
- Vermeiden Sie Du-Botschaften und Verallgemeinerungen. Geben Sie Ihrer Verärgerung Ausdruck durch Ich-Botschaften.
- Hören Sie den Einwänden „aktiv" zu (►►► S. 43).
- Bleiben Sie sachlich, offen für eine neue Sicht der Dinge, wertschätzend und zugewandt.

## NONVERBALE KOMMUNIKATION

Wir alle kennen das Phänomen der „Sympathie auf den ersten Blick". Diese beruht im Moment des Wahrnehmens ausschließlich auf nonverbalen Signalen, das heißt, unsere Sympathie macht sich in diesem Augenblick nicht an der Sprache, sondern an nichtsprachlichen Signalen fest.

Verschiedene Untersuchungen waren sich – trotz unterschiedlicher Ergebnisse – doch darin einig, dass der weitaus größte Anteil der Interaktionsmöglichkeiten in der menschlichen Kommunikation bei nonverbalen Ausdrucksmitteln liegt. Das bedeutet, dass nur ein sehr geringer Teil von dem, was wir ausdrücken, über die gesprochene Sprache vermittelt wird.

Die meisten Botschaften, die ein Mensch aussendet, entfallen also auf Gestik, Mimik, Blickkontakte, Artikulation, Stimme, Lachen, Körperhaltung, Verhalten im Raum, Schmuck, Schminke, Kleidung und vieles mehr.

1. *Sie erhalten von Ihrer Lehrkraft eine Karte, auf der verbal ein Gefühl oder eine Situation beschrieben wird. Stellen Sie dieses Gefühl bzw. diese Situation nonverbal – also ohne Verwendung von Sprache – dar. Die Klasse muss das Gefühl bzw. die Situation erraten.*
2. *Klären Sie im Plenum, woran Sie jeweils das Gefühl/die Situation erkannt haben.*
3. *Diskutieren Sie, welche Körpersignale eindeutig sind und welche mehrdeutig sein können.*
4. *Arbeiten Sie nochmals mit den Gefühlen/Situationen der Karten. Sagen Sie die entsprechenden Sätze, versuchen Sie aber, körpersprachlich das Gegenteil von dem auszudrücken, was der Satz inhaltlich aussagt.*
5. *Besprechen Sie, wie diese Diskrepanz zwischen inhaltlicher Aussage und Körpersprache auf Sie als Zuhörer oder Zuschauer wirkt.*
6. *Welche Folgen können solche Widersprüche im Beruf und im Privatleben haben?*

## Körpersprache bei Männern und Frauen

Bilden Sie innerhalb Ihrer Klasse zwei Gruppen: Alle Schülerinnen bilden eine Gruppe, alle Schüler bilden die zweite Gruppe. Bestimmen Sie innerhalb Ihrer jeweiligen Gruppen zwei Freiwillige. Diese erhalten von der Lehrkraft ein T-Shirt und einen Pullover, die sie überstreifen. Die vier Freiwilligen stellen sich vor der Klasse auf und ziehen alle gleichzeitig die übergezogenen Kleidungsstücke aus.

1. *Was beobachten Sie?*
2. *Woher rührt Ihrer Meinung nach dieses Phänomen?*
3. *Gibt es typisch männliche oder typisch weibliche Körpersignale?*
4. *Welche Tabus in Bezug auf körpersprachliche Signale gibt es für Männer/für Frauen?*
5. *Sie können die „Körpersprache" des anderen Geschlechts auch selbst ausprobieren, zum Beispiel: Setzen Sie sich auf einen Stuhl. Probieren Sie verschiedene Sitzmöglichkeiten aus. Wie fühlen sich die verschiedenen geschlechtsspezifischen Sitzarten an?*


526738

## SOZIALE ROLLEN UND STATUS

Wir alle haben im Laufe unseres Lebens verschiedene soziale Rollen zu übernehmen – meist mehrere gleichzeitig. Einige nehmen wir gern an oder suchen sie uns sogar, andere werden uns aufgezwungen und wir können uns ihnen kaum verweigern. Je nachdem, wie wir innerlich zu unseren Rollen stehen, wirken wir authentisch und überzeugend oder angestrengt und bemüht. Durch viele Rollen geraten wir in Konflikte mit anderen – das bringt die Rolle selbst häufig mit sich. Innere Rollenkonflikte jedoch sind uns nicht immer bewusst. Dennoch können sie unsere Kommunikation mit anderen beeinträchtigen.

1. *Haben Sie in Ihrem Leben verschiedene Rollen? Wie unterscheiden sich diese voneinander?*
2. *Erklären Sie den Begriff „aus der Rolle fallen".*
3. *Wie würde sich eine Lehrkraft oder ein Chef bzw. eine Chefin verhalten, der oder die aus der Rolle fällt?*
4. *Woran würden Sie erkennen, dass diese Personen sich nicht entsprechend ihrer Rolle verhalten?*

Jede Rolle ist mit bestimmten Erwartungen an das Verhalten des jeweiligen Rollenträgers verbunden. Man nennt ein rollentypisches Verhaltensmuster auch „rollenspezifisches Verhalten".

5. *Bearbeiten Sie den folgenden Text nach der 5-Schritt-Lesemethode (▸▸▸ S. 22).*
6. *Erklären Sie, was die Autorin unter „rollenspezifischem Verhalten" versteht.*
7. *Finden Sie weitere Beispiele aus Ihrem Privat- und Berufsleben, die rollenspezifisches Verhalten illustrieren.*
8. *Diskutieren Sie: Soll man sich immer gemäß den Erwartungen rollenspezifisch verhalten?*

Ruth Pink

### Körpersprache ist rollen- und geschlechtsspezifisch

Wenn wir uns Zeitschriften oder Bücher um die Jahrhundertwende ansehen, so stellen wir fest: Der Unternehmer damals war stattlich, rund und wohlgenährt, oft mit dicker Zigarre im Mund. Der Unternehmer (der Manager) heute ist dynamisch, schlank und versucht, sich das Rauchen abzugewöhnen (sofern er es sich überhaupt angewöhnt hat). Frauen wurden früher mit Freude in ihrer „barocken Fülle" dargestellt, heute heißt das weibliche Schönheitsideal: schlank, schlank und nochmals schlank. Andere Zeiten, andere Sitten.

Von jeher zeigte sich jedoch der unterschiedliche soziale Stand nicht nur in der Bildung, sondern auch im Auftreten, in der Kleidung, im Habitus. Wer etwas ist, wer etwas darstellt, sprich: wer Macht hat, hat auch Raum. Menschen, die „wer" sind, besitzen nicht nur die schönsten Häuser, Villen, Grundstücke; sie thronen auch in den höchsten Stockwerken. Diese ChefInnenbüros sind groß und hell; die Sekretärin sitzt im Vorzimmer, stets bereit, unerwünschte BesucherInnen abzuweisen.

Ranghöhere Menschen dürfen sich auch körperliche Aktivitäten erlauben, die Personen auf niederen Hierarchieebenen kaum zugestanden werden. So kann z. B. der Chef seinen MitarbeiterInnen auf die Schulter klopfen – nicht jedoch umgekehrt. Plastisch lässt sich das „Oben“ und „Unten“ auch an Sitzordnungen festmachen. Höhergestellte Personen sitzen in der Regel am Kopfende. Sie haben auch oft einen besonderen Sitzplatz/Stuhl/Sessel. Viele „hohe Tiere“ wahren auf diese Weise entsprechenden körperlichen Abstand, also eine gewisse Distanz zu ihren Untergebenen. Das kann der imposante, breite Mahagoni-Schreibtisch mit schwerem Ledersessel oder das können Papierberge sein, die sich vor den BesucherInnen auftürmen – eine beliebte Möglichkeit, um sich „Leute vom Hals zu halten“.

Die meisten Menschen glauben auch, dass ihre verschiedenen Rollen, die sie im Laufe ihres Lebens einnehmen, ein bestimmtes Verhalten – verbaler wie nonverbaler Art – erfordern. Meist versuchen sie die Erwartungen anderer zu erfüllen – die Erwartungen, die an sie als Ehemann oder Ehefrau, Vater oder Mutter, Sohn oder Tochter, Arbeiter oder Arbeiterin, Angestellter oder Angestellte, Polizist, Nonne, Soldat, Ärztin oder Bankdirektor gestellt werden. Am richtigen Ort zur richtigen Zeit die jeweils angemessene Rolle auch nonverbal zu vermitteln, scheint das Bestreben vieler Menschen zu sein. Ein Soldat oder ein Polizist möchte in der Regel auch durch seine Körpersprache Mut, Tapferkeit oder Entschlossenheit vermitteln. Der Bankdirektor geht meist mit aufrechter Haltung und erhobenem Kopf durch die Gänge seines Geldinstituts; ebenso verhält sich die Ärztin in ihrer Praxis oder im Krankenhaus.

Macht und Ohnmacht, Selbstbewusstsein und Unsicherheit drücken sich also auch in der Körpersprache aus. Sozial unterprivilegierte Menschen machen mehr und häufiger Unterwürfigkeitsgesten und -bewegungen gegenüber Autoritäten. Derartiges Verhalten ist erst mal geschlechtsunabhängig. Wenn wir uns allerdings verdeutlichen, dass das „starke“ Geschlecht in unserer Gesellschaft meist einen höheren sozialen Status als Frauen innehat, und wenn sich soziale Rangunterschiede auf das nonverbale Verhalten von Menschen auswirken, ist es dann logisch, von unterschiedlicher Nonverbalität bei Frauen und Männern auszugehen?

*Wichtig:* Körpersprache ist gleichsam rollen- und geschlechtsspezifisch. Es gibt nie „nur“ Rollen, sondern gleichzeitig auch einen geschlechtsspezifischen Eindruck, der Einfluss nimmt auf unsere verbale und nonverbale Kommunikation.

(Pink, 2001, S. 130 f.)

Eng verknüpft mit dem Begriff der sozialen Rolle ist der Begriff des Status. Jeder Rollenträger nimmt explizit (also ausgesprochen und nachvollziehbar – festgelegt zum Beispiel durch eine Verfassung, Betriebsordnung, ein Organigramm), verschleiert oder unbewusst (wie in sozialen Gruppen) eine bestimmte Stellung ein. Lesen Sie die folgenden Situationsbeschreibungen:



526740

**Situation A:**

Mike ist unangefochtener Macher der Clique. Von ihm kommen viele Anregungen, was man tun könnte. Da er zudem ein richtig guter Organisator ist und schon manche Unternehmung organisiert hat, erlaubt er es sich, die anderen schon mal länger auf sich warten zu lassen.
Würde hingegen Jan zu spät kommen, müsste er sich rechtfertigen. Dabei hat Jan den Partykeller der Familie schon öfter der Clique zum Feiern zur Verfügung gestellt. Käme Jan ein zweites Mal zu spät, wäre die Clique schon mal weg und er könnte sie suchen gehen. Jan erscheint das völlig normal. Nur seine Freundin findet das unfair.

**Situation B:**

Sie haben Rückenschmerzen und möchten sich in ärztliche Behandlung begeben. Sie rufen drei Orthopäden an, um folgende Antworten zu erhalten: 1. die Praxis sei überfüllt und leider kein Termin mehr verfügbar, 2. die Praxis nehme leider keine gesetzlich versicherten Patienten an, 3. Sie könnten zwar einen Termin erhalten, aber erst kommende Woche. Als Sie nun erwähnen, dass Sie Privatpatient sind, erhalten Sie noch am selben Tag einen Termin. In der Praxis selbst erhalten Sie bereits nach zehn Minuten Zutritt zum Arzt, obwohl weitere Patienten schon längere Zeit warten.

**Situation C:**

Im Turnunterricht werden die beiden besten Sportlerinnen aufgefordert, ihre Mannschaften für das Volleyballspiel zusammenzustellen. Sie wissen, Anne wird Sie relativ schnell aufrufen, obwohl Ihr Spiel sicherlich eher hinderlich sein wird. Immerhin sind Sie Klassenbeste in Mathematik und helfen schon mal in der Klassenarbeit aus. Da hat Mirijam schon schlechtere Karten. Sie wird notgedrungen von einer der beiden Teamleiterinnen als Schlusslicht „geschluckt".

**Situation D:**

Leider passiert es Ihnen heute wieder: Sie sind zu spät. Sie haben den Wecker nicht gehört, dann die S-Bahn verpasst und das Handygespräch mit Ihrem Freund hat Sie auch noch ein bisschen Zeit gekostet. Das wäre dann das dritte Mal in diesem Monat. Als Sie die Werkstatt betreten, hebt ihr Werkstattleiter den Kopf, blickt Sie kurz an und deutet auf die Uhr. Tibor hat er erst gestern fürchterlich zur Schnecke gemacht und ihm mit einer Abmahnung gedroht, sollte er noch einmal zu spät kommen. Aber Tibor hat den Hauptschulabschluss, während Sie der einzige Gymnasiast der Gruppe sind.

**Situation E:**

Vier Jugendliche bedrohen offensichtlich einen fünften Jungen, der sich, etwas klein, völlig verdruckst an die Hauswand drückt. Seine Hände und Arme sind schützend vor den Oberkörper gehoben. Vor allem ein großer und breit gebauter Junge nimmt die Frontalstellung ein. Plötzlich hupt ein Wagen. Verärgert dreht sich der massige Kerl um und sieht, wie ein Mann aus einem Auto steigt und auf sie zukommt. Es ist der beste Freund seines Vaters. Er schaut den Großen kurz an, schnappt sich den Kleinen und setzt ihn ins Auto. Den anderen gönnt er keinen Blick. Als das Auto wegfährt, zeigt der Kleine den Stinkefinger.

(1) *Benennen Sie drei Punkte, die für alle fünf Situationen kennzeichnend sind. Worin genau liegt der Vorteil der „Gewinner" begründet? Warum werden sie bevorzugt behandelt? Wie wirkt dies auf die anderen Personen der Gruppe?*

(2) *Überprüfen Sie in den Situationen A–E, wer welchen Status innehat und wie mit Status umgegangen wird. Ziehen Sie hierzu auch die folgenden Informationen hinzu.*

Zwischenmenschliche Beziehungen zeichnen sich nicht nur durch Rollenverhalten, sondern auch durch **Statusunterschiede** aus. Jede Begegnung zwischen Menschen, jedes Gespräch beinhaltet verdeckt oder offen den Umgang mit Statusunterschieden. Während unserer Begegnungen wägen wir instinktiv unseren Status gegenüber dem Gesprächspartner ab.

Status zeigt sich auch rein **körperlich:**
- Wer nimmt Raum ein? Wer zeichnet sich durch eine hohe seelische Präsenz im Raum aus?
- Wer sitzt zusammengesunken da? Wen übersieht man leicht? Wessen Anwesenheit signalisiert: Ich bin eigentlich nicht da, übersieh mich doch einfach. Um manche Menschen gibt es so etwas wie einen luftleeren Raum.

Oft genug werden solche **Statussignale** aber unbewusst eingesetzt und beeinflussen, wie die Begegnung verläuft: So kann man sich untertänig verhalten, vorauseilenden Gehorsam bewahren, Unterwerfung signalisieren oder aber Rebellion, Inakzeptanz oder Verachtung vermitteln. Versuchen Sie, Statussignale bewusst wahrzunehmen und souverän damit umzugehen.

**Sozialer Status**

Das Wort „Status" kommt aus dem Lateinischen und bedeutet wörtlich „das Stehen" oder im übertragenen Sinne „Zustand, Stand, Stellung, Verfassung".

**Statussignale:** Status wird in jeder Situation eingefordert, von den Teilnehmern zugewiesen, aberkannt oder zuerkannt. Nicht nur Äußerungen oder Dingsymbole (sog. **Statussymbole**) signalisieren, dass der Träger einen bestimmten Status innehat oder beansprucht. Auch die Körperhaltung, der Tonfall oder die Art des Blickkontakts, Gestik und Mimik weisen Status zu. Versuchen Sie, diese Signale im Verhalten zu steuern. Über ein gekonntes Statusverhalten können Sie erfolgreiche Teams schaffen und Konflikte vermeiden.

## WIE KÖNNEN KONFLIKTE VERMIEDEN WERDEN?

Jeder Mensch strebt danach, seinen Status zu erhalten oder zu verbessern. Dies sollte er aber nicht auf Kosten seines Gegenübers versuchen. Dass alle Beteiligten dabei verlieren, zeigt der typische Konfliktverlauf auf der sog. **„Statuswippe"**, einer Rollenspielmethode aus der Theaterpädagogik, die auf dem Prinzip beruht: „Ich geh rauf, du gehst runter".

In vielen alltäglichen Situationen sollten Sie das Betreten der Statuswippe vermeiden. Meist führt sie in den Konflikt, da jeder „Tiefstatuserfahrungen" vermeiden möchte und auf Kränkungen verletzt oder aggressiv reagiert. Häufig eskaliert dann der Konflikt oder der Unterlegene zieht sich innerlich zurück oder wird passiv.

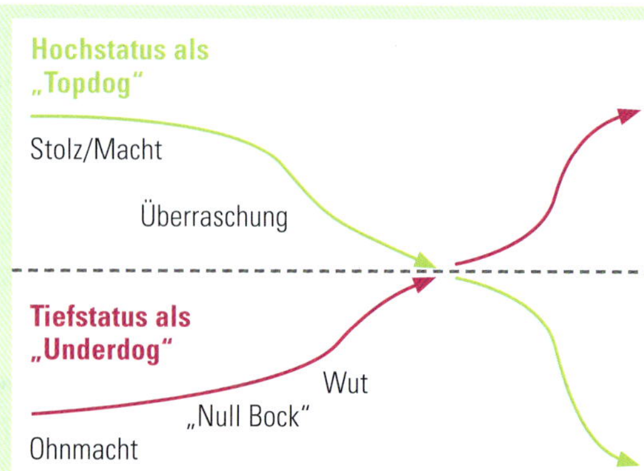

Möglicher Konfliktverlauf auf der „Statuswippe"

Die Lösung lautet also: Betreten Sie die Wippe erst gar nicht, auch nicht, wenn Ihnen die „Underdog"-Situation zugespielt werden soll. Bleiben Sie sachlich und gebrauchen Sie die bereits genannte Gesprächsstrategie der Ich-Botschaften (►►►S. 37):

- Benennen Sie den Sachverhalt.
- Drücken Sie Ihr Befinden aus (Ich-Botschaft).
- Äußern Sie Ihr Bedürfnis oder Ihren Wunsch.
- Bieten Sie eine für beide Seiten akzeptable Lösung an (Win-win-Situation).

Eine Möglichkeit, wie Sie die Statuswippe vermeiden können, ist das aktive Zuhören oder „Hören mit vier Ohren" (►►►S. 37 ff.).

(1) *Üben Sie das „aktive Zuhören" in Rollenspielen. Sie können folgendermaßen vorgehen:*

Sie möchten Ihrem Vater zum Geburtstag eine Krawatte kaufen. Ihr Vater hat genaue Vorstellungen, welche Krawatten schön sind. Sichern Sie im folgenden Gespräch ab, dass Sie die Vorstellung Ihres Vaters genau verstehen:

Kind und Vater sitzen sich gegenüber.

- Das Kind verwickelt den Vater in das Gespräch über Krawatten und bringt ihn dazu, seine Vorstellungen zu benennen.
- Das Kind hört genau zu und wiederholt in eigenen Worten das vom Vater Gesagte und wartet die zustimmende oder richtigstellende Reaktion des Vaters ab, bevor es selbst etwas hinzufügt.

**Aktives Zuhören**

Aktives Zuhören erlaubt es, ein emotionales Gespräch zu versachlichen und ein wechselseitiges Zuhören zu garantieren. Damit wird sichergestellt, dass sich die Kommunikationspartner verstehen.

Aktives Zuhören erfordert es, das Gesagte möglichst präzise in eigenen Worten zu wiederholen, sodass der Sprecher rechtzeitig Stellung beziehen kann.

(2) *Wechseln Sie dann die Rollen. Der Vater möchte mit seinem Kind darüber sprechen, welchen Beruf es anstrebt. Er möchte gerne, dass sein Kind eine Banklehre beginnt. Führen Sie das Gespräch regelgerecht durch.*

(3) *In den folgenden drei Fällen werden Ihnen typische konfliktträchtige Alltagssituationen vorgestellt.*

- *Arbeiten Sie in den Situationen die Statuswippe, die zum Konflikt führt, genau heraus.*
- *In einem weiteren Schritt erspielen Sie die Situationen, in denen die Statuswippe nicht betreten wird und produktive Lösungen gefunden werden.*
- *Die Beobachter notieren, inwiefern diese Vorgaben umgesetzt werden.*

## Konflikte in der Familie

**Fall 1:** Sie befinden sich mit Ihren Eltern im Urlaub in Rom. Sie wollen den Petersdom besichtigen. Alle warten schon. Da kommt Ihre sechzehnjährige Schwester im knappsten Mini, mit knapp sitzendem Top und übermäßig geschminkt. Alle starren sie an. Im folgenden Dialog fallen folgende zwei Sätze: „Ihr habt mir nichts mehr zu sagen." „Wenn du nicht tust, was ich sage, fährst du heim."

① *Entwickeln Sie einen Dialog mit diesen beiden Sätzen und anschließend einen zweiten Dialog, in dem der Vater die Statuswippe, die die Tochter anbietet, nicht betritt.*

② *Bilden Sie Vierergruppen. Spielen Sie beide Situationen. Achten Sie dabei genau auf die Wiedergabe der Statuspositionen. Finden Sie eine Lösung, die beide Parteien ohne Gesichtsverlust annehmen können. Spielen Sie sie vor.*

## Konflikte im Beruf

**Fall 2:** Sie arbeiten bei einer Krankenversicherung. Eine Kunde ruft Sie voller Empörung an. Er beschwert sich über Ihre Nachlässigkeit und Inkompetenz. Der Kunde erinnert Sie an eine telefonische Zusicherung, seine Angelegenheit schnell zu erledigen: Sie wollten ihm eine Bestätigung über die Mitversicherung seines Sohnes möglichst schnell zukommen lassen. Erst hätten Sie ihn warten lassen, dann hätten Sie den Namen des Sohnes mit einem anderen Kunden verwechselt. Aus Ihrer Nachlässigkeit erwüchsen ihm unnötige Probleme: Er sagt, sein Sohn könne die erforderlichen Unterlagen für die Einschreibung an der Universität nicht termingerecht einreichen. Er habe eine solche Unfähigkeit und Schlamperei von einer renommierten Versicherung nicht erwartet und denke über einen Wechsel der Versicherungsgesellschaft nach.

① *Hier sind Tiefstatus („Underdog"-Position) und Hochstatus („Topdog"-Position) klar verteilt: Erläutern Sie die Situation.*

② *Entwickeln Sie einen Dialog, in dem Sie die unten genannten Gesprächsregeln anwenden. Sprechen Sie mit Ihrem Partner nur die grobe Richtung des Gesprächs ab. Der Anrufer sollte nur dann einlenken, wenn der Sachbearbeiter sich überzeugend verhält.*

③ *Spielen Sie beide Situationen. Achten Sie dabei auf Ihre Gefühle und wie sie sich während des jeweiligen Gesprächs entwickeln und verändern.*

④ *Die Beobachter achten darauf, ob die Vorgaben von den Spielern eingehalten werden können und inwiefern eine Deeskalation des Konflikts durch die vorgegebenen Mittel gelingt.*

⑤ *Die Spieler sprechen darüber, wie sie diese Gesprächsstrategie empfunden haben.*

### Gesprächsregeln bei (berechtigten) Beschwerden

a) Bewahren Sie Ruhe. Hören Sie „aktiv" zu (▸▸▸S. 43).
b) Rechtfertigen Sie sich nicht; entschuldigen Sie sich und äußern Sie Verständnis für den Zorn des Anrufers.
c) Wiederholen Sie das Problem, das sich aus Ihrer Nachlässigkeit ergibt.
d) Bieten Sie befriedigende Lösungsmöglichkeiten an.
e) Wenn möglich: Sagen Sie, wann Sie Ihren Fehler behoben haben werden.



526744

**Fall 3:** Zur Situation: Für die Ausbildung zur Bürokauffrau ist die Auszubildende Lara Schuster vom Autohaus Schulz trotz mittelmäßiger Abschlusszeugnisse nur übernommen worden, weil sie versprochen hatte, sich für das Autohaus einzusetzen und sich vorbildlich zu verhalten.

Bereits nach zwei Wochen begann sie morgens zu spät zu kommen. War der Chef nicht im Haus, stahl sie sich vor Arbeitsende davon. Zweimal fehlte sie wegen angeblicher Krankheit an aufeinanderfolgenden Montagen. Nun rief ihre Klassenlehrer in im Betrieb an und meldete, die Schülerin fehle verstärkt nachmittags im Berufsschulunterricht. Für diese Woche liege keine Entschuldigung vor.

Gehen Sie zu Paaren zusammen. Eine Hälfte der Klasse (Gruppe 1) entwickelt Spielvorgabe 1, die andere Hälfte (Gruppe 2) beschäftigt sich mit Spielvorgabe 2:

(1) *Spielvorgabe für Gruppe 1:*
*Lesen Sie sich die Rollenbiografie 1 des Geschäftsführers genau durch:*

- *Welches Selbstbild hat er entwickelt?*
- *Wie sieht er sich im Verhältnis zu den Mitarbeitern? Welche Unternehmenskultur vertritt er?*
- *Wie fühlen sich die Mitarbeiter im Betrieb?*

**Rollenbiografie 1:**
Sie sind Mike Mitternacht, 43 Jahre alt, und haben sich durch Fleiß und Disziplin bis zum Geschäftsführer hochgearbeitet. Sie sind zu Recht stolz auf Ihre Position. Ihren Betrieb führen Sie straff. Ihre Mitarbeiter haben sich an die von Ihnen gesetzten Vorgaben zu halten. Wer sich hier nicht anpasst, verlässt das Autohaus schnell wieder. Kritik schätzen Sie nicht, Sie wissen selbst am besten, wie Sie den Laden zu führen haben. Und der Erfolg gibt Ihnen Recht. Mitarbeitern gegenüber verhalten Sie sich offen, das heißt, Sie sagen direkt, was Sie von ihnen halten und wie Sie ihre Leistung einschätzen. Da können Sie schon mal harsch sein, aber so sind Sie eben, direkt und eine ehrliche Haut. Wem das nicht passt, der kann sich ja auf dem Arbeitsmarkt umschauen. Das fürchten Sie nicht. Die Auszubildende Lara Schuster ist eben nicht ausbildungsfähig. Basta.

- *Entwickeln Sie ein Gespräch, in dem folgende Sätze fallen:*

„Es ist von dir ja nichts anderes zu erwarten." – „Der Beruf ist eben nicht mein Ding." – „Sie möchte keiner als Chef haben, hören Sie sich doch mal um, was man so von Ihnen sagt." – „Du bist eben nicht ausbildungsreif."

- *Wie endet dieses Gespräch?*

- *Paare der Gruppe 1 spielen ihren Dialog und die Beobachtergruppe erhält folgende Aufgaben:*
  *a) Überlegen Sie sich Gründe, warum Lara Schuster keine Lust mehr auf die Ausbildung hat. Warum blockiert Lara?*
  *b) Entwickeln Sie Lösungsmöglichkeiten, die dazu führen könnten, dass Lara ihr Verhalten ändert und wieder Freude an der Ausbildung gewinnt.*

(2) *Spielvorgabe für Gruppe 2:*
*Lesen Sie sich die Rollenbiografie 2 des Geschäftsführers genau durch.*

- *Wie ist sein Selbstbild?*
- *Wie sieht er seine Beziehung zu den Mitarbeitern? Welchen Führungsstil vertritt er?*
- *Wie fühlen sich die Mitarbeiter?*

**Rollenbiografie 2:**
Sie sind Jo Topp. Sie sind Geschäftsführer des Autohauses Schulz. Mit Ihren 35 Jahren besuchen Sie gerne Fortbildungen, die es Ihnen ermöglichen, einen modernen Führungsstil an den Tag zu legen. Leistung und Effizienz sind Ihnen natürlich ein hohes Anliegen. Sie sind davon überzeugt, dass Sie Ihre Mitarbeiter motivieren können, die Leistung des Unternehmens zu steigern und zu verbessern. Persönliche Gespräche mit Ihren Mitarbeitern sind für Sie ein gutes Mittel, um sich auszutauschen. Sie sind offen für sachbezogene kritische Anregungen, die das Unternehmen weiterbringen können. Ihre Mitarbeiter werden geschult, die Kunden werden aufgefordert, Feedback zu geben. Sie sind bereit, Leistung auch zu belohnen. Zudem sind Sie der Meinung, dass man zunächst miteinander reden muss, falls es Probleme gibt. Lösungen lassen sich gemeinsam finden.

- *Entwickeln Sie ein Gespräch, in dem die Statuswippe vermieden wird. Gebrauchen Sie für ein konstruktives Feedbackgespräch die Methoden der Ich-Botschaften (▸▸▸ S. 37), des aktiven Zuhörens (▸▸▸ S. 43) und des sachlichen Gesprächs. Jo Topp sollte zudem folgende Regeln anwenden:*
  - *Überfallen Sie nicht, sondern geben Sie Hinweise (z. B. durch einen Blick auf die Uhr, bewusstes Kontrollieren, eine Frage nach der Schule).*
  - *Formulieren Sie genau, was Sie kritisieren und warum. Bleiben Sie sachlich. Hören Sie aktiv zu.*
  - *Vermeiden Sie Rundumschläge und Verallgemeinerungen (Sie sind ein unpünktlicher Charakter! Sie sind unzuverlässig!).*
  - *Geben Sie Ihrer Verärgerung Ausdruck durch Ich-Botschaften. Vermeiden Sie Du-Botschaften.*
  - *Stellen Sie Ihre Erwartungen klar.*
  - *Vereinbaren Sie ganz konkrete Verhaltensänderungen und Leistungserwartungen.*
- *Spielen Sie Ihren Dialog. Die Beobachtergruppe erhält folgende Aufgabe:*
  *Erläutern Sie, an welchen Stellen das Gespräch hätte eskalieren können und wie dies vermieden wurde. Welche Möglichkeiten zu reagieren erhält der Mitarbeiter?*

## KULTURSPEZIFISCHES KOMMUNIKATIONSVERHALTEN

Unser Kommunikationsverhalten wird sehr stark von der Kultur geprägt, in der wir leben. In vielen Bereichen des täglichen Lebens herrschen schematisierte Kommunikationsmuster vor, die aber nur der „Eingeweihte", das heißt der Angehörige der jeweiligen Kultur, kennt und beherrscht.

(1) *Arbeiten Sie zu viert:*
*Erinnern Sie sich an Ihre Urlaubsreisen ins Ausland oder befragen Sie Ihre Mitschüler mit Verwandten im Ausland: Was kann man als Gast in einem fremden Land falsch machen?*

(2) *Wählen Sie in Ihrer Vierergruppe eine Situation aus, in der ein Mitglied Ihrer Gruppe etwas falsch gemacht hat. Spielen Sie die Situation in Ihrer Gruppe. Derjenige, der die Situation erlebt hat, spielt nicht mit, sondern ist der Regisseur.*

(3) *Die Gruppen spielen ihre Situationen im Plenum vor und die Klasse versucht, das dargestellte Kommunikationsproblem zu analysieren.*



526746

Florian Illies

## Anleitung zum Unschuldigsein [Auszug]

Meine persönliche Bestleistung liegt bei sechzehn Schuldgefühlen auf zwölf Kilometer Fahrstrecke. Mehr ist kaum zu schaffen. Ich fuhr mit dem Saab eines Freundes, den ich als meinen eigenen ausgab, nach der Arbeit nach Hause anstatt wie sonst mit dem Rad, nahm dabei nur Sibylle mit, die ich vor der Tür traf, ohne es meiner Freundin nachher zu erzählen und ohne Frau Wecker zu fragen, die denselben Heimweg hatte, ich fuhr dabei so schnell durch eine Tempo-30-Zone, dass eine Mutter mit Kinderwagen wegspringen musste, warf meine Zigarettenkippe aus dem Auto, am Ortsausgang ließ ich einen Tramper stehen, fuhr dann an einem Plakat vorbei, das für die Europawahl warb, zu der ich gestern nicht gegangen war, und schnitt anschließend beim Abbiegen einen Radfahrer, der mir einen Vogel zeigte, fuhr am Haus des Zahnarztes vorbei, bei dem ich letzten Montag eigentlich einen Kontrolltermin gehabt hätte, nahm verschämt die Klassik-CD aus dem Autoradio, griff beim linkshändigen Kramen nach einer cooleren CD in dem Fach der Autotür in die mayonnaiseverschmierten Reste einer Big-Mäc-Verpackung vom frühmorgendlichen Besuch bei McDrive, schreckte auf, weil ich bei dem Versuch, die Mayonnaise unbemerkt an die Unterseite des Fahrersitzes zu schmieren, fast rechts von der Fahrbahn gekommen wäre und Sibylle, sehr bleich, bereits symbolische Bremsbewegungen machte, dann fuhr ich über ein Stück Erde auf der Straße, das sich beim Drüberfahren als Kröte entpuppte, um nach einem kurzen Blick auf die Videothek, bei der ich seit vier Wochen *American Beauty* abgeben musste, den ich als Einziger immer noch nicht angesehen hatte, zu Hause anzukommen, und erinnerte mich in diesem Moment daran, dass ich versprochen hatte, heute endlich bei meiner Großmutter im Krankenhaus vorbeizuschauen.

(Illies, 2001, S. 23 f.)

1. *Florian Illies hat die „Verstöße" im Originaltext durchnummeriert. Erstellen Sie ein kleines „Sündenregister" und formulieren Sie, gegen welche Wertvorstellungen der Autor jeweils verstößt.*
2. *Bitten Sie eine Person aus einem anderen Kulturkreis, zu diesen Wertvorstellungen Stellung zu nehmen bzw. sie mit den Werten der eigenen Kultur zu vergleichen.*
3. *Arbeiten Sie in Kleingruppen. Erstellen Sie in Anlehnung an den oben stehenden Text eine Situationsbeschreibung, in der jemand gegen jugendspezifische Verhaltensweisen verstößt. Tragen Sie Ihre Situationsbeschreibung im Plenum vor und erklären Sie bei Bedarf Ihrer Lehrkraft, worin das „Fehlverhalten" besteht.*

# Kommunikation

Auf einen Blick

## Kompetenzen

Sie haben die Kompetenz erworben, situationsadäquat und adressatenbezogen zu kommunizieren und Konflikte zu bewältigen und

- kennen die „vier Seiten" einer Nachricht,
- wissen, wie man mit „vier Ohren" zuhört, und beherrschen das „aktive Zuhören",
- können versteckte Botschaften entschlüsseln,
- kennen die unterschiedliche Wirkung von Ich- und Du-Botschaften,
- sind sich über die Bedeutung nonverbaler Kommunikationssignale im Klaren,
- haben ein Bewusstsein für rollenspezifisches Verhalten entwickelt,
- können Statuskonflikte vermeiden und entschärfen,
- haben die Bedeutung interkultureller Kommunikation erkannt.

# Berufsorientierte Kommunikationsformen

Sie lernen in den Kompetenzbereichen „Sprechen und Zuhören" und „Schreiben", Informationen adressatenorientiert

- zu präsentieren,
- weiterzugeben,
- zu dokumentieren.

## Präsentieren und freies Reden

## Beschreiben

Einen Gegenstand beschreiben (und für ihn werben)

Einen Vorgang beschreiben

## Berichten

## Gesprächsinhalte notieren

Eine Telefonnotiz

Eine Anweisung formulieren

Ein Protokoll anfertigen

# Präsentieren und freies Reden

Im beruflichen Alltag ist es eine besondere Herausforderung, anderen Menschen (also Kolleginnen oder Kollegen, Vorgesetzten, Kunden, Lieferanten oder Besuchern) in freier Rede gegenüberzutreten, sei es, um ein Arbeitsergebnis zu präsentieren, sich selbst vorzustellen oder einen Vorschlag zu machen. Dabei kann man keinen schriftlich ausgearbeiteten Text vorlesen, sondern muss sich darauf einlassen, offen und ohne Scheu aufzutreten und die Informationen, die man mitzuteilen hat, oder sein Anliegen vorzubringen. Am besten lernt man das, indem man es oft tut; einiges lässt sich auch in der Schule erlernen und einüben.

- Einigen Sie sich vor Durchführung der beiden folgenden Präsentationsaufgaben in der Klasse, welche Hilfsmittel und Medien Sie dabei benutzen wollen (nur eigenen Stichwortzettel oder auch Plakat, Folie, Beamer, ...) und worauf Sie vor allem achten sollten.

L *Hinweise zur Gestaltung von Plakaten und Folien finden Sie im Kapitel „Visualisierung“ (▸▸▸S. 131 f.).*

- Lassen Sie sich als Vortragender von der Klasse ein möglichst genaues und ausführliches Feedback geben. Dazu können Sie gemeinsam Beobachtungsblätter zu den verschiedenen Aspekten eines Vortrags entwickeln: Aufbau und Inhalt – Sprache – Adressatenbezug – Medieneinsatz – Auftreten. Als Beispiel für Ihre eigenen Beobachtungsblätter könnten die folgenden Kriterien zum Aspekt „Aufbau und Inhalt“ dienen; besprechen Sie diese vorher und verändern Sie sie entsprechend Ihren Verabredungen.

- Als Beobachter der Präsentation füllen Sie dann ein solches Beobachtungsblatt aus. Dabei sollten Sie auf genaue Wahrnehmung achten und allgemeine und abwertende Bezeichnungen vermeiden.

| **Beobachtungsblatt**<br>**AUFBAU und INHALT** | |
|---|---|
| Stichwortartige Beschreibung: | |
| **Kriterien und die jeweilige Bewertung:** | |
| **Aufbau**<br>*Einleitung:*<br>Begrüßung und Überblick<br>*Hauptteil:*<br>schlüssige Folgerungen, gut begründete Aussagen, logisch strukturiert<br>*Schluss:*<br>Fazit und Verabschiedung<br>*insgesamt:*<br>lebendig, überzeugend | Beispiel:<br>optimal – klar und folgerichtig – im Wesentlichen nachvollziehbar – noch vorhanden – kaum erkennbar |
| **Inhalt**<br>Vorkenntnisse der Zuhörer beachtet; fachlich richtig; transparent, z. B. Tabellen, Statistiken, Vergleiche aus zuverlässigen Quellen; informativ und interessant; nicht zu umfangreich, aber vollständig | Beispiel:<br>herausragend – gut – meist informativ – noch akzeptabel – fragwürdig – unzureichend |



526750

(1) *Präsentation 1:*
*Präsentieren Sie Ihr Handy. Ihr Ziel dabei ist, über das Gerät und seine Funktionen zu informieren und dafür zu werben; Sie wollen deutlich machen, dass es sich um ein für Ihre Gebrauchszwecke sehr gut geeignetes Gerät handelt.*

(2) *Präsentation 2:*
*Schon ein wenig anspruchsvoller: Stellen Sie Ihren Mitschülerinnen und Mitschülern Ihren Betrieb und die Abteilung, in der Sie arbeiten, oder Ihren Ausbildungsplatz vor.*

Sie werden sehen: Es ist hilfreich, wenn Sie Ihr Auftreten vor einer Gruppe üben und sich bei allen möglichen Präsentationen gegenseitig Rückmeldungen geben. Dafür sollten Sie die Kriterien jeweils neu vereinbaren und auf die Situation beziehen.

Für wiederkehrende Passagen einer Präsentation können Sie folgende Formulierungshilfen verwenden:

**Wie begrüße ich eine Zuhörerschaft?**

- Guten Tag, Grüß Gott!
- Ich freue mich, dass wir hier über unser Thema sprechen können.
- Wir sind auf Ihre Reaktion, Ihre Fragen und Einwände richtig gespannt und freuen uns auf eine hoffentlich auch für Sie anregende Stunde.

**Stellen Sie sich vor!**

- Wir möchten uns kurz vorstellen: Ich heiße .../Ich bin .../Mein Name ist ...
- Wir sind von der Firma ... Wir sind aus der Klasse ...
- Ich spreche in meiner Funktion als ...

**Nennen Sie das Thema Ihrer Präsentation und führen Sie in das Thema ein:**

- Wie Sie der Folie entnehmen können, sprechen wir heute über ...
- Wir möchten Sie heute mit ... bekanntmachen.
- Unsere Präsentation beschäftigt sich mit ...
- Innerhalb des Gesamtprojekts erfüllt unsere Präsentation folgenden Zweck: ...
- Das heutige Thema ist vor allem deshalb interessant, weil ...
- Am Ende unseres Vortrags sollten Sie mit ... vertraut sein.

**Stellen Sie die Gliederung Ihres Vortrags vor:**

- Wir haben unsere Präsentation in drei Teile gegliedert: ...
- *Oder:* Dabei werde ich mich auf die drei folgenden Aspekte konzentrieren: ...
- *Oder:* Wir beginnen mit ... Dann werden wir ... Schließlich werden wir ...
- *Oder:* Zunächst werden wir ..., anschließend und daraus folgend werden wir ... Abschließend werden wir einige Lösungen kritisch betrachten.
- Geben Sie den Zuhörern eine aktive Rolle:
  Sie können Ihre Fragen gerne nach der Präsentation stellen.
  *Oder:* Falls Sie Fragen oder Einwände haben, können Sie mich gerne während der Präsentation unterbrechen. Ich werde dann sofort darauf eingehen.

**Wie formuliere ich Überleitungen?**

- Fassen Sie Ihre Ausführungen knapp zusammen und sagen Sie, was folgen wird:
  Um es auf den Punkt zu bringen: ... Der nächste Teil meiner Präsentation beschäftigt sich mit ...
- Gehen Sie zum nächsten Punkt über:
  Diese Schlussfolgerung leitet direkt über zu meinem nächsten Punkt.
- Weisen Sie auf das Ende eines Teils Ihrer Gliederung hin:
  Dies führt mich zum Schlusssatz meines zweiten Punkts.

**Beziehen Sie sich auf bereits genannte Aspekte:**

- Wie ich bereits an anderer Stelle sagte, ...
- Schauen wir uns doch noch einmal Punkt 1 an.
- Diesen Aspekt habe ich bereits ausführlich dargelegt in Punkt 1.
- Einen Gliederungspunkt zusammenfassen:
  Lassen Sie mich kurz zusammenfassen: ... *Oder:* An dieser Stelle möchte ich eine knappe Zusammenfassung des bisher Gesagten machen.

**Wie beende ich eine Präsentation?**

- Vielen Dank für Ihre Aufmerksamkeit.
- Ich weiß nicht, ob diese Präsentation alle Probleme löst, aber ich möchte es hierbei belassen.
- Zum Abschluss möchte ich noch einmal auf die Geschichte zurückkommen, die ich Ihnen zu Beginn meiner Präsentation erzählt habe: ...
- Dies bringt mich zum Ende meiner Präsentation.
- Lassen Sie mich abschließend noch einmal die wichtigsten Punkte zusammenfassen: ...
- Und jetzt bin ich gespannt auf Ihre Fragen!
  *Oder:* Bevor wir uns dem vorbereiteten Buffet widmen, bitte ich um Ihre Fragen!

# Beschreiben

## EINEN GEGENSTAND BESCHREIBEN

Versuchen Sie im Folgenden, einen Gegenstand, seine Bestandteile und deren Funktionen oder seine Arbeitsweise so genau wie möglich zu beschreiben. Achten Sie also unbedingt auf präzisen Ausdruck (je nach Adressat können Sie auch Fachbegriffe verwenden). Der Zusammenhang zwischen Beschaffenheit (Ursache) und Funktion (Wirkung) sollte dabei klar herausgearbeitet werden.

L *Tipp: Vielleicht können Sie zur Stoffsammlung die Mindmap (▸▸▸ S. 320) oder das Fischgrätendiagramm (▸▸▸ S. 127) einsetzen!*

(1) *Rollenspiel: Stellen Sie einem Kunden eine bestimmte Produktausführung im Vergleich zu einem anderen Modell vor. Versuchen Sie, den Bedarf des Kunden herauszufinden und in Ihre Beschreibung einzubeziehen.*

(2) *Erklären Sie einem neuen Kollegen ein wichtiges Arbeitsmittel im Betrieb und geben Sie ihm eine Gebrauchsanweisung dafür (eine Einweisung zum Beispiel für den Kopierer).*



526752

(3) *Beschreiben Sie ein Produkt, das Sie selbst gern verwenden.*

(4) *Kennen Sie den hydraulischen Wasserwidder oder das luftgetriebene Auto? Welche Erfindung wird zu Ihrem Bedauern leider nicht vermarktet? Stellen Sie sie vor!*

(5) *Welches Produkt sollte unbedingt noch erfunden werden? Was muss es können? Beschreiben Sie es schriftlich. Sie können auch eine Konstruktionszeichnung beilegen (zum Beispiel von Ihrem Traumfahrrad oder dem Verkehrsmittel der Zukunft).*

(6) *Beschreiben Sie den Aufbau und den sinnvollen Gebrauch eines für Sie wichtigen Nachschlagewerks.*

(7) *Orientieren Sie sich im Klassenzimmer: Beschreiben Sie die Wanduhr, Ihre eigene Armbanduhr, den Beamer an der Decke oder die Tafel mit ihren Vorzügen und Nachteilen.*

## EINEN VORGANG BESCHREIBEN

### Der Krawattenknoten

Eine Herausforderung stellt für viele das Binden einer Krawatte dar. Gehen Sie das Problem in Gruppenarbeit mit je einem Experten oder einer Expertin an:

(1) *In jeder Gruppe zeigt ein Schüler oder auch eine Schülerin zweimal (an sich selbst), wie man einen Krawattenknoten bindet.*

(2) *Danach hält jeder diesen Vorgang in einer Vorgangsbeschreibung schriftlich fest.*

(3) *Sie testen die Qualität Ihrer Vorgangsbeschreibungen: Nach den Anweisungen einer ausgewählten Vorgangsbeschreibung versucht jeweils ein Schüler oder eine Schülerin eine Krawatte zu binden.*

(4) *Sie ermitteln im Gespräch die Kriterien für eine gute Vorgangsbeschreibung.*

### Ein Knoten für viele Fälle – der Palstek

Waren Sie schon einmal segeln? Ein Segler muss einiges können, zu den Grundlagen gehört: Er muss eine Reihe seemännischer Knoten und „Stiche" („Steks") knüpfen können. Diese Knoten müssen einerseits einfach und schnell herzustellen sein, andererseits müssen sie zuverlässig halten und wieder leicht zu lösen sein – auch bei nassem Material.

Als der wohl wichtigste Knoten an Bord gilt der einfache Palstek. Man erhält mit ihm sehr schnell ein „Auge", das sich nicht zusammenziehen kann; der Palstek dient zum Festmachen an Pfählen, Pollern und Ringen und – zusammen mit weiteren Maßnahmen – zur Sicherung und Rettung.

Wie knüpft man einen einfachen Palstek?

(1) *Sie bilden Vierergruppen: Jede Gruppe erhält ein Seilstück, etwa 70 cm lang und 1 cm dick. Je zwei Schülerinnen oder Schüler schauen sich die folgenden Fotos an und versuchen, in Rekonstruktion des abgebildeten Vorgangs einen Palstek zu knüpfen.*

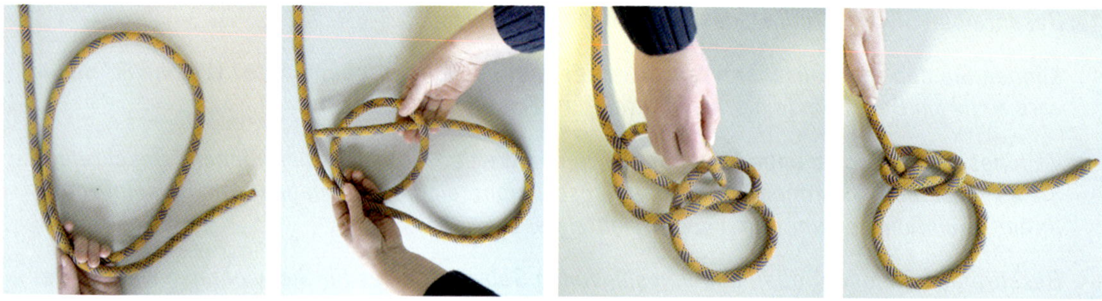

2. *Die beiden anderen erstellen eine schriftliche Vorgangsbeschreibung dieses Prozesses. Tipp: Ihr Seil heißt in der Seemannssprache „Leine" oder „Ende", das Ende des „Endes" heißt „Tampen".*

3. *Sie testen die Qualität Ihrer Vorgangsbeschreibungen: Orientiert an den Anweisungen versucht jeweils ein Schüler oder eine Schülerin vor der Klasse einen Palstek zu knüpfen.*

4. *Sie gehen wieder in Ihre Vierergruppen und verbessern Ihre Vorgangsbeschreibung.*

## Gegenstände und Vorgänge beschreiben

**Gegenstandsbeschreibungen** begegnen uns in Produktbeschreibungen und als Bestandteil von Gebrauchsanleitungen; dabei spielt der Zusammenhang zwischen Aussehen und Funktion eine wesentliche Rolle.

- Sie benennen den Gegenstand und – falls nötig – seine Funktion.
- Sie beschreiben ihn zunächst insgesamt (Größe, Form, Material, Farbe) und dann die Details der Teile – wenn sinnvoll, in ihrer Funktion.

**Vorgangsbeschreibungen** stellen den Prozesscharakter von Arbeitsabläufen oder allgemein von Tätigkeiten, die immer wieder gleich ablaufen oder ablaufen sollen, in den Vordergrund, zum Beispiel bei Bedienungsanleitungen, Verfahrensanweisungen oder Kochrezepten. Um immer wieder das gleiche Ergebnis zu erzielen, kommt es bei der Darstellung besonders auf Genauigkeit, Vollständigkeit und die logische Abfolge aller wesentlichen Schritte an.

- Sie benennen den Vorgang und geben eine Gesamtübersicht über diesen Vorgang.
- Sie beschreiben jeden Schritt genau: Der Adressat muss wissen, was er tun soll.

Für beide Formen der Beschreibung gilt:

- Überlegen Sie sich, an wen sich Ihre Beschreibung richtet und welchen Zweck sie hat (Adressatenbezug).
- Sammeln Sie Stoff zu einem Gegenstand oder einem Vorgang (mit W-Fragen, Fischgrätendiagramm ...) und bringen Sie Ihre Sammlung in einen logischen Zusammenhang.
- Verwenden Sie eine sachliche, möglichst präzise Sprache.
- Recherchieren Sie gegebenenfalls nach eindeutigen und korrekten Bezeichnungen. (Je nach den Adressaten können Sie Fachbegriffe zusätzlich „übersetzen" oder kurz erläutern.)
- Verwenden Sie Satzgefüge mit entsprechenden Konjunktionen, um Ursache und Wirkung bzw. Grund und Folge oder den zeitlichen Ablauf von Vorgängen in eine Beziehung zu bringen (um ... zu/sodass .../damit .../da .../wenn .../nachdem .../sobald ...).
- Die Zeitform ist immer das **Präsens!**



526754

# Berichten

Anders als bei der Beschreibung geht es beim **Bericht** um die sprachliche Gestaltung einmaliger Vorgänge; der Unfallbericht ist dafür ein Beispiel. Im Kapitel zum Geschäftsbrief finden Sie weitere Fälle und Situationen, in denen berichtet werden muss (▸▸▸S. 111 f.).

**UNFALLANZEIGE**
**für Kinder in Tageseinrichtungen, Schüler, Studierende**

1 Name und Anschrift der Einrichtung (Tageseinrichtung, Schule, Hochschule)
2 Träger der Einrichtung
3 Unternehmensnummer des Unfallversicherungsträgers
4 Empfänger

Unfallkasse
Baden-Württemberg
70324 Stuttgart

5 Name, Vorname des Versicherten | 6 Geburtsdatum Tag Monat Jahr
7 Straße, Hausnummer | Postleitzahl | Ort
8 Geschlecht ☐ männlich ☐ weiblich | 9 Staatsangehörigkeit | 10 Name und Anschrift der gesetzlichen Vertreter
11 Tödlicher Unfall? ☐ ja ☐ nein | 12 Unfallzeitpunkt Tag Monat Jahr Std. Min. | 13 Unfallort (genaue Orts- und Straßenangabe mit PLZ)
14 Ausführliche Schilderung des Unfallhergangs (insbesondere Art der Veranstaltung, bei Sportunfällen auch Sportart)

Die Angaben beruhen auf der Schilderung ☐ des Versicherten ☐ anderer Personen
15 Verletzte Körperteile | 16 Art der Verletzung
17 Hat der Versicherte den Besuch der Einrichtung unterbrochen? ☐ nein ☐ sofort ☐ später, am Tag Monat Std. Min.
18 Hat der Versicherte den Besuch der Einrichtung wieder aufgenommen? ☐ nein ☐ ja, am Tag Monat Jahr
19 Wer hat von dem Unfall zuerst Kenntnis genommen? (Name, Anschrift des Zeugen) War diese Person Augenzeuge? ☐ ja ☐ nein
döladfäasdlö
20 Name und Anschrift des erstbehandelnden Arztes/Krankenhauses | 21 Beginn u. Ende des Besuchs der Einrichtung Beginn Std. Min. Ende Std. Min.
22 Datum | Leiter (Beauftragter) der Einrichtung | Tel-Nr. für Rückfragen (Ansprechpartner)

## Bericht

Der **Bericht** informiert sachlich über ein Geschehen, das sich nur einmal ereignet hat und sich nicht in gleicher Weise wiederholen kann.

- Da es sich um ein einmaliges Ereignis handelt, ist die Zeitform das **Präteritum.**
- Im Aufbau ist er orientiert an den W-Fragen: Was? Wer? Wann? Wo? Wie? Warum? Welche Folgen?
  Die wichtigsten W-Fragen werden in der **Einleitung** möglichst in einem Satz zusammenfassend beantwortet, dann folgt eine genaue **Darstellung des Hergangs,** falls bekannt mit der Angabe von Ursachen und Folgen.
  Bei **Formularen** ist der **Aufbau** oft vorgegeben. In Formularen werden die wichtigsten Fragen auch gezielt abgefragt.
- Die Sprache des Berichts ist sachlich und informativ; die Formulierungen sind knapp.
- Der Bericht ist adressatenorientiert: Dies bestimmt, in welchem Maß Fachausdrücke verwendet und welche Einzelheiten genannt werden.

In jeder Berufsausbildung in einem staatlich anerkannten Ausbildungsberuf wird – meist wöchentlich – ein **Berichtsheft** (Ausbildungsnachweis) geführt, das die Tätigkeiten, Kenntnisse und Fertigkeiten des Auszubildenden nachweist und vom Auszubildenden und Ausbilder unterschrieben wird. Es enthält in Stichworten Angaben zu

- der jeweils ausgeübten Tätigkeit,
- Werkstoffen, eingesetzten Werkzeugen, Maschinen und Hilfsmitteln,
- der Dauer der einzelnen Tätigkeiten,
- den Inhalten des Unterrichts in der Berufsschule.

## GESPRÄCHSINHALTE NOTIEREN: TELEFONNOTIZ UND PROTOKOLL

**Am Freitagnachmittag**

Herbert Boss führt seine Baufirma im alten Stil. Er hält alle Fäden in der Hand und verlangt von seinen Mitarbeitern vor allem, dass sie seine Anweisungen genau befolgen. Mitdenken ist bei ihm weniger gefragt. Mit den einfachen Arbeitern spricht Herr Boss lieber nicht, er hat ja seinen Vorarbeiter, Jürgen Fleißig. Heute ist ein normaler Freitag. Kurz vor Feierabend erfährt Herr Fleißig, wie die Aufgaben für den Montag aussehen. Wie üblich erteilt Herr Boss seine Anweisungen spontan und mündlich und – da er unterwegs ist – telefonisch.

1 *Sie bestimmen nun einen Mitschüler, der vorliest, was Herr Boss mitzuteilen hat, und alle anderen sind Herr Fleißig und lauschen mit gezücktem Bleistift und bereitliegendem Notizzettel:*

„Hallo, Herr Fleißig. Hier spricht Big Boss. Sie teilen am Montag die Männer in drei Gruppen. Zwei Mann sollen mit schwerem Bohrgerät und einem überlangen 30-mm-Bohrer, der Kunde hat angerufen und gesagt, mindestens 800 mm, um 10 Uhr bei der Baustelle in der Uhlandstraße 45 sein. Fünf Mann, darunter mindestens zwei Eisenbieger, betonieren die Decke der Tiefgarage auf der Baustelle Krause, Sie wissen schon. Die erforderlichen 20 Kubikmeter Fertigbeton wurden für etwa 14 Uhr bestellt. Der Fahrer vom Betonmischer ist über alles informiert.
Die übrigen Mitarbeiter sollen sich mit Ihnen wie üblich auf der Großbaustelle am Bahnhof einfinden, euer Vesper vergesst ihr nie! Wie wär's, wenn ihr diesmal auch an die Ersatzteile für den Kran denkt? Da ist noch was zum Denken: Wenn nur fünf Mann an der Garagendecke arbeiten, dann muss Verzögerer in den Beton! Übrigens, ob es auf der Baustelle in der Uhlandstraße schon Strom gibt, weiß ich nicht, aber wir haben ja einen Generator.
Der Bauherr von der Tiefgarage hat mich noch mal angerufen, die Kabel für die Deckenbeleuchtung und den Rolltorantrieb sollen unbedingt in die Decke verlegt werden und die Abflussrohre wurden im Bauplan vergessen, aber darüber hatten wir ja schon gestern gesprochen.
So, dann ist ja alles klar. Ich werde übrigens am Montag früh Tennis spielen gehen. Vielleicht klappt's ja mal, dass nicht dauernd mein Handy klingelt – es wäre das erste Mal! Wozu hab ich eigentlich die teuren Fachleute eingestellt? Also klar?! Wer mich am Montag stört, der kann gleich seine Papiere abholen!
Ach, bevor ich's vergesse: Ob das in der Uhlandstraße oder in der Lessingstraße ist, weiß ich selbst nicht mehr sicher – die Klassiker hab' ich schon immer verwechselt; Sie machen das schon."

2 *Was haben Sie sich notiert? Besprechen Sie die Notizen, die Sie sich während des Anrufs gemacht haben. Ordnen und ergänzen Sie sie und fertigen Sie dann eine Telefonnotiz an, die Sie zu den Akten legen können. Welche formalen Angaben müssen enthalten sein?*

3 *Versuchen Sie alle Fehler von Herbert Boss genau zu erkennen und zu benennen.*



526756

4 *Welche Folgen wird der Führungsstil von Big Boss für Mitarbeiter und Firma haben? Begründen Sie Ihre Vermutungen kurz.*

5 *Sie sind Herr Fleißig: Formulieren Sie für jede der drei Kollegengruppen schriftliche Arbeitsaufträge, die am Montag frühmorgens erteilt werden sollen. Achten Sie darauf, dass nichts fehlt und dass die Anweisungen ohne mündliche Erläuterungen klar verständlich sind!*

## Telefonnotiz

| | | |
|---|---|---|
| Anruf für: | Abteilung: | |
| Anruf von: | Datum: | Uhrzeit: |
| Firma: | Rückruf-Nr.: | |

- ☐ hat angerufen
- ☐ ruft wieder an
- ☐ möchte Sie treffen
- ☐ hat zurückgerufen
- ☐ erbittet Rückruf

Nachricht:

.............................................................................................................

.............................................................................................................

.............................................................................................................

.............................................................................................................

.............................................................................................................

.............................................................................................................

.............................................................................................................

.............................................................................................................

.............................................................................................................

.............................................................................................................

.............................................................................................................

.............................................................................................................

.............................................................................................................

| | | |
|---|---|---|
| Aufgenommen von: | Datum: | Uhrzeit: |

Angenommen, Herr Fleißig hat Freitagabend keine Lust mehr, für jeden Kollegentrupp eine Arbeitsanweisung niederzuschreiben. Er kommt auf die Idee, am Montagmorgen als Erstes eine kurze Teambesprechung einzuberufen und die Anweisungen von Herrn Boss auf diese Weise weiterzugeben. Offene Fragen können dann auch gleich geklärt werden.

Gesagt, getan: Montag früh um 7 Uhr sind 14 Kollegen im Betrieb, einer hat sich krankgemeldet. Um sich abzusichern, lässt Herr Fleißig die Bürokauffrau Nadine Schnell ein Ergebnisprotokoll schreiben. Die Tagesordnung legt Herr Fleißig fest.

1. *Besprechen Sie, welche Angaben Nadine Schnell notieren sollte, bevor Herr Fleißig das Meeting eröffnet.*
2. *Wie könnten die Tagesordnungspunkte (TOPs) von Herrn Fleißig sinnvollerweise aussehen?*
3. *Was könnte Frau Schnell zu jedem TOP als Ergebnis festhalten?*
4. *Diskutieren Sie: Wer sollte das fertige Protokoll unterschreiben?*

## Das Protokoll

Das Protokoll als „Niederschrift“ kann als Dokumentation, Gedächtnisstütze und zur Information von Nichtanwesenden dienen. Die Mitschrift erfolgt in der Regel, während das Ereignis stattfindet. Die Zeitform ist daher meist das **Präsens.**

**Arten:**

- Wortlautprotokoll (Beispiel: Bundestagssitzung)
- Verlaufsprotokoll (chronologisch, aber auf das Wesentliche zusammengefasst)
- Ergebnisprotokoll (häufig auf Diskussions- oder Abstimmungsergebnisse, Arbeitsaufträge oder Beschlüsse zum weiteren Vorgehen und Termine konzentriert)
- Daneben gibt es noch für besondere Zwecke zum Beispiel das Versuchsprotokoll, Arbeits- oder Projektgruppenprotokoll, Unterrichtsprotokoll oder auch das Gedächtnisprotokoll.

## Aufbau eines Protokolls

Wegen seines dokumentarischen Charakters kommt den Formalien eine große Rolle zu. Die äußere Gestaltung ist in einem Betrieb oder innerhalb einer Institution oft einheitlich geregelt. Folgende Angaben werden auf jeden Fall verlangt:

- **im Kopf:** Datum, Beginn und Ende der Veranstaltung, Ort, Teilnehmer (namentlich oder laut beigefügter Teilnehmerliste), Abwesende, Protokollführer/-in, ggf. Vorsitzender oder Sitzungsleiter, Thema oder Bezeichnung der Veranstaltung, ggf. Verteiler (Personen, die das Protokoll erhalten sollen), ggf. Übersicht über Tagesordnungspunkte (TOPs)
- **im Hauptteil:** Je nach Art des Protokolls mehr oder weniger zusammengefasste Wiedergabe des Inhalts der Veranstaltung. Wenn es eine Tagesordnung gibt, wird diese abgearbeitet und der Inhalt gliedert sich dann nach den TOPs.



526758

- **im Schlussteil:** Unterschrift des Protokollführers, oft auch noch die Gegenzeichnung des Sitzungsleiters zur Bestätigung der sachlichen Richtigkeit. Es können folgen: Hinweise auf Anlagen (zum Beispiel Anträge im Wortlaut oder sonstige Unterlagen, auf die in der Sitzung Bezug genommen wurde).

**Stil:** knapp, sachlich und informativ. Wegen der großen Bedeutung, die einem Protokoll als Dokument zukommen kann, muss der Protokollant alle wesentlichen Tatsachen unbedingt korrekt und neutral wiedergeben. Wenn im Ausnahmefall bestimmte Äußerungen Einzelner wiedergegeben werden sollen, dann in der indirekten Rede.

Ein Beispiel für ein Protokoll:

**Niederschrift**
**über die 73. Sitzung des Gemeinderats der Gemeinde Entenhausen**

Zeit: 07.10.2017, 19:30–22:00 Uhr
Ort: Sitzungssaal 1 im Rathaus Entenhausen
Leitung: Viktoria Schnabel, Erste Bürgermeisterin
Teilnehmer: lt. Anwesenheitsliste (Anlage)
Abwesend: Donald Picker (entschuldigt)
Schriftführer: Johann Hahn

**Tagesordnung:**
1. Begrüßung/Feststellung der Beschlussfähigkeit/Genehmigung der Niederschrift der 72. Sitzung des Gemeinderats
2. Bericht aus dem AK Kindergarten und Schule
3. Bauanträge

**zu TOP 1:**
Die Erste Bürgermeisterin Schnabel eröffnet um 19:30 Uhr die Sitzung des Gemeinderats und stellt die ordnungsgemäße und fristgerechte Ladung sowie die Beschlussfähigkeit des Gemeinderats fest. Einwände gegen die Tagesordnung werden keine vorgetragen. Die Niederschrift der 72. Sitzung des Gemeinderats wird genehmigt.
...

Der Schriftführer: .......................... Der/die Vorsitzende: ..........................
Ort, Datum: .......................... ..........................................

Protokolle fallen auch bei größeren Gruppenarbeiten an, bei der Durchführung von Projekten zum Beispiel. Protokolle sind daher beruflich wie schulisch relevant. Ein Formular für ein solches Protokoll ist das folgende:

| **(Beispiel)** | **Protokoll zur Gruppensitzung vom ...** |
|---|---|
| **Gruppenthema:**<br><br>betreuende/r Lehrer/-in: | |
| Zeit:<br><br>Ort:<br><br>An-/Abwesende:<br><br>Gesprächsleiter/-in:<br><br>Protokollant/-in:<br><br>**Thema/Ziele der Sitzung:** | |
| **1. Verlauf und Ergebnisse:** | (Was wurde besprochen?)<br><br>(Was wurde geklärt? Begründungen?)<br><br>(Welche Fragen blieben ungeklärt?) |
| **2. Weiterarbeit und Termine:** | (Weitere Aufgaben? Absichten und Ziele?)<br><br>(Wer übernimmt welche Aufgaben?)<br><br>(Bis wann sind die Aufgaben zu erledigen?) |
| **3. Nächste Arbeitssitzung(en):** | |



526760

# Berufsorientierte Kommunikationsformen

## Reflektieren

- Gehen Sie die folgende Liste durch, überprüfen Sie, ob Sie die angegebenen Kompetenzen gut, weniger gut oder noch gar nicht beherrschen.
- Schreiben Sie die Punkte auf, in denen Sie mit den genannten Kompetenzaussagen Schwierigkeiten haben, und warum; so gehen Sie dabei vor:

  - Ich kann weniger gut ...
  - Ich kann noch nicht ...

## Kompetenzen

- Sie haben die Kompetenz erworben

**1.** adressatenorientiert zu präsentieren, d. h.:

- Sie können sich auf Ihre Zuhörer im Aufbau wie im Inhalt Ihrer Präsentation einstellen.
- Sie können zu Ihrer Hilfe und zur Stützung Ihres Vortrags ein geeignetes Medium auswählen.
- Sie planen die einzelnen Schritte Ihrer Präsentation (Begrüßung, Vorstellung, Einführung, Gliederung, Überleitungen, Beendigung).
- Sie können Ihr Konzept in freier Rede umsetzen.

**2.** einen Gegenstand und einen Vorgang adressatenorientiert zu beschreiben, d. h.:

- Sie kennen die Erwartung Ihrer Adressaten und den Zweck Ihrer Beschreibung.
- Sie wissen, wie Sie Ihre Beschreibung aufbauen.
- Sie verknüpfen dabei Beschreibung und Benennung der Funktion und Wirkung.

**3.** von verschiedenen Situationen einen Bericht abzufassen, d. h.:

- Sie kennen die Grundstruktur und die zentralen Merkmale eines Berichts.
- Sie können eine Unfallanzeige korrekt und funktional sinnvoll anfertigen.
- Sie können eine Telefonnotiz funktional sinnvoll aufnehmen.
- Sie kennen unterschiedliche Formen des Protokolls.
- Sie wissen, wie ein Protokoll aufzubauen und sprachlich zu verfassen ist.
- Sie können situationsorientiert ein Protokoll abfassen.

# Stellungnahme auf der Grundlage eines pragmatischen Textes

Sie lernen in den Kompetenzbereichen „Schreiben“ und „Pragmatische Texte und Medienprodukte“,

- pragmatische Texte oder Sachtexte zu erschließen und zusammenzufassen,
- eine begründete Stellungnahme zum Text zu formulieren,
- Beispiele zu beurteilen.

## Vom Lesen zur strukturierten Textwiedergabe

Quelle und Thema erkennen

Wichtiges und Unwichtiges unterscheiden – markieren und strukturieren

Den Inhalt verdichten und den Text kürzen

Eine Aussage wiedergeben

## Die Stellungnahme: Ich denke so, also schreibe ich

Was ist eine „Stellungnahme auf der Grundlage eines pragmatischen Textes“?

Welche Argumente sind zu berücksichtigen?

Was ist meine Überzeugung?

Wie gliedere ich meine Stellungnahme?

Erst denken, dann planen, dann schreiben!

# Textwiedergabe: Strukturierte Wiedergabe von pragmatischen Texten

Im Aufenthaltsraum der Schule:

Jasmin: „Du, hast du die Ankündigung am Schwarzen Brett gelesen? Die Schulleitung schlägt die Einführung einer einheitlichen Schulkleidung vor. Wir sollen das diskutieren."

Burak: „Was?? Einheitliche Schulkleidung?"

Jasmin: „Ich war zuerst auch geschockt. Aber die Gründe finde ich ganz gut."

Burak: „Sag mal, was steht denn da?"

Jasmin: „Nun ja, ich weiß nicht, ob ich das alles noch zusammenkriege, also erstens ..."

Und Jasmin bemüht sich, die Ankündigung vom Schwarzen Brett zusammenzufassen.

Nahezu täglich kommen wir in Situationen, in denen wir etwas begründen oder erklären wollen oder – in der Erwartung anderer – sollen. Häufig wollen wir einfach unsere Meinung äußern, das meint Stellung nehmen zu einem Plan oder einer Entscheidung; unsere Stellungnahme schließt meistens auch eine Begründung ein. Gelegentlich müssen wir aber auch im Alltag Informationen, die wir gehört oder gelesen haben, einem anderen, der davon noch nichts weiß, zusammenfassen und wiedergeben, bevor wir sie diskutieren oder uns dazu kritisch und mit Gründen für unsere Kritik äußern können.

Die Aufsatzform „Stellungnahme mit Textgrundlage" schließt diese beiden Anforderungen zusammen:
- Zunächst erstellen Sie eine Wiedergabe eines pragmatischen Textes oder Sachtextes.
- Danach nehmen Sie zu den zentralen Aussagen dieses Textes Stellung.

## VOM LESEN ZUR STRUKTURIERTEN TEXTWIEDERGABE

### Schritt 1: Quelle und Thema des Textes erkennen

Als Erstes bestimmen und „verorten" wir den Text; wir klären:
- die Textsorte: Welche Textsorte liegt vor (Bericht, Kommentar, Leserbrief ...)?
- den Autor: Wer hat den Text geschrieben?
- die Quelle: Wo und wann ist der Text erschienen?
- das Thema: Worum geht es?
- den Anlass: Gab es einen bestimmten Anlass, diesen Text zu schreiben?
- die Textintention: Was ist die Absicht oder das Ziel des Textes oder des Schreibers?

Ruth Herberg

## „Wir-Gefühl“ statt Markenwahn?

*Mannheimer Morgen, 24. März 2016.*

Groß-Umstadt/Frankfurt. Sarah streift sich den blauen Pullover über und schaut stolz an sich herunter. „Ein Shirt, eine Jacke und eine Tasche habe ich bereits bestellt“, erzählt sie während der Anprobe, „aber ich werde wohl auch noch eine Mütze und eine Hose kaufen.“ Die Elfjährige besucht die Ernst-Reuter-Schule in Groß-Umstadt bei Darmstadt. Hier ist vor kurzem Schulkleidung eingeführt worden: 30 Produkte wie T-Shirts, Kapuzenpullover oder Mützen in den Schulfarben blau und grün, verziert mit dem Logo der Schule, stehen zur Auswahl. Auch für Lehrer.

Als „Uniform“ sieht die Schule ihre neue Kleidung nicht. „Bei uns wird niemand gezwungen, die Schulkleidung zu tragen“, erklärt Rektor Volker Hartmann. „Außerdem sind alle Teile so gestaltet, dass sie den Schülern auch wirklich gefallen.“ Die Resonanz sei bisher sehr gut: „Es sind schon viele Bestellungen eingegangen.“ Auch mehr als die Hälfte der Lehrer hätten aus der Kollektion geordert. Zwei Gründe haben die Leitung zur Einführung bewogen: In erster Linie solle das „Wir-Gefühl“ gestärkt werden. „Aber natürlich versuchen auch wir, einen kleinen Beitrag im Kampf gegen den Markenwahn zu leisten.“

Der Modewettbewerb zwischen den Schülern hat auch für Karin Brose den Ausschlag gegeben: Die ehemalige Lehrerin war nach eigener Aussage vor 16 Jahren in Hamburg die erste, die an einer öffentlichen Schule in Deutschland Schulkleidung eingeführt hat. „Mir hat es gestunken, dass die Schüler die Schule nicht als Raum zum Arbeiten begriffen haben, sondern als eine große Party! Ständig ging es nur um Eitelkeiten und darum, sich zu präsentieren“, erzählt sie.

Die Annahme, Schulkleidung bekämpfe Markenwahn und Mobbing, ist unter Eltern und Lehrern gleichermaßen weit verbreitet. Allerdings gelten mittlerweile auch andere Dinge wie Handys und Uhren als Statussymbol. Wie viel können einheitliche Shirts und Pullover da noch ausrichten?

Nicht viel, sagt die Soziologin Ingrid Weißmann von der Universität Gießen. Einheitliche Kleidung könne die sozialen Unterschiede sogar verstärken: „Sozial schwächere Familien können sich nicht so viele Garnituren an Schulkleidung leisten. Diese Kinder tragen ein und denselben Pullover dann halt auch mal eine Woche lang.“ Kinder aus wohlhabenderen Familien zögen jeden Tag ein neues Oberteil an. „Was bringt mir also Integration, wenn ich sie mir nicht leisten kann?“, fragt die Soziologin.

An den Schulen hat man Lösungen gefunden: „Wer den Kauf der Schulkleidung finanziell nicht stemmen kann, bekommt Unterstützung“, sagt Hartmann. Die Ernst-Reuter-Schule hat dafür einen Finanztopf aus Spenden von Unternehmen und Privatpersonen. Brose hat damals die Kleidung etwas teurer ver- als eingekauft. Mit den erzielten Überschüssen wurde die Kleidung für ärmere Familien bezahlt. Zahlen darüber, wie viele Schulen in Hessen den Einheitslook haben, gibt es nicht. Für Schulkleidung besteht keine „Meldepflicht“ - denn zum Tragen kann niemand gezwungen werden, erklärt ein Sprecher des Kultusministeriums: „Eine Schulkleidungspflicht lässt sich nicht mit dem Recht auf freie Entfaltung der Persönlichkeit, die im Grundgesetz verankert ist, vereinbaren.“

Am Neuen Gymnasium in Rüsselsheim ist die Schulkleidung allerdings doch Pflicht. Das funktioniere über eine besondere Regelung, erklärt der Schulkleidungsbeauftragte des Gymnasiums, Dennis Lau: „Wer sein Kind bei uns anmelden möchte, wird in einem Informationsgespräch über die Schulkleidung aufgeklärt.“ Mit der Anmeldung erklärten sich die Eltern dann mit der Pflicht zum Tragen der Kleidung einverstanden. So habe man ein Schlupfloch gefunden.

An der Ernst-Reuter-Schule lässt man sich nicht bremsen: „Natürlich war und ist das Ganze mit viel Arbeit verbunden. Aber ich finde die Idee nach wie vor klasse und würde das jederzeit genauso wieder machen“, sagt der Rektor. „Das Entscheidende ist, dass es jemanden gibt, der sich darum kümmert.“

© Südhessen Morgen, Donnerstag, 24.03.2016

(Herberg, Ruth,, in: Mannheimer Morgen, 2016, o. S.)

(1) *Bestimmen und „verorten“ Sie den Textauszug. Beachten Sie dazu auch die Informationen zu pragmatischen Texten:*

**Pragmatische Texte**

Zu den pragmatischen Texten gehören Auszüge aus der **Fachliteratur** und **journalistische Texte.**

Bei den journalistischen Texten unterscheiden wir **informierende Texte** (Nachricht, Bericht, Reportage) von **meinungsbetonten Texten** (Kommentar, Glosse, Leserbrief).

- Eine **Nachricht** ist eine knappe Information über aktuelle Ereignisse, sachlich gehalten.
- Ein **Bericht** ist eine Langform der Nachricht, also eine sachliche Darstellung von Tatsachen, Situationen oder Äußerungen bestimmter Personen zu einem bestimmten Thema.
- Eine **Reportage** ist ein Bericht, geschrieben aus subjektiver Sicht; sie kann auch Empfindungen und Gefühle des Schreibers und anregende Einzelheiten vermitteln, die informativ nicht so wichtig sind.
- Ein **Kommentar** bezieht sich auf einen bestimmten Sachverhalt oder auf ein Ereignis; er ist die Verbindung von objektiver Information, subjektiver Wertung und ihrer Begründung durch Argumente.
- Eine **Glosse** ist ein knapper Kommentar eines Sachverhalts oder Ereignisses in ironischer, polemischer, witziger oder überzeichnender Weise.
- Ein **Leserbrief** ist die Zuschrift eines Lesers an eine Zeitung: Er bezieht sich – kritisch, berichtigend, ergänzend – auf einen Artikel in der Zeitung oder auch auf ein Thema, das die Zeitung noch nicht aufgegriffen hat.

**Internet-Texte** lassen sich diesen Textsorten meist zuordnen. Entweder äußern sich Nutzer in kritischen Kommentaren oder die Zeitungen selbst stellen Texte ins Netz.

(2) *Klären Sie nun Ihr Textverständnis:*

- *Welche Methoden der Texterschließung kennen Sie (▸▸▸ S. 19 f.)?*
- *Ermitteln Sie die wesentlichen Aussagen des Textes mit einer der vorgestellten Methoden.*

## Schritt 2: Wichtiges und Unwichtiges unterscheiden – markieren und strukturieren

Dieser Schritt ist der zentrale Schritt in der inhaltlichen Erarbeitung eines pragmatischen Textes, der von uns im Grunde alltäglich gefordert wird, wenn wir uns informieren wollen oder mit Informationen umgehen müssen: in der Schule, in der Verarbeitung aktueller Nachrichten, bei der Lektüre von Zeitungen oder Zeitschriften oder bei der Recherche im Internet.

Wie können wir wichtige Aussagen von unwichtigen unterscheiden?

Hilfreich ist es einmal, den Aufbau des Textes, seine Gliederung, zu klären:
- Wovon ist in jedem Abschnitt die Rede? Was ist jeweils seine Funktion?

Die zentrale Frage bleibt: Was sind die Hauptaussagen?

Hilfreich ist zweitens die inhaltliche Unterscheidung der Aussagen. Wir unterscheiden:

- Forderungen, Thesen oder zentrale Fakten

Zum Thema „Schulkleidung“ etwa ist es sicher wichtig, ob der Autor die Einführung einer einheitlichen Schulkleidung fordert (= Forderung) oder für sinnvoll hält (= These); es ist unter Umständen auch wichtig, dass Staaten wie England, Frankreich oder die Türkei Schuluniformen schon lange eingeführt haben (= Fakten).

- Beispiele:
  Was sind nur Beispiele? Sie sind hilfreich zum Verständnis, da sie konkret und anschaulich sind, aber eben nur Beispiele, das meint Illustrationen oder Belege für die Thesen.

Bei dem Thema „Schulkleidung“ ist in dem folgenden Text wohl nur ein Beispiel, dass Schülerinnen eines Berufskollegs in Krefeld Entwürfe dafür gemacht haben.

- Argumente:
  Wo gibt es Begründungen?

Ein *Argument für* die einheitliche Schulkleidung ist zum Beispiel, dass dadurch die Identifikation mit der Schule gefördert wird. Ein *Gegenargument* liegt in den Kosten, die damit auf die Eltern zukämen.

- Konsequenzen:
  Wo gibt es Folgerungen oder Überlegungen, die auf die weitere Entwicklung oder in die Zukunft weisen?

Eine Konsequenz beim Thema „Schulkleidung“ wäre nach einer möglichen Auflistung der Gründe für die Einführung einheitlicher Kleidung der Appell des Autors an Lehrer und Schüler, dieses Thema zu diskutieren.

Wie gehen wir methodisch vor?
Wir markieren den Text, das heißt, wir unterstreichen die wichtigen Aussagen, und gleichzeitig strukturieren wir ihn, das heißt, wir notieren am Rand Stichworte zum Inhalt eines jeden Abschnittes, wir nummerieren die Thesen am Rand durch, wir setzen am Rand Zeichen, Abkürzungen für „Fakten“, „Pro-/Kontra-Argumente“, „Beispiele“ und „Konsequenzen“.

Eine solche Bearbeitung durch Markierung und strukturierende Randbemerkungen weist beispielhaft der folgende Text auf.

Türkische Schülerinnen in Schuluniform 2008

*Im Unterschied zu anderen Ländern bleibt in Deutschland das Tragen einheitlicher Schulkleidung umstritten. Vor allem die Lehrerverbände protestierten dagegen.*

Arno Heissmeyer

## Schuluniform: Einheitslook im Klassenzimmer

Bernd Klähn vom Essener Grashof-Gymnasium liefert handfeste Argumente für das Tragen einheitlicher Schulklamotten. „Schüler, die gemobbt werden, weichen auf unsere neue Schulkleidung aus", beobachtet der Lehrer. „Es scheint, dass diese Kleidung beim Mobben tabu ist", ergänzt der Pädagoge. Auch die Schulleiterin Monika Thilo von der Realschule Herkenrath in Bergisch-Gladbach hat keine Einwände gegen eine Einheitskluft von Pennälern. „Die Leistungen der Schüler und der Zusammenhalt wurden besser", bilanziert die Frau ein Modellprojekt an ihrer Schule.

Beispiel
Pro-Argumente
Pro 1.
Beispiel
Pro 2.
Pro 3.

Seit Beginn des neuen Schuljahres können die Schulen in Nordrhein-Westfalen selbst entscheiden, ob sie einheitliche Mode fürs Klassenzimmer einführen. Den Schulkonferenzen bleibt es überlassen, Empfehlungen auszusprechen – einen Zwang gibt es allerdings nicht. Bisher, so eine Schätzung im Schulministerium, hat eine Handvoll Einrichtungen von der Möglichkeit Gebrauch gemacht.

Fakt NRW

*Uniformen im Kampf gegen Markenfetischismus*

Seit Jahren wird in Deutschland über die verbindliche Einführung von Schuluniformen oder zumindest einem Einheitslook kontrovers diskutiert. Einige wenige staatliche Schulen wie beispielsweise die Haupt- und Realschule in Hamburg-Sinstorf, die Haupt- und Realschule Friesenheim (Baden) oder die Realschule in Haag (Oberbayern) haben es den Briten nachgemacht und Schuluniformen eingeführt. Hier und dort laufen nach Angaben der Ständigen Konferenz der Kultusminister der Länder entsprechende Testphasen und Projekte.

Fakten D
1., 2.
Beispiele
3.

Die nordrhein-westfälische Schulministerin Barbara Sommer (CDU) lässt kaum eine Gelegenheit aus, für eine einheitliche Kluft im Klassenzimmer zu werben. Sie stärke das Wir-Gefühl an den Schulen. Ebenso, glaubt Frau Sommer, könne der Einheitslook den Markenfetischismus unter den Schülern eindämmen, die Ausgrenzung von Kindern und Jugendlichen vermeiden sowie ein gutes Lern- und Sozialklima schaffen.

Pro-Argumente
Pro 3.
Pro 4.
Pro 1.
Pro 2./3.

*Modenschau für einheitliche Schulkleidung*

Erst kürzlich war die 58-jährige Ministerin bei einer etwas ungewöhnlichen Modenschau in Düsseldorf persönlich über den Catwalk stolziert und hatte sich in dunklem Rock, taillierter Weste, einer Bluse und einem Barett auf dem Kopf präsentiert. Angehende Modemacher der Berufskollegs in Krefeld, Mönchengladbach, Halle und Düsseldorf hatten zu Nadel und Faden gegriffen und ihre Kreationen für einheitliche Schülerkleidung vorgestellt. Vom bauchfreien Top über den frechen Jeansrock bis hin zum klassisch-eleganten und strengen

Beispiel Düsseldorf



526768

Uniformlook waren alle Muster vertreten – flippig und flott oder moderat und mausgrau.

*Einheitskluft soll Integration fördern*

Als im April vergangenen Jahres zwei islamische Schülerinnen einer
Bonner Gesamtschule plötzlich im Burka-Gewand zum Unterricht — **Ausgangspunkt**
erschienen waren und damit bundesweit Schlagzeilen erzeugten, hatte sich selbst Bundesjustizministerin Brigitte Zypries mit Blick auf die Förderung der Integration für eine Einheitskluft für Schüler ausgesprochen. An ihrer Seite weiß die Sozialdemokratin auch ihre Kabinettskollegin, Bundesbildungsministerin Annette Schavan.

Aber Gegenwind kommt in erster Linie von den Lehrerverbän- — **Kontra-Argumente**
den. Der Deutsche Philologenverband (DPhV) hält es für „völlig unre-
alistisch", dass sich mit Einheitskleidung Integrationsprobleme lösen — **Kontra 1.**
oder Markenwahn bekämpfen ließen. Zudem, meint DPhV-Chef — **Kontra 2.**
Heinz-Peter Meidinger, gebe es in Deutschland keine historisch unbe-
lastete Tradition von Schuluniformen. Das Bild uniformierter Jugend- — **Kontra 3.**
licher im Dritten Reich habe „eine wohl begründete Abneigung" gegen Uniformen entstehen lassen.

*Schuluniform als Kostenfaktor*

Ganz so schweres Geschütz fährt der Lehrerverband Bildung und Erziehung (VBE) zwar nicht auf. Aber von einheitlichem Schulchic will auch diese Organisation nichts wissen. Der nordrhein-westfälische Landeschef Udo Beckmann kritisiert, dass Eltern die Kleidung
selbst bezahlen müssten. „Man darf vor allem die Kinder aus einkom- — **Kontra 4.**
mensschwachen Familien nicht vergessen, deren Eltern die Kleidung nicht zahlen können", mahnt Beckmann. Deshalb drohe eine neue
Form von Diskriminierung. Skeptisch bleibt auch die Gewerkschaft — **Kontra 5.**
Erziehung und Wissenschaft (GEW). „Wenn man in andere Länder schaut, erkennt man, dass die Schuluniform keine sozialen Probleme
und Integrationsprobleme löst", so die stellvertretende NRW-Landes- — **Kontra 1./2.**
vorsitzende Renate Boese.

(Heißmeyer, in: Focus Online, 2007, o. S.)

1. *Machen Sie sich noch einmal klar: Welche Funktion hat im Kontext der „Stellungnahme mit Textgrundlage" die Textwiedergabe?*
2. *Überprüfen Sie die Markierungen: Was ist vor allem angestrichen? Weshalb?*
3. *Warum sind hier keine Eigennamen markiert?*
4. *Die Beispiele sind am Rand gekennzeichnet* **(Beispiel)***, nicht aber angestrichen: warum nicht?*
5. *Bei der Nummerierung der Argumente wiederholen sich einige Zahlen: warum?*

## Schritt 3: Schreiben

Wenn ein Text strukturiert und markiert ist, ist es nicht mehr so schwer, eine Inhaltsangabe zu schreiben. Sie wissen schon einiges über die Textwiedergabe:

(1) *Stellen Sie im Gruppengespräch die Kennzeichen der Textwiedergabe zusammen.*

### Wiedergabe von pragmatischen Texten

Sie durchlaufen drei Schritte: erst denken, dann planen, dann schreiben.

- Grundlage ist das Durcharbeiten des vorliegenden Textes:
  - Sie markieren die wesentlichen Aussagen und
  - strukturieren ihn durch Randzeichen.
- In der Hinführung führen Sie zum Thema des Textes; Sie machen darin deutlich, dass es sich um ein interessantes, ein wichtiges oder ein aktuell diskutiertes Thema handelt.
- Der Text muss bestimmt und „verortet" werden:
  - Sie nennen die Textsorte, Autor und Titel, Datum und Quelle.
  - Sie fassen das Thema oder die Absicht dieses Textes noch einmal zusammen.
- Sie überlegen und wählen aus, was als Basis der später folgenden Stellungnahme wichtig ist.
- Sie überlegen, wie Sie Ihre Textwiedergabe strukturieren: Sie müssen in der Reihenfolge der Aussagen nicht dem Text folgen; zusammengehörige Inhalte sollen auch zusammengestellt werden. In Stichworten können Sie Ihr Gliederungskonzept notieren.
- Das gilt genauso für die Argumente, die der Text anführt: Auch hier müssen Sie in der Reihenfolge nicht dem Text folgen. Auch diesen Planungsschritt können Sie in Stichworten notieren.
- Sie schreiben sachlich, knapp und präzise. Denken Sie daran: Sie schreiben *Ihren* Text, das heißt in eigenen Worten!
  Ausnahme: Wenn Sie eine besonders originelle oder aussagekräftige Stelle wörtlich wiedergeben, also zitieren wollen, setzen Sie den übernommenen Wortlaut in Anführungszeichen und machen ihn so als Zitat kenntlich. Dahinter folgt in Klammern die Zeilenzahl (zum Beispiel: Z. xx oder Z. xx f., wenn sich das Zitat im Originaltext über zwei Zeilen erstreckt. Bei mehr als zwei Zeilen verwenden Sie: Z. xx–yy oder Z. xx ff.).

(2) *Sie schreiben zu dem FOCUS-Bericht „Schuluniform: Einheitslook im Klassenzimmer" eine Hinführung.*

(3) *Sie bestimmen und „verorten" den Text.*

(4) *Sie bilden Dreiergruppen und überarbeiten Ihre Texte nach der Methode der Schreibwerkstatt (▸▸▸ S. 326 ff.):*



526770

- *Sie klären im Gespräch die Kriterien einer gelungenen Hinführung.*
- *Jeder reicht seinen Text im Uhrzeigersinn seinem Partner weiter.*
- *Jeder liest den Text sorgfältig, korrigiert ihn – sofern nötig – sprachlich und kommentiert ihn inhaltlich (was ist gelungen, was lässt sich verbessern?).*
- *Jeder reicht den Text wieder weiter: Sie verfahren wie zuvor.*
- *Jetzt erhält jeder seinen Text zurück und erstellt eine korrigierte zweite Fassung.*
- *Die Texte durchlaufen wieder den Kreis und Sie klären, welcher Text in der Gesamtgruppe vorgelesen werden kann.*

(5) *Sie schauen sich den FOCUS-Bericht noch einmal genau an mit Blick auf die Erstellung einer Textwiedergabe und halten in Stichworten fest:*

- *Welche Fakten enthält der Text? Welche dieser Fakten sind wichtig? Was kann wegfallen?*
- *Welche Argumente für und gegen eine einheitliche Schulkleidung werden genannt?*
- *Wie wollen Sie Ihre Textwiedergabe strukturieren?*

(6) *Sie schreiben die Textwiedergabe: Sie wissen, dass es Ihr Text wird, also schreiben Sie in eigenen Worten; Sie schreiben nicht ab. Wenn Sie indes zitieren, setzen Sie das Zitat in Anführungszeichen und dahinter in Klammern die Zeilenzahl.*

(7) *Sie bilden Dreiergruppen und überarbeiten Ihre Texte wieder nach der Methode der Schreibwerkstatt* *(▸▸▸ S. 326 ff.).*

## Übung: Den Inhalt verdichten und den Text kürzen

Eine Schwierigkeit bei der Inhaltsangabe liegt darin, in eigenen Worten den Text zusammenzufassen; eine zweite besteht darin, ihn deutlich auf die wesentlichen Aussagen zu verkürzen. Texte kurz zu halten und auf einen vorher festgelegten Umfang hin zu schreiben ist die alltägliche Aufgabe von Journalisten. Im Folgenden machen Sie eine Übung, die dieser Aufgabe nahekommt: Ausgangspunkt ist ein pragmatischer Text, den Sie in mehreren Schritten jeweils auf eine festgelegte Anzahl von Wörtern herunterkürzen.

Johannes Weinberg

### Ohne Abstraktionen geht es nicht

[R] Wir sind es gewohnt, über Dinge zu reden, die uns vor Augen sind. Unsere Sprache, die wir den Tag über reden, ist unmittelbar bezogen auf das Handgreifliche, das wir mit unseren Sinnen erfassen. Man kann auch sagen, die Sprache hat Bezeichnungscharakter. Das ist das, was jeder von uns als Kind mühsam erlernt hat. Für bestimmte Dinge gelten bestimmte Wörter. Der runde bunte Gegenstand in der Hand der Mutter zum Beispiel wird Ball genannt. Immer, wenn das Kind den Ball sieht, sagt es das Wort Ball. Das Kind kann, wenn es anfängt die Sprache zu erlernen, die Bezeichnung und den wirklichen Gegenstand noch nicht voneinander unterscheiden. Das geschieht erst zu einem späteren Zeitpunkt. Eines Tages sagt dann das Kind Ball, obwohl der Ball gar nicht da ist. In diesem Stadium fängt das Kind an zu begreifen, daß das Wort und der Gegenstand zwei verschiedene Dinge sind, zwischen denen jedoch eine Beziehung besteht. Zum Beispiel die, daß, wenn man Ball sagt, die Mutter geht und ihn holt. Oder die Mutter sagt, der Ball ist in der Wohnstube, geh und hole ihn. Von Jahr zu Jahr, je älter das Kind wird, begreift es besser, daß die Sprache nicht die Wirklichkeit selber ist, sondern die Wirklichkeit bezeichnet, symbolisiert. Mithilfe der Sprache ist es daher möglich, sich über Wirklichkeit zu verständigen. Das Wort Ball steht als Symbol[1] für den Gegenstand Ball.

Kinder, die den Symbolcharakter der Sprache begriffen haben, haben gleichzeitig gelernt, nicht einfach nach einer Sache zu greifen, sondern mithilfe der Sprache nach dieser Sache zu fragen. Die Sprache hat vermittelnde Funktion. Das Wort Ball als Symbol für den Gegenstand Ball macht es möglich, sich über den Gegenstand Ball mit anderen zu verständigen.

Dieser Symbol- oder auch Bezeichnungscharakter der Sprache ist uns meistens nicht bewußt. Im Bäckerladen, im Supermarkt ist alles zum Greifen nahe. Beim Einkaufen weisen wir oft mit dem Finger auf das gewünschte Stück Kuchen oder das abgepackte Brot. Ebenfalls weitgehend stumm geschieht das Einkaufen im Selbstbedienungsladen. Trotz dieser weitgehenden Stummheit wird allerdings nicht nur einfach zugegriffen, wie Kinder das tun, bevor sie sprechen können. Hier geschieht vielmehr auch das, was auf dem Markt oder beim Anzugkauf hörbar und sichtbar ist: ein Abwägen der Preise und der Qualität, ein bewußtes Suchen und Wählen. Auch wenn stumm gedacht oder mit dem Finger gezeigt wird, sind das wie das Sprechen symbolische Handlungen in Bezug auf die gemeinten Gegenstände. Mit dem Finger auf ein bestimmtes Stück Kuchen zeigen, heißt[2], ich möchte dieses Stück Kuchen kaufen. An die Kühltruhe im Supermarkt treten, eine [Sorte] Joghurt nehmen, auf die Beschriftung schauen, sie wieder zurückstellen, eine andere nehmen, ebenfalls prüfen, sie dann in den Einkaufswagen stellen, bedeutet, zwei Joghurtsorten miteinander verglichen und sich für die eine entschieden zu haben.

(Weinberg, 1971, S. 87–88)

1 „Symbol" meint hier lediglich Zeichen.

2 In diesem Kontext (Zusammenhang)

1. *Kopieren Sie den Text und bearbeiten Sie ihn nach dem Muster des Berichts „Schuluniform: Einheitslook im Klassenzimmer" (▸▸▸ S. 68 f.).*
2. *Bestimmen und „verorten" Sie den Text und klären Sie, worum es inhaltlich geht – in einem Satz. Diese Einleitung bleibt in den folgenden Textwiedergaben immer erhalten.*
3. *Schreiben Sie eine Textwiedergabe von insgesamt 155–160 Wörtern.*
4. *Verkürzen Sie auf 80–90 Wörter.*
5. *Verkürzen Sie auf höchstens 30 Wörter.*
6. *Verkürzen Sie auf höchstens 20 Wörter.*

## Übung: Eine Aussage wiedergeben

Sie finden auf ▸▸▸S. 298 ff. Lösungsvorschläge zu den Textwiedergaben. Sprachlich fällt Ihnen vermutlich der durchgehende Gebrauch des Konjunktivs auf. Dies ist ein Merkmal der Wiedergabe von pragmatischen Texten oder Sachtexten Denn hier gilt grundsätzlich: Sie geben eine Aussage eines anderen wieder, und das muss sprachlich klar erkennbar sein. Mehrere Möglichkeiten stehen Ihnen zur Verfügung, wie die folgende Infobox zeigt.



526772

## Möglichkeiten der Wiedergabe von Aussagen

- Indirekte Rede mit Konjunktiv, mit oder ohne Redeeinleitung:
  *Beispiel:* Weinberg geht vom Spracherwerbsprozess aus und *stellt fest,* jedes Kind *müsse* lernen, dass ...
  *Beispiel:* Jedes Kind *müsse* lernen, dass ...
- Redeeinleitung und Inhaltssatz mit „dass“ und Indikativ oder Konjunktiv I:
  *Beispiel:* *Weinberg stellt fest,* dass jedes Kind den symbolischen Charakter von Sprache erlernen *muss/müsse.*
- Hauptsatz-Infinitiv-Konstruktion:
  *Beispiel:* *Weinberg verknüpft den Erstspracherwerb von Kindern wesentlich damit,* den symbolischen Charakter von Sprache *erlernen zu müssen.*
- Quellenangabe oder Bezug auf den Autor:
  *Beispiel:* *Nach dem Textauszug* muss jedes Kind den Bezeichnungscharakter von Sprache erlernen.
  *Beispiel:* *Nach Weinberg* muss jedes Kind den Bezeichnungscharakter von Sprache erlernen.
- Parenthese:
  *Beispiel:* Kinder müssen/müssten – *so (sagt) Weinberg* – den symbolischen Charakter von Sprache mühsam erlernen.
- Modalverben:
  *Beispiel:* Grundlegend für den Spracherwerb von Kindern *soll* die Einsicht in den symbolischen Charakter von Sprache sein.
- Wörtliche Zitate (in Ausnahmefällen):
  *Beispiel:* Weinberg nennt das den *„Symbol- oder Bezeichnungscharakter der Sprache“* (Z. 42 f.).

(1) *Sie überarbeiten Ihre Textwiedergabe des FOCUS-Berichts „Schuluniform: Einheitslook im Klassenzimmer“ unter dem Aspekt der sprachlichen Möglichkeiten der Wiedergabe einer Aussage; wenden Sie diese Möglichkeiten an.*

Die in der Wiedergabe von pragmatischen Texten am häufigsten gewählte Möglichkeit, durch die wir eindeutig signalisieren, dass wir eine Aussage eines anderen wiedergeben, ist die indirekte Rede in Verbindung mit dem Konjunktiv. Im Kapitel „Sprache beherrschen“ finden Sie weitere Informationen und Übungen zur Bildung und Verwendung des Konjunktivs in der indirekten Rede (▸▸▸S. 286–289).
Sie haben die Schritte und die wesentlichen Kennzeichen einer Wiedergabe von pragmatischen Texten in Vorbereitung der Stellungnahme jetzt kennengelernt. Der folgende Abschnitt bietet Übungsmaterial, das Ihre Fähigkeit, Textwiedergaben zu schreiben, festigt und sichert. Dabei führen wir zunächst die Diskussion zum Thema „Schuluniform“ fort, die Sie argumentativ kennengelernt haben.

Andrea Hennis

## Einheitskluft statt Markenzwang: Eltern wollen Schuluniformen

*In Nordrhein-Westfalen sprechen sich zwei Drittel der Eltern für einheitliche Schulkleidung aus. Auch Schüler können dem Einheitslook offenbar etwas abgewinnen.*

In Nordrhein-Westfalen stehen 66 Prozent der Eltern einheitlicher Schulkleidung positiv gegenüber, lediglich 33 Prozent lehnen sie eher ab. Die Zahlen stammen aus einer am Dienstag in Düsseldorf veröffentlichten repräsentativen Umfrage des Instituts TNS Emnid, die das nordrhein-westfälische Schulministerium in Auftrag gegeben hatte.

Hintergrund der Elternbefragung ist ein Schulgesetz, das es Schulen in Nordrhein-Westfalen seit 2006 erlaubt, einheitliche Kleidung einzuführen – vorausgesetzt, die Schulkonferenz und mit ihr alle Schülervertreter stimmen zu. Allerdings haben bislang nur wenige Einrichtungen davon Gebrauch gemacht. Laut FOCUS-SCHULE-Schuldatenbank meldeten von 253 Schulleitern aus Nordrhein-Westfalen nur 12, dass an ihren Schulen Uniformen getragen werden.

*Mehr als Äußerlichkeiten*

Schulen, die Schulkleidung eingeführt haben, ziehen in der Regel eine positive Bilanz: Mit dem Einheitslook schwindet der Markenzwang. Es kann eben nicht jeder nach seiner Fasson selig werden, solange die Fasson der Kinder vom Geldbeutel ihrer Eltern abhängt und Markenklamotten soziale Schneisen in die Klassenzimmer schlagen. Cool finden das bestenfalls die Trendsetter. Andere klagen, wie FOCUS-SCHULE-Online-Userin Ann-Christin: „In meiner Klasse tragen viele Mädchen nur Markenkleidung. Dann prahlen sie auch noch damit, dass sie am Wochenende mal wieder shoppen waren und sich gleich ein paar neue Gucci- oder Dolce&Gabbana-Klamotten gekauft haben. Ich finde, das müsste aufhören, dass jeder jeden nach seiner Kleidung bewertet.“ Und Userin Anna bestätigt: „Ich bin für Schuluniformen, obwohl ich auch Markenkleidung trage. Mit Uniform kann ich mich besser auf die Schule konzentrieren.“

Schwindet der Markenzwang, kommen auf einmal andere Werte zum Tragen: „Das Selbstwertgefühl eines Schülers wird aufgrund seiner Persönlichkeit, Sozialkompetenz und Leistung erworben, nicht über die Identifikation mit seiner Kleidung“, beteuerte Studienrätin Karin Brose von der Haupt- und Realschule in Hamburg Sinstorf, nachdem sie – erstmalig an einer staatlichen Schule in Deutschland – einheitliche Kleidung durchgesetzt hatte.

*Nordrhein-Westfalen als Trendsetter*

Auch wenn das Konzept in Nordrhein-Westfalen erst noch Schule machen muss – im bundesweiten Vergleich sind Schulpolitik und Bevölkerung in Sachen Schulkleidung eindeutige Trendsetter. Die Gesamtbevölkerung ist noch sehr gespalten: Laut Emnid-Umfrage sagen 54 Prozent zu einheitlicher Schulkleidung „eher ja“, 45 Prozent „eher nein“, ein Prozent macht keine Angaben.

(Hennis, in: Focus Online, 2007, o. S.)

*Sie durchlaufen drei Schritte: erst denken, dann planen, dann schreiben.*

1. *Sie markieren und strukturieren den Bericht auf einer Kopie.*



526774

(2) *Sie überlegen Möglichkeiten einer Hinführung zum Thema.*

(3) *Sie wählen aus und schreiben die Hinführung.*

(4) *Sie bestimmen und „verorten" den Text.*

(5) *Sie überlegen, welche Aussagen für Ihre Textwiedergabe wichtig sind.*

(6) *Sie planen die Gliederung Ihrer Textwiedergabe.*

(7) *Sie erstellen eine Textwiedergabe; dabei beachten Sie die sprachlichen Regelungen der indirekten Rede bei der Wiedergabe einer Aussage, also des FOCUS-Artikels.*

(8) *Sie überarbeiten Ihre Fassung in einer Schreibwerkstatt (▸▸▸ S. 326 ff.).*

**Kriterien für eine gute Wiedergabe von pragmatischen Texten**

- Eine anregende, den Leser motivierende oder überzeugend formulierte Hinführung
- Eine vollständige Bestimmung und „Verortung" des Textes
- Eine einsichtige, klare Strukturierung
- Die Konzentration auf die wesentlichen Aussagen (im Blick auf die später folgende Stellungnahme)
- Eine klare Gliederung der Argumente
- Die eigenständige Formulierung
- Wenige und formal korrekt gekennzeichnete Zitate
- Die Beachtung der sprachlichen Regelungen zur Wiedergabe einer Aussage (Stichworte: indirekte Rede und Konjunktiv)

## Die Stellungnahme: Ich denke so, also schreibe ich

Die folgenden Schritte und Übungen sollen Sie Ihrem Ziel – eine gelungene Stellungnahme auf der Grundlage eines pragmatischen Textes zu schreiben – näherbringen. Wir klären zunächst die Frage:

### Was ist eine „Stellungnahme ...

Was halten Sie vom Handy-Verbot in den Schulen? Was halten Sie vom Kopftuch-Verbot für Lehrerinnen an öffentlichen Schulen? Sollte das Wahlalter von 18 auf 16 Jahre herabgesetzt werden? Sollten umgekehrt Jugendliche erst mit 21 Jahren Alkohol kaufen dürfen? Sollte an Ihrer Schule eine einheitliche Schulkleidung eingeführt werden? – Wenn wir Fragen dieser Art begegnen, nehmen wir Stellung: Wir haben entweder eine klare Meinung dazu („also ich denke, ...") oder wir beginnen darüber nachzudenken und suchen noch unsere Position, unsere Stellung, dazu.

Unsere Position würfeln wir nicht aus, sie ergibt sich vielmehr aus Gründen:
- Mit Argumenten sichern wir sie ab, nach unseren Argumenten ist auch gefragt;
- wir bringen Argumente in die Diskussion ein mit dem Ziel, die eigene Position überzeugend zu vertreten.

## … auf der Grundlage eines pragmatischen Textes“?

Die „Stellungnahme auf der Grundlage eines pragmatischen Textes“ ist eine bestimmte Form der schriftlichen Fixierung unserer Position zu strittigen Fragen.

- Grundlage ist ein Text, der eine solche strittige Frage, ein Problem, aufwirft; wir bearbeiten ihn zunächst in Form der Textwiedergabe, die wir auf mögliche Argumente, die er enthält, schon konzentrieren.
- Im Anschluss daran nehmen wir schriftlich Stellung zu dem Problem und begründen darin unsere Position, unsere Überzeugung.

### Schritt 1: Wie gehe ich vor?

- Ausgangspunkt ist der Text, den wir in der Textwiedergabe schon „konzentriert“ haben. Er enthält bereits Argumente oder zumindest das Problem.

- Unabhängig davon ist es sinnvoll, weitere Argumente zu sammeln und nachzudenken über Pro- wie Kontra-Argumente. Wir können uns kundig machen in Gesprächen, in den Medien, wir recherchieren – wenn wir Zeit dazu haben.

(1) *In der Erarbeitung der Wiedergabe von pragmatischen Texten war die Frage einer einheitlichen Schulkleidung das Thema: Stellen Sie die Pro- und Kontra-Argumente zu dieser Frage zusammen.*

- Vermutlich ist Ihre Meinung zu dieser Frage schon gebildet, gleichwohl: Wägen Sie noch einmal beide Seiten ab; entwickeln Sie Ihre Meinung zu einer gut begründeten Überzeugung.

- Sie entwerfen ein Konzept Ihrer Stellungnahme, eine Gliederung:
  - Wie wollen Sie an die Textwiedergabe anknüpfen?
  - Sie wissen, bei der Stellungnahme sind auch die ernst zu nehmenden Gegenargumente zu Ihrer eigenen Position zu berücksichtigen: Wie wollen Sie die Argumente insgesamt gliedern?

Sie kennen jetzt die Bausteine und Schritte der „Stellungnahme auf der Grundlage eines pragmatischen Textes“. Die Infobox macht sie noch einmal deutlich.

**Stellungnahme auf der Grundlage eines pragmatischen Textes**

Sie durchlaufen drei Schritte: erst denken, dann planen, dann schreiben.
- Sie sammeln die Argumente beider Seiten.
- Sie überlegen und notieren in Stichworten, wie Sie Ihren Text insgesamt strukturieren wollen.
- Sie überlegen und notieren in Stichworten, wie Sie sich überleitend auf die Textwiedergabe beziehen wollen.
- Sie überlegen und notieren in Stichworten, an welcher Stelle Sie Ihre eigene Position formulieren wollen.
- Sie überlegen und notieren in Stichworten, wie Sie die Argumente aus der Textwiedergabe, die Ihre eigene Position stützen, einbeziehen wollen (zusammenfassend erwähnen – erläutern und konkretisieren? – eher nicht: noch einmal kurz wiederholen).


526776

- Sie überlegen und notieren, wie Sie mit den Gegenargumenten zu Ihrer eigenen Position sprachlich umgehen (Widerlegung oder Auflösung – Distanzierung – Anerkennung).
- Sie überlegen und notieren, wie Sie die Argumente gliedern.
- Sie setzen Ihr geplantes Konzept um – und schreiben.

## Schritt 2: Übungen
## Es gilt: Erst denken, dann planen, dann schreiben

Annette Clauß

### Bloß kein Einheitslook

*Weissach im Tal. Das Bildungszentrum hat sich eine Schulkleidung auf freiwilliger Basis zugelegt und vertreibt diese in einem eigenen Laden im Schulgebäude.*

Das Thema Schulkleidung lag schon lange in der Luft – und auf dem Schreibtisch von Monika Wagner-Hans, der Schulleiterin des Bildungszentrums (BIZE) Weissacher Tal (Rems-Murr-Kreis). So richtig ran wollte aber niemand an das Projekt, an dem sich die Geister scheiden. „Die Reaktionen darauf sind oft heftig, viele haben Angst vor Gleichmacherei und Zwang", berichtet die Realschullehrerin Birgit Thürmer von ihren Erfahrungen. „Einige Eltern sind aber auch schon auf uns Lehrer zugekommen und wollten eine Schulkleidung."

Über das Thema sollte diskutiert werden, haben Birgit Thürmer und ihre Kollegin Monika Nuszpl deshalb vor anderthalb Jahren beschlossen. So stellten sie ihren Neuntklässlern im Fach „Mensch und Umwelt" neben anderen Themen ein Projekt über Schulkleidung zur Wahl – nicht ahnend, dass dieses letzten Endes zu einem kleinen, aber feinen Schulshop führen würde. Im gläsernen Laden deckt sich die Schulgemeinschaft nun mit Poloshirts und Kapuzenjacken, Blusen, Schals und Taschen ein. Auf sämtlichen Kleidungsstücken und Accessoires, die zwischen fünf und 35 Euro kosten, prangt das Logo des 1975 gegründeten Bildungszentrums, das Hauptschule, Realschule und Gymnasium als drei Pfeile unter einem Dach symbolisiert. Auf das Bildungszentrum – das „BIZE" – spielt auch der Name des Shops an: Bizepolo.

Wagner-Hans vergleicht das Projekt mit einem Stein, der ins Wasser geworfen wird und immer mehr Wellen schlägt. Im April 2008 haben Monika Nuszpl und Birgit Thürmer das Unterrichtsprojekt zu Wasser gelassen und mit drei Klassen Aspekte wie Gemeinschaft und Gleichmacherei, Markenfetischismus und Wir-Gefühl, aber auch die Qualität und Produktion von Kleidung unter die Lupe genommen.

Jede Woche kleiden die Schülerinnen und Schüler die Puppe Caro neu ein

Die Ergebnisse präsentierten die Neuntklässler Woche für Woche auf Schautafeln der Schulgemeinschaft und mussten dabei auch mit Gegenwind klarkommen. Dass sich für einen dreiwöchigen Trageversuch der Schulkleidung trotzdem mehr als 200 statt der erhofften 50 Freiwilligen melden würden, damit hatten die Lehrerinnen nicht gerechnet, wenn sie auch „ganz viel Aktionismus betrieben“ haben.

Dazu gehörte eine Befragung, die Antwort auf die Frage nach einer Schulkleidung auf freiwilliger Basis geben sollte. Das Ergebnis überraschte: Rund 60 Prozent der Schüler und Eltern sprachen sich für die Schulkleidung aus, bei den Lehrern waren es 80 Prozent. Während Letztere sich von einer einheitlichen Schulkleidung ein stärkeres Wir-Gefühl und weniger Markenzwang erhoffen, zählt für die Schüler vor allem eines: „Es muss gut aussehen.“

„Alles, bloß kein Einheitslook“ war denn auch die Devise von Monika Nuszpl, Birgit Thürmer und Astrid Büdenbender-Horst, die im Arbeitskreis Schulkleidung die Elternseite vertritt. Dass sie als Dozentin am Stuttgarter Berufskolleg für Mode, Gestaltung und Bekleidung arbeitet, passte prima zum Projekt, das sich zum Selbstläufer entwickelt hat: Neben roten, weißen und schwarzen T-Shirts und Kapuzenjacken gehören inzwischen auch eine Bluse und ein Hemd sowie Rucksäcke, Turnbeutel, Taschen und Schals zur Kollektion. „Alles lässt sich kombinieren, und jeder trägt ein bisschen was“, sagt Büdenbender-Horst.

Im Shop des Bildungszentrums, der keinen Profit abwerfen darf, schieben zurzeit 20 Realschüler Dienst. Der Laden ist zugleich ein Unterrichtsraum, in dem Inhalte und Kompetenzen auf lebensnahe Weise vermittelt werden. Demnächst sollen auch die Gymnasiasten mitmischen, neue Zielgruppen suchen und Marketingkonzepte entwickeln. Die gläserne Konstruktion ist bisher von Schmierereien verschont geblieben, obwohl Sachbeschädigungen im Bildungszentrum keine Seltenheit sind. „Der Laden ist eine kleine geschützte Oase“, so formuliert das Wagner-Hans. Und ein Schüler sagte: „Die Schulkleidung ist blöd, aber der Shop ist klasse.“

(Clauß, in: Stuttgarter Zeitung, 12.01.2010)

Sie kennen die Schritte einer Stellungnahme mit Textgrundlage und setzen sie um: „Erst denken und planen, dann schreiben!“

1. *Fassen Sie den Text als Textwiedergabe zusammen.*

2. *Nehmen Sie Stellung zum Thema „Schulkleidung“.*

Ein anderes Thema mit guten Argumenten auf allen Seiten ist folgendes:

Zu Beginn des Jahres 2010 wurden der Bundesregierung und verschiedenen Landesregierungen Dateien zum Kauf angeboten, die Namen und Bankdaten von Personen enthielten, die ihr Geld auf Konten von Schweizer Banken deponiert hatten: unversteuertes Geld, Schwarzgeld.

Wochenlang wurde im Bereich der Politik wie in den Medien eine Debatte darüber geführt, ob der Staat derartige Dateien kaufen darf. „Der Staat darf kein Hehler sein“, „Merkel: Wir wollen die Daten haben“, „Verbotene Früchte“, „Ein unmoralisches Angebot“ – so und ähnlich titelten die Zeitungen. Die Frage ist als moralisches Problem nach wie vor offen.



526778

Reinhard Müller

## Verlockend

Das klingt verlockend: Für nur 2,5 Millionen Euro erhält der Staat Daten mutmaßlicher Steuersünder, die mehr als 100 Millionen in seine leeren Kassen spülen könnten. Hier stimmt offenbar das Verhältnis von Leistung und Gegenleistung – wer kann da noch nein sagen? Niemand kann es jedenfalls den Finanzministern verdenken, dass sie eine Offerte ernsthaft prüfen, mit der die öffentliche Hand Geld zurückerhielte, das ihr ohnehin zusteht. Es ist schließlich geradezu die Pflicht des Staates, Steuerflüchtlinge mit Nachdruck zu verfolgen, und zwar nicht nur die kleinen. Wer viel zu versteuern hat, hat oft auch mehr Möglichkeiten, seine Steuerpflicht zu mindern – legal, halblegal oder illegal –, aber keinen Anspruch auf Schonung.

Es mag sein, dass manche Regeln den Anreiz zur Steuerhinterziehung schon in sich tragen. Aber eine Reizwirkung geht zweifellos auch vom Kauf rechtswidrig erworbener Daten durch den Staat aus – jedenfalls solange diese Praxis öffentlich beworben wird. Der hehre Grundsatz „Der Staat darf mit Kriminellen keine Geschäfte machen“ ist ein schöner Grundsatz, der aber schon immer seine Ausnahmen hatte. Der Rechtsstaat verhandelt auch mit Terroristen und Geiselgangstern, um noch Schlimmeres zu verhüten. Der Staat bezahlt Spitzel, damit sie ihm aus dem Untergrund oder zweifelhaften Organisationen Informationen liefern. Nun geht es beim Ankauf von Bankdaten nicht um Leben und Tod. Immerhin aber hat die Liechtenstein-Affäre mit den Fällen Zumwinkel und Co.[1] gezeigt, dass keinesfalls alles Material aus rechtsstaatlichen Gründen unverwertbar ist, das damals auf zweifelhaften Wegen von Staatsdienern herangeschafft wurde.

Aufklärung um jeden Preis kann jedenfalls nicht das Ziel sein, das gilt für die Bekämpfung des Terrorismus ebenso wie für die Verfolgung von Steuerflüchtlingen. Rechtswidrig erlangten Daten und Hinweisen im Einzelfall nachzugehen ist allerdings das eine, Anstiftung oder Beihilfe zu Straftaten wäre das andere. Die staatliche Botschaft an Bankangestellte und Sammler von Daten – die offenbar überall leicht verfügbar sind – darf jedenfalls nicht lauten: Schnüffelt und kopiert, eine üppige Belohnung ist euch sicher. Dieses Geschäftsmodell könnte für den Staat bald teuer werden.

(Müller, in: Frankfurter Allgemeine Zeitung, 01.02.2010)

Denken Sie an die Schritte einer Stellungnahme mit Textgrundlage und setzen Sie sie um: „Erst denken, dann planen, dann schreiben!“

1. *Fassen Sie den Text als Textwiedergabe zusammen.*
2. *Nehmen Sie Stellung zum Problem.*
3. *Sie überarbeiten Ihre Fassung in einer Schreibwerkstatt (▸▸▸ S. 326 ff.).*

1 Im Jahr 2008 hatte die Bundesrepublik aus Liechtenstein ähnliche Bankdaten gekauft, die zur Verurteilung von Klaus Zumwinkel, dem damaligen Vorstandsvorsitzenden der Deutschen Post AG, wegen Steuerhinterziehung führten.

## Kriterien für eine Stellungnahme auf der Grundlage eines pragmatischen Textes

- Eine zwanglose Überleitung von der Textwiedergabe zur Stellungnahme
- Eine klare Formulierung der eigenen Position als Ich-Aussage
- Eine einsichtige, klare Strukturierung
- Die Erfassung der relevanten Argumente
- Eine klare Gliederung in der Argumentation
- Ein geschicktes Einbeziehen der Argumente aus der Textwiedergabe
- Ein überlegtes Umgehen mit den Gegenargumenten zur eigenen Position

Problemfeld „Gewalt Jugendlicher" – dies ist ein Thema, das seit Jahren und offensichtlich auch zu Recht die öffentliche Diskussion beschäftigt; eng damit verbunden ist das Problem Alkoholkonsum.

1. *Was sind Ihre Erfahrungen, was wissen Sie über den Zusammenhang von Gewalt und Alkohol?*

2. *Machen Sie sich kundig, recherchieren Sie zum Thema. Hilfreich ist zum Beispiel die Homepage der Bundeszentrale für gesundheitliche Aufklärung: www.bzga.de.*

3. *Lässt sich das Problem lösen? Was können Staat und Gesellschaft tun?*

Susanne Janssen

### Die Hälfte aller Gewalttäter ist betrunken

*Polizei: Manches Vergnügen endet im gefährlichen Streit, weil viele Jugendliche mit der Waffe in die Stadt gehen.*

Die Zahlen sind bundesweit in etwa gleich: Jeder fünfte Jugendliche betrinkt sich regelmäßig. In 2008 wurden rund 25 700 Kinder und Jugendliche zwischen 10 und 20 Jahren wegen akuten Alkoholmissbrauchs stationär im Krankenhaus behandelt, das waren elf Prozent mehr als 2007 und sogar 170 Prozent mehr als im Jahr 2000. Und jede dritte Gewalttat soll bundesweit 2008 unter Alkohol begangen worden sein.

In Stuttgart liegt diese Zahl sogar noch höher: Bei 41 Prozent aller Gewaltdelikte war im Jahr 2008 Alkohol im Spiel. Die Stuttgarter Polizei ermittelte 2262 Tatverdächtige, 934 davon waren alkoholisiert, darunter 305 unter 21-Jährige. Im Jahr zuvor lag die Zahl sogar noch höher: 2007 hatten die Beamten „nur" 1714 Gewalttäter ermittelt, von ihnen waren aber 878 angetrunken – macht 51 Prozent. Unter ihnen waren 325 alkoholisierte Tatverdächtige jünger als 21 Jahre.

Erst seit dem Jahr 2005 wird in Stuttgart [...] überhaupt registriert, ob ein Tatverdächtiger alkoholisiert war oder nicht – und dann auch nur, wenn es bei der Aufnahme des Tatgeschehens ersichtlich war. „Eine geringe Alkoholmenge, die das Verhalten nicht beeinträchtigt, wird meist gar nicht erfasst", erklärt



526780

Polizeisprecher Stefan Keilbach. In 2005 gab es 2133 mutmaßliche Gewalttäter, von ihnen waren 892 alkoholisiert – auch das schon ein Wert von knapp 42 Prozent. 2006 sank die Gesamtzahl, es hatten aber mehr als die Hälfte der Gewalttatverdächtigen vorher Alkohol getrunken.

In der Kriminalstatistik der Polizei werden nur die Straftäter erfasst. An den Wochenenden haben es die Beamten in der sogenannten Vergnügungsszene aber auch mit vielen Störern zu tun. „Nicht jeder, der herumpöbelt oder grölt, hat sich gleich strafbar gemacht", erklärt Keilbach. Für das Jahr 2008 hat das Stuttgarter Polizeipräsidium auch die Störer erhoben: Rund 1200 Menschen fielen an den Wochenenden in der Innenstadt auf, davon waren 644 noch keine 21 Jahre alt. 45 Prozent hatten Alkohol getrunken. Dazu gibt es allerdings noch keine Vergleichszahlen.

Die Polizei hat in den vergangenen Jahren eine Veränderung im Freizeitverhalten der Jugendlichen registriert: „Es ist für die Cliquen schon vollkommen normal, alkoholisiert in die Stadt zu gehen." Viele Besucher der Clubs und Discotheken kämen aus dem Umland und würden vorher „vorglühen". Wenn dann in der Stadt noch ein oder zwei Fläschchen dazukommen, „dann sind viele nicht mehr Herr ihrer Sinne". Manche müssten in die Ausnüchterung oder ins Krankenhaus, andere würden aggressiv – mit immer gravierenderen Folgen: „Viele Jugendliche gehen nicht mehr ohne eine Waffe in die Stadt – und wenn's nur ein Taschenmesser ist."

Die Polizei zieht daraus eine Konsequenz: „Wir können bei einem Streit nicht mehr nur mit einer Streife auftauchen", sagt Stefan Keilbach. Immer häufiger wende sich die Stimmung dann gegen die Beamten. Täter und Opfer, allesamt alkoholisiert, verbünden sich nach dem Streit gegen die Polizei.

Doch nicht alles wird schlechter. Alkoholisierte Autofahrer seien auf dem Rückzug: „Es wird vorher festgelegt, wer fährt." Wenn die Polizisten einen Wagen kontrollierten, sei der Fahrer meist nüchtern. Hier hätten die Sanktionen gegriffen, „es gibt also eine Einsichtsfähigkeit". Dies sei beim Alkoholverbot in den S- und Stadtbahnen anders: „Es ist ja nur ein Trinkverbot." Alkohol in der Bahn zu transportieren, sei erlaubt.

(Janssen, in: Stuttgarter Zeitung, 09.02.2010)

Sie erinnern sich an die Schritte einer Stellungnahme mit Textgrundlage und setzen sie um: „Erst denken, dann planen, dann schreiben!"

1 *Fassen Sie den Text als Textwiedergabe zusammen.*

2 *Was lässt sich gegen die Gewalt Jugendlicher unter Alkoholeinfluss tun? Nehmen Sie Stellung.*

3 *Sie überarbeiten Ihre Stellungnahme mit Textgrundlage in einer Schreibwerkstatt (▸▸▸ S. 326 ff.).*

**Arten der Stellungnahme auf der Grundlage eines pragmatischen Textes**

Es lassen sich zwei Formen der Stellungnahme unterscheiden:

- Es geht um eine Pro-Kontra-Entscheidung.
- Es geht um ein Klären und Erörtern
  - von Ursachen eines Problems oder
  - von Vorschlägen zur Lösung eines Problems.

Wann haben Sie zuletzt gegoogelt? Wie oft googeln Sie am Tag? Wozu nutzen Sie Google? Welche Assoziationen verknüpfen Sie mit Google?

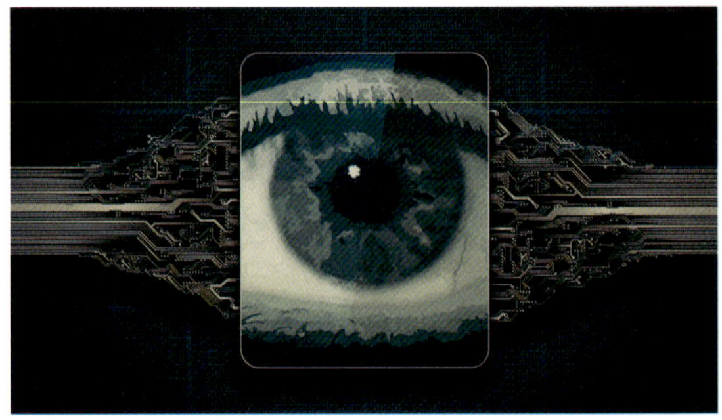

Rainer Klüting

## Die Späher

*Google: Die Firma schaut nicht nur in E-Mails, sondern jetzt auch in Vorgärten. Wollen wir das?*

Wer zu dieser Jahreszeit einen Spaziergang in der Dämmerung durch ein Wohngebiet macht, bekommt tiefe Einblicke in das Leben seiner Mitmenschen – nicht nur in ihre Gärten und auf ihre Autos, sondern oft auch in die Wohnungen hinein. Vieles davon wird Google Street View nicht zeigen. Keine Gesichter, keine Autonummern und Fenster nur bei Tageslicht. Wohl aber das Schwimmbecken im Garten, das Baugerüst und das teure Auto. Aber ob dieser neue Dienst nur Bilder zeigt, „die jeder beim Entlangfahren einer Straße sehen und aufnehmen könnte", wie die Firma meint, ist Nebensache. Entscheidend ist: der neugierige Blick wird automatisiert. Niemand kann so viel spazieren gehen wie die Fotowagen von Google. Das Ausspähen am PC stößt nicht mehr an die Grenzen der eigenen Mobilität.

Bedenklich ist, dass die Bilder und selbst die Daten der Menschen, die das Entfernen eines Bildes verlangen, beim gleichen Dienst liegen, der die E-Mails seiner Kunden mitliest und von vielen Ahnungslosen genaue Surf- und Suchprofile anlegen kann, wenn er will. Google digitalisiert nicht nur Straßen und Dokumente. Es digitalisiert den Alltag und die Lebensgewohnheiten. Belohnt werden wir mit guten Treffern beim Suchen. Aber wie viele nette Dienste muss die Firma noch erfinden, bis dem ausgespähten Bürger der Preis zu hoch wird?

(Klüting, in: Stuttgarter Zeitung, 24.02.2010)

Tonio Postel

## In ist, wer drin ist

Ein Tag, ohne im Internet bei *StudiVZ*, *Myspace* oder *Facebook* reinzuschauen, ist für viele junge Leute ein schlechter Tag. Längst haben sie sich daran gewöhnt, in den großen sozialen Netzwerken täglich ihr Leben auszubreiten und ihren „Freunden" selbst intime Details mitzuteilen. Oft sind es nämlich nicht mal ausschließlich Freunde im Wortsinn, denen sie in den sozialen Netzwerken begegnen. Häufig sind es flüchtige, virtuelle Bekanntschaften: kurze Flirts, hastige Chats – spontaner Gedanken- und Launenaustausch, und schwupps hat man eine Freundschaftsanfrage womöglich vorschnell akzeptiert –, mit denen man fortan alles teilt, was für gewöhnlich nur die engsten Freunde wissen sollten. Und selbst die vorsichtigeren Vertreter in den Netzwerken können durch das offenbar recht einfache Ausspähen ihrer Daten durch Hacker ihr blaues Wunder erleben.



526782

Für viele ist der Daten-Striptease im Internet also Alltag, ein Stück Normalität. Für andere ist dieses Verhalten, auch die Tatsache, dass man freiwillig einen großen Teil seiner Freizeit vor dem Rechner klebt, auf Bildchen klickt und Banalitäten austauscht, ziemlich absurd.

Dennoch pflegen 26,4 Millionen Menschen in Deutschland ein Profil in einem sozialen Netzwerk, wie eine Erhebung des Marktforschungsinstituts *Comscore* ergeben hat. Vor einem Jahr seien es laut dem Hightech Verband *Bitkom* erst 9 Millionen Nutzer gewesen. Darunter, laut einer ZDF-Studie, 68 Prozent aller Deutschen zwischen 14 und 19 Jahren.

Dass auf diesem Wege über 90 persönliche Daten im Internet erfasst werden, scheint vielen egal zu sein. Zum Vergleich: Der Volkszählungsbogen von 1987 erfasste 18 personenbezogene Punkte, der Erfassungsbogen der Stasi in der DDR „nur" 48 Angaben. Das ist vor allem deshalb beunruhigend, weil eine Studie des *Fraunhofer-Instituts* nahezu allen Anbietern von *Facebook* bis *StudiVZ* grobe Mängel in der Datensicherung bescheinigte.

Doch weil das weltweite Netz immer mehr Menschen einfängt, werden Netzwerk-Abstinenzler ziemlich schief angesehen – und oft als Outsider abgestempelt. Julia N. zum Beispiel. Dass sie eine virtuelle Präsenz bei *Facebook* und Co. ablehnt, konnten ihre Klassenkameraden nie verstehen. „Was, du bist nicht bei *SchülerVZ* angemeldet?", hieß es dann auf dem Pausenhof. [...]

Echte Freunde möchte Julia wahrhaftig sehen, nicht virtuell. „In den Netzwerken inszenieren sich alle, man wird nur anhand von Fotos verglichen." Das mache ihr Angst. Dabei verzichte Julia nicht aus Sorge um ihre Daten und die Privatsphäre. „Diese Angst halte ich für übertrieben." Die Währung im Internet sei es, möglichst viele „Freunde" zu gewinnen. „100 bis 200 Freunde sind unrealistisch, das ist eklig, nichts ist dort ehrlich!" Altmodisch sei sie deshalb nicht. „Ich habe nur andere Werte, das war schon immer so." Bilder von der letzten Party ins Internet zu stellen findet Julia absurd. Sie schreibt lieber handschriftliche Gedichte und engagiert sich für einen kleinen Theaterverein. Doch Briefe schreibt die Netzwerk-Boykotteurin ihren Freunden keine, eher „lange E-Mails". In Online-Netzwerken nach einem Partner zu suchen fände sie allerdings weniger schlimm. Das sei „etwas anderes". [...]

Neugierig auf die sozialen Netzwerke sei Julia auch manchmal, gibt sie zu. Zum Beispiel, wenn sie sehen möchte, was aus Freund X oder Y geworden ist. „Dann nutze ich das Profil einer Freundin." Die Angst vor zu viel Freude an Computern spielt bei Julias Netzwerk-Verzicht eine Rolle. Aus Erfahrung: Als Zwölfjährige spielte sie häufig stundenlang PC-Spiele. Seither habe sie vor Rechnern „großen Respekt". Sie weiß: „Man kann im Internet leicht versinken."

(Postel: in: provo. Das junge Magazin, 2/2010, S. 16–17)

*Es gilt: „Erst denken und planen, dann schreiben!"*

1. *Erstellen Sie eine Textwiedergabe von einem der beiden vorangegangenen Texte.*

2. *Nehmen Sie dann entsprechend Stellung zu „Google Street View" bzw. zur Frage: Halten Sie es für problematisch, sich in sozialen Netzwerken anzumelden?*

Markus Reiter

## Abgefallener Prophet des weltweiten Netzes

Im Internetforum einer großen Tageszeitung kommentierte kürzlich ein Leser die Diskussion über Quoten für Migranten im öffentlichen Dienst mit folgenden Sätzen (Rechtschreibung wie im Original): „Mal sehen welchr Quote ich beim Abschuß von kriminellem Pack erreiche, wenn hier die Sinnflut losgeht. Da mach ich mir bei jedem Abschuß ne Kerbe in mein Gewehr! Politiker bekommen gleich zwei Kerben!" Ein anderer sprach davon, dass er sich auf dem Amt nicht von „Kameltreibern" herumkommandieren lassen wolle.

(Reiter, in: Stuttgarter Zeitung, 30.01.2010)

1 *Was liegt hier vor? Wie lässt sich diese Art der Kommentierung im Internetforum erklären?*

Philip Bethge

## „Dynamik der Meute"

*Computerpionier Jaron Lanier über die entwürdigenden Folgen von Internetwerbung, Mobbing im Netz und die Geburt einer unmenschlichen Digital-Religion*

Jaron Lanier, 49, ist einer der profiliertesten Denker der digitalen Welt. Anfangs pries der Computerwissenschaftler das Internet noch als ideales Experimentierfeld menschlicher Kooperation. In seinem jüngst erschienenen Buch kritisiert er nun die Schattenseiten des Netzes.

**SPIEGEL:** Herr Lanier, Sie behaupten, im Internet verwandelten sich normale, vernünftige Menschen in einen Mob. Meinen Sie das wirklich ernst?

**Lanier:** O ja, erst heute habe ich ein anonymes Forum gelesen, in dem die Leute das Ansinnen der „New York Times" kommentierten, künftig Geld für Online-Artikel zu verlangen. Die ersten Kommentare waren noch in Ordnung. Doch bald wuchs sich das Ganze zu einem teuflischen Gemetzel aus. Das ist keine Ausnahme, sondern ein typisches Muster im Netz.

Internetpionier und Musiker Lanier

**SPIEGEL:** Wie kommt es dazu?

**Lanier:** Die Anonymität spielt eine große Rolle. Wer anonym ist, muss keine Konsequenzen fürchten und erhält dennoch unmit-



526784

telbare Genugtuung. Da wird ein biologischer Schalter umgelegt, und es entsteht eine richtige Meute. Das lässt sich auch in anderen Lebensbereichen beobachten. Wann immer sich Menschen mit einem starken gemeinsamen Glaubenssystem zusammenschließen, tritt meistens das Schlechteste zutage.

[...]

**SPIEGEL:** Früher bewerteten Sie das Internet viel positiver. Was ist schiefgelaufen?

**Lanier:** Der Niedergang begann mit dem Versuch, im Netz Geld zu verdienen. Bislang ist dabei leider nur ein einziges erfolgreiches Geschäftsmodell herausgekommen: das der Werbung, wie Google sie betreibt. Soziale Netzwerke wie Facebook versuchen, diesen Erfolg nachzuahmen. Das Problem ist nur, dass sie dabei soziale Strukturen im Netz zerstören, die anfangs ziemlich gut funktionierten. Die Leute haben ja auch schon vor Facebook über das Internet miteinander kommuniziert.

**SPIEGEL:** Facebook macht es Nutzern wirklich leicht, mit alten Freunden Kontakt zu halten oder diese wiederzufinden.

**Lanier:** Aber zu welchem Preis! Machen Sie sich klar: Ihre gesamte Kommunikation mit Ihren Freunden gehört einem Unternehmen. Facebook presst die Nutzer in vorgestanzte Kategorien und reduziert sie zu Multiple-Choice-Identitäten, die an Marketing-Datenbanken verkauft werden können. Für mich ist es offensichtlich, dass, wer Web-2.0-Angebote wie Facebook nutzt, sich der Maschinerie unterwirft und es noch nicht einmal merkt.

**SPIEGEL:** Übertreiben Sie da nicht? Die Nutzer unterscheiden doch zwischen ihrem Facebook-Account und ihrem richtigen Leben.

**Lanier:** Ältere Leute nutzen Facebook tatsächlich, um wieder Kontakt zu alten Freunden aufzunehmen. Diese Beziehungen sind zuvor in der realen Welt entstanden. Ihnen ist bewusst, was echt ist und was nicht. Das Problem haben eher die Jungen. Auf sie kann das Facebook-Modell, was ein Freund ist und worum es im Leben geht, einen großen Einfluss haben.

**SPIEGEL:** Sie halten die jugendliche Begeisterung für derlei Kollektivismus sogar für angstgesteuert.

**Lanier:** Ja, die Dynamik der Internet-Meute bedingt, dass man am Ende mitmachen muss,

um nicht selbst Opfer zu werden. Facebook-Accounts werden irgendwann verpflichtend. Die Teenager kommen nicht mehr darum herum, ihr Profil zu pflegen, weil es Teil ihres Lebens wird.

**SPIEGEL:** Kann sich denn nicht jeder im Internet so darstellen, wie er es gern hätte?

**Lanier:** Nein, das Netz lässt nur Konformismus zu. Es belohnt Leute, die in soziale Normen passen. Wer sich außerhalb der Norm bewegt, kann schnell zum Opfer werden. Wir haben inzwischen ein riesiges Problem mit Cyber-Mobbing. Hinzu kommt, dass es das Netz nicht erlaubt, sich selbst neu zu erfinden. Es vergisst nichts.

**SPIEGEL:** Zur Netzkultur gehört es auch, dass Software, Lieder, Filme oder Texte kostenlos zu haben sind. Sie selbst forderten von den Musikern früher, ihre Songs gratis zu verteilen. Geld sollten diese zum Beispiel mit dem Verkauf von T-Shirts verdienen. Heute kritisieren Sie diese Selbstbedienungskultur. Woher der Sinneswandel?

**Lanier:** Wenn das Kostenlosmodell funktionieren würde, hätten wir inzwischen Tausende Musiker, die ihre Musik kostenlos anbieten und trotzdem gut leben würden. Das ist nicht der Fall. Inzwischen glaube ich, dass es langfristig für alle besser wäre, wenn geistige Erfindungen bezahlt würden. Wenn alles Immaterielle gratis ist, werden wir alle zu digitalen Bauern, die für Lords der digitalen Wolken wie Google oder YouTube kostenlose Inhalte bereitstellen. Wenn man aber eine dynamische Welt will, in der jeder noch selbst erfinden, denken und seinen eigenen Weg suchen darf, brauchen wir Kapitalismus – gerade auch für den Geist. Intellektuelle Leistung muss wieder belohnt werden, und zwar individuell. Ein weiterer zentraler Fehler der derzeitigen digitalen Kultur ist es, Information aus verschiedensten Quellen so fein zu zerhacken, dass man am Ende nur noch einen einzigen globalen Brei hat.

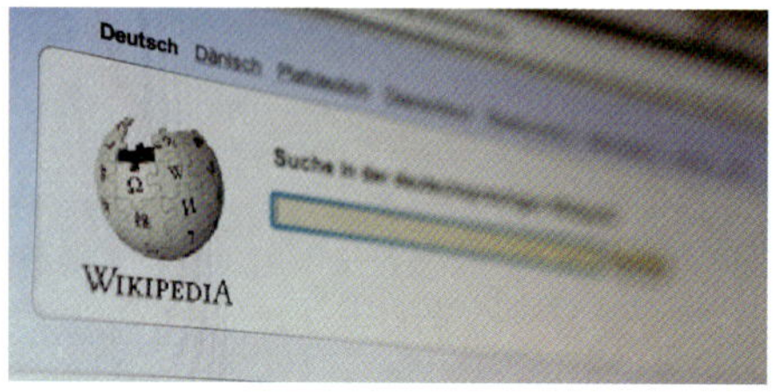


**SPIEGEL:** Das Internetlexikon Wikipedia funktioniert so. Jeder trägt ein Stück dazu bei. Am Ende wäre das Wissen der Welt an einem Ort vereint und für jeden frei zugänglich. Was ist dagegen einzuwenden?

**Lanier:** Wikipedia funktioniert vielleicht für bestimmte Themen, etwa für Wissenschaft oder für Popkultur. Aber für geschichtliche und humanistische Themen ist Wikipedia untauglich. In diesen Bereichen gibt es viele Aspekte und Sichtweisen, die alle ihre Berechtigung haben. Sie zusammenzuquirlen macht die Dinge bedeutungslos. Es kann sogar geschehen, dass wir die Realität als Bezugspunkt verlieren. Ein Beispiel: Wikipedia bietet ellenlange Artikel über imaginäre Armeen oder Charaktere aus Fantasy-Romanen. Echte, historische Armeen oder Figuren der Zeitgeschichte dagegen werden oft weitaus kürzer abgehandelt. Wozu führt das? Ich fürchte, es besteht die Gefahr, dass wir irgendwann Geschichte und Fiktion verwechseln. Wir reduzieren Geschichte, und am Ende verlieren wir Geschichte.

**SPIEGEL:** Aber Wikipedia ist ja nicht die einzige Quelle ...

**Lanier:** ... sie könnte es aber irgendwann werden. Stellen Sie sich vor, wir schaffen Bücher ganz ab und arbeiten nur noch mit Software-Systemen, die Informationen zu digitalem Brei verquirlen. Dann könnten wir eine Welt kriegen, in der es nur noch so etwas wie Wikipedia gibt. Am Ende haben wir nur noch ein einziges Buch für die ganze Menschheit – eine Art heilige Schrift, ähnlich wie die Bibel, geschrieben von Autoren, die irgendwann in Vergessenheit geraten und dadurch überhöht werden können. Es entsteht der Eindruck des Übernatürlichen. Wenn es da ein Buch gibt, das keiner geschrieben hat, dann muss es Gott geschrieben haben.

**SPIEGEL:** Wird der Eindruck, dass das Internet zu einem Überwesen wird, auch durch die Struktur des Netzes gefördert?

**Lanier:** Ja. Das Design des Internets bewertet Informationen höher als die Individuen, die sie liefern. Die Regeln des Netzes wurden von Technikfreaks geschrieben, die nicht viel mit menschlicher Ausdrucksweise am Hut hatten. Dadurch haben wir den Menschen die Würde geraubt.

**SPIEGEL:** Gab es Versuche, das Netz anders zu organisieren?

**Lanier:** O ja. Die erste Idee war die beste, wurde aber leider nicht umgesetzt. Ted Nelson ...

**SPIEGEL:** ... ein amerikanischer Soziologe, Philosoph und Computerpionier, der in den sechziger Jahren des 20. Jahrhunderts die Grundlagen des heutigen World Wide Web schuf ...

**Lanier:** ... schlug vor, ein universelles Mikrobezahlsystem zu schaffen und gleichzeitig jede Datei nur einmal im Netz bereitzustellen. Das hätte viele Vorteile. Der Markt würde Angebot und Nachfrage regeln, und Musik, Bücher oder Zeitungsartikel würden sehr schnell einen vernünftigen, angemessenen Preis bekommen.

**SPIEGEL:** Was schlagen Sie außer einem Bezahlsystem vor, um das Internet zu verbessern?

**Lanier:** Vielleicht müssen wir Monopole zerschlagen, so dass wir beispielsweise nicht mehr nur ein Google haben, sondern mehrere. Suchmaschinen sind unabdingbar, und die Methode, Internetseiten nach Beliebtheit zu ordnen, ist gut. Ich würde es jedoch gern sehen, dass Suchmaschinen werbefrei werden. Im Moment steuern wir auf eine Situation zu, in der man im Netz in eine Art Todesspirale kommt und verschwindet, wenn man keine Werbung betreibt. Man taucht dann schlicht nicht mehr oben in den Ergebnislisten der Suchmaschinen auf. Wenn wir Internetsuche und Werbung entkoppeln würden, bekämen wir eine ehrlichere und wahrhaftigere Welt.

**SPIEGEL:** Das werden die Aktionäre von Google nicht gern hören.

**Lanier:** Natürlich würde das einige Menschen bei Google oder bei Microsofts Suchmaschine



526786

Bing, die wirklich alle sehr nett sind, ziemlich unglücklich machen. Aber bedenken Sie: Alle anderen würden profitieren. Ein bisschen Werbung ist nicht schlimm. Doch sie darf nicht überbetont werden. Wenn Werbung das Zentrum der Zivilisation wird, um das sich alles dreht, dann ist sie wahrhaft teuflisch.

(Bethge, in: Der Spiegel 4/2010, S. 128–129)

1. *Nicht jeder ist ein Computerfreak: Klären Sie alle Begriffe, die Sie nicht verstehen. Schreiben Sie die Ihnen unbekannten Wörter auf ein Kärtchen und laufen Sie damit zunächst durch die Klasse, um Hilfe und Aufklärung von anderen Schülerinnen oder Schülern zu erhalten; ziehen Sie ein Wörterbuch heran.*

2. *Lesen Sie den Text noch einmal als Interview.*

3. *Diskutieren Sie einige Thesen Jaron Laniers.*

4. *Jetzt arbeiten Sie den Text auf einer Kopie noch einmal sorgfältig durch: „Erst denken, dann planen, dann schreiben!"*

   - *Sie erstellen eine Textwiedergabe.*
   - *Sie nehmen Stellung zu den Thesen Jaron Laniers.*

5. *Sie überarbeiten Ihre Fassung in einer Schreibwerkstatt (▸▸▸ S. 326 ff.).*



# Stellungnahme auf der Grundlage eines pragmatischen Textes

## Reflektieren

Gehen Sie die folgende Liste durch, überprüfen Sie, ob Sie die angegebenen Kompetenzen gut, weniger gut oder noch gar nicht beherrschen.

Schreiben Sie die Punkte auf, in denen Sie mit den genannten Kompetenzaussagen Schwierigkeiten haben, und warum; so gehen Sie dabei vor:

- Ich kann weniger gut ...
- Ich kann noch nicht ...

## Kompetenzen

Sie haben die Kompetenz erworben,

1. einen Sachtext durchzuarbeiten, d. h.:
   - Sie können den Text verorten (Autor, Quelle, Thema, Anlass, Textintention und Textsorte).
   - Sie können Textsorten wie Bericht, Kommentar, Glosse, Leserbrief oder Nachricht erkennen.
   - Sie können Beispiele, allgemeine Aussagen oder Thesen, Fakten, Erklärungen, Begründungen und Argumente, Schlussfolgerungen und Forderungen erkennen.

- Sie können daher wichtige von unwichtigen Aussagen unterscheiden.
- Sie können Texte markieren und strukturieren.

2. eine Textwiedergabe zu erstellen, d. h.:

   - Sie können zum Thema oder Gegenstand des Textes hinführen.
   - Sie können den Text bestimmen und „verorten".
   - Sie können Ihre Textwiedergabe in ihrem Aufbau planen.
   - Sie können die Textwiedergabe unter Beachtung der sprachlichen Regeln für die Wiedergabe einer Aussage eines anderen schreiben: Sie beherrschen den korrekten Einsatz des Konjunktivs.
   - Sie kennen die Kriterien einer guten Textwiedergabe und können Textwiedergaben anderer Schreiber beurteilen.

3. eine Stellungnahme zu schreiben, d. h.:

   - Sie wissen, wie Sie von der Textwiedergabe zur Stellungnahme überleiten können.
   - Sie können Argumente, Erklärungen, Lösungsvorschläge unterschiedlicher Art erstellen;
   - Sie können Konsequenzen und Schlussfolgerungen ableiten.
   - Sie können dies alles sinnvoll gliedern: Sie können Ihre Stellungnahme sinnvoll aufbauen.
   - Sie kennen die Kriterien einer guten Stellungnahme und können Stellungnahmen anderer Schreiber beurteilen.

4. einen Schreibplan (▸▸▸S. 325 f.) zu entwickeln, d. h. Sie durchlaufen drei Schritte: erst denken, dann planen, dann schreiben.

## Wie gehen Sie vor bei der Textwiedergabe?

Sie durchlaufen drei Schritte: erst denken, dann planen, dann schreiben.

Grundlage ist das Durcharbeiten des vorliegenden Textes: Sie markieren die wesentlichen Aussagen und strukturieren den Text durch Randzeichen.

In der Hinführung führen Sie den Leser zum Thema des Textes. Sie machen darin deutlich, dass es sich um ein interessantes, ein wichtiges oder ein aktuell diskutiertes Thema handelt.

Der Text muss bestimmt und „verortet" werden: Sie nennen die Textsorte, Autor und Titel, Datum und Quelle. Sie fassen das Thema oder die Absicht dieses Textes noch einmal zusammen.

Sie überlegen und wählen aus, was als Basis der später folgenden Stellungnahme wichtig ist.

Sie überlegen, wie Sie Ihre Textwiedergabe strukturieren: Sie müssen in der Reihenfolge Ihrer Aussagen nicht dem Text folgen; zusammengehörige Inhalte sollen auch zusammengestellt werden. In Stichworten können Sie Ihr Gliederungskonzept notieren.

Sie überlegen, wie Sie die Argumente gliedern; auch hier müssen Sie in der Reihenfolge nicht dem Text folgen. Auch diesen Planungsschritt können Sie in Stichworten notieren.





526788

- Sie schreiben Ihren Text, das heißt, Sie formulieren ihn in eigenen Worten; wenn Sie zitieren, setzen Sie das Zitat in Anführungszeichen und vermerken dahinter in Klammern die Zeilenzahl.

## Wie gehen Sie vor bei der Stellungnahme?

Sie durchlaufen drei Schritte: erst denken, dann planen, dann schreiben.

- Sie klären, welche Form der Stellungnahme Text und Aufgabenstellung erfordern:
  - Geht es um eine Pro-Kontra-Entscheidung oder
  - um die Erörterung von Ursachen oder von Vorschlägen zur Lösung eines Problems?

Bei einer Pro-Kontra-Entscheidung

- sammeln Sie die Argumente beider Seiten,
- überlegen und notieren Sie in Stichworten, wie Sie Ihren Text insgesamt strukturieren wollen,
- überlegen und notieren Sie in Stichworten, wie Sie sich überleitend auf die Textwiedergabe beziehen wollen,
- überlegen und notieren Sie in Stichworten, an welcher Stelle Ihres Textes Sie Ihre eigene Position formulieren wollen,
- überlegen und notieren Sie in Stichworten, wie Sie die Argumente aus der Textwiedergabe, die Ihren eigenen Standpunkt stützen, einbeziehen wollen (Sie erwähnen sie zusammenfassend oder Sie erläutern und konkretisieren sie. – Wenig sinnvoll erscheint es, sie noch einmal kurz zu wiederholen.),
- überlegen und notieren Sie, wie Sie mit den Gegenargumenten zu Ihrer eigenen Position sprachlich umgehen (Widerlegung oder Auflösung – Distanzierung – Anerkennung),
- überlegen und notieren Sie, wie Sie die Argumente gliedern.

Bei einer Erörterung von Ursachen oder von Vorschlägen zur Lösung eines Problems

- stellen Sie die für das Problem relevanten Aspekte zusammen,
- überlegen und notieren Sie in Stichworten, wie Sie diese gliedern wollen,
- überlegen und notieren Sie in Stichworten, wie Sie Ihren Text insgesamt strukturieren wollen,
- überlegen und notieren Sie in Stichworten, wie Sie sich überleitend auf die Textwiedergabe beziehen wollen.

Sie setzen Ihr Konzept um – und schreiben.

# Stellungnahme ohne Textgrundlage

Sie lernen in den Kompetenzbereichen „Sprechen und Zuhören", „Schreiben" und „Pragmatische Texte und Medienprodukte" zu einer Streitfrage oder einem Problem mündlich und schriftlich Stellung zu nehmen, indem Sie

- Argumente zu einem Thema formulieren,
- einen Schreibplan (▸▸▸S. 325 f.) entwickeln,
- anlassbezogen und adressatengerecht formulieren,
- Ihren Text inhaltlich und sprachlich im Hinblick auf seine Wirksamkeit reflektieren und gegebenenfalls überarbeiten.

**Mündlich diskutieren:**

Eine Pro-Kontra-Debatte führen

Argumentation einüben

**Schriftlich Stellung nehmen:**

Eine Stoffsammlung erstellen

Argumente formulieren, ordnen und gewichten

Das Interesse des Lesers in der Einleitung wecken

Im Hauptteil überzeugend argumentieren

Einen abrundenden Schluss schreiben

# „Stellung nehmen"

Im Berufs- wie im Privatleben ergibt sich oftmals die Notwendigkeit, zu einem Problem Stellung zu nehmen. Dies kann in mündlicher oder schriftlicher Form geschehen. Die Überzeugungskraft, mit der Sie Ihre Position vertreten, hängt in erster Linie von Ihrer Argumentation ab.

Eine erste mündliche Übung hierzu ist die Streitlinie (▸▸▸S. 322). Zunächst bilden Sie Paare, die sich entlang einer Linie in der Mitte des Raumes auf Armeslänge voneinander entfernt gegenüberstehen. Nun wird im Partnerdialog über eine Streitfrage diskutiert. Die Partner auf der rechten Seite vertreten eine zustimmende Haltung dem Problem gegenüber, die Partner auf der linken Seite eine ablehnende Position. Nach zwei Minuten wechseln Sie bitte die Rollen: Wer vorher zugestimmt hat, muss nun eine ablehnende Haltung vertreten und umgekehrt.

1 *Diskutieren Sie auf der Streitlinie mit Ihrem Partner bzw. Ihrer Partnerin die folgende Frage:*

**Sollte ein striktes Rauchverbot in Gaststätten gelten?**

2 *Nach Abschluss der Übung klären Sie bitte im Plenum:*

*a) Welche Argumente wurden genannt?*
*b) Wie reagierten die Partner auf die jeweiligen Argumente?*
*c) Haben die Partner einander zugehört?*
*d) Sind die Partner in ihrer Argumentation aufeinander eingegangen oder waren es Monologe, die gehalten wurden?*
*e) Welche Position ist einfacher zu vertreten gewesen? Warum?*

Sie haben sicherlich festgestellt, dass es gar nicht so einfach ist, seine Meinung begründet darzulegen und passende Erwiderungen auf die Argumente Ihres Partners zu finden. Dies sollen Sie nun in der Gruppe üben, und zwar in einer Pro-Kontra-Debatte (▸▸▸S. 322):

Bilden Sie Gruppen mit vier Schülern bzw. Schülerinnen: Je zwei Mitglieder Ihrer Gruppe sind für ein striktes Rauchverbot in öffentlichen Gaststätten, die beiden anderen sind gegen ein solches Verbot.

1 *Jedes Paar innerhalb einer Gruppe überlegt sich*

*a) Argumente für die eigene Position,*
*b) Argumente der Gegenseite,*
*c) wie man diese Argumente der Gegenseite widerlegen könnte.*

Die Vierergruppen werden nun aufgelöst: Alle Schüler und Schülerinnen, die einem Rauchverbot in öffentlichen Gaststätten zustimmen, bilden eine Großgruppe, die Gegner einer solchen Regelung bilden die zweite Großgruppe.

Aus jeder dieser beiden Großgruppen werden drei Personen ausgelost, die sich in der Mitte des Klassenzimmers gegenübersitzen. Zwei Assistenten fungieren als Zeitnehmer:

2 *Jeder Teilnehmer der Debatte darf 45 Sekunden reden, dann darf die Gegenpartei sprechen.*



526792

③ *Die Klasse*

*a) beobachtet das Redeverhalten der Diskutanten,*
*b) protokolliert die vorgebrachten Argumente und*
*c) bewertet deren Überzeugungskraft.*

④ *Nach zwei Diskussionsrunden*

*a) besprechen Sie im Plenum, ob sich die Redner fair zueinander verhalten haben (fair meint: einander zuhören, sich ansehen, sich nicht unterbrechen usw.),*
*b) erstellen Sie eine Sammlung der von den Rednern erwähnten Argumente und besprechen Sie, ob diese Argumente überzeugend waren.*
*c) Überlegen Sie sich dann gegebenenfalls, weshalb manche Argumente Sie nicht überzeugen konnten.*

**Die Stellungnahme als Aufsatzform**

So, wie Sie mündlich über ein Thema diskutiert haben, können Sie auch schriftlich zu einer Streitfrage Stellung nehmen. Diese Aufsatzform nennt man Stellungnahme. Sie besteht aus

- Hinführung (Einleitung),
- Argumentation (Hauptteil),
- Schlussfolgerung (Schluss).

# Schritte zur schriftlichen Stellungnahme

## DAS THEMA ERSCHLIESSEN

Bevor Sie sich an die schriftliche Ausarbeitung einer Stellungnahme machen, müssen Sie sich über das Thema im Klaren sein. Dazu müssen Sie das Thema erschließen, das heißt, sich genau überlegen, was zum Thema gehört und auf welche Aspekte Sie eingehen müssen.

Wenden Sie im Folgenden Think – Pair – Share (▸▸▸S. 322) an und wählen Sie ein Thema aus:

1. **Soll der Besuch einer Kindertagesstätte ab dem vierten Lebensjahr verpflichtend sein?**
2. **Soll Eltern das Kindergeld gestrichen werden, wenn die Kinder die Schule schwänzen?**
3. **Darf eine Firma bei der Vergabe eines Ausbildungsplatzes einen Bluttest vom Bewerber verlangen?**

1. *Arbeiten Sie alleine und überlegen Sie sich, welche Aspekte zu Ihrem gewählten Thema gehören. Schreiben Sie sich in Stichworten alles auf, was Ihrer Meinung nach zu diesem Thema passt.*
2. *Nach fünf Minuten suchen Sie sich jemanden, der dasselbe Thema bearbeitet hat, als Partner und tauschen sich mit ihm bzw. ihr aus. Ergänzen Sie Ihre Stichwortsammlung mit Aspekten, an die Ihr Partner gedacht hat, die Sie jedoch nicht bedacht haben.*
3. *Suchen Sie sich ein Paar, das dasselbe Thema bearbeitet hat, und tauschen Sie sich mit diesem Paar ein weiteres Mal aus.*
4. *Jeweils eine Vierergruppe pro Thema präsentiert ihre Ergebnisse.*

## STOFFSAMMLUNG

Bevor man eine Stellungnahme verfasst, muss man sich eine Meinung zum Thema bilden. Manchmal weiß man sofort, ob man einer Äußerung zustimmt oder sie ablehnt. Oft gibt es jedoch nachvollziehbare Argumente, die für, und solche, die gegen eine Aussage sprechen. Am besten werden Sie sich über Ihren Standpunkt klar, wenn Sie eine Stoffsammlung zum Thema erstellen. Hierfür gibt es verschiedene Möglichkeiten. Zwei werden Ihnen hier vorgestellt.

### Das PMI-Modell

Sollten Sie von vornherein den Eindruck haben, dass das Thema sowohl Zustimmung als auch Ablehnung bei Ihnen erzeugt, können Sie als Stoffsammlungsmethode das PMI-Modell (▸▸▸S. 307) wählen. PMI steht für „Pluspunkte – Minuspunkte – Interessante Fragen". Das Modell sieht folgendermaßen aus:

**Problemfrage:**
**Soll man DVD-Produktionen oder Computerspiele verbieten, in denen Gewaltdarstellungen im Zentrum stehen?**

| **Pluspunkte** | **Minuspunkte** |
|---|---|
| + …<br>+ …<br>+ … | – …<br>– … |
| **Interessante Fragen:**<br>1. …<br>2. … | |

1. *Arbeiten Sie alleine und sammeln Sie zuerst nur Pluspunkte (Pro-Argumente). Hierfür haben Sie fünf Minuten Zeit.*
2. *Sammeln Sie nun Minuspunkte (Kontra-Argumente). Auch hierfür haben Sie fünf Minuten Zeit.*
3. *Überlegen Sie sich dann interessante Fragen, die zum Thema gehören oder es ergänzen könnten. Nehmen Sie sich hierfür ebenfalls fünf Minuten Zeit.*

4 *Vergleichen Sie Ihre Stoffsammlung mit der Ihres Tischnachbarn und tauschen Sie sich über Ihre Ergebnisse aus. Ergänzen Sie Ihre Stoffsammlung.*

5 *Fünf Schüler präsentieren im Plenum ihre „interessanten Fragen". Entscheiden Sie, ob diese Fragen neue Aspekte des Themas erschließen, und ergänzen Sie Ihre Stoffsammlung dementsprechend.*

## Stoff sammeln mit der Mindmap

Sollten Sie nicht sicher sein, welche Meinung Sie in Ihrer Stellungnahme vertreten wollen, fertigen Sie zur Stoffsammlung eine Mindmap (▸▸▸S. 320) an.

1 *Erstellen Sie eine Mindmap zu folgendem Thema:*

**In Frankreich und Belgien hat man das Tragen von gesichtsverhüllenden Kleidungsstücken in der Öffentlichkeit per Gesetz verboten. In anderen Ländern wird diese Frage diskutiert. Sollte man auch in Deutschland ein „Burka-Verbot" einführen?**

Niqabträgerin

So gehen Sie vor:
- Klären Sie zentrale Begriffe – was ist eine „Burka"? Welche anderen Formen der Ganzkörperverhüllung gibt es?
- Notieren Sie in einem ersten Durchgang alle Aspekte, die Ihnen für das Thema relevant erscheinen, an Hauptästen der Mindmap.
- Ergänzen Sie in einem zweiten Durchgang alles, was Ihnen sonst noch zum Thema einfällt. Nehmen Sie sich genügend Zeit hierfür!
- Sehen Sie sich in einem dritten Durchgang Ihre Mindmap genau an:
  Haben Sie deutlich mehr Aspekte gefunden, die der Aussage, dass ein „Burka-Verbot" eingeführt werden sollte, zustimmen, oder überwiegen ganz klar jene Aspekte, die dieser Aussage eher widersprechen? In beiden Fällen ist dann Ihre Position und damit die Grundaussage Ihrer Stellungnahme klar.
  Vielleicht ergibt sich aber auch ein ausgewogenes Bild: Sie haben sowohl Argumente, die für diese Aussage sprechen, als auch solche, die dagegen sprechen, gefunden. Hieraus ergibt sich dann logisch als Grundaussage Ihrer Stellungnahme: Sie stimmen der Aussage (These) teilweise zu, lehnen sie teilweise aber auch ab. Das heißt, Sie halten sowohl einige Argumente dafür als auch dagegen für berechtigt.

## ARGUMENTATION

Das Herz Ihrer Stellungnahme ist die Argumentation zur Stützung Ihrer Position. Erarbeiten Sie sich die nötigen Kompetenzen dazu mithilfe von Think – Pair – Share (▸▸▸S. 322):

1 *Arbeiten Sie alleine. Wählen Sie einen Aspekt Ihrer Stoffsammlung zum Thema „Burka-Verbot" aus und formulieren Sie ihn schriftlich so überzeugend wie möglich.*

(2) *Suchen Sie sich einen Partner. Tauschen Sie sich über die von Ihnen formulierten Argumente und deren Überzeugungskraft aus.*

(3) *Schließen Sie sich mit einer weiteren Zweiergruppe zusammen und besprechen Sie in der Vierergruppe Ihre jeweiligen Argumente.*

(4) *Sammeln Sie im Plenum all jene Argumente, die Sie überzeugt haben.*

(5) *Besprechen Sie, woran es liegt, dass diese Argumente überzeugend sind.*

Die Äußerung einer reinen Behauptung oder „These" stößt oft auf Unverständnis oder einfach auf spontane Ablehnung, zumindest lässt sie noch Fragen offen beim Zuhörer oder Leser. Damit die Behauptung für einen anderen nachvollziehbar wird und er bereit ist, sich überhaupt mit einem Gedanken auseinanderzusetzen, sollten eine Begründung und ein möglichst überzeugender Beweis oder „Beleg" mitgeliefert werden. Ein Beleg können Fakten sein, allgemeines Erfahrungswissen oder ein illustrierendes Beispiel. Ein wirkungsvolles Argument sollte also immer aus drei Bausteinen bestehen:

**Argument**

Ein Argument besteht immer aus mindestens drei Bausteinen:

1. Behauptung/These
2. Begründung
3. Beleg/Beispiel

Die Beweisführung in einem Argument, aber auch die Darlegung aller Argumente nennt man eine **Argumentation.**

Behauptung: Gewaltverherrlichende DVD-Produktionen sollten verboten werden,

Begründung: da sie Gewalt als ein positiv besetztes Mittel der Konfliktlösung darstellen.

Beleg: Die „Helden" dieser Filme reden in der Regel wenig, dafür prügeln und morden sie umso mehr, erreichen damit aber stets ihr Ziel. Arnold Schwarzenegger als „Terminator" oder Jason Statham wurden so zum Vorbild unzähliger Jugendlicher, denen Brutalität und Menschenverachtung als akzeptable Konfliktlösungsstrategien vorgeführt wurden.

(6) *Beurteilen Sie die Überzeugungskraft folgender Aussagen:*

a) Ich kann mir nicht vorstellen, dass Gruppenarbeit sinnvoll sein soll.
b) Wir haben früher auch einmal einen Klaps bekommen und es hat uns nicht geschadet.
c) Ich bin gegen Bootcamps für straffällig gewordene Jugendliche, weil sie nichts nützen.
d) Wer in der Kneipe rauchen will, soll das auch dürfen.
e) Ich bin der Meinung, dass Gewalt zum Fernsehen dazugehört, da Gewalt zur Gesellschaft gehört.

(7) *Verbessern Sie diese Aussagen so, dass sie zum überzeugenden Argument werden.*

Bei der Stellungnahme spielt die gesamte Argumentation im Sinne einer Kette von Einzelargumenten die entscheidende Rolle. Es kommt also auf die Gewichtung und möglichst wirkungsvolle Anordnung der einzelnen Argumente an.



526796

(8) *Sehen Sie sich Ihre Argumente zum Thema „Burka-Verbot" an und nummerieren Sie die Argumente nach deren Überzeugungskraft durch:*
*1 für das schwächste, 5, 6, 7 ... für das stärkste Argument. Beginnen Sie stets mit dem schwächsten und enden Sie mit dem stärksten Argument.*

Legen Sie sich einen Vorrat an Formulierungshilfen zur flüssig wirkenden Überleitung zum nächsten Argument zu, zum Beispiel bei einer Reihung mit steigender Gewichtung der Argumente: Zunächst einmal ... Hinzu kommt ... Ein weiterer Gesichtspunkt spielt eine Rolle: ... Außerdem ... Noch wichtiger erscheint mir aber ...

## Weitere Bausteine zum Argumentieren

Je überzeugender Sie Ihre Meinung darlegen und begründen, desto besser wird Ihr Aufsatz. Zum Schema Behauptung – Begründung – Beleg gibt es dafür verschiedene Ergänzungsmöglichkeiten: Beispiele, Erläuterungen, Zahlen, Fakten, Analogien und Vergleiche. Ein Beispiel:

| | |
|---|---|
| Behauptung: | Castingshows im Fernsehen sind entwürdigend, |
| Begründung: | denn in ihnen werden absichtlich Menschen bloßgestellt, |
| Erläuterung: | um den Voyeurismus bestimmter Zuschauergruppen zu befriedigen und die Zuschauerquote in die Höhe zu treiben. |
| Beispiel: | Sieht man sich an, wie die Teilnehmer bei „Talentshows" gedemütigt, beleidigt und dem allgemeinen Gelächter preisgegeben werden, |
| Folgerung: | drängt sich die Vermutung auf, dass Menschen hier missbraucht werden, um den Sendern Quotenerfolge zu bescheren. |
| Beispiel: | Wenn man Zeuge wird, wie „Juroren" die Unbedarftheit und Wehrlosigkeit ihrer Kandidaten ausnutzen, um sie der Lächerlichkeit preiszugeben, |
| Analogie: | fühlt man sich manchmal an den mittelalterlichen Pranger erinnert. |

(1) *Versuchen Sie nun, zum folgenden Thema über den Dreischritt Behauptung – Begründung – Beleg hinaus weitere Ergänzungsmöglichkeiten zu finden:*

**Man soll Menschen, die wegen eines Gewaltdeliktes verurteilt werden, auch den Führerschein entziehen.**

(2) *Was stimmt im Folgenden nicht? Verbessern Sie die Argumente zum Thema:*

**Sollen jugendliche Straftäter härter bestraft werden?**

a) Ein Ladendiebstahl wird oftmals als Kleindelikt abgetan, doch das ist oft der Anfang allen Übels. 65 % der Ladendiebstähle werden von Jugendlichen begangen, denn sie sind eine der Hauptzielgruppen der Hersteller und werden von der Werbung nur so überschüttet.

b) Der Zwang der Gruppe ist auch ein Faktor der eine Rolle spielt durch Mutproben werden Jugendliche auch oft dazu angestiftet einen Diebstahl zu begehen.

c) Oftmals haben straffällig gewordene Kinder auch Probleme psychischer oder körperlicher Natur wie z. B. den Druck, der zu Hause ausgeübt wird, die hohen Ansprüche, den Druck der Schule, falsche Freunde, Drogen, Alkohol, die erste Freundin oder Freund ist weg. Diese Aspekte zusammengeführt können dazu führen, dass man straffällig wird.

d) Verängstigung, Frustration und Depressionen können durch eine Straftat hervorgerufen werden, womit viele nicht fertigwerden und einen Suizidversuch unternehmen, was viele Eltern selbst dann noch nicht wachrüttelt, denn es geht ihnen bloß um den Fakt, dass das eigene Kind geklaut hat, was die Gesellschaft, Verwandte und Bekannte dazu sagen, nicht die Meinung des Kindes.

## DIE HINFÜHRUNG

Warum sollte jemand Ihre Stellungnahme lesen? Warum sollte er sich überhaupt für das Thema interessieren? Lesen Sie zunächst die beiden folgenden Hinführungen zum Thema:

**Brauchen wir ein Schulfach „Benimm-Unterricht"?**

**Beispiel 1:** Seit vielen Jahren gibt es Diskussionen darüber, ob man an Schulen Benimm-Unterricht einführen soll. Schüler benehmen sich im Unterricht manchmal so schlecht, dass man sich ernsthaft darüber Gedanken macht.

**Beispiel 2:** Montagmorgen in einem Berufsschulzentrum in X: Die Schüler strömen in Scharen zu ihren Klassenzimmern. Auf den Treppen wird gerempelt, hier lässt jemand die Verpackung eines Schokoriegels fallen, dort schnäuzt sich jemand in den Ärmel. Fast jeder, der das Klassenzimmer betritt, lässt die Tür mit lautem Knall hinter sich ins Schloss fallen. Manche Schüler sehen aus, als ob sie auf dem Weg in den Freizeitpark wären: Sie tragen schlabberige Trainingshosen und ausgeleierte T-Shirts und einige von ihnen riechen nicht besonders gut.

(1) *Welche Hinführung halten Sie für gelungener? Begründen Sie Ihre Entscheidung.*

(2) *Überlegen Sie: Wie sollte eine Hinführung bei der Stellungnahme aussehen, sodass der Leser Lust hat, sie zu lesen?*

### Hinführung

Die Hinführung soll zu der zu behandelnden Problematik/Fragestellung hinleiten und gleichzeitig das Interesse des Lesers wecken. Dies kann man erreichen, indem man Bezug nimmt

- auf ein persönliches Erlebnis,
- auf ein aktuelles Ereignis, das zum Thema bzw. zur Fragestellung passt, oder
- auf ein Schlagwort oder Sprichwort, das die Fragestellung verdeutlicht.

**Empfehlung:**
Nach der Hinführung formulieren Sie in einem kurzen Abschnitt **Ihre Position** und kündigen evtl. auch **Ihre Argumentationsstrategie** an, zum Beispiel: „Meiner Meinung nach sollte ... Es gibt eine Reihe von Gründen für/gegen ..., die ich im Folgenden darlegen und erläutern werde. Dabei werde ich auch auf die wesentlichen Argumente der Befürworter/Gegner eingehen." Oder: „Die Frage xy ist meines Erachtens nicht klar mit Ja oder Nein zu beantworten. Im Folgenden werde ich zunächst die Gründe für/gegen ... und anschließend die Gründe, die dagegen/dafür sprechen, darlegen, bevor ich abschließend zu einem Fazit komme."



526798

Üben Sie nun das Schreiben einer Hinführung. Gehen Sie beim ersten Thema im Tempoduett (►►► S. 323 f.) vor:

(1) *Arbeiten Sie alleine. Schreiben Sie eine Hinführung zum nachfolgenden Thema. Nehmen Sie sich so viel Zeit, wie Sie brauchen.*

**Castingshows im Fernsehen sind entwürdigend**

(2) *Wenn Sie fertig sind, stehen Sie auf. Schließen Sie sich mit einer Person zusammen, die ebenfalls durch Aufstehen signalisiert hat, dass sie fertig ist. Lesen Sie sich Ihre Hinführungen vor und diskutieren Sie, welche Ihnen weshalb besser gefällt. Treffen Sie eine Entscheidung. Nehmen Sie, falls nötig, an der von Ihnen ausgewählten Hinführung Korrekturen vor und überprüfen Sie gemeinsam Rechtschreibung und Zeichensetzung.*

Legen Sie schließlich beide Hinführungen der Lehrkraft vor und erklären Sie ihr, weshalb Sie sich für die von Ihnen ausgewählte Hinführung entschieden haben.

(3) *Verbessern Sie die folgende Hinführung, die ein Schüler verfasst hat, zum Thema:*

**Sollen jugendliche Straftäter härter bestraft werden?**

Wenn Jugendliche kriminell werden, liegt das an dem Eltern, das ist ja klar. Das kann man bei unseren Nachbarn beobachten, der Älteste hat dauernd Ärger mit der Polizei. Vielleicht guckt er zu viel Fernsehen.

In der Zeitung kann man auch lesen, dass schon kleine Kinder klauen. Ich finde, man sollte die viel härter Anpacken und nicht immer so nachgiebig sein.

## DER SCHLUSS

Am Schluss Ihrer Stellungnahme können Sie unter Umständen Ihre Position noch einmal als Schlussfolgerung bzw. Konsequenz Ihrer Argumentation wiederholen. Besser ist es, Lösungen für das behandelte Problem vorschlagen oder einen Ausblick in die Zukunft zu geben. Keinesfalls sollten Sie hier nochmals neue Argumente zur Sprache bringen oder weitere Probleme aufwerfen.

**Schluss**

Der Schluss soll Ihre Stellungnahme abrunden. Möglichkeiten dazu sind:

- Bezug nehmen auf die Einleitung mit Feststellung bzw. Bekräftigung der eigenen Position,
- ein Fazit aus dem Dargelegten ziehen,
- Lösungen vorschlagen oder
- einen Ausblick in die Zukunft geben.

(1) *Vergleichen und bewerten Sie die beiden folgenden Schlüsse zum Thema „Härtere Bestrafung jugendlicher Straftäter“:*

a) Statt straffällig gewordene Jugendliche hart zu bestrafen, sollte man mehr soziale Einrichtungen für Jugendliche schaffen und eine ausgeprägte Zensur für die Medien, dann ließe sich viel vermeiden.

b) Es gibt kein Patentrezept, um mit straffällig gewordenen Jugendlichen umzugehen. Fest steht aber, dass eine härtere Bestrafung nicht dazu führen wird, junge Menschen von kriminellen Taten abzuhalten. Die Gesellschaft als Ganzes muss sich fragen, welche Umstände dazu führen, dass Jugendliche Straftaten begehen, und welche sinnvollen Maßnahmen es gibt, dies zu verhindern. Dazu gehört sicherlich auch, dass die Eltern mehr in die Pflicht genommen werden. Sie müssen sich mehr um ihre Kinder kümmern, und wenn sie dies, aus welchen Gründen auch immer, nicht können oder wollen, muss der Staat hier helfend eingreifen. Dies alles wird nicht zum Nulltarif zu haben sein, ist unterm Strich aber sicherlich kostengünstiger als die Internierung Jugendlicher in speziellen Strafanstalten – und sicherlich wesentlich sinnvoller angelegtes Geld.

# Übungen

Die folgende Stellungnahme hat ein Schüler verfasst.

1 *Untersuchen Sie*

*a) die Argumentationsstruktur,*
*b) die Begründungen und Belege,*
*c) inwiefern dieser Aufsatz „einseitig" Stellung bezieht.*

**Zunehmend beklagen Betriebe Defizite beim sprachlichen Ausdruck, der sozialen Kompetenz und der Leistungsbereitschaft ihrer Auszubildenden.**

Wieder und wieder hören und lesen wir, dass Lehrlinge, wie sie früher hießen, unhöfliche, faule, in Stummelsätzen kommunizierende junge Menschen seien, die für jeden Betrieb mehr Last als Zugewinn darstellten. Wenn man die Klagen mancher Ausbilder hört, gewinnt man den Eindruck, als ob die deutsche Jugend auf dem besten Weg sei, sich durch ihr Verhalten in ein endgültiges Ausbildungs-Aus zu manövrieren.

Sind diese Vorwürfe berechtigt? Was mich sehr stört, ist, dass fast alle „Azubis" über einen Kamm geschoren und pauschal als sozial inkompetent, sprachlos und unfähig zur Leistung beschrieben werden. Was heißt denn „mangelnde soziale Kompetenz"? Ich verstehe unter sozialer Kompetenz Einsatzfreude, die Bereitschaft, für sich und andere Verantwortung zu übernehmen, Teamfähigkeit, Einfühlungsvermögen und Kommunikationsfähigkeit. Viele Jugendliche besitzen diese Eigenschaften. Das zeigt sich zum Beispiel daran, dass sie sich in Vereinen, der SMV oder bei der Feuerwehr engagieren, Jugendgruppen leiten oder in der Behindertenarbeit oder der Nachbarschaftshilfe aktiv sind. Schüler übernehmen innerhalb einer Klasse Mittlerfunktion zwischen Lehrern und Schülern, kümmern sich um schwache Mitschüler und sind aktiv an der Gestaltung eines positiven Klassenklimas beteiligt. All diese Beispiele belegen, dass nicht jeder junge Mensch ein „Sozialrambo" ist.

Ich teile durchaus die Meinung, dass die Umgangsformen junger Leute heute sehr zu wünschen übrig lassen. Manieren lernt man aber durch das Vorbild Erwachsener. Mag sein, dass Eltern ihren Kindern gutes Benehmen oft nicht mehr vorleben. Tatsache ist auf alle Fälle, dass höfliche Umgangsformen auch außerhalb der Familien nicht gerade verbreitet sind. In einer Gesellschaft, in der „Ellenbogen benützen können" und „seine Interessen durchsetzen können" anstrebenswerte Charaktereigenschaften sind, gilt der als Trottel, der seinen bequemen Sitzplatz in der S-Bahn einer schwangeren Frau anbietet. Jugendliche sehen so etwas und merken es sich. Wenn der Schulleiter Fäkalsprache benutzt und der Meister in der Nase bohrt, muss man sich nicht wundern, wenn es um die Manieren der Jugendlichen schlecht bestellt ist.



5267100

## Argumentieren in der Praxis: ein Leserbrief

Wenden Sie nun Ihre Kenntnisse an! An Ihrer Schule wurde ein striktes Handy-Verbot eingeführt, das heißt: Niemand darf im Schulgebäude ein eingeschaltetes Handy mit sich führen oder benutzen. Ihre Klasse lehnt dieses Verbot ab.

Arbeiten Sie mit einem Partner oder einer Partnerin zusammen. Schreiben Sie einen Brief an die Schulleitung, in dem Sie darlegen, warum Sie das strikte Handy-Verbot ablehnen.

- Denken Sie daran, zuerst eine Stoffsammlung zu erstellen.
- Formulieren Sie dann auf Konzeptpapier Ihre Argumente.
- Gewichten und sortieren Sie Ihre Argumente.

Erst, wenn Sie diese Vorarbeiten geleistet haben, schreiben Sie den Brief.
Beachten Sie hierbei den Adressatenbezug!

Suchen Sie sich eine Partnergruppe und tauschen Sie Ihre Briefe aus. Überprüfen Sie bei dem Brief, den Sie erhalten haben,

- ob der Brief den Anforderungen an ein höfliches Schreiben genügt,
- ob der Brief fehlerfrei in Bezug auf Rechtschreibung und Zeichensetzung ist,
- ob die Argumente vernünftig begründet und gewichtet wurden.

Nehmen Sie, wenn nötig, Verbesserungen vor.

Befestigen Sie alle Briefe an der Wand Ihres Klassenzimmers, lesen Sie alle durch und wählen Sie den besten aus. Übergeben Sie diesen Brief Ihrer Schulleitung mit der Bitte um eine Stellungnahme (wäre der Schulleiter durch Ihr Schreiben dazu veranlasst worden, sein Handy-Verbot zu überdenken?).

## Argumentieren in der Praxis: einen Kommentar schreiben

Üben Sie das Schreiben einer Stellungnahme, indem Sie einen Kommentar für die Schülerzeitung verfassen zum Thema:

> **Die Schulleitung erwägt die Einführung einer Kleiderordnung, da der Kleidungsstil vieler Schüler in Bezug auf Ästhetik und Angemessenheit ihrer Meinung nach kritikwürdig ist.**

Gehen Sie dabei folgendermaßen vor:

1. *Überlegen Sie sich, ob Sie für oder gegen die Einführung einer Kleiderordnung sind.*
2. *Sammeln Sie spontan alle Argumente, die dafür oder dagegen sprechen.*
3. *Überlegen Sie, ob Sie evtl. Gegenargumente in Ihrer Stellungnahme entkräften wollen (welche Argumente hat die Schulleitung für die Einführung einer Kleiderordnung und können Sie eines oder mehrere widerlegen?).*
4. *Gliedern Sie Ihre Stoffsammlung: Ihre Argumentation sollte so geordnet sein, dass Ihr überzeugendstes Argument am Schluss steht.*

5 *Verfassen Sie jetzt eine Hinführung/Einleitung, die den Leser auf Ihre Stellungnahme gespannt macht.*

6 *Formulieren Sie Ihre Position und geben Sie einen Überblick, wie Sie im Folgenden vorgehen wollen, um sie zu begründen: Sie können mögliche Gegenargumente zunächst darstellen, Sie können sie in Ihre Argumentation einbeziehen, Sie können auch erst am Schluss Ihrer Argumentation kritisch auf Gegenargumente eingehen.*

7 *Schreiben Sie den Hauptteil, Ihre Argumentation: Aus Ihrer gegliederten Stoffsammlung entsteht jetzt ein möglichst überzeugender Text, Ihre Stellungnahme.*

8 *Fassen Sie am Schluss Ihre Position nochmals zusammen und unterstreichen Sie sie durch einen Lösungsvorschlag, einen Ausblick oder eine Forderung.*



# Stellungnahme ohne Textgrundlage

## Reflektieren

- Gehen Sie die folgende Liste durch, überprüfen Sie, ob Sie die angegebenen Kompetenzen gut, weniger gut oder noch gar nicht beherrschen.
- Schreiben Sie die Punkte auf, in denen Sie mit den genannten Kompetenzaussagen Schwierigkeiten haben, und warum; so gehen Sie dabei vor:
  - Ich kann weniger gut ...
  - Ich kann noch nicht ...

## Kompetenzen

- Sie haben die Kompetenz erworben,

**1.** Ihre Meinung zu formulieren, d. h.:

- Sie können sich eine Meinung zu einem Thema bilden.
- Sie können Ihre Meinung begründen.
- Sie wissen, was ein Argument ist, und können stichhaltig argumentieren.

**2.** eine Stellungnahme zu schreiben, d. h.:

- Sie können eine Stoffsammlung zum Thema erstellen und diese gliedern.
- Sie können eine Argumentation aufbauen und die Argumente gewichten.
- Sie können eine Hinführung zum Thema verfassen, die anregend und interessant ist.
- Sie können Überleitungen zwischen den einzelnen Aufsatzabschnitten formulieren.
- Sie können schlüssig und überzeugend argumentieren.
- Sie können einen zusammenfassenden Schluss für Ihre Stellungnahme verfassen.



5267102

## Was Sie beim Schreiben beachten sollten:

- Die Stellungnahme fußt auf einer schlüssigen **Argumentation.** Nur wenn Sie Ihre Meinung begründet darlegen, können Sie überzeugen. Dazu gehört, dass Sie auch mögliche Gegenargumente berücksichtigen: Sie können sie nennen und widerlegen oder auch als berechtigte Einwände anerkennen und darstellen. Das Ziel Ihrer Stellungnahme ist mit dem ersten Satz jedenfalls klar gegeben: Sie wollen den Leser von Ihrer Position überzeugen.

- Ein **Argument** besteht grundsätzlich aus drei Teilen:
  - Behauptung – Begründung – Beleg

  Diese drei Grundelemente können ergänzt werden durch:
  - Folgerungen
  - Beispiele, Vergleiche und Analogien
  - Fakten und Daten
  - weitere Begründungen

- Die **Stoffsammlung** – das Konzept:

  Bevor man eine Stellungnahme schreiben kann, muss man eine Stoffsammlung erstellen.

  Sinnvollerweise strukturiert man seine Stoffsammlung, zum Beispiel als **Mindmap.** Bei der Sammlung/Strukturierung erkennen Sie, ob Sie nur Pro- oder nur Kontra-Argumente oder sowohl Pro- als auch Kontra-Argumente finden.

  Gewichten Sie dann die Argumente und ordnen Sie sie nach ihrem Gewicht steigend an.

- Der **Aufsatz** – die Reinschrift:

  Die **Hinführung** Ihres Aufsatzes soll zum Thema führen und das Interesse des Lesers wecken. Dies kann erfolgen mit
  - einem aktuellen Beispiel,
  - einem persönlichen Erlebnis oder
  - einem Sprichwort, das zur Themenstellung passt.
  - Auch Umfrageergebnisse oder statistische Erhebungen können sinnvoll in eine Hinführung eingebaut werden.

  Zwischen Hinführung und Hauptteil können Sie in einer knappen **Überleitung** Ihre Position formulieren und evtl. Ihre Argumentationsstrategie ankündigen.

  Im **Hauptteil** entfalten Sie Ihre Argumentation schlüssig und nachvollziehbar und beleuchten dabei möglichst viele Aspekte des gestellten Themas.
  Zwischen den einzelnen Argumenten formulieren Sie passende **Überleitungen.**

  Im **Schlussteil** wird das Thema mit einem Fazit abgerundet. Man kann eine Forderung formulieren, einer Hoffnung Ausdruck geben oder eine wünschenswerte zukünftige Entwicklung skizzieren.

- Achten Sie darauf, dass Sie am Schluss noch ca. zehn Minuten Zeit haben, um Ihren Aufsatz in Ruhe auf Rechtschreibfehler usw. hin kontrollieren und verbessern zu können.

Radi Kahl
Sauerweg
765432
1. September 2010
Fa. Mannomann
Schaffstadt
Sehr geehrte Damen und Herren,
Bei dem von Ihnen am
10. August gelieferten CD-Player
ist folgendes Problem
Als ich erstmalig
das Gerät plötzlich
funktionier nicht
Grüßen
Kahl

# Privater Geschäftsbrief und E-Mail

Sie lernen in den Kompetenzbereichen „Schreiben“ und „Pragmatische Texte und Medienprodukte“ auf private und geschäftliche Vorgänge zu reagieren, indem Sie

- anlassbezogen und adressatengerecht formulieren,
- in Abhängigkeit von der jeweiligen Situation informierend, erklärend, argumentierend und appellierend formulieren.

**Privater Geschäftsbrief**

Anlässe für einen privaten Geschäftsbrief kennen

Formalien beachten

Adressatenorientiert formulieren und sinnvoll gliedern

Betreffzeile formulieren

Textbausteine gebrauchen

**E-Mail**

Besonderheiten des E-Mail-Verkehrs

Fragen der E-Mail-Etikette

# Welches Medium für welchen Zweck?

In diesem Kapitel geht es darum, auch privat angemessen korrespondieren zu können – als Bürger mit Behörden, als Kunde mit Firmen, als Mieter mit der Hausverwaltung oder im Verein.

Aber warum einen sauberen Brief schreiben, ihn frankieren und zur Post bringen? Ein Fax wäre da doch schon viel schneller beim Empfänger, Hausaufgaben und Referate werden heutzutage per E-Mail eingereicht, sogar örtliche Behörden führen mit ihren Kunden einen regen E-Mail-Verkehr – und eine SMS kann man in fast jeder Lebenslage schicken. Geschäftliche Briefe zu schreiben erscheint im 21. Jahrhundert nahezu veraltet – könnte man denken.

Tatsächlich gibt es viele Gründe, die schnellen Kommunikationskanäle zu nutzen. Allerdings wird dem formalen Geschäftsbrief auch im privaten Schriftverkehr nach wie vor Priorität eingeräumt, wenn es um vertrauliche und fälschungssichere Übermittlung oder um rechtlich relevante Belange geht, bei denen eine eigenhändige Unterschrift erforderlich ist. Es gilt also abzuwägen.

1. *Entwickeln Sie ein Spinnennetz (►►► S. 320), das die **Vorteile** des klassischen Geschäftsbriefs, der Faxübermittlung, der SMS und der E-Mail assoziativ entfaltet:*

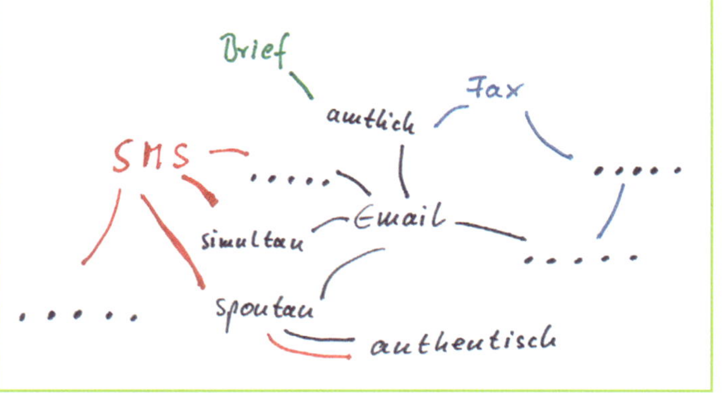


   - *Geben Sie jeder Kommunikationsform eine eigene Farbe.*
   - *Gehen Sie von einem Begriff aus, der einen Vorteil eines bestimmten Mediums bezeichnet, und notieren Sie einen weiteren passenden Begriff, den Sie mit dem ersten Begriff durch eine Linie in der Farbe dieser Kommunikationsform verbinden.*
   - *Überlegen Sie: Welche Linien und Punkte können zwei oder mehreren Kommunikationsmitteln zugeordnet werden? Welche der Linien und Punkte sind für nur ein Medium kennzeichnend?*

2. *Bilden Sie Teams. Einigen Sie sich zunächst auf Kriterien, die für Sie maßgeblich sind, wenn Sie sich für SMS, E-Mail, Fax oder Brief entscheiden. Entwickeln Sie nun gemeinsam eine tabellarische Übersicht über die spezifischen Vorzüge der genannten Kommunikationsmedien.*

| **Gesichtspunkte** | **Brief** | **Fax** | **E-Mail** | **SMS** |
|---|---|---|---|---|
| Spontaneität und Offenheit | | | | |
| ? | | | | |
| ? | | | | |

3. *Präsentieren Sie nun Ihre Ergebnisse in der Form eines Marktplatzes (►►► S. 323).*

4. *Überarbeiten Sie anschließend nochmals Ihre Tabelle.*

# Einen privaten Geschäftsbrief schreiben

Unsere private Korrespondenz macht es häufig erforderlich, einen Geschäftsbrief zu verfassen, in dem wir als Kunde auftreten, Anfragen formulieren oder Beschwerden einreichen. Oder wir korrespondieren auch nur zur Klärung eines Sachverhalts. Anlässe für ein formal korrektes Schreiben gibt es auch im Privatbereich viele:

> Sie bitten zum Beispiel eine weiterführende Schule um Informationsmaterial über die von ihr angebotenen Ausbildungswege oder Sie schreiben den Mieterbund an und bitten um Rat und Hilfe in einem Konflikt mit Ihrem Vermieter. Sie möchten nach zwanzig Jahren aus dem Sportverein Ihres Heimatdorfes austreten und in einen Fitnessverein Ihres neuen Wohnorts eintreten. Sie bewerben sich auf eine Annonce hin um eine Ein-Zimmer-Wohnung und Sie lösen Ihr Ausbildungsverhältnis, in welchem Sie Ihrer Ansicht nach schlecht betreut werden. Sie reklamieren schlechte Ware oder mahnen Lieferung an. Und Sie wehren sich schriftlich gegen Kriminelle, die Ihnen im Internet Geld abluchsen wollen.

Lernen Sie in einer Schreibwerkstatt (▸▸▸S. 326–328), einen privaten Geschäftsbrief zu schreiben:

1. *Wählen Sie einen der oben genannten Anlässe und überlegen Sie sich eine konkrete Situation dazu. So könnten Sie zum Beispiel eine Wohnungsannonce mit Chiffre erfinden, auf die ein zweiundzwanzigjähriger Azubi antwortet. Entwickeln Sie eine Rollenbiografie (▸▸▸S. 328) des Briefverfassers.*

2. *Geben Sie die von Ihnen entwickelte Situation an Ihren Nachbarn weiter. Dieser überlegt, ob ihm die geschilderte Situation so „einleuchtet", und stellt, wenn nötig, Rückfragen. Er wird nun mit Ihren Angaben weiterarbeiten.*

3. *Auch Ihnen liegt jetzt eine Rollenbiografie und eine Briefsituation vor. Überlegen Sie, was Sie inhaltlich in dem Brief schreiben möchten. Machen Sie sich Notizen.*

4. *Welche Überlegungen allgemeiner Art müssen Sie anstellen, um einen guten Brief abzuliefern? Notieren Sie Ihre W-Fragen zum Erstellen eines privaten Geschäftsbriefes.*

5. *Erörtern Sie mit Ihrem Team Ihren Fragenkatalog und einigen Sie sich auf die zehn wichtigsten Fragen. Gewichten Sie die Fragen.*

6. *Lesen Sie nun die Empfehlungen für das Verfassen eines Briefes auf der folgenden Seite und vergleichen Sie sie mit der Ausführung auf der gegenüberliegenden Seite.*

7. *Verfassen Sie nun Ihren Brief. Welche Fragen ergeben sich?*

8. *Tauschen Sie den Brief mit Ihrem Nachbarn aus und korrigieren Sie nach folgenden Kriterien:*

   - *Sind die formalen Vorgaben eingehalten? (Absender, Anschrift, Anrede, Grußformel, Abstände? Sind die Leerzeilen eingehalten? Sind die richtigen Anlagen beigefügt?)*
   - *Ist der Betreff aussagekräftig formuliert?*
   - *Sind angemessene Anrede- und Grußformeln gewählt worden?*
   - *Ist der Brief klar aufgebaut? Sind Absätze gemacht worden?*
   - *Ist der Inhalt des Briefes verständlich formuliert?*
   - *Wird die sprachliche Norm eingehalten?*
   - *Wird die Situation des Empfängers berücksichtigt? Inwiefern?*
   - *Versteht der Empfänger, was der Verfasser von ihm erwartet?*

## Form und Inhalt eines sachlichen Schreibens

Bei der Gestaltung von Geschäftskorrespondenz haben sich in der Büropraxis mit ihren hohen Anforderungen an die rationelle Bewältigung von Schriftgut die „Schreib- und Gestaltungsregeln" der DIN 5008 bewährt. Auch bei der Privatkorrespondenz erweisen sich viele Regeln als nützliche Richtschnur – Sie finden weitere (etwa zur Nummerngliederung) sicher im Vorspann der Rechtschreibwörterbücher.

- Nehmen Sie **A4**-Schreibpapier (für Bewerbungen darf es eine gehobene Qualität sein).
- Die **Schriftgröße** sollte nicht kleiner als 10 Punkt sein – wählen Sie je nach Schrift („Font") 10 bis 12 Punkt. Halten Sie sich an die klassischen Schriften – „kreative" Schriftarten und typografische Extravaganzen wie „Schreibschrift" oder Kapitälchen sind selten angebracht.
- Schreiben Sie **einzeilig.**
- Als **Absender** geben Sie Ihre vollständige Adresse an. Sie beginnen in der 5. Zeile von der oberen Papierkante (oder nach 16,9 mm). Sie können Ihre weiteren Kontaktdaten – wie Telefon, Fax oder E-Mail – anfügen, wenn Sie eine Antwort auf diesen Wegen ermöglichen wollen.
  (Bei guten Textverarbeitungskenntnissen können Sie dem Empfänger den schnellen Griff zur Akte ermöglichen, wenn Sie rechts außen in Höhe des Anschriftenfeldes einen sog. **Informationsblock** setzen, etwa mit den Zeilen: Ihr Zeichen: ... Ihre Nachricht vom: ... und mit Ihren Kontaktdaten, wie Telefaxnummer, E-Mail-Adresse, Homepage, Mobiltelefonnummer, ... Nach 1 Leerzeile folgt: Datum: ... Zur Betreffzeile sind 2 Leerzeilen einzuhalten.)
- Das **Datum** kann neben dem Absender oben rechts stehen, unter einem „Informationsblock" oder ganz klassisch: Ort, Datum mit einer Leerzeile Abstand über dem Betreff.
- Für die **Anschrift des Empfängers** sind 6 Zeilen in der sog. Anschriftzone vorgesehen. Die Anschriftzone sollte in der 16. Zeile beginnen, zum Beispiel mit:
  1 Unternehmensbezeichnung – 2 Abteilung – 3 Herrn/Frau (es folgen evtl. Titel wie Dr. oder eine Berufs- oder Amtsbezeichnung) Vor- und Nachname – 4 wenn vorhanden: Postfach mit Nummer, ansonsten folgt die Hausanschrift: Straße mit Hausnummer – 5 Postleitzahl und Bestimmungsort – 6 Land (nur bei Auslandssendung, möglichst in Großbuchstaben).
- Über der Anschrift steht gegebenenfalls noch eine **Versendungsform** wie Einschreiben.

- Die **Betreffzeile** sollte in der 24. Zeile stehen. Sie kann optisch hervorgehoben werden (üblicherweise durch Fettdruck). Im Betreff wird stichwortartig der Inhalt des Briefes „auf den Punkt" gebracht – der Betreff endet aber ohne Schlusspunkt (wie eine Überschrift).
- Die **Anrede** wird nach zwei Leerzeilen gesetzt, sie endet üblicherweise mit einem Komma.
- Nach einer weiteren Leerzeile beginnt der eigentliche Briefinhalt.

Der **Briefinhalt** sollte **in deutliche Abschnitte** (Absätze) gegliedert werden:
- Sie nennen den Anlass Ihres Schreibens.
- Sie schildern die Situation, benennen Folgen und Nachteile.
- Sie teilen Ihre Entscheidung mit und geben Gründe dafür an.
- Sie verdeutlichen dem Empfänger Ihre Erwartungshaltung, stellen Forderungen und zeigen Lösungsmöglichkeiten auf.
- Sie formulieren einen verbindlichen Schlusssatz.
- Sie fügen nach einer Leerzeile eine passende, gängige **Grußformel** an.
- Nach 3 Leerzeilen für Ihre eigenhändige Unterschrift (die nicht jedem reichen) können folgen: der getippte Unterzeichnername oder ein **Anlage-** oder **Verteilervermerk** (kann fett gesetzt werden). Nach der maschinenschriftlichen Angabe des Namens des Unterzeichners beginnt der Anlagen-/Verteilervermerk nach einer Leerzeile.
- Stil: sachlich, knapp, klar, begrifflich präzise, anschaulich.

Mike Schäfer
Bechensteiner Weg 5
73734 Esslingen
(Zusatzangabe von Telefon/Fax/E-Mail möglich)

(auch möglich: nur Datum hier)

**Einschreiben Einwurf**
Schoffenboom Textilhandel GmbH
Frau Doris Schoffenboom
Baumlederhalde 5
74569 Bad Bolken

Esslingen, den 12.10.2017

**Rückgabe des Markenstoffes 35; Liefernr. 0485, Verkauf 30.9.2017 eBay**

Sehr geehrte Frau Schoffenboom,

gestern erhielt ich per Post den bei Ihnen über eBay gekauften Vorhangstoff der Marke Grünspan. Zu meinem Erstaunen musste ich feststellen, dass die gelieferte Ware nicht Ihren Angaben in eBay, auf deren Basis unser Vertrag zustande gekommen war, entspricht. Ich habe zwei Vorhänge mit der Länge 3,10 m bestellt. Erhalten habe ich einen Vorhang der Länge 3,10 m und einen weiteren, der nur 1,80 m lang ist.

Sie werden sicherlich verstehen, dass ich mit zwei Vorhängen unterschiedlicher Länge nicht viel anfangen kann und von meinem Rückgaberecht Gebrauch machen muss. Deshalb habe ich Ihnen die gelieferte Ware zurückgeschickt und erwarte nun die schnellstmögliche Rückerstattung des bereits über Paypal bezahlten Betrags von 135,00 €. Diesen Betrag überweisen Sie bitte spätestens bis zum 23.10.2017 auf mein Konto bei der Kreissparkasse Esslingen-Nürtingen (BLZ 611 500 20, Kontonummer 325009, IBAN DE15 6115 0020 0000 3250 09).

Sie werden sicherlich auch verstehen, dass ich diesem Handel auf eBay keine gute Note erteilen kann.

In der Anlage finden Sie eine Kopie des Paketlieferscheins. Das Päckchen mit der Ware wird separat eintreffen.

Mit freundlichen Grüßen verbleibe ich dennoch

(Unterschrift)

Mike Schäfer

Anlage
Kopie des Paketlieferscheins

5267109

## Welche Angaben müssen in eine Betreffzeile?

Halten Sie die Betreffzeile einfach, aber klar: Verwenden Sie Hauptwörter, um den inhaltlichen Kern Ihres Schreibens zu thematisieren, geben Sie gegebenenfalls den Bezug an, in dem Ihr Schreiben steht, damit der Empfänger es zuordnen kann, zum Beispiel: Kundennummer, Mitglieds- oder Vertragsnummer, Rechnungsnummer usw., oder formulieren Sie: Ihr Anruf vom ...

**Fallbeispiel:**

Sie haben bei *Wrappers,* einer Firma im Kleiderversandhandel, eine Strickjacke geordert, deren Lieferung seit zwei Monaten überfällig ist. Bei der telefonischen Bestellung waren Sie darauf hingewiesen worden, dass es bis zu drei Monaten dauern könne, bis die Ware geliefert wird. Nun aber dauert es Ihnen zu lange und Sie möchten die Bestellung rückgängig machen. Sie beschließen, einen Brief zu schreiben.

(1) *Welche der folgenden Betreff-Formulierungen halten Sie für angemessen? Warum?*

a) Ich möchte die Bestellung rückgängig machen.
b) Mitteilung
c) Ich will nicht mehr warten!
d) Rücknahme der Bestellung vom 14.03.2017; Artikelnummer T917
e) Abbestellung eines Artikels
f) Unverschämtheit!!!
g) Rücknahme meiner Bestellung vom 14.03.2017; Kundennr. 3972; Artikelnr. T917
h) Achtung!
i) Eine Bitte.
j) Eine Frage: Kann ich bitte eine Bestellung abbestellen?

Folgende Regeln sollten Sie sich zu Herzen nehmen, wenn Sie Betreffzeilen für Geschäftsbriefe oder für E-Mails verfassen:

- Hauptregel: kurz und sachlich (bei Briefen: möglichst in einer Zeile, wenn nötig, in zwei).
- Bei mehreren Einzelangaben gilt: Das wichtigste Stichwort steht vorn!
- Setzen Sie auch bei E-Mails auf jeden Fall einen Betreff ein. Sie haben dann eher die Gewähr, dass Ihre E-Mail geöffnet wird.
- Passen Sie den Betreff immer dem aktuellen Inhalt an – falls Sie Ihr Schreiben auf der Grundlage früherer Versionen durch Textkorrektur bearbeiten.
- Der Betreff verdeutlicht die Erwartungshaltung des Senders. Versenden Sie einen Zeitungsartikel zur Information? Erwarten Sie eine Entscheidung? „Kino oder Konzert?" Das Fragezeichen verdeutlicht, dass Sie den Empfänger bitten, eine Entscheidung zu fällen. Oder Sie fordern den Empfänger dazu auf, die Hausschlüssel, die Sie beim letzten Besuch vergessen haben, zu schicken. „Bitte um Zusendung meiner Hausschlüssel" wäre hier angemessen.

(2) *Bewerten Sie folgende Formulierungen für einen Betreff nach den oben angeführten Kriterien. Stellen Sie in Ihrem Heft die entsprechenden Kombinationen von Buchstabe und Zahl zusammen, zum Beispiel: A(2) und A(3).*

| Betreff | Erwartung formuliert (1) | Wichtigstes steht vorn (2) | Bezug verständlich (3) |
|---|---|---|---|
| A Feedback erwünscht | | | |
| B Das Hotel war eine Zumutung!!! | | | |
| C Abgabetermin der Hausarbeit am 26. Juli | | | |



5267110

| | | | |
|---|---|---|---|
| D Ich will von der Bestellung abspringen | | | |
| E Warten Sie immer bis zum Schluss? | | | |
| F Urlaub in Rom | | | |
| G Neuer Tagungsort am 10.04.2017 | | | |
| H Haben Sie schon Ihren Urlaub für das neue Jahr eingereicht? | | | |
| I Glauben Sie eigentlich an den Mann im Mond? | | | |
| J Vorläufiger Bewerbungsschluss | | | |
| K Nachweis soziales Jahr | | | |
| L Adressen der Kollegen im ersten Ausbildungsjahr | | | |

3 *Schreiben Sie zu den angegebenen Situationen einen Betreff:*

**Situation 1:**
Sie sind als Leiter einer Jugendgruppe mit Ihrer Gruppe mit der Deutschen Bahn von Stuttgart nach Ulm gefahren. Das Tagesticket zu einem ermäßigten Preis war ab 09:00 Uhr gültig. Sie nahmen den Zug um 08:56 Uhr. Die Schaffnerin forderte einen Aufschlag von 3,00 € pro Mitglied der Reisegruppe, da die Ermäßigung außerhalb des Zeitlimits nicht gültig ist. Sie schreiben an die Deutsche Bahn, dass Sie diese Härte im Umgang mit Jugendlichen nicht nachvollziehen können, und hoffen auf ein freundlicheres Entgegenkommen.

**Situation 2:**
Ihre Nachbarn fallen unangenehm auf. Jede Nacht bekriegen sie sich mit Geschrei, so dass Sie empfindlich in Ihrer Nachtruhe gestört werden. Ihre Bitten, Mahnungen und schließlich Aufforderungen, sich leise zu unterhalten, werden nicht befolgt. Da Sie nun keinen Rat mehr wissen, wenden Sie sich an das Ordnungsamt und bitten um amtliche Hilfe.

**Situation 3:**
Sie organisieren die Abschlussreise für Ihre Berufsschulklasse. Die Gruppe entschließt sich, nach Prag zu fahren, und Sie fordern bei einem Reisebüro Reiseprospekte an.

**Situation 4:**
Sie möchten sich bei Ihrem Ausbildungsleiter über Ihren Lehrer beschweren, der regelmäßig zu spät in den Unterricht kommt. Auch war Ihr Lehrer in der Deutschklausur nicht im Klassenzimmer anwesend, was zu tumultartigen Zuständen führte. Viele Schüler haben im Aufsatz eine schlechte Note erhalten. Sie befürchten zudem, nicht gut auf die Prüfung vorbereitet zu sein.

## Textbausteine

Zur formalen Gestaltung eines Briefes gehören Anrede- und Grußformeln. Selbst Einstiegs- und Schlusssätze sind stark ritualisiert. Die folgende Aufgabe hilft Ihnen, sich eine Sammlung gängiger Textbausteine zu erarbeiten.

*(1) Dem Schreiber sind die Textbausteine durcheinandergeraten: Erstellen Sie mit Ihren Partnern eine Tabelle über Anrede- und Grußformeln, Einstiegs- und Schlusssätze. Wenn Sie wollen, können Sie sich einen Adressaten dazu vorstellen und diese Bausteine für sich im PC nutzen.*

Es wäre sehr schön, wenn Sie mich in nächster Zeit über das Ergebnis informieren würden sehr geehrte Damen und Herren ich bin gespannt auf Ihre Antwort liebe Frau Mattes bitte geben Sie mir baldmöglichst Bescheid sehr geehrter Herr herzlichen Dank für Ihr Schreiben vom in Ihrer Ausschreibung erwähnten Sie nochmals vielen Dank dafür ich werde mich in den nächsten Tagen mit weiteren Vorschlägen bei Ihnen melden mit freundlichen Grüßen lege ich bei wenn Sie sich baldmöglichst bei mir melden, würde ich mich sehr freuen besten Dank für die gute Beratung und die schnelle Reaktion auf meinen Anruf mit herzlichen Grüßen herzlichen Dank für die schnelle Zusendung der Materialien in der Anlage finden Sie nach den mir vorliegenden Informationen sollten sich weitere ergeben, werde ich mich bei Ihnen melden warmen Dank für die CD Ihr Interesse hat mich sehr gefreut Ihre Mühe weiß ich zu schätzen sehr geehrte Frau Dr. Wimpfling nochmals herzlichen Dank für all Ihre Bemühungen vielen herzlichen Dank für Ihre schnelle Reaktion durch Ihre Anzeige habe ich erfahren Ihrem Hinweis bin ich sofort nachgegangen wie gefallen Ihnen meine Vorschläge? Ich beziehe mich auf Ihr Schreiben vom mit herzlichem Gruß aus Grüß Gott, Frau/Herr

## Aufgabenbeispiele für private Geschäftsbriefe

**Beispiel 1:**
Sie sind seit zwei Jahren Mitglied in einem Sportverein Ihres Wohnorts. Der Jahresbeitrag für erwachsene Mitglieder liegt bei 94,00 €, für Schüler, Studenten und Azubis bei 59,00 €. Eingetreten sind Sie, weil Sie sich zwingen wollten, einmal wöchentlich Rückengymnastik zu betreiben. Sie gingen davon aus, dass Sie die notwendige Disziplin für die regelmäßige Gymnastik eher aufbringen, wenn Sie die fälligen Gebühren zahlen müssen. Die zusätzliche Gebühr für den Gesundheitskurs (20 x 1 Stunde) beträgt für Schüler, Studenten und Azubis 25,00 €, für Berufstätige 30,00 €. Seit einem Monat sind Sie mit Ihrer Ausbildung fertig und sind auch von Ihrer Firma übernommen worden. Sie teilen dem Kassenwart Ihres Sportvereins Ihren veränderten beruflichen Status mit. Im Internet finden Sie folgende Kontaktadresse:
Fit in Esslingen e.V. ; Weinstraße 15; 73747 Esslingen.

**Beispiel 2:**
Da Sie als Auszubildender über ein monatliches Einkommen verfügen, sind Sie mit zwei Freunden in eine Wohngemeinschaft gezogen. Jeder von Ihnen bezahlt 200,00 € warm. Sie kommen gerade so über die Runden, da Ihre Eltern 150,00 € monatlich zuschießen. Nun aber haben Sie ein Schreiben Ihres Vermieters erhalten, in dem er Sie darauf aufmerksam macht, dass er – nachdem er Sie bereits mehrfach ohne Erfolg mündlich auf Ihre Verpflichtung hingewiesen hat, den Rasen vor Ihrer Terrasse kurz geschnitten zu halten – einen Gärtner engagiert hat. Dieser wird einmal im Monat den Rasen mähen. Die Kosten von 30,00 € werden in den Sommermonaten auf Ihre Miete aufgeschlagen. Sie beschließen nun, Ihren Vermieter zu bitten, Ihnen noch einmal eine Chance zu geben. Keiner von Ihnen kann sich diese zusätzliche Ausgabe leisten. Setzen Sie ein überzeugendes Schreiben auf.

**Beispiel 3:**
Sie sind zwanzig Jahre alt und haben ein zweijähriges Kind. Sie besuchen das Berufskolleg Fremdsprachen im zweiten Jahr. Da Ihr Kind in der Kindertagesstätte gut untergebracht ist, können Sie im Allgemeinen Schule und Kind in Einklang bringen. In den letzten Wochen war Ihr Kind allerdings etliche Male krank. Ihr Klassenlehrer ist Ihnen mit den Entschuldigungen sehr entgegengekommen, hat Sie aber darauf hingewiesen, dass Sie im Stoff nachhängen, da Sie zu viele Fehlzeiten haben. Auch die Fachlehrer werden langsam


5267112

ungeduldig. Unglücklicherweise beschließen nun die Erzieherinnen Ihrer Kindertagesstätte, einen zweitägigen Streik anzusetzen. Sie haben niemanden, der Ihr Kind in diesen Tagen betreuen könnte. In Ihrer Not beschließen Sie, an die Schulleiterin einen Brief zu schreiben.

**Beispiel 4:**
Sie besuchen ein Berufskolleg für Kommunikation und Design. Um sich selbstständig in die Grundlagen des Marketings einzuarbeiten, bestellen Sie bei Amazon Deutschland die „Grundlagen der Werbung" von Werner Pepel. Das Werk ist im Buchhandel vergriffen. Der Verkäufer bietet das Buch für 49,90 € zum Verkauf an. Sie erhalten das Buch drei Tage später. Es ist ein altes, aufgebrauchtes Exemplar in schlechtem Zustand. Das Werk ist recht dünn. Auf der Rückseite des Buches erkennen Sie den ursprünglichen Verkaufspreis: 10,00 €. Ihr Entschluss steht fest: Dieser Handel muss rückgängig gemacht werden. Auch der Vertreter von Amazon, den Sie telefonisch kontaktieren, widerspricht nicht, als Sie von Betrug sprechen. Er meint nur, der Preis wäre sinnvoll gewesen, wäre das Buch als Sammler- und Liebhaberstück angeboten worden. Sie schreiben dem Verkäufer einen Brief und schicken das Werk umgehend zurück. Ihre Transaktionsnummer bei Amazon lautet 235-2731987-4567882. Der Endbetrag für die Transaktion, der bereits abgebucht wurde, beläuft sich auf insgesamt 52,90 €. Der antiquarische Buchladen findet sich unter folgender Adresse: Michael Bürgert, Schnell & Billig GmbH, Nebenstraße 25, 15623 Berlin, und taucht im Internet auf unter www.wvd-schnellzumbuch.de.

(1) *Bearbeiten Sie eine der vier Aufgabenbeispiele.*

(2) *Tauschen Sie im Klassenverband Ihre Schreiben aus und korrigieren Sie den Ihnen vorgelegten Brief. Schreiben Sie dem Absender eine genaue Bewertung.*

## Hürden der Rechtschreibung beim Korrespondieren

- Man schreibt außerhalb der Schweiz: Grüße (nicht Grüsse) und Straße (nicht Strasse)!
- Man schreibt im deutschsprachigen Raum: E-Mail (nicht Email).
- Die Höflichkeitsanrede „Sie" und die entsprechenden Possessivpronomen „Ihr()", „Ihnen" werden immer großgeschrieben:
  Uns erreichte Ihr Schreiben erst heute Vormittag. Sicherlich werden Sie verstehen, dass wir Ihnen diese Woche keinen neuen Termin anbieten können.
- In Briefen kann die vertrauliche Anrede „Du" oder „Ihr" klein- oder großgeschrieben werden:
  Ich werde Euch/euch die CD gleich morgen schicken – Dein/dein Anruf war dringend notwendig geworden.
- Der Name des Empfängers oder der Empfängerin ist unbedingt korrekt zu schreiben!
- Es empfiehlt sich, männliche und weibliche Beteiligte gleichermaßen anzusprechen.
  Zur Not kann man folgende Kurzformeln für männliche/weibliche Formen verwenden:
  Lehrer/-innen oder Lehrer(innen) statt Lehrer und Lehrerinnen
  Kolleg(inn)en statt Kolleginnen und Kollegen, nicht: Kolleg/-innen oder: Kollegen/-innen!
- Das erste Wort eines Straßennamens wird großgeschrieben, ebenso alle zum Namen gehörenden Adjektive und Zahlwörter:
  Lange Gasse – Am Backhäuschen – In der Hinteren Holdergasse – Von-Blücher-Platz – Zwei-Feigen-Platz – Vor den Drei Toren
- Zusammengesetzte Straßennamen schreibt man zusammen:
  Steinbeisstraße, Taubenheimstraße, Brentanoweg

- Endet die Ortsbezeichnung bei Straßennamen auf „-er", schreibt man getrennt, wenn eine Ableitung von einem Orts- oder Ländernamen vorliegt:
  Stuttgarter Straße, Tübinger Weg, Badener Allee
- Mehrteilige Straßennamen schreibt man mit Bindestrich:
  Martin-Georg-Wulff-Straße, John-F.-Kennedy-Platz, Oskar-von-Miller-Ring
- Ein Bindestrich steht in Zusammenhang mit Abkürzungen:
  Kfz-Papiere, km-Zahl, Reg.-Rat, Abt.-Leiterin, Rechng.-Nr., ca.-Preis
- Zwischen Orts- und Datumsangabe wird ein Komma gesetzt:
  Stuttgart, (den) 11. Dezember 2017 oder Stuttgart, 11.12.2017
- Mehrteilige Datums- und Zeitangaben gliedert man durch Kommas:
  Frau El Mouaoui wird ihren Vortrag am Sonntag, den 14. Oktober in der Burghalle halten.
  Herr Oster teilt mit, dass die Sitzung am Montag, dem 25. April, (um) 15 Uhr (,) stattfindet.

(3) *Finden Sie in Ihrer Arbeitsgruppe Beispiele zu jeder Regel. Sie können das Telefonbuch oder das Amtliche Straßenverzeichnis Ihrer Stadt zu Hilfe nehmen. Oder Sie sind einfach kreativ.*

## DIE BEDEUTUNG DER E-MAIL FÜR DEN GESCHÄFTSVERKEHR

Sie müssen sich mit der zuständigen Sachbearbeiterin für Ihre Wasserabrechnung in Verbindung setzen? Sie erhielten eine Mahnung, obwohl Sie der Zahlungsaufforderung tags zuvor nachgekommen sind? Dann nehmen Sie per E-Mail (mit einer ordentlichen Signatur am Ende des Schreibens) mit der Behörde oder der Firma Kontakt auf. Selbst Telefonrechnungen erhalten Sie oft bereits als E-Mail-Anhang. Das ist für die Unternehmen schnell und wirtschaftlich. Bei Firmenkunden jedoch sollte die gemailte Rechnung bereits gewissen Anforderungen genügen, um die Herkunft und die Unversehrtheit des Dokumentes beweisen zu können.

In Zukunft werden sicher qualifizierte elektronische Signaturen und Verschlüsselungstechniken eine weitere Verbreitung finden, um auch für den „normalen" Nutzer zu gewährleisten, dass die Anforderungen an Vertraulichkeit, Fälschungssicherheit, Authentizität von Sender und Empfänger sowie Zuverlässigkeit der Übermittlung dem Briefverkehr gleichkommen, sodass auch wichtige Schriftstücke per E-Mail nachweisbar verschickt und zugestellt werden können.

Bis dahin bleiben einfache E-Mails mit erheblichen Unsicherheiten behaftet, was ihre Beweiskraft und rechtliche Wirksamkeit anbelangt. Wenn für Kündigungen, Widersprüche und dergleichen die „Schriftform" vereinbart wurde – das kann zum Beispiel in Versicherungsangelegenheiten der Fall sein –, sollten Sie besser einen Brief schreiben. Auch das Kündigungsschreiben für die Wohnung sollte per Post (fristgerecht und möglichst per Einschreiben) zugestellt werden. *Gesetzlich* vorgeschrieben ist die Schriftform mit eigenhändiger Unterschrift zum Beispiel für arbeitsrechtliche Kündigungen und Auflösungsverträge.

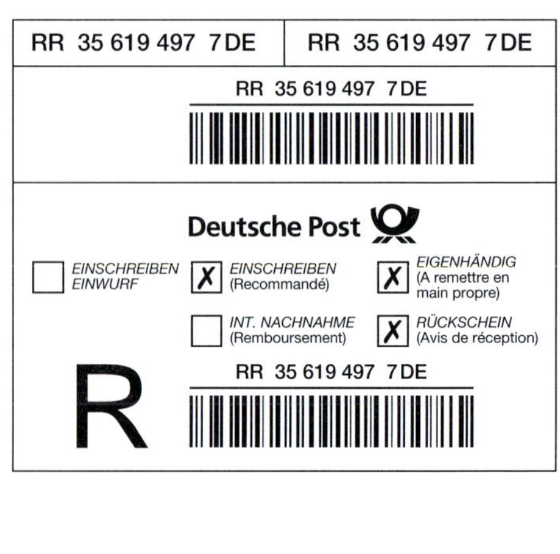

## Eine E-Mail formal richtig aufsetzen

Mancher Jugendliche glaubt dem „Formalkram" der Geschäftsbriefe entkommen zu können, wenn er zum Empfänger seiner Botschaft E-Mail-Kontakt hergestellt hat. Missverständnisse und Unklarheiten könnten per E-Mail spontan und schnell geklärt werden, denken viele. Jeder Dienstleistende hat wohl täglich eine Flut von E-Mails zu beantworten. Und nicht jeder Handwerker fragt ständig seinen E-Mail-Eingang ab. Es ist von daher nur fair und hilfreich, auch eine E-Mail adressatenbezogen, angemessen, verständlich und formal korrekt zu verfassen.

- Das An:-Feld höflich gestalten: Setzen Sie in Ihrem Adressbuch den Namen des Adressaten zu seiner E-Mail-Adresse ein, sodass sich der Empfänger persönlich angesprochen fühlt.
- Das Cc:-Adressenfeld (Carbon Copy) sollten Sie als Verteiler nutzen, wenn Sie möchten, dass ein zusätzlicher Leser offiziell informiert wird. Das können der Projektleiter oder andere Arbeitsgruppenmitglieder sein, die Sie durch einen allen Beteiligten bekannten Verteiler auf dem Laufenden halten wollen. Achten Sie darauf, dass Sie niemanden unnötig behelligen und dass sich niemand verletzt fühlen kann, wenn er „nur" in dem Cc:-Feld aufgeführt ist.
- Wenn Sie aus Datenschutzgründen nicht möchten, dass alle Empfänger alle anderen Empfängeradressen lesen können, sollten Sie das Bcc:-Feld (Blind Carbon Copy) nutzen, um eine Sammelmail zu verschicken. Tipp: Richten Sie doch in der An:-Zeile eine solche Mail an die eigene Mail-Adresse.

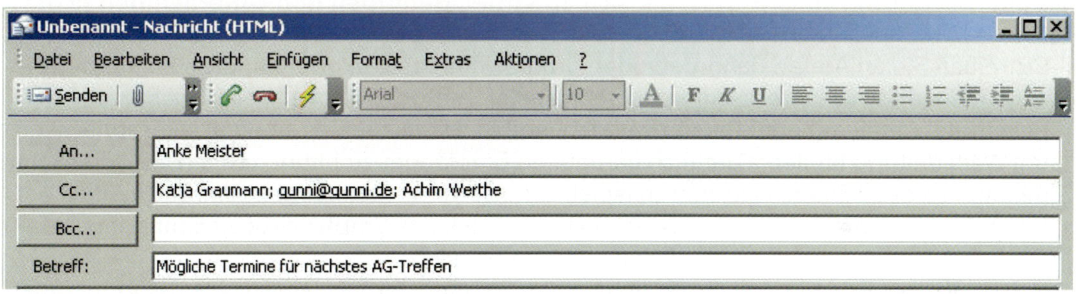


(1) *Sie sind Auszubildender bei einem Energieunternehmen. Mit Ihrem Ausbildungsleiter kommen Sie gut aus. Allerdings gibt es immer wieder Probleme mit einer Kollegin, die ebenfalls Auszubildende ist. Als Sie einmal wegen Krankheit zwei Tage fehlen mussten, hatte sie Ihnen Material für die Vorbereitung auf eine Klassenarbeit in der Berufsschule erst auf mehrmaliges Nachfragen zukommen lassen.*

- *Als Sie wieder erkrankt sind, fragen Sie sich, ob diesmal die Materialien pünktlich zu erwarten sind. Sie beschließen nachzuhelfen und schreiben eine Mail, die Sie in Cc an Ihren Ausbildungsleiter senden. In dieser Mail bitten Sie die Kollegin, doch an Ihre Materialien zu denken. Ist diese Vorgehensweise ebenfalls unkollegial? Könnten Sie sich selbst schaden?*
- *Sie schreiben der Kollegin eine E-Mail, die Sie aber per Bcc, also als Blindkopie, an den Ausbildungsleiter weiterleiten. Dieser spricht die überraschte Kollegin einen Tag später diskret auf dem Flur auf Ihre Mail an und möchte wissen, was denn nun vorgefallen ist. Ihre Kollegin fällt aus allen Wolken. Ist diese Vorgehensweise hilfreich?*
- *Da die Materialien aus der Berufsschule auch diesmal mit Verzögerung an Sie weitergereicht werden, ärgern Sie sich furchtbar über Ihre Kollegin und lassen sie dies auch wissen. Diese Mail leiten Sie per Bcc blind an alle Auszubildenden der Firma weiter. Sie finden, alle sollen wissen, wie unkollegial Ihre Kollegin ist. Warum sollten Sie solchen Impulsen widerstehen?*

(2) *Erstellen Sie mit Ihrem Team einen Katalog von Verhaltensregeln, die beim E-Mail-Versand wichtig und sinnvoll erscheinen. Gehen Sie durch den Raum und treffen Sie sich mit jeweils einem Mitglied aus zwei weiteren Gruppen. Tauschen Sie Ihre Ergebnisse aus. Notieren Sie Ergänzungen.*

## Anrede und Grußformeln in E-Mails: ein Überblick

Für die E-Mail zur Erledigung privater Dinge gelten im Grunde dieselben Regeln wie im Brief:

- Die Anrede ist abhängig von der Beziehung zum Adressaten.
- Sprechen Sie den Adressaten grundsätzlich mit seinem Namen an: *Sehr geehrte Frau ..., Sehr geehrter Herr ...,* oder *Liebe Frau ..., Lieber Herr ...* Salopp klingt *Hallo, Herr ...,* etwas seriöser *Guten Tag, Frau ...* Beide Anreden sollen wohl dem Sprechstil angepasst sein. Wenn Sie keinen Adressaten kennen: *Sehr geehrte Damen und Herren, ...*
- Sie können die Anrede bei weniger formellen Schreiben fließend gestalten, indem Sie einen Vorsatz einfügen: *Das war wirklich ein toller Vortrag, Frau Güclü! Meine Glückwünsche.*
- Folgende Standardverabschiedungen (Grußformeln) sind möglich: *Mit freundlichen Grüßen, Mit den besten Grüßen, Herzliche Grüße ...*

## Inhalt und Gliederung einer E-Mail, die sich an Ämter, Behörden und Unternehmen richtet

- Schreiben Sie an Ämter, Behörden oder Firmen, kann es vorkommen, dass Sie nur eine allgemeine Postfachadresse kennen („poststelle", „info", „service"), sich aber an eine bestimmte Abteilung oder Person wenden wollen. Dann kann es sinnvoll sein, zunächst um Weiterleitung an den eigentlich gemeinten Empfänger zu bitten und ihn als Adressaten genauer zu bezeichnen, also zum Beispiel: *z. H. Herrn ..., Abteilung ..., Ihr Zeichen: ...* Bitten Sie dann am Ende Ihres Schreibens um eine kurze Empfangsbestätigung Ihrer Mail.
- Der Betreff sollte bereits verdeutlichen, worum es geht.
- Halten Sie Ihre E-Mails kurz. Sie sollten in das Sichtfenster passen, sodass der Empfänger nicht scrollen muss. Zudem: Gehen Sie mit der Zeit des Empfängers sorgsam um.
- Gliedern Sie Ihre Mail: Bei Themenwechsel setzen Sie einen Absatz.
- Geben Sie zunächst den Kontext (Zusammenhang) an, in dem Ihr Schreiben steht.
- Beschreiben Sie sachlich und knapp das Problem.
- Formulieren Sie am Ende Ihrer Mail noch einmal klar und deutlich, was Sie von dem Empfänger erwarten. Soll er Ihnen eine Information zukommen lassen? Erwarten Sie, dass er aufgrund Ihrer Mail etwas tut? Soll er nur Ihre Empörung verstehen?
- Weisen Sie auch im Text gegebenenfalls auf einen Anhang hin.
- Schließen Sie wie bei einem Brief mit einer Grußformel und Ihrem Namen.
- Wenn sich ein Verteiler nicht vermeiden lässt, legen Sie ihn offen und setzen Sie weitere Empfänger in die Cc-Spalte. Weisen Sie am Fuß des Textes noch einmal auf diesen Verteiler hin, zum Beispiel: *(Verteiler: Ging in Kopie an die Schiedsstelle).*
- Setzen Sie in die Signatur Ihre vollständigen Kontaktdaten (nach zwei Bindestrichen als Trennzeichen vom Text), zum Beispiel:

--
Marina Esterlova
Fernweg 5
79688 Freiburg
*****
E-Mail: Marina_Esterlova@wdv-provider.com
Tel./Fax: 0760 67539



5267116

## Stilfragen

Vorab: Bei E-Mails sollten Sie auf Formatierungen, Farben, Einrückungen usw. verzichten – das kann beim Empfänger völlig anders ankommen, als es sich auf Ihrem Bildschirm darstellt. Schreiben Sie einfach Ihren Text und verwenden Sie die Zeilenschaltung nur bei Absätzen. Wenn die Gestaltung tatsächlich wichtig ist (zum Beispiel bei einer tabellarischen Aufstellung), sollten Sie das Dokument mit einem Office-Programm erstellen, ein PDF davon schreiben und das PDF als Anhang senden. Der Text Ihrer E-Mail fungiert dann nur als Begleitschreiben für den gesendeten Anhang – Ihr eigentliches Schreiben.

Sie haben Probleme, sich kurz zu halten? Dann hilft vielleicht folgender Tipp:
Schreiben Sie Ihre Mail auf ein Stück Papier und dann schreiben Sie auf einem neuen Blatt: „Was ich sagen wollte, ist ...". Zum Schluss streichen Sie „Was ich sagen wollte, ist" und Sie haben den komprimierten Inhalt.

### Tipps zum Stil in E-Mails

- Regel Nummer eins – bei allen Schreibformen: Denken Sie an den Adressaten!
- Halten Sie sich an die übliche Rechtschreibung und Zeichensetzung. Vermeiden Sie Rechtschreibfehler. Die Unterscheidung zwischen das und dass, Sie und sie, Groß- und Kleinschreibung sollte beherrscht werden.
- Duzen Sie nur, wenn Sie sich sicher sind, dass diese vertrauliche Ansprache angemessen ist. Manche Zirkel, wie etwa Designer, duzen sich häufig, Sie können sich aber nicht darauf verlassen.
- Vermeiden Sie Ironie. Bleiben Sie immer sachlich.
- Flapsigkeit sollten Sie ebenfalls vermeiden. Auf flapsige Sätze knapp antworten.
- Erwähnen Sie den Namen des Empfängers nur zu Beginn, jedenfalls nicht bevormundend.
- Vermeiden Sie den Hauptwortstil im Inhalt Ihres Schreibens; verfassen Sie Haupt- und Nebensätze, dynamische Verben, bevorzugen Sie aktiv statt passiv.
- Sie dürfen Begriffe wiederholen, insofern die Wiederholung der Klarheit der Aussage dient und jede andere Formulierung unpräziser und umständlicher wäre.
- Schreiben Sie nie Wörter in Großbuchstaben. Sie werden auch nicht gerne „angebrüllt".
- Denken Sie immer daran: Sie sind nicht in einem Chatroom mit Ihren Freunden – jeglicher „Code" ist in „offiziellen" E-Mails nicht angebracht. Formulieren Sie in der Schrift- oder Standardsprache. Verkürzen Sie Wörter nicht. Verfallen Sie nicht in Lautsprache, wie das in Chaträumen geschieht.

- Und nicht zuletzt: Icons und Emoticons werden in offiziellen geschäftlichen Mails normalerweise nicht gebraucht. Sie stören und lassen Zweifel an der Seriosität des Verfassers aufkommen.

5267117

(1) *Sie schreiben Ihrer Lehrerin folgende E-Mail:*

Hallo Frau Friese, I weiß natürlich auch das des isch net sche das ich meine hausi vergessen hab`, aber ich war halt Fußball spielen. Ich heb halt dacht, sie verstehen das schon. Zum Nachsitzen morgen kann ich net komme, da mus ich jobbe.-:) Mir sehen uns Donnerstag.
Net böse sein -☺
Marlies aus der WS 1/4

*Am folgenden Donnerstag legt Frau Friese Ihnen schweigend die E-Mail als Ausdruck auf den Schultisch. Natürlich erkennen Sie sofort, was Sie hätten anders machen können. Verfassen Sie die E-Mail neu.*

## Stilloses Verhalten: Brauchen wir nicht eine Mail-Etikette?

Eigene Erfahrungen zu machen ist sicherlich wichtig. Aber manche Erfahrungen können Sie sich ersparen. Von daher empfiehlt es sich, sich mit den ethischen Regeln im E-Mail-Verkehr zu beschäftigen.

(1) *Erarbeiten Sie im Team, ausgehend von der Vorlage unten, die Regeln, die Sie für einen ethisch verantwortlichen Umgang mit E-Mails für wesentlich halten. Legen Sie Ihre Regeln im Raum aus und lesen Sie die Regelsammlungen der anderen Gruppen. Schreiben Sie Kommentare, die deutlich machen, welche Punkte für Sie interessant und diskussionswürdig sind.*

**Kleine E-Mail-Etikette**

a) Schreiben Sie Ihre E-Mail. Lassen Sie heikle E-Mails ruhen. Überdenken Sie sie nochmals. E-Mails können nicht mehr zurückgeholt werden.
b) Bedenken Sie, dass Ihr Gegenüber sensibel reagieren kann. Schaden Sie niemandem.
c) Vermeiden Sie ironische Töne. Sie werden oft falsch aufgefasst und können zu Konflikten führen.
d) Halten Sie Ihre Nachrichten knapp und sachlich.
e) Gehen Sie sorgsam mit der Zeit des Adressaten um. Schreiben Sie klare Betreffs und verdeutlichen Sie, was Sie von dem Adressaten erwarten.
f) Gehen Sie sorgsam mit Bcc (Blindkopien) um. „Tricksen" Sie nicht.
g) Schaffen Sie Vertrauen und Glaubwürdigkeit, indem Sie sich transparent verhalten.
h) Vergessen Sie nicht, dass Ihre Botschaften in den Tiefen des Internets verschwinden und dort erhalten bleiben!

(2) *Überarbeiten Sie noch einmal Ihre E-Mail-Etikette, indem Sie die Anmerkungen der Klasse überprüfen, die Regeln überarbeiten, priorisieren und in die entsprechende Reihenfolge bringen.*

### Die E-Mail auf einen Blick

- Wen schreibe ich in die Empfängerspalten? (Vorsicht, Etikette!)
- Überlegen Sie sich die Betreffzeile: Formulieren Sie knapp die Kernaussage Ihrer Mail. Gebrauchen Sie Hauptwörter.
- Beachten Sie die Formalien:
  - Benötigen Sie einen „Anschriftenblock"? Unternehmen, Name, Abteilung, Firmensitz?

  - Welche Anredeformel wähle ich?
  - Kenne ich die genaue Schreibweise des Namens des Adressaten?
  - Schlussformel
  - evtl. Angabe, an wen die Mail weitergeleitet wird
  - eigene Kontaktangaben anfügen
- Erklären Sie knapp den Kontext Ihres Schreibens.
- Schreiben Sie das Wichtigste zu Beginn. Erwähnen Sie eine Anlage am Anfang Ihrer Mail, wenn dies ein wesentlicher Grund für Ihre E-Mail ist.
- Verdeutlichen Sie, was genau Sie vom Adressaten erwarten.
- Setzen Sie Absätze für jeden neuen Gedanken.
- Schreiben Sie klar, verständlich, knapp und angemessen.
- Beachten Sie die ethischen Regeln. Versetzen Sie sich hierzu in die Lage des Empfängers Ihrer E-Mail. Bleiben Sie sachlich, ehrlich, offen – keine Tricks, kein übler Nachruf, kein Mobbing.

Sind Sie aufgeregt, speichern Sie die Mail unter „Entwurf"; überschlafen und überdenken Sie Ihre Mail. Lesen Sie sie anderntags gründlich durch und überarbeiten Sie sie noch einmal.



# Privater Geschäftsbrief und E-Mail

## Kompetenzen

Sie haben die Kompetenz erworben, auf private und geschäftliche Vorgänge schriftlich zu reagieren und beachten folgende Aspekte:

- Sie kennen verschiedene Schreibanlässe für einen privaten Geschäftsbrief.
- Sie kennen die wesentlichen formalen Kriterien.
- Sie wissen, wie ein Betreff formuliert wird.
- Sie kennen verschiedene Grußformeln.
- Sie wissen, wie ein Anschreiben sinnvoll aufgebaut wird.
- Sie berücksichtigen den Adressaten Ihres Schreibens.
- Sie formulieren Ihre Erwartung an den Empfänger.
- Sie klären die Anlagen und den Verteiler.
- Sie kennen sprachliche Hürden und können Ihre Fehler erkennen und korrigieren.

A+R

# Visualisierung

Sie lernen im Kompetenzbereich „Sprechen und Zuhören", Informationen zu verbildlichen.
Ihre Zuhörer können Inhalte besser aufnehmen und im Gedächtnis verankern.
Sie lernen geeignete Visualisierungsformen kennen und anwenden.



5267121

# Wozu „visualisieren"?

1 *Stellen Sie sich Ihr Leben als eine Straße vor – malen Sie diese Straße auf ein großes Blatt Papier.*

*Wo gab es scharfe Kurven, wo verlief die Straße gerade? Wo ging es steil bergauf, wo fiel Ihre Lebensstraße ab?*

*Markieren Sie Veränderungen im Straßenverlauf, indem Sie das entsprechende Ereignis, das die Veränderung hervorrief, zeichnen bzw. dazuschreiben.*

Sie haben gerade eine Visualisierung angefertigt, nämlich Ihr bisheriges Leben in Gestalt einer Straße dargestellt.

Visualisierungen, das heißt bildliche Darstellungen eines Sachverhaltes, begegnen uns ständig. Verkehrsschilder zum Beispiel sind visualisierte Anweisungen, wie wir uns im Straßenverkehr zu verhalten haben, ein Navigationsgerät im Auto zeigt uns den Straßenverlauf in einem Bild an, Piktogramme sagen uns, wo wir die nächste Toilette finden können.

Wir bauen uns geistige Eselsbrücken, um uns etwas merken zu können, zum Beispiel stellen wir uns zu Zahlen Bilder vor (wie einen Schwanenhals für 2). Selbst die Medizin nutzt innere Vorstellungsbilder, um Kranke zu behandeln: Menschen, die unter starken Kopfschmerzen leiden, sollen sich diese Schmerzen bildlich vorstellen (als Hammer im Kopf etwa), um sie erträglicher zu machen.

Üben Sie nun das Visualisieren.

## DIE VISUALISIERUNG ALS MERKHILFE

Visualisierungen sind sehr hilfreich, wenn wir uns etwas merken möchten. Dies liegt in erster Linie daran, dass unser Gehirn sehr gerne mit Bildern „arbeitet".

**Übung 1:**

1 *Think: Erstellen Sie einen Einkaufszettel für jemanden, der nicht lesen kann.*

2 *Pair: Tauschen Sie Ihren Einkaufszettel mit Ihrem Partner aus – wüsste jeder von Ihnen, was er kaufen muss?*

3 *Share: Einige Gruppen präsentieren ihre Einkaufszettel. Welche sind warum besonders gelungen?*



5267122

4. *Packen Sie nun Ihre Einkaufszettel weg. Am Ende der Stunde bzw. zu Beginn der nächsten Stunde versuchen Sie, sich an die zu kaufenden Gegenstände zu erinnern. Dies wird vermutlich gut klappen, da Sie sich durch das Zeichnen intensiv mit den Gegenständen auseinandergesetzt haben und diese so im Langzeitgedächtnis verankert wurden (Vernetzung Wort–Bild durch eigenes Tun).*

### Übung 2:

1. *Sammeln Sie im Plenum schnell sieben Begriffe (Brainstorming, ▸▸▸ S. 319), die Sie an der Tafel für alle sichtbar notieren. Die Klasse überlegt sich eine kleine Geschichte, in der alle sieben Begriffe vorkommen.*

   *Die Begriffe werden nun weggewischt. Zwei von Ihnen müssen die Geschichte nacherzählen. Am Beginn der nächsten Deutschstunde sollen alle versuchen, die Geschichte wieder aufzuschreiben.*

Je verrückter im Übrigen die Verbindung Wort–Bild, desto nachhaltiger können wir sie uns merken. Sie kennen dieses Phänomen vielleicht vom Aufräumen: Sie finden einen Gegenstand oft nicht mehr auf Anhieb, sobald Sie ihn von einem ungewöhnlichen Platz (das Aufladeteil für den Handy-Akku liegt etwa in einer Dose, auf der „Mehl" steht) an einen „vernünftigen" Platz räumen (das Akkuteil liegt neben der Steckdose im Esszimmer).

## DIE VISUALISIERUNG ALS TEXTBEARBEITUNGSMETHODE

Die Visualisierung ist ein wesentlicher Schritt der 5-Schritt-Lesemethode (▸▸▸ S. 22). Kopieren Sie den folgenden Text und bearbeiten Sie ihn entsprechend:

1. *Lesen Sie den Text, klären Sie unbekannte Begriffe und unterstreichen Sie Schlüsselwörter.*
2. *Erstellen Sie aus Ihren Schlüsselwörtern eine bildliche Darstellung des Textinhaltes.*
3. *Legen Sie den Text und Ihre Visualisierung beiseite, wiederholen Sie den Inhalt des Textes und erklären Sie ihn jemandem.*

Ludger Brüning/Tobias Saum

### Kein Lernen ohne innere Bilder?

*Zum Zusammenhang von innerer Sprache und Bildern für das Lernen*

Die moderne Lernpsychologie stellt sich die Frage, in welcher Form wir Menschen unser Wissen geistig abbilden und speichern. Dabei unterscheidet sie drei innere geistige Repräsentationen von Wissen.

Zunächst geht die Lernforschung davon aus, dass wir Wissen gewissermaßen sprachlich abspeichern. Bei dieser **aussageartigen Repräsentation** wird unser Wissen jedoch nicht als zusammenhängender Text abgespeichert – gleichsam wie ein auswendig gelerntes Gedicht, sondern vielmehr als Netzwerk von Begriffen. Zwischen diesen Begriffen gibt es Beziehungen, die hierarchisch geordnet sein können. Diese innere Anordnung von Begriffen kann dann von uns versprachlicht werden. Und erst wenn wir sprechen, werden diese Netzwerke in textlich zusammenhängende Sachverhalte umgewandelt. So können wir beispielsweise ein Erlebnis oder den Inhalt eines Romans mitteilen oder die Lösung einer Rechenoperation erklären und aufgrund des Netzwerkcharakters flexibel denken und formulieren.

Neben dieser sprachlichen inneren Speicherung von Wissen gibt es aber auch den bildlichen Wissensaufbau. Bei der **analogen Repräsentation** haben wir eben keine Begriffe, sondern Vorstellungsbilder abgespeichert. Wir sind zum Beispiel in der Lage uns vorzustellen, dass ein Würfel gedreht oder gekippt wird. Diese imaginative Repräsentation stellt sich uns im Moment des Denkens als innere Bildfolge oder Film dar, die bzw. der von unserem inneren Auge entwickelt wird. Auch wenn wir es versprachlichen können, so ist es doch bildlich bei uns gespeichert. Zudem sind wir in der Lage uns vorzustellen, wie bestimmte Gegenstände sich verhalten, auch wenn wir sie in der Form noch nie gesehen haben. Denken Sie nur an den Würfel. Stellen Sie sich einmal vor, er sei jetzt orange. Auch diesen Würfel können Sie ohne Probleme vor Ihrem inneren Auge in Bewegung setzen, weil Sie über gut trainierte Denkschemata verfügen. Unser innerer Wissensaufbau und das damit verbundene Denken sind also immer auch bildlich organisiert.

Weniger gut erforscht und begrifflich uneinheitlich gebraucht ist die **handlungsmäßige Repräsentation.** Die Frage der inneren Abspeicherung ist dabei bislang kaum zu beantworten. Sicher ist aber, dass eine rein sprachliche Präsentation eines Lehrstoffes zum Beispiel im Kindergarten oder in der Grundschule zur Informationsverarbeitung nicht ausreicht und dass auch die zusätzliche Veranschaulichung häufig nicht zur erstrebten Verarbeitungstiefe bei den Schülern führt. Erst der handelnde, aktive Umgang ermöglicht den verstehenden Zugang zum Lehrstoff. Der angesehene Lernpsychologe Jerome Bruner ist der Auffassung, dass die Transformation der zu lernenden Inhalte von einer Darstellungsform in eine andere als handelnder Umgang lernwirksam und gleichzeitig ein wichtiger Anreiz für die kognitive Entwicklung sei. Oder denken Sie einmal an den Unterricht. Es besteht ein beträchtlicher Unterschied im Wissen zwischen einem Studenten, der ein Seminar über Motivation besucht hat, und einem, der im Rahmen des Praktikums zusätzlich handelnd mit Schülern unter Berücksichtigung der Frage der Motivation gearbeitet hat.

Nun sind diese drei inneren Formen des Wissens nicht isoliert zu verstehen, gleichsam als drei Bereiche, die voneinander hermetisch getrennt sind. Im Gegenteil: Die Lernpsychologie geht von einer **multiplen Repräsentation** aus. Diese Vorstellung von der Mehrfachkodierung besagt, dass bestimmte Wissensstoffe leichter erfasst und besser behalten werden, wenn sie sowohl sprachlich-inhaltlich als auch bildhaft verarbeitet werden.

Für die Schule wird betont, dass verbal übermittelte Begriffe und Regeln nur defizitäres Lernen erlauben. Erst die Mehrfachverarbeitung schöpft die Lernmöglichkeiten unserer Schülerinnen und Schüler bestmöglich aus.

**Grafische Strukturierungen** sind, das wird Ihnen bestimmt schon aufgefallen sein, häufig der Versuch, die zuerst angesprochene aussageartige Repräsentation abzubilden und für das Lernen nutzbar zu machen. Bei allen Formen haben Sie aber immer auch die Möglichkeit, sie durch bildliche Elemente zu erweitern und so die analoge Repräsentation zu fördern. Und wenn Sie an die Aussage Bruners denken, der gerade die Umwandlung des Lernstoffs in eine andere Form als sehr lernwirksam beschreibt, dann ist die Anfertigung einer Visualisierung immer eine innere Aktivierung und somit unmittelbar lernwirksam.

(Brüning/Saum, 2007, S. 51)

# Darstellungsformen für eine Visualisierung

Es gibt nun viele verschiedene Möglichkeiten der Visualisierung, je nachdem, welche Informationen wir darstellen wollen.

Am besten bildet wohl die **Mindmap** die Arbeitsweise des Gehirns ab: In der Mitte eines Blattes steht das Thema, darum herum gruppieren sich die Äste der Mindmap, die mit den Oberbegriffen beschriftet werden. Von diesen Hauptästen gehen Nebenzweige ab, die die Unterpunkte benennen.

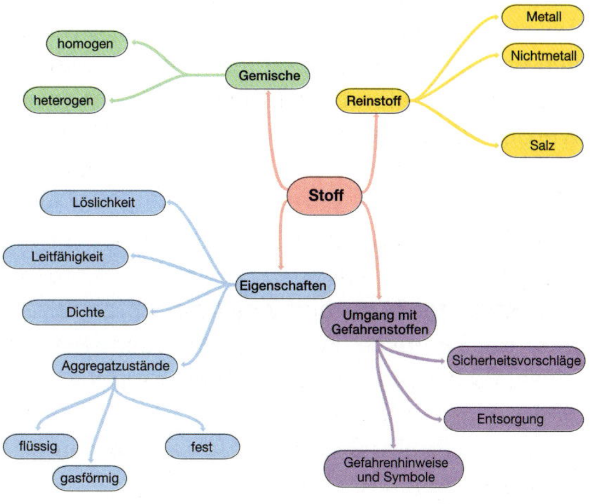

**Listen und Tabellen** eignen sich gut, um sich einen Überblick über ein Thema zu verschaffen. Die Listen oder Tabellen dürfen nicht zu lang sein. Der Titel einer Liste sowie der Tabellenkopf mit Zeilen- und Spaltenüberschriften müssen kurz und passend gewählt werden. Nötige Erläuterungen stehen ggf. mit einer Fußnote versehen am Ende.

**Kurvendiagramme** zeigen meist Entwicklungen über einen gewissen Zeitraum hinweg an. Das Kurvendiagramm besteht in der Regel aus einer horizontalen Zeitachse und einer vertikalen Mengenachse. Jede Achse muss deutlich sichtbar bezeichnet werden.
Kurvendiagramme findet man auch bei der Darstellung von Profilen (wie Höhenprofilen: Veränderungen im Raum oder Persönlichkeitsprofilen: Ausprägungen von Eigenschaften).

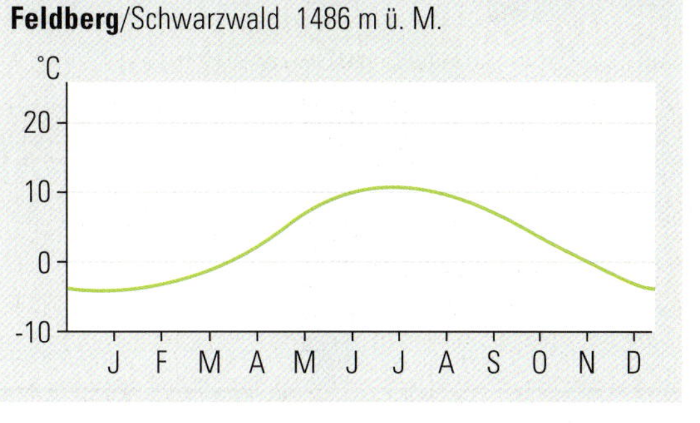


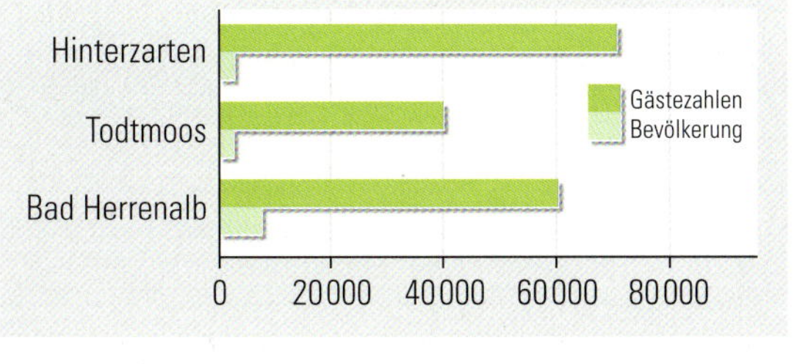


**Säulen- oder Balkendiagramme** eignen sich besonders, um Größen zu vergleichen. Die Säulen bzw. Balken müssen gleich breit und deutlich beschriftet sein. Auch hier werden die entsprechenden Werte an einem Achsenkreuz abgetragen.

Ein **Kreis- oder Tortendiagramm** stellt das Ganze und seine Teile dar, gerechnet wird in Prozent, das heißt, der Kreis von 360° entspricht 100 Prozent. Die Teilmengen müssen in Prozent umgerechnet werden. Die einzelnen Teilmengen (Kreissegmente) müssen deutlich voneinander unterschieden werden und mit Prozentzahlen bzw. Inhalten bezeichnet werden, entweder innerhalb oder außerhalb des Kreises.

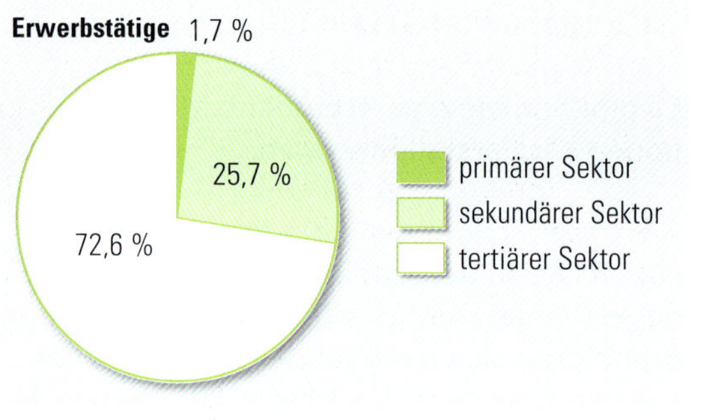


Das **Strukturbild** zeigt Zusammenhänge, Gründe, Einflüsse, Folgerungen oder Ergebnisse. Es bedient sich zur Darstellung vielfältiger grafischer Gestaltungselemente, wie Kästchen, Pfeile, Symbole, Umrandungen etc.

Ein **Flussdiagramm** stellt die logische Abfolge von Vorgängen oder Arbeitsschritten dar. Dazu werden Pfeile, grafische Symbole usw. benutzt.

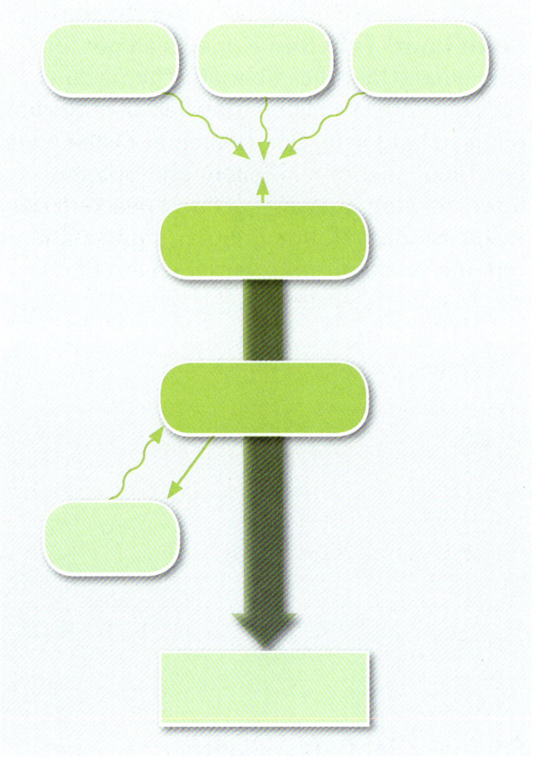

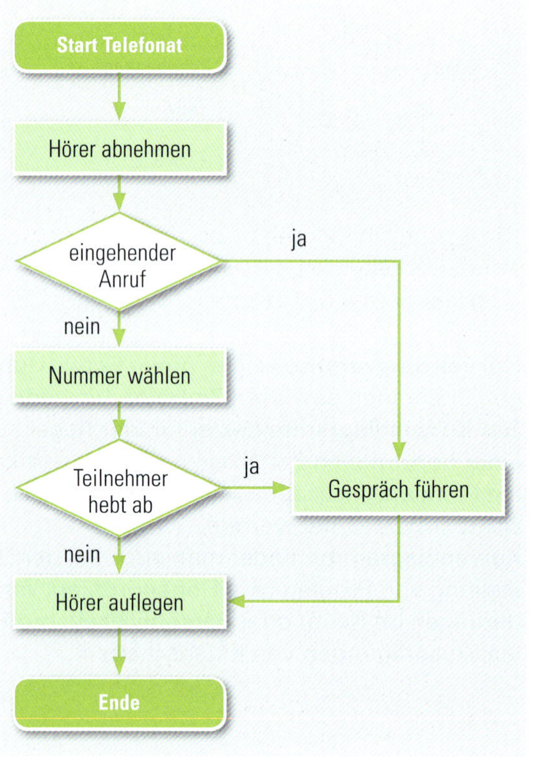




5267126

Ein **Organigramm** dient der Darstellung von Strukturen in Organisationen. Man kann damit zum Beispiel den Aufbau, die Hierarchie und die formellen Kommunikationsbeziehungen innerhalb eines Unternehmens oder die Verteilung von Aufgaben und Arbeitsprozessen wiedergeben.

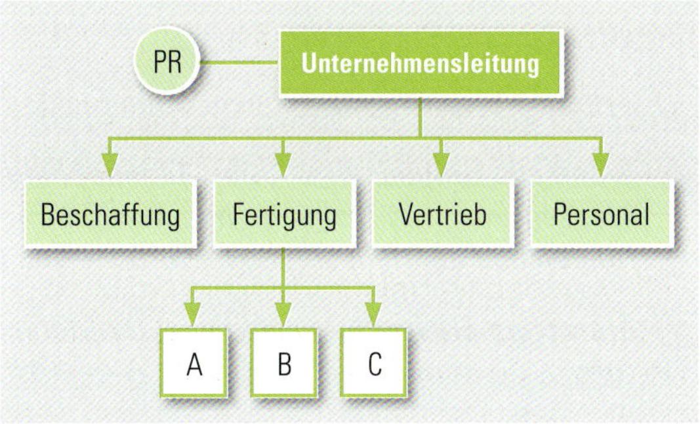


Das **Fischgräten-** oder **Ishikawa-Diagramm** bildet den Zusammenhang zwischen Ursache und Wirkung ab. Es dient zur Problemanalyse, kann aber auch zur Bestimmung von Mitteln für einen definierten Zweck eingesetzt werden. In den Kopf wird zunächst entweder die Auswirkung (zum Beispiel ein Problem) oder der Zweck bzw. das Ziel eines Vorhabens eingetragen.

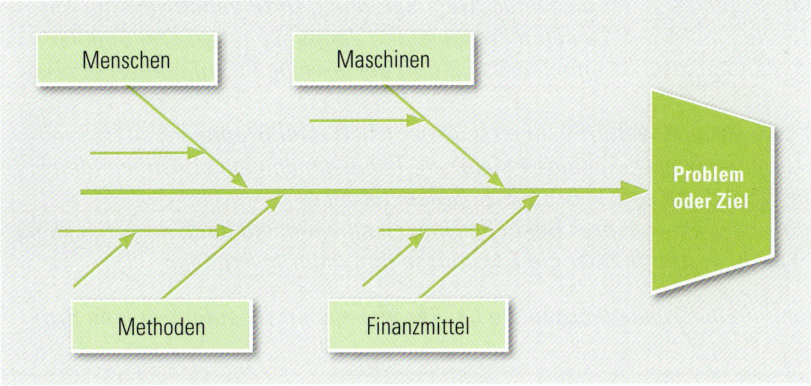


Die Hauptgräten (meist vier bis sechs) werden mit den wesentlichen Aspekten bezeichnet und auf den Nebengräten werden dann entweder mögliche Ursachen der festgestellten Wirkung oder die verschiedenen benötigten Mittel zur Zielerreichung zugeordnet.

## ÜBUNGEN ZUM VISUALISIEREN

### Übung 1:

(1) *Think: Überlegen Sie, wie Sie die folgenden Sachverhalte visualisieren würden:*

- *die Ergebnisse einer Wahl*
- *die Führungsstruktur in Ihrer Schule/Ihrem Betrieb*
- *den Goldkurs im letzten Jahr*
- *die Wirtschaftskraft von acht europäischen Ländern in einem Jahr*
- *Ihre Schulnoten in fünf Fächern in den letzten beiden Schuljahren*
- *Gründe für die Kündigung vieler Ausbildungsverträge im ersten Lehrjahr*
- *Ablauf der Wahl zum Schulsprecher*

(2) *Pair: Tauschen Sie sich mit Ihrem Partner aus. Klären Sie im Gespräch unterschiedliche Entscheidungen für bestimmte Visualisierungsformen.*

(3) *Share: Stellen Sie im Plenum Ihre Visualisierungsvorschläge vor.*

## Übung 2:

1. *Arbeiten Sie in Vierergruppen. Üben Sie das Visualisieren anhand des folgenden Textes.*
2. *Wenn alle Gruppen ihre Arbeit beendet haben, werden die Arbeitsergebnisse gut sichtbar im Klassenzimmer aufgehängt. In einem Galeriegang betrachtet die ganze Klasse die Visualisierungen und beurteilt sie durch Vergabe von Punkten.*
3. *Erarbeiten Sie im Plenum mithilfe der Metaplanmethode Kriterien für eine gelungene Visualisierung.*
4. *Kehren Sie danach zurück in Ihre Vierergruppe. Diskutieren Sie die Probleme, die Sie bei der Visualisierungsaufgabe hatten. Notieren Sie diese Probleme auf einem separaten Blatt.*
5. *Wenn alle Gruppen fertig sind, informieren Sie sich in einer „Besucherrunde" (Gruppentourismus, ▸▸▸ S. 323) über die Ergebnisse der einzelnen Arbeitsgruppen. Dazu geben sich die Mitglieder einer Gruppe die Nummern 1–4. Zu einem festgelegten Zeitpunkt gehen drei Schüler im Uhrzeigersinn weiter zu den anderen Gruppen, um sich dort die jeweiligen Gruppenergebnisse erläutern zu lassen:*
   *Schüler 1 bewegt sich eine Gruppe weiter, Schüler 2 bewegt sich zwei Gruppen weiter, Schüler 3 bewegt sich drei Gruppen weiter, Schüler 4 bleibt am Tisch, um den ihn „besuchenden" Gruppenmitgliedern die Ergebnisse seiner Gruppe zu präsentieren.*
   *Die „Besucher" müssen sich während ihrer Besuche Notizen machen und nach ihrer Rückkehr zur Ursprungsgruppe Bericht erstatten über die Ergebnisse der anderen Gruppen.*
6. *In einer abschließenden Plenumsrunde werden die bei der Visualisierung aufgetretenen Probleme besprochen.*

gp/Der Teckbote

### Hatschi: Warum niesen wir?
### Austretende Luft kann es auf 160 Stundenkilometer bringen

*Vor allem im Winter ist das berühmte „Hatschi" ein vertrautes Geräusch, aber auch zu anderen Jahreszeiten niesen Menschen. Aber warum, und was geschieht dabei eigentlich im Körper?*

Das Niesen ist ein Selbstreinigungsmechanismus, durch den Sekret und Fremdkörper aus der Nase entfernt werden sollen. Beim Atmen gelangt nicht nur Luft in Nase und Rachen, sondern auch Staub und verschiedene andere feine Bestandteile sowie Gerüche finden mit dem Luftstrom ihren Weg in den Körper. Mitunter kann sogar ein Lichtreiz zum Niesen führen.

Werden durch einen der genannten Reize Sinneszellen in der Schleimhaut angesprochen, kann ein Niesreiz entstehen. Zunächst nimmt man dabei oft ein Kribbeln in der Nasengegend wahr und dann erfolgt das eigentliche Niesen. Dabei wird anfangs tief eingeatmet und dann wird unter starkem Druck unwillkürlich Luft aus der Nase und aus dem Mund ausgestoßen. Die austretende Luft kann hierbei Geschwindigkeiten von bis zu 160 Kilometer pro Stunde erreichen.

Doch das Niesen beschränkt sich nicht nur auf die Nase, denn nur dadurch, dass sich die für die Ausatmung zuständigen Muskeln in Brust und Bauch ruckartig zusammenziehen, ist der plötzliche Ausstoß der Luft überhaupt erst möglich. Das Zusammenziehen der Muskeln sorgt dafür, dass sich ein Mensch beim Niesen krümmt und leicht nach vorn beugt. Außerdem werden unwillkürlich die Augen zugekniffen. Es kursiert die Erklärung, dies würde geschehen, um die Augäpfel davor zu schützen, nach außen zu rutschen. Wahrscheinlicher ist es jedoch, dass die Augen reflexartig geschlossen werden, um eine Verunreinigung durch das ausgestoßene Nasensekret und Fremdkörper zu vermeiden.

Unterdrücken sollte man das Niesen nicht, vor allem, wenn man an einem Schnupfen leidet. Wenn die Nase zugehalten wird, kann die Luft nicht entweichen, wodurch häufig Sekret in die Nebenhöhlen gedrückt wird. Hierdurch kann sich eine Erkrankung verschlimmern, weitere Entzündungen können entstehen.

Auch nachdem man Staub oder andere Fremdkörper eingeatmet hat, sollte man der Selbstreinigung des Körpers ihren Lauf lassen. Den Umstehenden gegenüber gilt es in Deutschland als höflich, beim Niesen ein Taschentuch vor die Nase zu halten. Dadurch kann die Ausbreitung von Krankheitserregern eingedämmt werden.

(gp/Der Teckbote, in: Der Teckbote, 07.01.2010)

## Übung 3:

Üben Sie nun in einer Schreibwerkstatt (▸▸▸S. 322 ff.) das Visualisieren:

1. *Finden Sie sich in Dreiergruppen zusammen. Jedes Gruppenmitglied erhält eine Kopie eines der nachfolgenden drei Texte.*
2. *Arbeiten Sie alleine: Visualisieren Sie den Inhalt Ihres Textes. Lassen Sie unten auf Ihrem Blatt ca. 10 cm Platz für Kommentare.*
3. *Reichen Sie nun Ihre Visualisierung an die rechts neben Ihnen sitzende Person weiter. Diese beurteilt in einem kurzen Kommentar die Visualisierung. Danach geben Sie die Blätter im Uhrzeigersinn weiter, bis jedes Gruppenmitglied jede Visualisierung beurteilt hat.*
4. *Besprechen Sie Ihre Kommentare zu den Visualisierungen in der Gruppe.*
5. *Verbessern Sie eventuell Ihre Visualisierungen.*

Text 1:

AP/Der Teckbote

### Mittags etwas Warmes
### Jüngere essen unregelmäßig und unterwegs

AP. Drei Mahlzeiten täglich, ein warmes Mittagessen zu Hause und nachmittags Kaffee und Kuchen – die Mehrheit der Deutschen hält beim Essen an Traditionen fest. Nur die 20- bis 29-Jährigen essen nach einer Umfrage des Nürnberger GfK-Instituts meist dann, wenn sich Hunger einstellt und gerade Zeit ist. Die jungen Erwachsenen essen auch viel häufiger unterwegs. Zur Stärkung am Nachmittag bevorzugen sie „Coffee-to-go" im Becher und dazu einen Schokoriegel, Muffin oder Donut.

Frühstückszeit ist der GfK-Studie zufolge für 40 Prozent der Deutschen zwischen acht und neun Uhr morgens. Zwischen neun und zehn frühstücken noch mehr – viele davon aber bereits zum zweiten Mal. Am Wochenende schlafen die meisten gerne aus und frühstücken anderthalb Stunden später als an Arbeitstagen. Am beliebtesten sind Brot und Brötchen mit Marmelade, Honig oder Schokocreme. Nur je zehn Prozent essen Käse und Wurst, noch weniger Obst und Müsli.

Das Mittagessen ist für die große Mehrheit der Deutschen eine warme Mahlzeit. Weniger als ein Viertel begnügt sich mit kalten Speisen. Abgesehen von den 20- bis 29-Jährigen überwiegt in allen Altersklassen das Mittagessen zu Hause. Das Abendessen wird am häufigsten zwischen 19 und 20 Uhr eingenommen. Mit 52 Prozent überwiegt die kalte Brotzeit, aber viele Berufstätige essen auch warm. Während des Abendessens läuft bei mehr als einem Drittel der Deutschen der Fernseher. Am Abend wird vor der Glotze mehr Salziges als Süßes geknabbert. Die Angaben stammen von mehr als 4500 Befragten zwischen 16 und 69 Jahren.

(AP/Der Teckbote, in: Der Teckbote, 08.01.2010)

Text 2:

Barbara Czimmer-Gauß

## 2009 – Jahr der Extreme
## Überschwemmungen im Juli, Minusrekorde im Dezember

Stuttgart. Der Dezember versetzte uns in ein Wechselbad der Gefühle. Er startete frühlingshaft, ließ aber am 19. Dezember den frostigen Knüppel aus dem Sack. Damit bescherte er dem Jahr 2009 nach den Niederschlagsrekorden im Juli auch noch Temperaturen auf Rekordniveau.

Aufs Jahr gerechnet waren die Temperaturen aus Sicht der Meteorologen unspektakulär: Mit 10,6 Grad lag das Jahresmittel 1,1 Grad über dem langjährigen Durchschnitt. Und doch gab es etliche Ausreißer. Am 15. April kletterte das Thermometer erstmals auf 24 Grad, um am 24. des Monats auf 1,9 Grad zu purzeln. Der Mai startete mit 3,4 Grad alles andere als lau, lief aber am 25. des Monats mit 30,3 Grad zur Hochform auf. Der Juni schwankte zwischen anfangs 8 Grad und 28 Grad am Ende, und selbst der August brachte neben der maximalen Temperatur von 34 Grad zehn Tage später eine Tiefsttemperatur von 9 Grad zustande.

Wärmeliebende werden sich mit Entsetzen an weitere Wetterextreme erinnern. Der Februar begann mit Orkanböen, als wolle er noch vor den Fasnetsweibern den Winter aus dem Land fegen, und ging schließlich doch als sonnenscheinärmster Februar seit 1951 in die Wetterstatistik ein. Nur 55,9 Stunden lang ließ sich die Sonne blicken – 79,8 Stunden sind das Normalmaß.

Dafür schüttete es gelegentlich mehr als üblich. Im März fielen 65 statt 39 Liter Regen auf den Quadratmeter, im Juli gar 161 statt der im langjährigen Mittel üblichen 63 Liter. In Stuttgarts Norden wurden bei starken Regenfällen Produktionshallen und Häuser unter Wasser gesetzt. Rekorde gab es auch im Herbst mit 33 Grad, die am 1. September gemessen wurden und dem Monat den Titel zweitheißester September seit 1951 einbrachten. Auch die 19 Grad, die es am 17. November gab, sind ein Rekord, sagt Christel Postuwka-Schluck, die Meteorologin beim Deutschen Wetterdienst.

Der Dezember vollendete den Wettlauf um Superlative. „Am 19. Dezember haben wir am Schnarrenberg mit minus 19,2 Grad am Erdboden so tiefe Temperaturen gemessen wie noch nie“, sagt Postuwka-Schluck. Das bisher niedrigste Erdbodenminimum lag am 18. Dezember des Jahres 1961 bei –14,8 Grad.

(Czimmer-Gauß, in: Der Teckbote, 07.01.2010)



5267130

Text 3:

Ips/du/Der Teckbote

**Der Vater der Braut ist mehr als nur Statist**
**Er kann viele Aufgaben erledigen**

lps/Du. Mindestens genauso nervös wie die Braut ist oft genug deren Vater vor der Hochzeit. Zwar hat die Tochter in der Regel schon lange Zeit vor dem großen Tag das elterliche Haus verlassen und lebt wahrscheinlich auch schon mit ihrem zukünftigen Gatten unter einem Dach, doch wenn sie schließlich vor den Altar tritt, ist das eine einschneidende Veränderung im Verhältnis zwischen Vater und Tochter.

Umso wichtiger ist es, den Brautvater mit in die Vorbereitungen und in den Ablauf des Hochzeitstages einzubinden. Es gibt viele Aufgaben, welche der Vater übernehmen kann.

Zunächst einmal gehören dazu die Dinge, die von jeher vom Vater der Braut zu tun sind. So sollte er seinen zukünftigen Schwiegersohn offiziell zu einem Abendessen einladen, um diesen in der Familie willkommen zu heißen. Während der Trauzeremonie in der Kirche führt er die Braut zum Altar und übergibt sie an den Bräutigam.

Auch eine kurze Tischrede zur Begrüßung der Gäste bei der Hochzeitsfeier sollte selbstverständlich sein. Darüber hinaus sind Väter dankbar, wenn sie die ein oder andere organisatorische Aufgabe übernehmen dürfen. So sind sie prädestiniert dafür, Anfahrtsrouten zu Kirche, Standesamt, Hotels und Restaurant auszuarbeiten, Ab- und Zusagen von Gästen zu verwalten oder Getränkebestellungen vorzunehmen.

Auch für den Fall, dass Gäste bereits ein oder zwei Tage vor dem Hochzeitstermin eintreffen, ist der Brautvater gefragt. Er kann sich hier als Fremdenführer betätigen, den Gästen ihre Unterkünfte oder – wenn mehr Zeit zu überbrücken ist – Sehenswürdigkeiten zeigen. Denn alle anderen Familienmitglieder werden zu beschäftigt sein, als dass sie sich im Vorfeld noch um Gäste kümmern können.

Nach der Hochzeit darf die Braut ihren Vater dann gerne noch einmal alleine zu einem Kaffee einladen, um ihm den vermeintlichen Verlust leichter zu machen.

(Ips/du/Der Teckbote, in: Der Teckbote, 08.01.2010)

# Sonderformen der Visualisierung

## DAS PLAKAT

Eine besondere Form der Visualisierung stellt das Plakat dar. Es wird vor allem bei Präsentationen verwendet und soll groß und übersichtlich einen Sachverhalt zeigen.

Wichtig bei der Plakaterstellung sind:

- die Beschränkung aufs Wesentliche,
- die Übersichtlichkeit,
- die Lesbarkeit der Schrift,
- die Eindeutigkeit der Aussage,
- die Stimmigkeit von Form und Inhalt,
- Farben und
- Symbole.

**Übung 1:**

1. *Finden Sie sich in Gruppen zusammen. Jede Gruppe erhält einen Umschlag mit Satzschnipseln, die zusammengesetzt einen Witz oder eine Redewendung ergeben. Zuerst setzt die Gruppe die erhaltenen Schnipsel zu einem Witz bzw. einer Redewendung zusammen.*
2. *Jede Gruppe überträgt dann den Witz bzw. die Redewendung mit dicken Stiften auf A4-Kartonpapier, wobei pro Karton nicht mehr als ein Wort aufgeschrieben werden soll. (Bei langen Wörtern darf zweizeilig geschrieben werden.)*
   *Die Kartonkarten werden an der Tafel oder an einer Metaplanwand befestigt und müssen vom Ende des Zimmers aus lesbar sein.*
3. *Beurteilen Sie im Plenum die Gestaltung, die Schriftgröße und Sauberkeit der einzelnen Gruppenergebnisse.*

**Übung 2:**

1. *Gestalten Sie nun in Ihrer Gruppe ein Plakat, mit dem Sie Ihrem Lehrer ein konstruktives Feedback geben, das ihn motiviert.*
2. *Erstellen Sie zuerst einen Entwurf Ihres Plakates und beherzigen Sie die Vorgaben zur Gestaltung eines Plakates. Wenden Sie Ihr Wissen zu Formen der Visualisierung an.*
3. *Bewerten Sie die einzelnen Plakate im Plenum.*

## DIE FOLIE

Bei Vorträgen bzw. Referaten sind Overhead-Folien nützlich. Sie sind schnell und einfach einzusetzen, erfordern keinen großen technischen Aufwand und können bei Bedarf während des Vortrages noch ergänzt werden (durch Unterstreichungen, Zeichnungen usw.).

Beim Einsatz von Folien sollten Sie Folgendes beachten:
- Ihre Folien sollen das, was Sie sagen, unterstützen, nicht ersetzen!
- Lesen Sie Ihren Zuhörern nicht vor, was auf der Folie steht – sie können selber lesen.
- Benutzen Sie stets Groß- und Kleinbuchstaben. Text, der ausschließlich aus Großbuchstaben besteht, ist sehr schwer zu lesen.
- Benutzen Sie nie mehr als zwei Farben; es muss deutlich werden, weshalb Sie diese Farben verwenden.
- Benutzen Sie nie mehr als zwei verschiedene Schriftarten.
- Lassen Sie genügend Raum zwischen Abschnitten, Diagrammen, Bildern usw.
- Achten Sie darauf, dass Sie die Lichtquelle des Overheadprojektors nicht verdecken.
- Wenden Sie sich nicht der Projektionsfläche für die Folie, sondern Ihrem Publikum zu, wenn Sie vortragen.
- Prüfen Sie vor Ihrem Vortrag, ob Ihre Folien auch für die Zuschauer in der letzten Reihe des Raumes lesbar sind.


5267132

## DIE POWERPOINT-PRÄSENTATION

Bei der Powerpoint-Präsentation sind Ihnen bei der Gestaltung der einzelnen Folien kaum Grenzen gesetzt, da die entsprechenden Präsentationsprogramme alle nur erdenklichen Visualisierungsbausteine bereitstellen. Denken Sie aber daran: Weniger ist oft mehr!

Im Übrigen gelten die Regeln für die Foliengestaltung. Außerdem sollten Sie folgende Punkte beachten:

- Verzichten Sie auf hereinrieselnde Buchstaben oder ähnliche Animationen, da dies Ihr Publikum nur verwirrt und vom Thema ablenkt.
- Beachten Sie die Hierarchie der Schriftgrößen bei der Gestaltung von Überschriften.
- Benutzen Sie keine Serifenschriften, sie sind aus der Ferne schwerer lesbar.
- Legen Sie keine Schatten hinter Buchstaben der Schrift, dies verschlechtert die Lesbarkeit!
- Wenn Sie einen farbigen Hintergrund wählen, bedenken Sie den Kontrast: Am besten lesbar ist Schwarz auf (Hell-)Gelb.
- Bei unseren Sehgewohnheiten gilt meist die Regel „Bild geht vor Text" – wenn also Ihr Publikum zuerst etwas lesen soll, muss die Schrift links stehen, weil wir von links nach rechts lesen.

# Visualisierung

Auf einen Blick

## Kompetenzen

Sie haben die Kompetenz erworben

**1.** zu visualisieren, d. h., Sie können Informationen verbildlichen. Dies hilft Ihnen

- beim Erfassen und Verstehen der Information,
- beim Einprägen bzw. Abrufen der Information, zum Beispiel wenn Sie etwas lernen wollen.

**2.** bei Präsentationen geeignete Medien für eine anlass- und adressatengerechte Form der Darstellung zu verwenden.

Vor allem bei Präsentationen sind Visualisierungen zur unterstützenden

Veranschaulichung des Gesagten sehr hilfreich. Die gängigsten Visualisierungsformen sind:

- Mindmaps,
- Listen/Tabellen,
- Diagramme,
- Strukturbilder,
- Plakate.

APR
MAI
JUN
JUL
AUG
170
160
150
140
130
120
110
100
%

# Schaubildanalyse

Sie lernen in den Kompetenzbereichen „Pragmatische Texte und Medienprodukte“ und „Schreiben“, ein Schaubild

- zu analysieren,
- zu interpretieren und
- als Informationsquelle zu nutzen.

## Die Bestandteile eines Schaubildes kennen und seine Konstruktion erfassen

Diagrammtypen unterscheiden

Thema, Quelle, Veröffentlichung und Zustandekommen des Schaubilds feststellen

Daten bzw. Angaben und Entwicklungen beschreiben

## Die Informationen für eine kritische Analyse interpretieren

Belegen die Informationen die Aussage?

Welcher Eindruck wird durch die Grafik erzeugt?

Was wird durch die Auswahl von Informationen fest- oder nahegelegt?

## Stellung nehmen

Aussagen des Schaubildes kritisch bewerten

Folgerungen ziehen und eine eigene Meinung begründen

# Worum geht es bei der Schaubildanalyse?

Ein Schaubild (auch Diagramm genannt) visualisiert Informationen, meist Zahlen und Werte, manchmal aber auch Abläufe, Prozesse oder Beziehungen in Kombination mit Text und Daten. Weder Schaubilder noch Tabellen können wie ein Text linear von oben nach unten gelesen werden, sondern die Informationsaufnahme ist in diesen Fällen an die Gestaltung gebunden oder wird von ihr zumindest beeinflusst.

In diesem Kapitel geht es darum, Schaubilder verschiedener Gestaltungsweise, aber auch Tabellen zu verstehen, ihre Aussagen zu erfassen, ihren Verwendungszweck zu erkennen, sie genau zu beschreiben und schließlich kritisch zu hinterfragen: Was lässt sich daraus wirklich folgern? Was wird vielleicht nur nahegelegt, ohne es zu belegen?

## WOFÜR IST EIN SCHAUBILD NÜTZLICH?

Mit einem Schaubild bzw. einer Tabelle kann man

- die Neugierde bzw. den Wissensdurst befriedigen,
- sich eine Meinung zu einem Thema bilden,
- die eigene Meinung stützen (belegen) oder
- sie überdenken,
- sich eine wichtige Information ins Gedächtnis einprägen,
- Informationen in einer Präsentation veranschaulichen ...

**Dia|gramm** das; -s, -e <über lat. diagramma aus gr. diágramma „Umriss, musikal. Schema" zu gr. diagráphein „mit Linien umziehen">:
1. zeichnerische Darstellung von Größenverhältnissen in anschaulicher, leicht überblickbarer Form.
2. schematische Darstellung von Blütengrundrissen (Bot.).

(...)

(DUDEN – Das große Fremdwörterbuch, 2007, S. 328)

(1) *Suchen Sie weitere Beispiele für Schaubilder im Internet, in Schulbüchern, in Zeitungen, Zeitschriften oder anderen Printmedien. Überlegen Sie jeweils, wozu Sie ein solches Schaubild verwenden können; ergänzen Sie die oben stehende Aufstellung auf einem Konzeptblatt.*

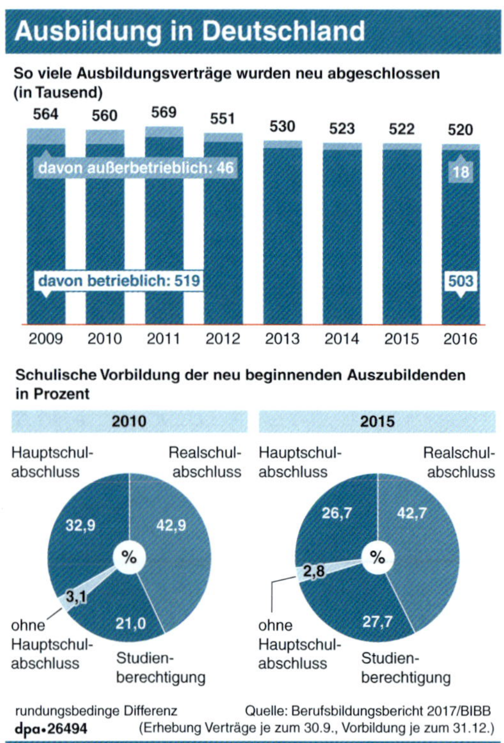


## WAS MUSS MAN FÜR EINE SCHAUBILDANALYSE WISSEN?

Bei der Arbeit mit Schaubildern und Tabellen benötigen Sie folgendes Wissen und dazugehörende Kompetenzen:

- Sie kennen die wichtigsten Diagrammtypen: Kreisdiagramm (auch Torten- oder Kuchendiagramm genannt), Kurvendiagramm, Balken- und Säulendiagramm, Flussdiagramm.

▸▸▸ *Siehe dazu das Kapitel „Visualisierung", S. 121 ff.*



5267136

- Sie **identifizieren** zunächst die verschiedenen **Elemente und Inhalte** von Schaubildern:
  - Sie finden eine Überschrift oder ordnen das Schaubild oder die Tabelle einem Thema zu.
  - Sie stellen fest, welcher Typ von Diagramm vorliegt.
  - Sie lesen die Quellenangabe und/oder die Legende, also die Zeichenerklärung bzw. die Erläuterungen am Rand, und entnehmen Angaben zu folgenden Fragen:
    Wer hat das Schaubild (oder die Tabelle) erstellt bzw. bei wem liegt das Copyright?
    Wird ein Medium und ein Datum wird für die Veröffentlichung genannt?
    Was wird über die Quelle der Daten bzw. der dargestellten Informationen ausgesagt?
    Was erfährt man darüber, wie die Angaben zustande gekommen sind? (Was wurde gezählt, gemessen oder ausgewertet? Wer und wie viele wurden wann von wem befragt?)
    Wie sind die Zahlen angegeben? (Absolute Werte? Angaben in Prozent? Angaben als „Index", also als eine Prozentzahl, die sich auf einen bestimmten Vergleichswert, der auf 100 Prozent gesetzt wurde, bezieht?)
  - Gibt es illustrierendes Bildmaterial oder zusätzliche erläuternde Textinformationen?

- Sie erkennen die **Bedeutung** dieser Elemente und **interpretieren** sie.

- Sie kennen den **Aufbau** des Aufsatzes „Schaubildinterpretation":
  - Sie beginnen mit einem Überblick über Diagrammtyp, Thema und Informationen aus der Quelle/Legende zur Herkunft/Entstehung des Schaubildes in einer sinnvollen Reihenfolge.
  - Dann beschreiben und interpretieren Sie zuerst die wichtigsten Daten, anschließend noch weitere nennenswerte oder auffällige Angaben bzw. Entwicklungen.
  - Zuletzt nehmen Sie – je nach Aufgabe – Stellung, indem Sie beispielweise Schlüsse ziehen, die ihnen naheliegend erscheinen.

- Sie können auf einige **Standardformulierungen** zurückgreifen, wie zum Beispiel:
  - zum Schaubildtyp und zum Thema: „Gezeigt wird ein Tortendiagramm zur ..." „In dieser Tabelle geht es um ..." „Das Flussdiagramm veranschaulicht den Ablauf ..."
  - zur Quellenangabe und zur Legende: „Als Quelle ist ... angegeben." „Das Schaubild/die Tabelle wurde von ... erstellt." „Das Copyright liegt bei ..." „Veröffentlicht wurde das Schaubild im Jahr ..." „Das Schaubild ist im Jahr ... in der Zeitschrift ... erschienen."
    „Als Quelle der Daten ist ... angegeben." „... beruht auf einer Umfrage durch das ...-Institut." „Befragt wurden ..." „Die Daten wurden erfasst in einer Befragung von ..."
    „Die absoluten Zahlen geben ... an." „Das Diagramm enthält Prozentzahlen zu ..." „Das Schaubild zeigt in Prozentangaben ..."
  - Sie beschreiben ergänzendes oder illustrierendes Material:
    „Das Diagramm wurde in eine Illustration gestellt, die ... zeigt." „Im Zentrum des Schaubildes steht ein Foto des ..." „Unter dem Diagramm wird in drei Zeilen erläutert, dass ..."
  - In Ihrer Stellungnahme formulieren Sie zum Beispiel:
    „Aus den Angaben folgt ..." „Ich meine, dass das Balkendiagramm nahelegt, wie umfangreich ..." „Die Daten machen, wie ich meine, deutlich, wie oft Jugendliche ..." „Aus dem Schaubild geht hervor, dass entgegen der häufig behaupteten Annahme ..."

# Übungsbeispiele: argumentieren und sich informieren

## THEMA: FREIZEIT UND MEDIEN

Der Medienpädagogische Forschungsverbund Südwest (MPFS) untersucht seit 1998 bei 12- bis 19-Jährigen den Umgang mit Medien und Information. Die Forschungsergebnisse werden jährlich u.a. in der JIM-Studie veröffentlicht. „JIM" steht für „Jugend, Information, (Multi-)Media".

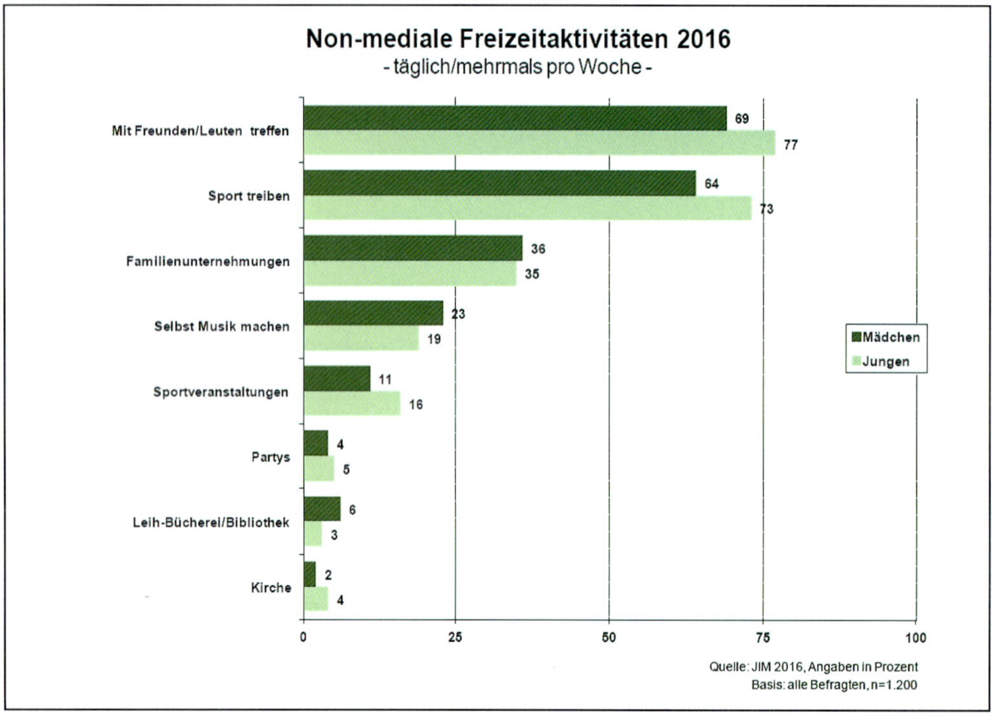


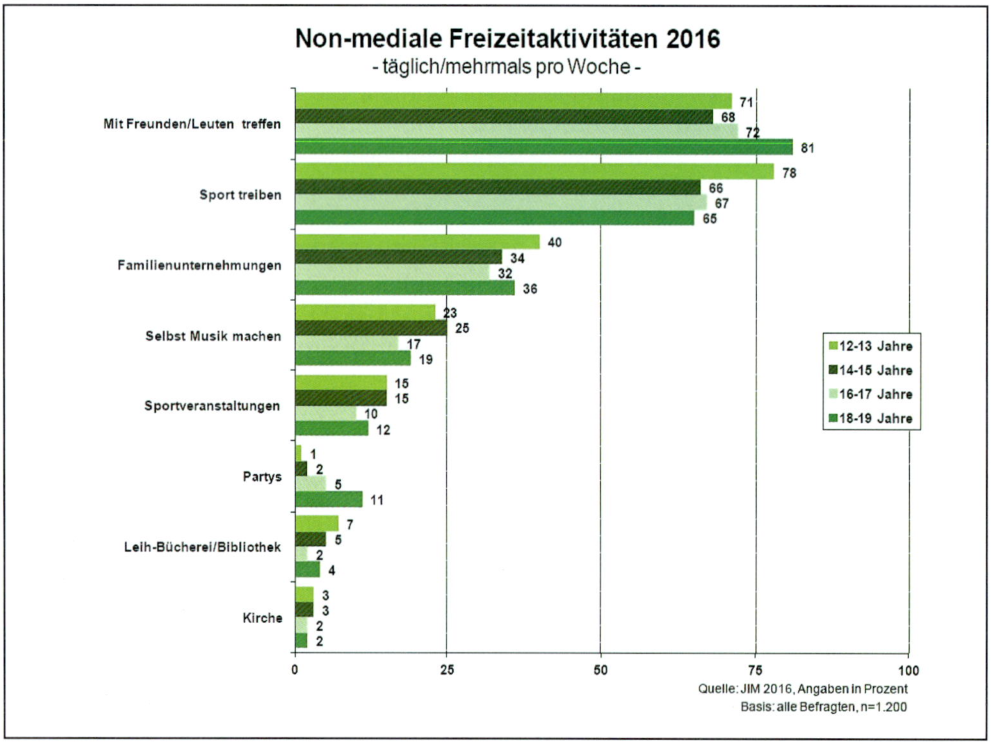


1 *Beschreiben und interpretieren Sie die beiden Schaubilder (Balkendiagramme).*

2 *Gliedern Sie den folgenden Beispielaufsatz, indem Sie auf ein Blatt Zwischenüberschriften schreiben und sie mit dem auf der letzten Seite genannten Aufbau eines Aufsatzes vergleichen.*



5267138

**Beispielaufsatz**

Die Balkendiagramme aus der „JIM-Studie 2016", deren Daten aus einer Befragung von 1200 Jugendlichen zwischen 12 und 19 Jahren gewonnen wurden, veranschaulichen die wichtigsten Arten von nicht-medialen Freizeitbeschäftigungen dieser Altersgruppe. Der medienpädagogische Forschungsverbund Südwest wertete die Ergebnisse seiner Befragung mit zwei Diagrammen unter verschiedenen Fragestellungen aus: Wie unterscheiden sich Mädchen und Jungen? Wie unterscheiden sich die verschiedenen Altersgruppen?

Das erste Schaubild zeigt, dass beiden Geschlechtern ein Treffen mit Freunden sehr wichtig ist (Mädchen: 69 %; Jungen: 77 %). Als zweithäufigste Freizeitbeschäftigung treiben sieben von zehn Jugendlichen Sport; Jungen mit 73 % etwas häufiger als Mädchen mit 64 %. Dementsprechend wird von Jungen der Besuch von Sportveranstaltungen öfter genannt, von Mädchen das Musikmachen – in beiden Fällen jedoch auf ziemlich niedrigem Niveau (16 % bzw. 23 %). Jeder dritte Jugendliche unternimmt regelmäßig etwas mit der Familie, das sind 35 % der Jungs und 36 % der Mädchen. Eine kleine Anmerkung verdient noch die Feststellung, dass nur bei 4 % der Mädchen bzw. 5 % der Jungen Partys eine wichtige Rolle spielen; in etwa so wie der Gang in die Kirche (Mädchen: 2 %; Jungen: 4 %) oder die Bibliothek (Mädchen: 6 %; Jungen: 3 %).
Das zweite Schaubild zeigt insgesamt ein ähnliches Bild, was die Beliebtheit der Freizeitaktivitäten angeht. Hier ist aber ersichtlich, dass Freunde treffen und auf Party gehen bei den älteren Jugendlichen (16 bis 19 Jahre) immer wichtiger wird, wohingegen die Jüngeren (12 bis 15 Jahre) in ihrer Freizeit eher Sport treiben, etwas mit der Familie unternehmen oder selbst Musik machen.

Bei beiden Befragungen ist deutlich, dass der Freundeskreis die größte Rolle spielt und eine nur wenig geringere der Sport. Ob auch das Nichtstun zum Sport gezählt werden muss? Dazu ist im Vergleich der Jahre keine Angabe zu finden.

**3** *Beschreiben und interpretieren Sie das Bild mit den Balkendiagrammen rechts.*

**4** *Stellen Sie fest, welche Medien von Jugendlichen nur selten genutzt werden, und überlegen Sie, warum das so sein könnte.*

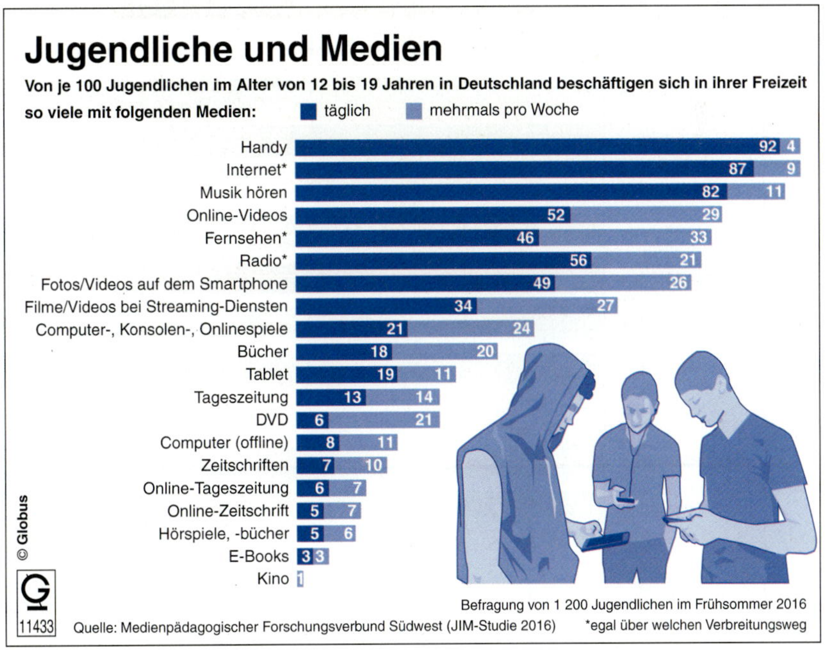


**5** *Beschreiben und interpretieren Sie das Diagramm.*

**6** *Machen Sie selbst eine Umfrage in der Klasse zu folgender Frage und machen Sie jeweils ein Ranking.*

> Welche Medien erscheinen Ihnen am glaubwürdigsten:
> Internet oder Fernsehen oder Radio oder Tageszeitung?

Beachten Sie folgende Angaben zum Internet. Vergleichen Sie die Informationen mit Ihrem eigenen Standpunkt, und diskutieren Sie das Ergebnis!

Diejenigen Jugendlichen, die bei widersprüchlicher Berichterstattung auf das Internet setzen würden (n = 176), wurden in einem zweiten Schritt gefragt, welcher Internetseite bzw. welchem Anbieter sie genau Vertrauen schenken würden (maximal drei Nennungen waren möglich). Bei den Antworten auf diese Frage steht Spiegel Online mit 20 % an erster Stelle, auf dem zweiten Platz folgt Google mit 13 % der Nennungen, Platz drei belegt Facebook mit 11 %. Das Onlineportal der Wochenzeitung Zeit wird von 10 % genannt, während jeweils 8 % YouTube und Wikipedia anführen. Auf den weiteren Rängen folgen Bild.de (6 %), Welt.de (5 %), Twitter (4 %), ARD.de/Tagesschau.de (4 %) und ntv.de (4 %). Insgesamt finden sich unter den Nennungen also sowohl Global Player wie Google und Facebook als auch die Web-Auftritte von nationalen Print-Zeitungen und Magazinen. 19 % können auf die Frage nach den genauen Internetseiten oder -anbietern, denen sie vertrauen würden, keine Antwort geben.

(Medienpädagogischer Forschungsverbund Südwest (mpfs), 2016, S. 14)

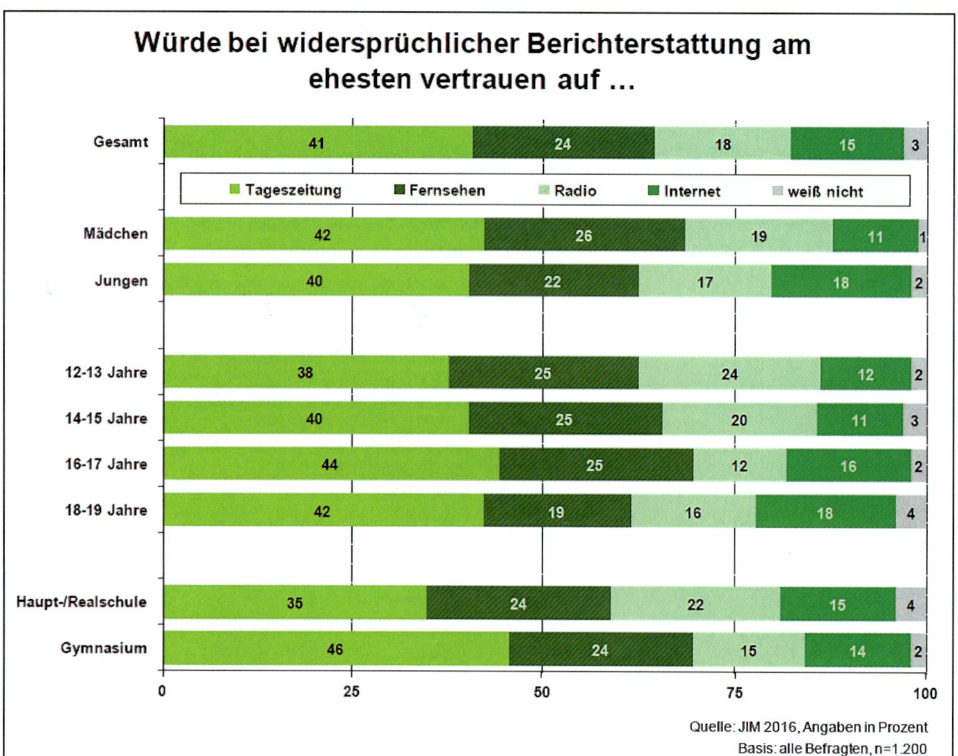




5267140

## THEMA: DIE DEUTSCHE EINHEIT

Die Geschichte der Wiedervereinigung Deutschlands bekam mit dem Mauerfall 1989 eine entscheidende „Wende". Die folgende Informationsgrafik wirft die Frage auf, was aus den Achtzigerjahren des letzten Jahrhunderts noch bekannt ist bzw. woran aus dieser Zeit es sich zu erinnern lohnt.

1. *Diskutieren Sie diese Frage: Was sollte Ihrer Ansicht nach auf keinen Fall vergessen werden?*

Zur Frage der Entwicklung der deutschen Einheit nach dem sog. Kalten Krieg lassen sich aus Schaubildern Informationen entnehmen, die zu einer Erklärung dieses Prozesses beitragen können.

2. *Analysieren Sie die folgenden Schaubilder und Tabellen (arbeitsteilig in Kleingruppen).*
3. *Ziehen Sie in Verbindung mit dem, was Sie über den Prozess der Wiedervereinigung wissen, Folgerungen aus den Informationen.*
4. *Stellen Sie die Ergebnisse in der Klasse vor und diskutieren Sie darüber, was Ost- und Westdeutschland noch immer trennt und wie das geändert werden könnte.*

**Gruppe A:**

IAB: Institut für Arbeitsmarkt- und Berufsforschung der Bundesagentur für Arbeit (BA), Nürnberg

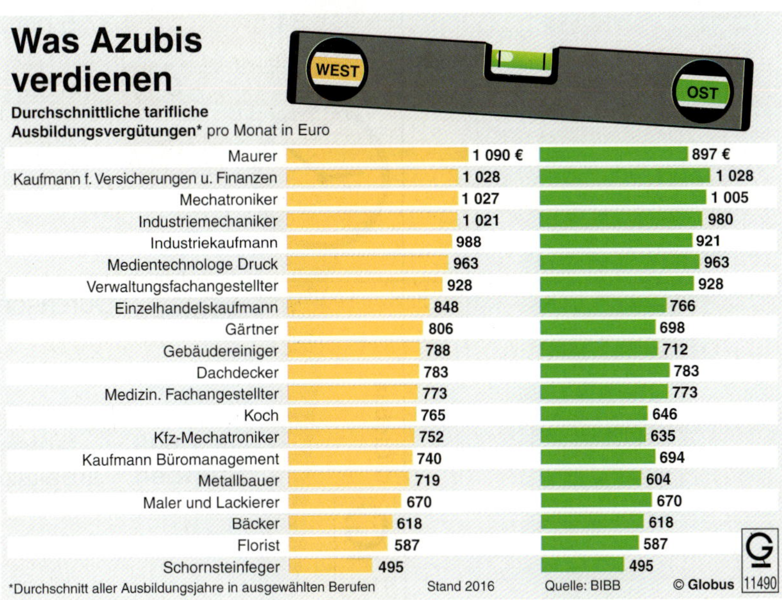


5267141

**Gruppe B:**

BMVBW:
Bundesministerium für Verkehr, Bau- und Wohnungswesen
IWH:
Institut für Wirtschaftsforschung Halle

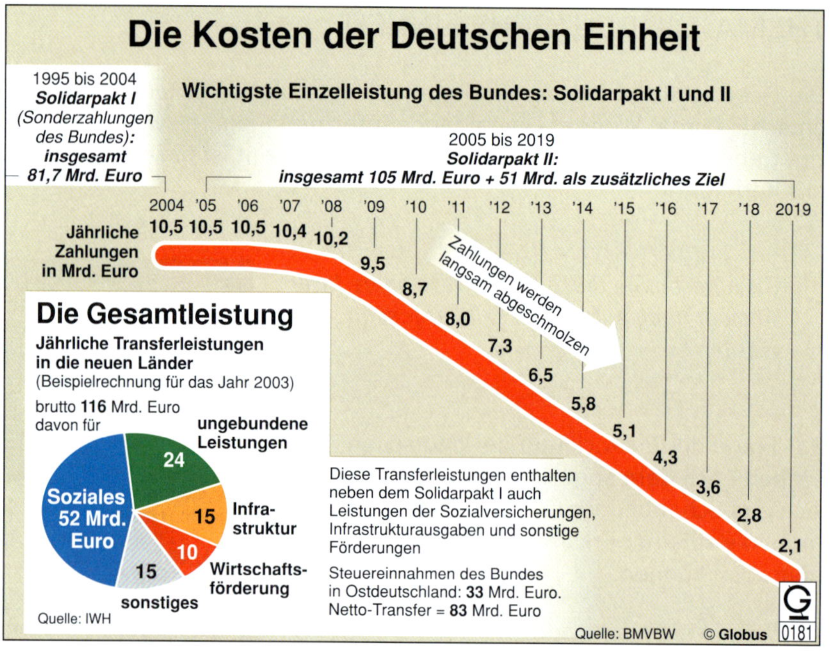


**Gruppe C:**

WSI: Wirtschafts- und Sozialwissenschaftliches Institut der (gewerkschaftsnahen) Hans-Böckler-Stiftung

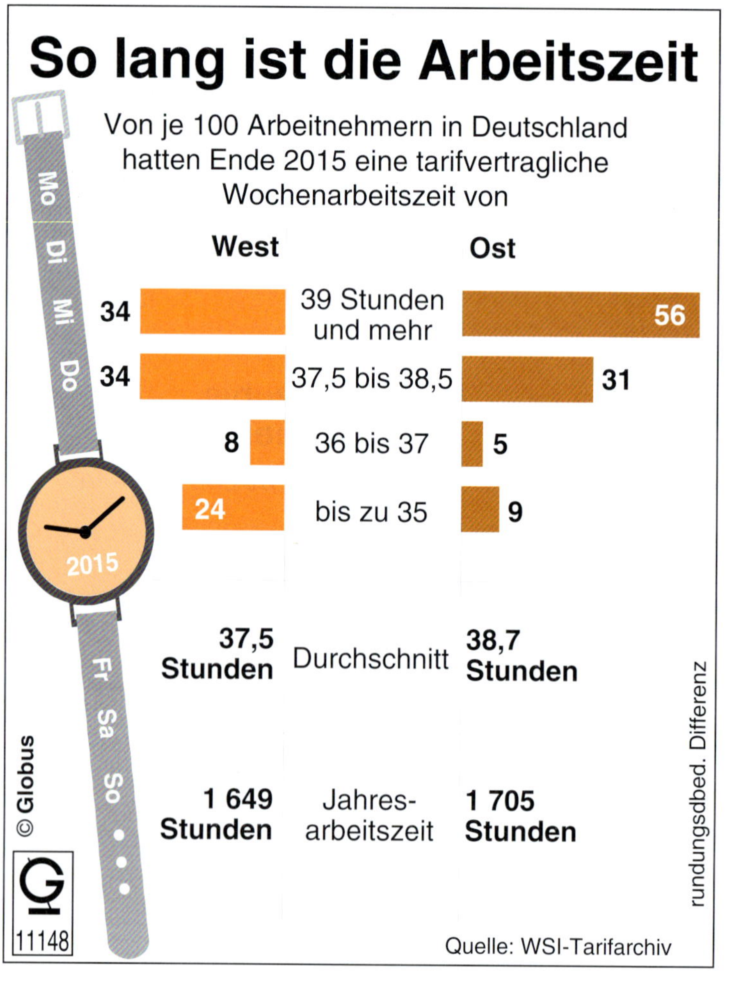




5267142

## Gruppe D:

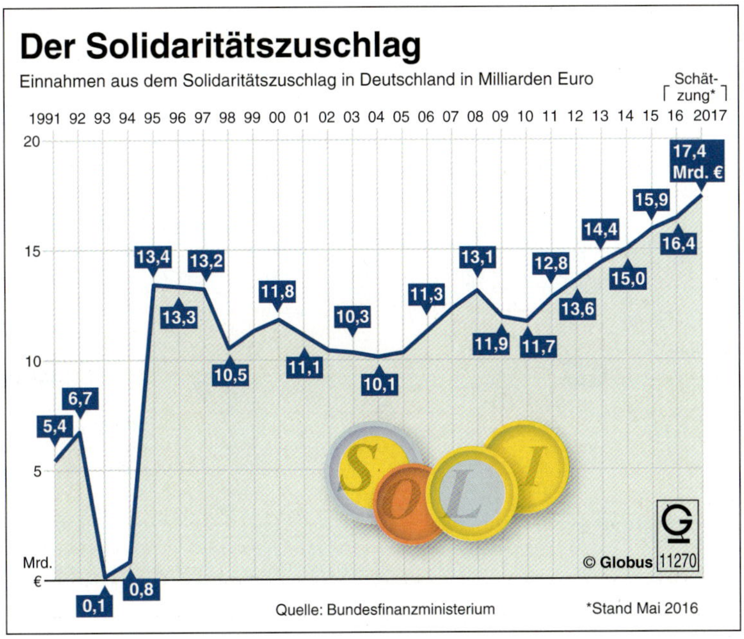


BMF: Bundesministerium der Finanzen

Recherchieren Sie zum „Soli“: Was ist das? Wer zahlt ihn? Wofür wird er verwendet?

## Gruppe E:

Das Statistische Bundesamt Deutschland gehört als selbstständige Bundesoberbehörde zum Geschäftsbereich des Bundesministeriums des Innern.

In gedruckter Form oder im Internet (www.destatis.de) veröffentlicht es eine Vielzahl statistischer Informationen. Eine interessante Datenquelle sind auch die Statistischen Landesämter.

## Gruppe F:

IW: Institut der deutschen Wirtschaft Köln

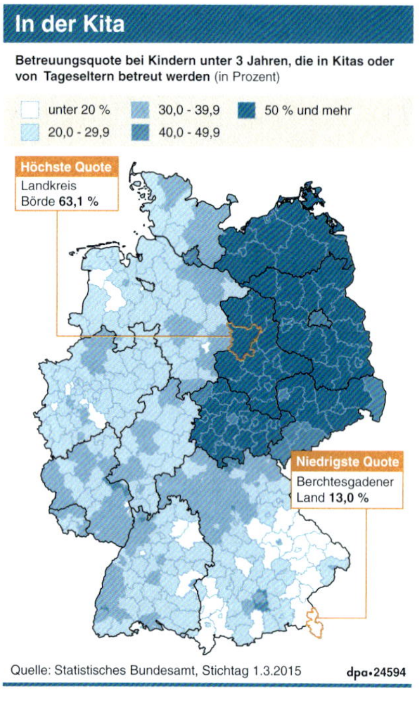


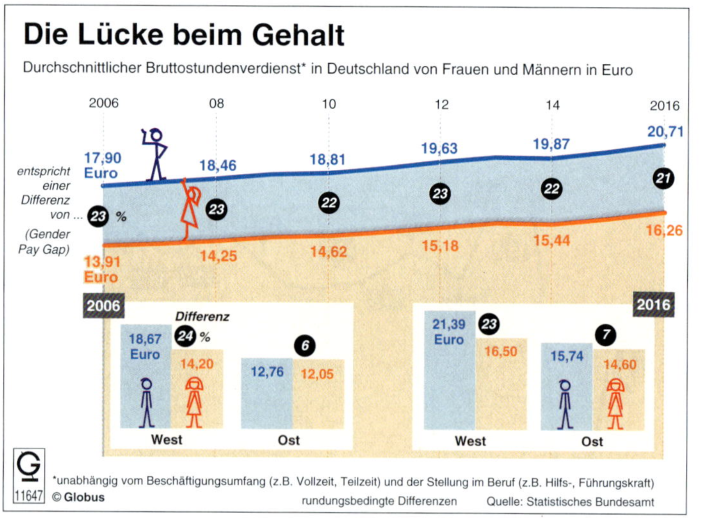


## Gruppe G:

**Ergebnisse der Volkswirtschaftlichen Gesamtrechnung im Ost-West-Vergleich**

| | | Westdeutschland | | Neue Länder | | Anteil neue Länder an Deutschland insgesamt in % | |
|---|---|---|---|---|---|---|---|
| | | 1991 | 2015 | 1991 | 2015 | 1991 | 2015 |
| Wohnbevölkerung | Tsd. | 61 913 | 65 467 | 14 625 | 12 507 | 18,3 | 15,3 |
| Erwerbstätige (Inland) | Tsd. | 30 300 | 35 307 | 6 787 | 5 878 | 17,5 | 13,7 |
| Arbeitnehmer (Inland) | Tsd. | 27 210 | 31 849 | 6 439 | 5 265 | 18,3 | 13,6 |
| Arbeitslose | Tsd. | 1 596 | 2 021 | 1 006 | 774 | 38,6 | 27,7 |
| Bruttoinlandsprodukt (BIP) *(in jeweiligen Preisen)* | Mrd. € | 1 404,6 | 2 570,9 | 107,4 | 330,8 | 6,8 | 10,9 |
| BIP je Einwohner *(in jeweiligen Preisen)* | € | 22 687 | 39 270 | 7 342 | 26 453 | 37,2 | 71,3 |
| BIP je Erwerbstätigen *(in jeweiligen Preisen)* | € | 46 356 | 72 814 | 15 821 | 56 284 | 38,8 | 80,0 |
| Arbeitnehmerentgelt | Mrd. € | 731,8 | 1 305,6 | 84,8 | 170,3 | 9,9 | 11,1 |
| Arbeitnehmerentgelt je Arbeitnehmer | € | 26 895 | 40 994 | 13 164 | 32 340 | – | – |
| Bruttolöhne und Gehälter je Arbeitnehmer | € | 21 980 | 33 469 | 11 086 | 26 827 | – | – |

(Bundesministerium für Wirtschaft und Energie (BMWi): Jahresbericht der Bundesregierung zum Stand der Deutschen Einheit 2016, Berlin/München, September 2016, S. 98)

| Durchschnittliches Haushaltsnettoeinkommen pro Monat in € | | | |
|---|---|---|---|
| | **Deutschland gesamt** | **Früheres Bundesgebiet** | **Neue Länder** |
| 2000 | 2 538,00 € | 2 714,00 € | 2 024,00 € |
| 2005 | 2 766,00 € | 2 893,00 € | 2 220,00 € |
| 2010 | 2 922,00 € | 3 075,00 € | 2 368,00 € |
| 2015 | 3 218,00 € | 3 382,00 € | 2 606,00 € |

(© Statistisches Bundesamt (Destatis), 2017)

1 *Welche Informationen zur sozialen Lage in Ost und West lassen sich den beiden Tabellen entnehmen?*

## THEMA: JUGENDKRIMINALITÄT

1 *Untersuchen Sie das folgende Schaubild genau.*

2 *Beschreiben Sie die Entwicklung von 1990 bis 2006. Welchen Eindruck erweckt die Kurve?*

3 *Beantworten Sie (pro Altersgruppe/Delikt) folgende Fragen in jeweils einem Satz:*

*a) Welche zwei Delikte sind die 2006 am meisten begangenen in der jeweiligen Altersgruppe?*
*b) Welche Altersgruppe ist bei welchem Delikt führend?*
*c) Welche Folgerung über die Altersgruppe der Jugendlichen legt das Schaubild nahe?*

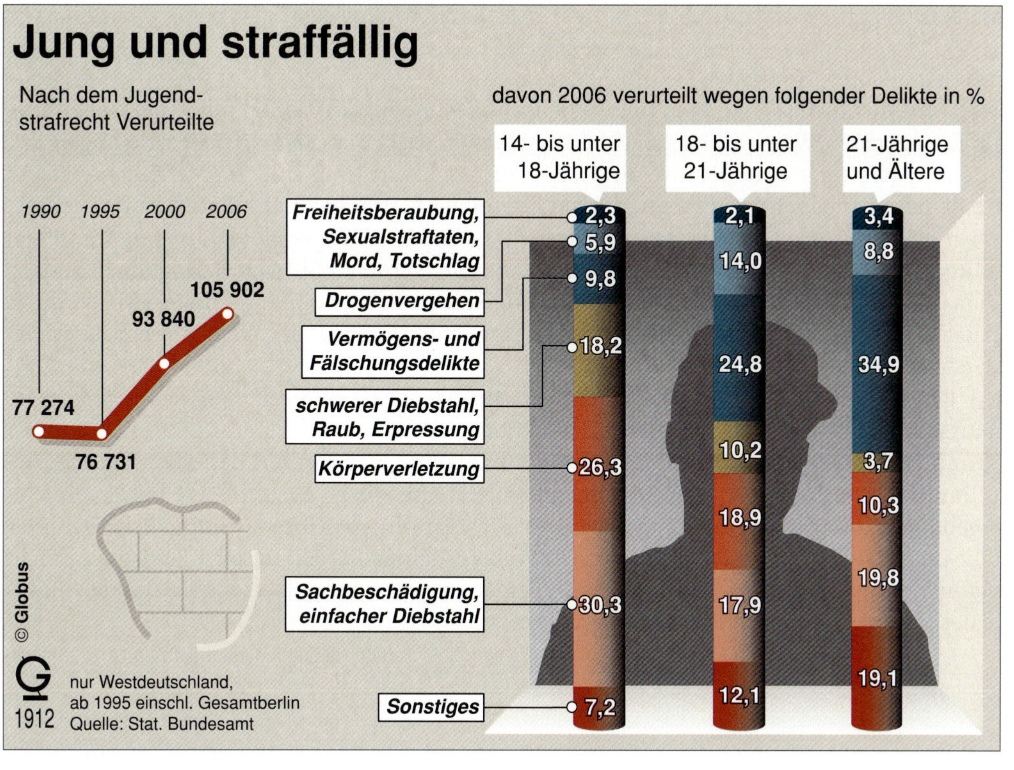

4 *Überlegen Sie zuerst in Einzelarbeit, was Gesetzgebung und Strafjustiz daraus folgern könnten (Stellungnahme). Vergleichen Sie Ihre Aussagen in Partnerarbeit und wählen Sie die beiden wichtigsten Gedanken aus. Diskutieren Sie in einer Kleingruppe (vier oder sechs Mitglieder) Ihre Standpunkte und stellen Sie Gemeinsamkeiten und Unterschiede in der Klasse vor.*

5 *Lesen Sie nun den folgenden Text aus dem „Handbuch Jugendkriminalität", schreiben Sie stichwortartig die wichtigsten Informationen heraus und diskutieren Sie im Plenum, welche der in der Klasse vorgestellten Argumente durch den Text infrage gestellt werden.*

Heribert Ostendorf[1]

## Strafverschärfungen im Umgang mit Jugendkriminalität

„[...] *Erste Fehlannahme: Steigende Jugendkriminalität*
In der Tat hatten wir nach der Polizeilichen Kriminalstatistik seit den 90er Jahren einen deutlichen Anstieg in der Jugendkriminalität. [...] Hierbei wissen wir aus kriminologischen Untersuchungen, dass heute mehr angezeigt wird als früher, dass das Dunkelfeld der Kriminalität verkleinert wird. [...]

Jugend hat nach den aktuellen Befragungen in der Shell-Jugendstudie sowie der Jugendstudie der deutschen Banken einen ausgesprochenen Leistungswillen, geht zielorientiert in Ausbildung und Beruf, wenn sie denn eine Ausbildungs-, eine Arbeitsstelle findet. Wir haben eine zweigeteilte Jugend. Der größere Teil findet Anschluss an die Gesellschaft, ein kleinerer Teil gehört schon nicht mehr zu dieser Gesellschaft, dieser Teil steht von vornherein auf der Verliererseite, ist ausgegrenzt von unserem Wohlstand, von jeglicher Fortkommensperspektive. Und das spüren die Betroffenen. ‚Scheiße bauen' wird dann zu einem kompensatorischen Erfolgserlebnis, ist cool. [...]

*Zweite Fehlannahme: Mehr Härte = mehr Effizienz*
[...] Es ist offensichtlich schwieriger, mit freiheitsentziehenden Sanktionen junge Menschen wieder auf den ‚geraden Weg' zu bringen. In den Anstalten passt man sich an oder wird angepasst. Wenn eine Änderung, eine positive Änderung in der Einstellung und im Verhalten erreicht wird, hält diese bei neuen Konfliktsituationen in Freiheit häufig nicht an. Erst recht ist es trügerisch, auf einen Abschreckungseffekt zu setzen. Das funktioniert gerade bei jungen Menschen in der Regel nicht. Alle glauben, dass sie nicht erwischt werden. [...] Nach Befragungen verliert mit dem Erleben des Arrestes der Freiheitsentzug seinen Schrecken. [...] Umgekehrt wird der Entsozialisierungsprozess verstärkt, weil in den Augen der Umwelt der Arrestant ein Krimineller ist, der schon ‚gesessen' hat.

[...] Rückfalluntersuchungen haben für sozialpädagogische Sanktionen deutlich bessere Ergebnisse gebracht als für die repressiven Sanktionen. [...]

Kriminologie betreibt Entwarnung, die Kriminalpolitik, die Medien betreiben Dramatisierung. Das Hauptproblem der heutigen Jugendstrafrechtspraxis ist das fehlende bzw. mangelnde Angebot für ambulante Sanktionen sowie für Alternativen zur Untersuchungshaft. Dahinter steht die ungelöste Kostenfrage. Wir haben ein Vollzugsdefizit. Für ein härteres Jugendstrafrecht besteht nicht nur kein Bedarf, es wäre kriminologisch unvernünftig, ja kontraproduktiv, um im Sinne des § 2 Abs. 1 JGG Straftaten zu verhindern."

(Ostendorf, in: Handbuch Jugendkriminalität, 2010, S. 101–104)

1 Prof. Dr. Heribert Ostendorf ist Leiter der Forschungsstelle für Jugendstrafrecht und Kriminalprävention an der Universität Kiel und einer der bekanntesten Experten auf diesem Gebiet.



5267146

**6** *Vergleichen Sie die folgende Grafik zur Jugendkriminalität mit der Grafik auf S. 145 und beschreiben Sie die Veränderungen seit 2007 bis ins Jahr 2015.*

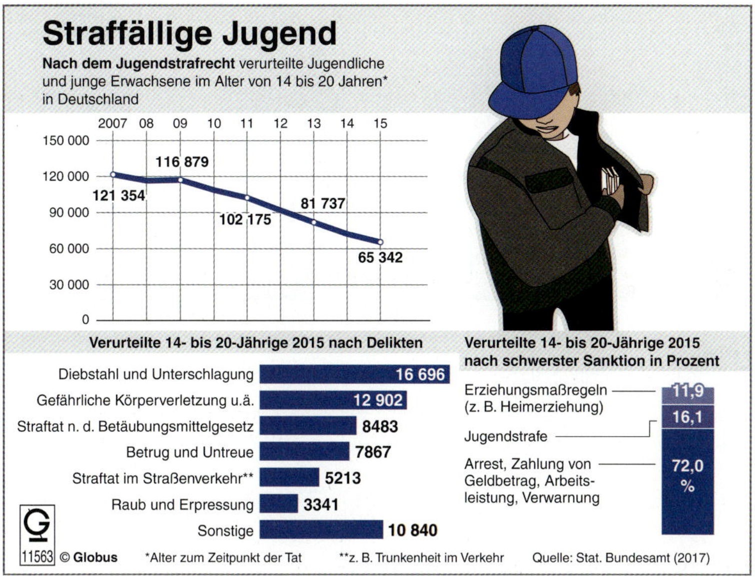


**7** *Betrachten Sie die Sanktionen, die Jugendliche im Jahr 2015 laut Grafik erhalten haben. Inwieweit spiegeln sich die Untersuchungsergebnisse des „Handbuchs Jugendkriminalität" (siehe S. 146) in den Zahlen wider?*

## THEMA: ZUKUNFTSPLANUNG UND DEMOGRAFISCHE ENTWICKLUNG

**1** *Beschreiben Sie das Schaubild und nehmen Sie Stellung: Was folgern Sie daraus für die Planung Ihrer Aus- und Weiterbildung bzw. für Ihre Berufswünsche?*

**2** *Überlegen Sie in Kleingruppen, was diese Angaben für Sie bedeuten könnten, und diskutieren Sie: Ist es besser, einen möglichst hohen Bildungsabschluss zu haben oder möglichst frühzeitig eine qualifizierte Berufsausbildung zu beenden?*

**3** *a) Beschreiben Sie die die beiden Schaubilder auf Seite 148 und ordnen Sie sich selbst zu.*
*b) Überlegen Sie, für wie viele Menschen im voraussichtlichen Rentenalter (ab 65/70 Jahren) Sie mit Ihrer Generation im Laufe Ihrer Berufstätigkeit zuständig sein werden; wie viele Menschen könnten für Ihre eigene Rente aufkommen müssen.*
*c) Diskutieren Sie mit Ihren Mitschülerinnen und Mitschülern, was Sie für Ihre eigene Lebens- und Familienplanung daraus folgern wollen.*

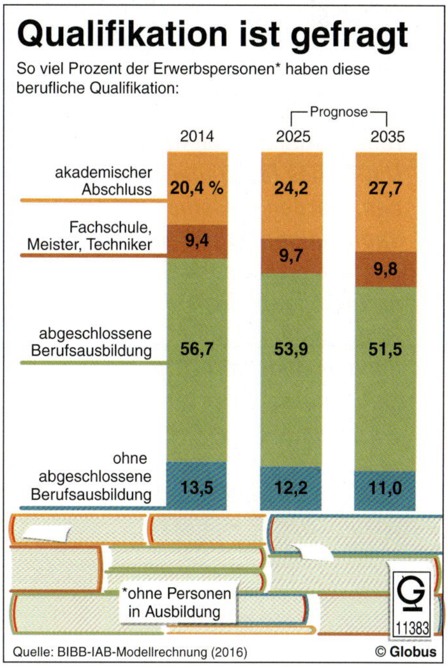

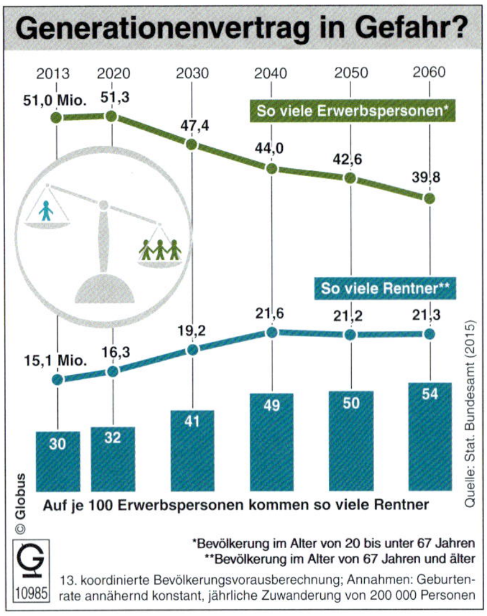


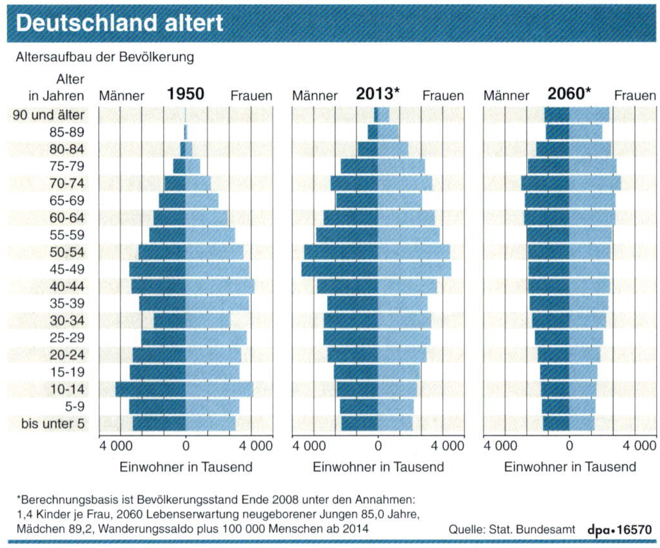


## THEMA: SEXUALVERHALTEN JUNGER MENSCHEN

1. *Suchen Sie im Internet ein passendes Schaubild zu der Karikatur über das Sexualverhalten Jugendlicher.*

2. *Die folgenden beiden Balkendiagramme stammen aus der repräsentativen Wiederholungsbefragung von Jugendlichen und jungen Erwachsenen, die im Auftrag der Bundeszentrale für gesundheitliche Aufklärung regelmäßig durchgeführt wird. Um Trends feststellen zu können, werden dieselben Fragen nach einigen Jahren wieder gestellt. Vergleichen Sie das erste Schaubild aus dem Jahr 2005 mit dem zweiten Schaubild aus dem Jahr 2015. Lässt sich innerhalb von 10 Jahren ein Trend feststellen?*

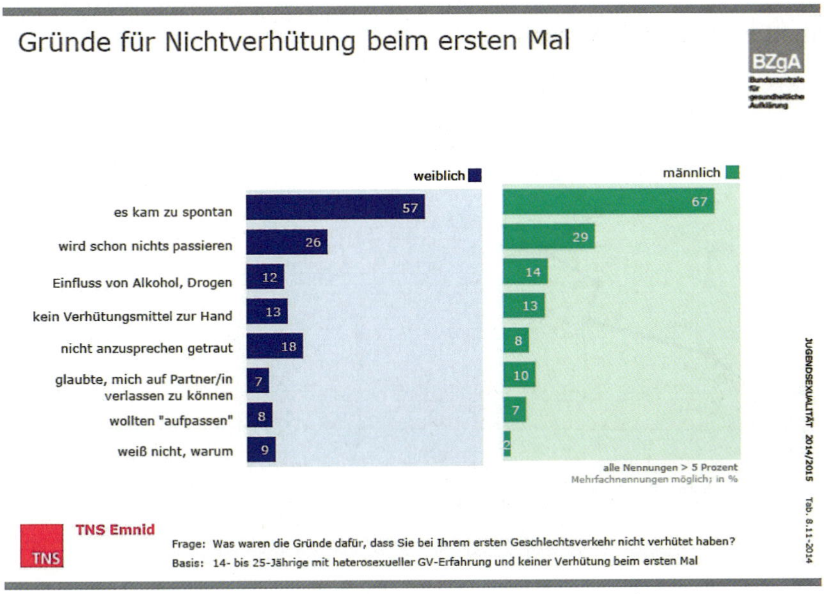


(Bode/Heßling: Jugendsexualität 2015, S. 106)

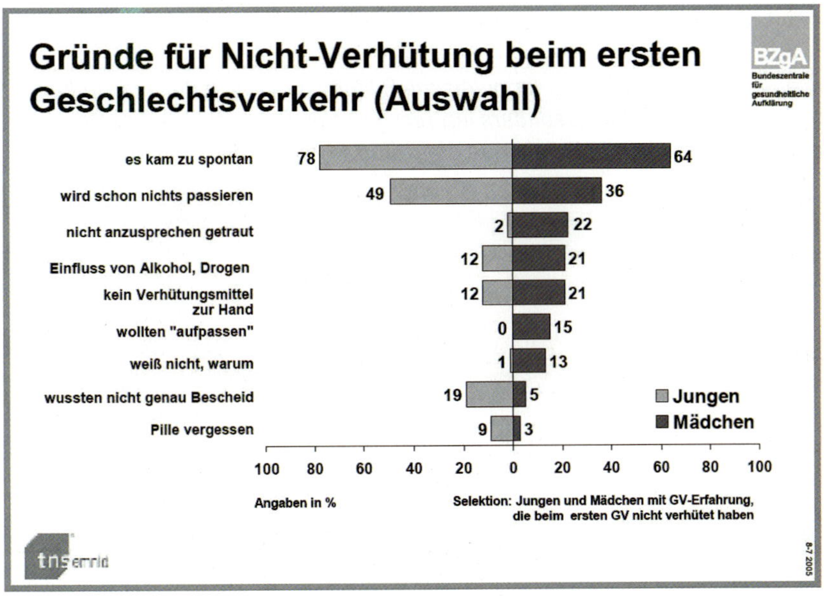


(Bode/Heßling: Jugendsexualität 2015, S. 163)

**3** *Beschreiben Sie die Balkendiagramme und erläutern Sie die genannten Gründe der befragten Jugendlichen. Ziehen Sie daraus Folgerungen zur Sexualaufklärung in Elternhaus und Schule.*

**4** *Beschreiben Sie das folgende Schaubild und überlegen Sie, was die Bundeszentrale für gesundheitliche Aufklärung mit der Veröffentlichung dieses Diagramms beabsichtigt haben könnte.*

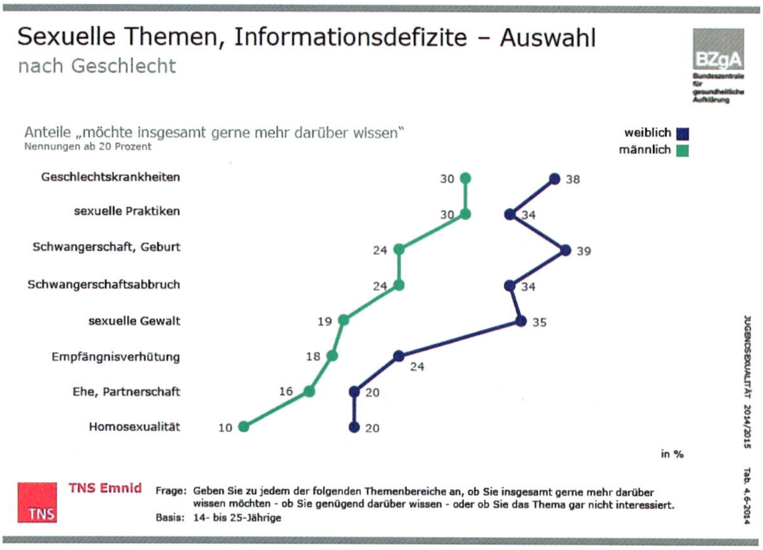


(Bode/Heßling: Jugendsexualität 2015, S. 70)

## THEMA: AKTUELLE POLITIK

Auf den Internetseiten der Bundeszentrale für politische Bildung sind viele umfangreiche Schaubilder zu aktuellen politischen Themen zu finden, zum Teil auch in animierter oder interaktiver Form, sodass man seinen Informationsbedarf selbst organisieren kann.

(1) *Besuchen Sie die Homepage der Bundeszentrale für politische Bildung (www.bpb.de) und suchen Sie im Bereich „Wissen" ein Thema, das Sie besonders interessiert; zum Beispiel eine aktuelle Umfrage zum Wahlverhalten (interaktiv) oder die Ergebnisse einer Bundestags- oder Landtagswahl oder Zahlen und Fakten zum Umweltschutz ...*

Auf einen Blick

# Schaubildanalyse

## Kompetenzen

Sie haben die Kompetenz erworben, ein Schaubild zu analysieren, zu interpretieren, als Informationsquelle zu nutzen und eine Schaubildanalyse zu schreiben:

- Sie wissen, was ein Schaubild (Diagramm) ist und wozu es dienen kann.
- Sie kennen die Bestandteile eines Schaubildes.
- Sie wissen, was eine Legende ist, und finden in einem Schaubild oder bei einer Tabelle die Bestandteile der Legende.
- Sie können ein Schaubild beschreiben, analysieren und interpretieren.
- Sie können über die Interpretation eines Schaubildes diskutieren.
- Sie wissen, dass ein Schaubild kritisch hinterfragt werden kann.
- Sie kennen den Aufbau eines Aufsatzes zur Schaubildanalyse.
- Sie können einen Aufsatz zur Schaubildanalyse verfassen.



5267150

## Was Sie beim Schreiben beachten sollten:

- Zunächst stellen Sie fest, wie das Schaubild konstruiert ist (stichwortartig sammeln):

  - Thema und Art des Diagramms
  - Was geben die Zahlen oder Maße an?
    (Prozente, Menge, Größe in absoluten Zahlen, ...)
  - Was ist die Grundlage der „Fakten"?
    (Befragung: Wer, wie viele? Statistische Erhebung? Erfasste Personen- oder Altersgruppen? Welche Jahreszahlen sind jeweils angegeben? Auf welchen Zeitraum bezieht sich zum Beispiel eine Entwicklung? ...)
  - Welche Quelle wird genannt? Wo ist das Schaubild veröffentlicht?

- Für eine kritische Analyse und Interpretation können Sie zum Beispiel folgende Fragen an das Schaubild stellen:

  - Was wird nicht angegeben? (Welche Daten wurden ausgewählt? Welche nicht?)
  - Welcher Gesamteindruck wird nahegelegt?
  - Welche Konsequenzen ergeben sich aus der Darstellung?
  - Welche Folgerungen ziehen Sie für Ihren eigenen Standpunkt?

- Für die Textfassung erstellen Sie einen Schreibplan:

  - Einleitung:
    Thema, Art des Diagramms, Quelle der Daten, Orts- und Zeitangabe der Veröffentlichung

  - Hauptteil:
    Gesamteindruck, detaillierte Beschreibung der wichtigsten (offensichtlichen) Daten, zusammenfassende Erwähnung von weniger auffälligen Wahrnehmungen, ergänzende Bemerkungen, zum Beispiel zu fehlenden Angaben

  - Stellungnahme:
    Was zeigt das Schaubild (evtl. unterschiedliche Aussagen)? Welche Erkenntnisse erscheinen Ihnen besonders wichtig? Was folgern Sie daraus? Begründen Sie abschließend Ihr eigenes Urteil, evtl. fügen Sie auch eine kritische Bewertung des Schaubilds an.

- Formulieren Sie die Schaubildanalyse.

- Kontrollieren Sie noch einmal Ihre Behauptungen und überarbeiten Sie den Aufsatz inhaltlich und sprachlich (gegebenenfalls können Sie dabei eine geeignete Rechtschreibhilfe verwenden).

WANN?
WAS?
WER?
WO?
WIE?
SHORT STORY

# Inhaltsangabe literarischer Prosatexte

Zwischen Inhaltswiedergabe und Nacherzählung unterscheiden

Sie lernen in den Kompetenzbereichen „Schreiben“ und „Literarische Texte und Medienprodukte“, Prosatexte und Filme über Lesestrategien

- zu erschließen,
- sie inhaltlich zu erfassen und
- informierend zusammenzufassen.

Kriterien für die gelingende Wiedergabe von Inhalten

**Eine Einleitung formulieren**

Thema und Inhalt trennen

Merkmale der Einleitung kennen

**Das Handlungsgerüst der Kurzgeschichte erstellen**

Fragen zur Texterschließung

Wichtiges von Unwichtigem trennen

**Gespräche zusammenfassen**

Indirekte Rede

Sprechakte beschreiben

**Die Inhaltsangabe anhand eines Fragenkatalogs überarbeiten**

# Wozu brauchen Sie eine Inhaltsangabe?

- Wenn Sie darüber diskutieren, welchen Sketch Sie bei der Abschlussfeier Ihrer schulischen oder betrieblichen Ausbildung spielen wollen, benötigen Sie für die Entscheidungsfindung eine knappe Inhaltsangabe.
- Der Film vom Vortag lässt Sie nicht los – all diese Eindrücke wollen einfach erzählt werden. Ihre Gesprächspartner sind dankbar, wenn Sie sie über den Inhalt knapp informieren.
- Ob „Twilight", „Nosferas" oder „Der Herr der Ringe", ob Bestseller oder klassische Literatur: Jugendliche lesen Bücher und tauschen sich über ihre Lektüren aus. Gespräche über Literatur machen Inhaltsangaben erforderlich.

Literarische Inhalte nicht nachzuerzählen, sondern sachlich, knapp, präzise und auf den Punkt gebracht wiedergeben zu können, ist eine Kernkompetenz alltäglicher Kommunikation. Daher wird im Deutschunterricht diese Fähigkeit geprobt und eingeübt, aber auch abgeprüft: Inhaltsangaben sind Bestandteil von Deutschprüfungen bis hin zu Berufsschule und Abitur.

# Kriterien für die gelingende Wiedergabe von Inhalten

## EINEN COMIC BEWERTEN UND SEINEN INHALT WIEDERGEBEN

Sie sehen hier einen Comic abgedruckt. Vier weitere finden Sie auf den Seiten 264 (1), 289 (2), 297 (3) und 304 (4). Gehen Sie in der Reihenfolge der unten stehenden Aufgabenstellung vor.

(1) *Schritt 1:*

- *Bilden Sie Vierergruppen. Der Jüngste der Gruppe bestimmt blind, wer Comic 1, 2, 3 oder 4 zu bearbeiten hat. (Wer mit seinem Comic nicht zurechtkommt, darf den Comic oben nehmen.)*
- *Bewerten Sie Ihren Comic, den die anderen nicht sehen sollen, spontan mit dem Daumen. Begründen Sie Ihre Ansicht.*
- *Beschreiben Sie schriftlich den Inhalt Ihres Comics, ohne die wörtliche Rede zu verwenden. Überarbeiten Sie dann Ihre erste Bewertung und Begründung. Schreiben Sie sie unter die Inhaltsangabe.*



5267154

(2) *Schritt 2: Arbeiten Sie jetzt mit einem Teammitglied zusammen. Der Ältere A liest seine Inhaltsangabe vor, ohne den Comic zu zeigen. B hört genau zu. Nach Beendigung des Vortrags von A erhält B die Möglichkeit, Verständnisfragen zu stellen. Wechseln Sie dann die Rollen.*

(3) *Schritt 3: Betrachten Sie nun jeweils den Ihnen vorgestellten Comic. Stimmen Sie in Ihrer Bewertung mit Ihrem Partner überein?*

(4) *Schritt 4 im Think-pair-share-Verfahren (▸▸▸ S. 322):*

- *Jeder notiert vier Punkte, die bei der Wiedergabe eines Inhalts zu beachten sind.*
- *Erarbeiten Sie nun zu viert einen Katalog der Merkmale, die eine gelungene Inhaltsangabe ausmachen. Wählen Sie einen Schriftführer und erstellen Sie ein Plakat, das Sie in der Mitte des Gruppentisches auslegen.*
- *Erarbeiten Sie sich anschließend in der Form des Gruppentourismus (▸▸▸ S. 323) die Ergebnisse aller Gruppen und arbeiten Sie sie in Ihre Visualisierung ein.*

## NACHERZÄHLEN ODER DEN INHALT WIEDERGEBEN: DEN UNTERSCHIED KENNEN

Sie haben in Ihrer Schulzeit die beiden Aufsatzformen Nacherzählung und Inhaltsangabe im Unterricht kennengelernt. Beide Aufsatzarten sind durch ihre jeweiligen Kriterien genau unterscheidbar. Im Folgenden werden zwei Möglichkeiten vorgestellt, wie Sie sich die Unterschiede erarbeiten können. Sie arbeiten mit ▸▸▸Think – Pair – Share im Zweierteam.

(1) *Schreiben Sie die folgende Inhaltsangabe in eine Erzählung um:*

Die Kalendergeschichte „Das Mittagessen im Hof" von Johann Peter Hebel zeigt, dass auch Vorgesetzte von ihren Angestellten lernen können.

Ein wohlhabender Herr lässt seine Launen an seinem Angestellten, der als Diener im Hause tätig ist, aus. Eines Tages kommt er schlecht gelaunt zum Mittagessen nach Hause. Da ihm die Suppe nicht schmeckt, wirft er sie zum Fenster hinaus. Der Diener, der gerade mit den restlichen Speisen das Zimmer betritt, wirft kurzerhand Fleisch, Brot und Geschirr hinterher, bis der Tisch abgeräumt ist. Zur Rede gestellt, verteidigt er sich höflich mit der Feststellung, er habe angenommen, der Hausherr habe beschlossen, im Hof zu essen. Es sei ja nun auch ein schöner Frühlingstag. Die intelligente Reaktion des Dieners amüsiert den Hausherrn. Er kann den Verweis seines Dieners akzeptieren.

(2) *Tauschen Sie mit Ihrem Teampartner Ihre Erzählungen aus und notieren Sie die Methoden, mit denen sich eine spannende Geschichte „herstellen" lässt.*

(3) *Wenn Sie fertig sind, stehen Sie auf und suchen sich einen Partner, mit dem Sie sich über Ihr Ergebnis austauschen können. Notieren Sie sich die neuen Gedanken.*

(4) *Wiederholen Sie das Verfahren mit einem weiteren Partner.*

(5) *Lesen Sie jetzt die Originalgeschichte (▸▸▸ S. 308).*

Sie können sicherlich auch die Unterscheidung zwischen Inhaltsangabe und Nacherzählung richtig treffen. Korrigieren Sie mit Ihrem Partner die Angaben in der folgenden Tabelle:

| **Nacherzählung** | **Inhaltsangabe** |
|---|---|
| unterhalten | Höhepunkt herausarbeiten |
| Überblick in der Einleitung geben | aufs Wesentliche konzentrieren |
| anschaulich erzählen | chronologisch aufbauen |
| Inhalt verknappt, gerafft wiedergeben | Erzählton beibehalten |
| sachliche, informierende Sprache | selbstständig formulieren |
| kann in der ersten Person Singular erzählt werden | schildern wie in der Vorlage |
| im Präteritum (Vergangenheitsform) schreiben | Gespräche werden dramatisiert – direkte Rede |
| soll informieren | im Präsens (Gegenwartsform) schreiben |
| indirekte Rede oder Redebeschreibung verwenden | Spannung aufbauen genau wie in der Vorlage |
| W-Fragen beantworten | direkte Rede verwenden |
| aus der Ich-Form wird Er-Form | |

(1) *Bilden Sie ein Dreierteam. Entscheiden Sie sich für eine der beiden folgenden Kurzgeschichten. Jedes Teammitglied bearbeitet eine Aufgabe: A trägt den Text vor. B erzählt C den Text nach. C fasst den Inhalt in höchstens acht Sätzen zusammen.*

(2) *Geben Sie einander eine Rückmeldung: Ist die Kurzgeschichte gut vorgelesen worden? Wurde die Geschichte gut nacherzählt? Erfasst die Inhaltsangabe die Handlung?*

(3) *Wie unterscheidet sich die knappe Zusammenfassung von der Nacherzählung? Welche Probleme tauchen auf? Arbeiten Sie mit der Gegenüberstellung auf ▸▸▸ S. 309.*

(4) *Verfassen Sie nun eine schriftliche Inhaltsangabe.*

Text 1:
Peter Stamm

## Das schönste Mädchen

[R] Nach fünf milden und sonnigen Tagen auf der Insel zogen Wolken auf. In der Nacht regnete es, und am nächsten Morgen war es zehn Grad kälter. Ich ging über den Rif, eine riesige Sandebene im Südwesten, die nicht mehr Land und noch nicht Meer ist. Ich konnte nicht sehen, wo das Wasser begann, aber es war mir, als sähe ich die Krümmung der Erde. Manchmal kreuzte ich die Spur eines anderen Wanderers. Weit und breit war kein Mensch zu sehen. Nur hier und da lag ein Haufen Tang oder ragte ein schwarzer, vom Meerwasser zerfressener Holzpfahl aus dem Boden. Irgend-

5267156

wo hatte jemand mit bloßen Füßen ein Wort in den feuchten Sand gestampft. Ich ging um die Schrift herum und las „ALIEN". In der Ferne hörte ich das Fährschiff, das in einer halben Stunde anlegen würde. Es war mir, als hörte ich das monotone Vibrieren mit meinem ganzen Körper. Dann begann es zu regnen, leicht und unsichtbar, ein Sprühregen, der sich wie eine Wolke um mich legte. Ich kehrte um und ging zurück. Ich war der einzige Gast in der Pension. Wyb Jan saß mit Anneke, seiner Freundin, in der Stube und trank Tee.

Der Raum war voller Schiffsmodelle, Wyb Jans Vater war Kapitän gewesen. Anneke fragte, ob ich eine Tasse Tee mit ihnen trinken wolle. Ich erzählte ihnen von der Schrift im Sand.

„Alien", sagte ich, „genauso habe ich mich gefühlt auf dem Rif. Fremd, als habe die Erde mich abgestoßen."

Wyb Jan lachte, und Anneke sagte: „Alien ist ein holländischer Frauenname. Alien Post ist das schönste Mädchen der Insel."

„Du bist das schönste Mädchen der Insel", sagte Wyb Jan zu Anneke und küßte sie. Dann klopfte er mir auf die Schulter und sagte: „Bei diesem Wetter ist es besser, zu Hause zu bleiben. Draußen verliert man leicht den Verstand."

Er ging in die Küche, um eine Tasse für mich zu holen. Als er zurückkam, machte er Licht und sagte: „Ich werde dir einen Elektroofen ins Zimmer stellen."

„Ich möchte wissen, wer das geschrieben hat", sagte Anneke. „Meinst du, Alien hat endlich einen Freund gefunden?"

(Stamm, 1999, S. 85–86)

Text 2:
Franz Kafka

## [Der Schlag ans Hoftor]

Es war im Sommer, ein heißer Tag. Ich kam auf dem Nachhauseweg mit meiner Schwester an einem Hoftor vorüber. Ich weiß nicht, schlug sie aus Mutwillen ans Tor, oder in Zerstreutheit oder drohte nur mit der Faust und schlug gar nicht. Hundert Schritte weiter an der nach links sich wendenden Landstraße begann ein Dorf. Wir kannten es nicht, aber gleich aus dem ersten Haus kamen Leute hervor und winkten uns, freundschaftlich, aber warnend, selbst erschrocken, gebückt vor Schrecken. Sie zeigten nach dem Hof, an dem wir vorübergekommen waren, und erinnerten uns an den Schlag ans Tor. Die Hofbesitzer werden uns [ver]klagen, gleich werde die Untersuchung beginnen. Ich war sehr ruhig und beruhigte auch meine Schwester. Sie hatte den Schlag wahrscheinlich gar nicht getan und hätte sie ihn getan, so wird deswegen nirgends auf der Welt ein Prozess geführt. Ich suchte das auch den Leuten um uns begreiflich zu machen, sie hörten mich an, enthielten sich aber eines

Urteils. Später sagten sie, nicht nur meine Schwester, auch ich als Bruder werde angeklagt werden. Ich nickte lächelnd. Alle blickten wir zum Hof zurück, wie man eine ferne Rauchwolke beobachtet und auf die Flamme

wartet. Und wirklich, bald sahen wir Reiter ins weit offene Hoftor einreiten, Staub erhob sich, verhüllte alles, nur die Spitzen der hohen Lanzen blitzten. Und kaum war die Truppe im Hof verschwunden, schien sie gleich die Pferde gewendet zu haben und war auf dem Weg zu uns. Ich drängte meine Schwester fort, ich werde alles allein ins Reine bringen, sie weigerte sich, mich allein zu lassen, ich sagte, sie solle sich also wenigstens umkleiden, um in einem besseren Kleid vor die Herren zu treten. Endlich folgte sie und machte sich auf den langen Weg nach Hause. Schon waren die Reiter bei uns, noch von den Pferden herab fragten sie nach meiner Schwester, sie sei augenblicklich nicht hier, wurde ängstlich geantwortet, werde aber später kommen. Die Antwort wurde fast gleichgültig aufgenommen, wichtig schien vor allem, dass man mich gefunden hatte. Es waren hauptsächlich zwei Herren, der Richter, ein junger, lebhafter Mann, und sein stiller Gehilfe, der Assmann genannt wurde. Ich wurde aufgefordert in die Bauernstube einzutreten. Langsam, den Kopf wiegend, an den Hosenträgern rückend, setzte ich mich unter den scharfen Blicken der Herren in Gang. Noch glaubte ich fast, ein Wort werde genügen, um mich, den Städter, sogar noch unter Ehren aus diesem Bauernvolk zu befreien. Aber als ich die Schwelle der Stube überschritten hatte, sagte der Richter, der vorgesprungen war und mich schon erwartete: „Dieser Mann tut mir leid." Es war aber über allem Zweifel, dass er damit nicht meinen gegenwärtigen Zustand meinte, sondern das, was mit mir geschehen würde. Die Stube sah einer Gefängniszelle ähnlicher als einer Bauernstube. Große Steinfliesen, dunkelgraue kahle Wand, irgendwo eingemauert ein eiserner Ring, in der Mitte etwas, das halb Pritsche, halb Operationstisch war.

---

Könnte ich noch andere Luft schmecken, als die des Gefängnisses? Das ist die große Frage oder vielmehr, sie wäre es, wenn ich Aussicht auf Entlassung hätte.

Der Text aus dem Nachlass Franz Kafkas wurde erstmals 1931 veröffentlicht und nachträglich mit der Überschrift „Der Schlag ans Hoftor" versehen. (Kafka, in: Gesammelte Werke, Band 6, 1994, S. 83–84)

## Eine Inhaltsangabe als flüssigen Text verfassen

Konjunktionen und Relativpronomen helfen Ihnen dabei, mehrere Aussagen zueinander in Beziehung zu setzen und Satzgefüge – also Haupt- und Nebensatzkonstruktionen – zu bilden.

**Wiedergabe der Handlung von Peter Stamms Erzählung „Das schönste Mädchen" (S. 156)**

In einem Urlaubsort an der Nordsee macht der Erzähler der Kurzgeschichte Urlaub. Vermutlich besucht er die Insel außerhalb der Touristensaison, denn auf seinem ausgedehnten Strandspaziergang, den er allein unternimmt, trifft er keine Menschenseele. In der Weite der riesigen Sandebene, die das Meer sich langsam zurückholt, findet er außer einigen Spuren nur ein Wort im feuchten Sand: Alien. Als ein kühler Sprühregen einsetzt, kehrt er in die Pension zurück. Im Gespräch mit dem Pensionsbesitzer und dessen Freundin erfährt er, dass Alien der Name des attraktivsten Mädchens der Insel ist. Der Pensionsbesitzer gibt ihm den Rat, bei diesem Wetter doch besser zu Hause zu bleiben, um nicht einer trüben Stimmung zu verfallen, und verspricht, für ein warmes Zimmer zu sorgen. Währenddessen fragt sich seine Freundin, ob Alien wohl nicht mehr allein sei.



5267158

1. *Sind die W-Fragen geklärt? Welche Frage ist nicht beantwortet? Woran liegt das? Notieren Sie sich die Antworten.*

| | |
|---|---|
| **Wer?** | |
| **Wann?** | |
| **Wo?** | |
| **Was?** | |
| **Warum?** | |
| **Wie?** | |
| **Wozu?** | |

2. *Wie werden in der Inhaltsangabe die folgenden Sätze verbunden, sodass ein zusammenhängender Text entsteht? Schreiben Sie aus dem Fließtext den dazugehörigen Satz heraus und markieren Sie mit Rot die Satzverbindungen.*

| | |
|---|---|
| Vermutlich besucht er die Insel außerhalb der Touristensaison.<br>Er unternimmt einen ausgedehnten Strandspaziergang.<br>Er geht allein spazieren.<br>Er trifft keine Menschenseele. | Er führt ein Gespräch mit dem Pensionsbesitzer und dessen Freundin.<br>Er erfährt, dass Alien der Name des attraktivsten Mädchens der Insel ist. |
| Die weite und riesige Sandebene wird vom Meer langsam zurückgeholt.<br>Er findet außer einigen Spuren nur ein Wort im feuchten Sand: ALIEN. | Der Pensionsbesitzer gibt ihm einen Rat.<br>Bei diesem Wetter solle er doch besser zu Hause bleiben.<br>Er könne sonst einer trüben Stimmung verfallen.<br>Er verspricht, für ein warmes Zimmer zu sorgen. |
| Ein kühler Sprühregen setzt ein.<br>Er kehrt in die Pension zurück. | Seine Freundin fragt sich, ob Alien wohl nicht mehr allein sei. |

3. *Klären Sie im Gespräch, wie sich der Text durch die Haupt- und Nebensatzkonstruktionen verändert. Weitere Konjunktionen mit Übungen finden Sie im Grammatikteil auf* ▸▸▸ *S. 285.*

4. *Im Folgenden werden die wesentlichen inhaltlichen Informationen aus Franz Kafkas kurzer Erzählung in 15 Hauptsätze gefasst. Schreiben Sie den Text neu, indem Sie Haupt- und Nebensatzkonstruktionen gebrauchen. Auf wie viele Sätze können Sie die 15 Sätze „kürzen"?*

1. Der Erzähler kommt mit seiner Schwester auf dem Heimweg in die Stadt an einem Hof vorbei.
2. Die Schwester schlägt achtlos mit der Hand im Vorbeigehen an das Hoftor.
3. Einige Bewohner des nahen Dorfes sind Zeuge des Geschehens.
4. Sie warnen die Geschwister.
5. Der Hofbesitzer werde sie, Bruder wie Schwester, in Bälde verklagen.
6. Der Erzähler kann diese Warnung nicht ernst nehmen.
7. Seiner Meinung nach liegt kein Straftatbestand vor.
8. Bald sehen die Geschwister einen bewaffneten Trupp Reiter auf sich zukommen.
9. Der Erzähler überredet seine Schwester, nach Hause zu gehen.
10. Die Verfolger sollen sie nicht antreffen.
11. Der Trupp wird von einem Richter und seinem Gehilfen angeführt.
12. Der Erzähler wird aufgefordert, dem Richter in eine Bauernstube zu folgen.
13. Die Bauernstube ähnelt einer Folterzelle.
14. Der Richter bedauert als Erstes das künftige Schicksal des Verhafteten.
15. Der Erzähler ist überzeugt, nicht mehr aus dem Gefängnis entlassen zu werden.

## THEMA UND INHALT UNTERSCHEIDEN

In der Welt geht es nicht immer gerecht zu. Immer wieder betrachten Schriftsteller es als ihre Aufgabe, ungerechte Zustände aufzuzeigen und anzuprangern – auch wenn sie deshalb verfolgt werden. Dabei zeigt sich das Thema Ungerechtigkeit in vielerlei Gestalt und wird literarisch auf verschiedene Weise dargestellt: Schriftsteller greifen das Thema am Beispiel des Rassismus auf. Sie veranschaulichen, wie ungerecht Eltern ihre Kinder behandeln – oder wie erwachsene Kinder ihre alten Eltern ausgrenzen. Schriftsteller beschäftigen sich mit Mobbing in seinen vielen Ausprägungen, mit der Unterdrückung von Mädchen und Frauen und nicht zuletzt werden Facetten des Machtmissbrauchs im literarischen Werk durchgespielt.

In der Einleitung einer Inhaltsangabe wird von Ihnen verlangt, dass Sie das Thema des Romans, der Kurzgeschichte, der Fabel, des Dramas oder des Gedichts benennen.

1. *Zwei Texte – zwei Textgattungen – zwei Inhalte – ein Thema: Auf welchen Begriff lassen sich die beiden folgenden Texte von Max Frisch und Phädrus bringen?*
2. *Informieren Sie sich vorab über die beiden Schriftsteller (▸▸▸ S. 309).*
3. *Arbeiten Sie im Viererteam. Lesen Sie zunächst in Einzelarbeit beide Texte.*
4. *Klären Sie dann die jeweilige Handlung (W-Fragen). Achten Sie bei der Fabel darauf, von wem welcher Redebeitrag stammt. Können Sie dem Lehrsatz des Phädrus zustimmen? Formulieren Sie für beide Texte eine eigene Lehre.*
5. *Einigen Sie sich in der Lerngruppe auf eine Lösung für jeden Text. Schreiben Sie Ihre beiden Lehrsätze auf Papierstreifen und heften Sie sie an die entsprechenden Metaplanwände.*
6. *Diskutieren Sie die Sätze im Plenum. Einigen Sie sich nun auf einen Begriff, der das gemeinsame Thema beider Texte sein könnte.*

Max Frisch

### Tagebucheintrag von 1946

[R] Jemand berichtet aus Berlin: Ein Dutzend verwahrloste Gefangene, geführt von einem russischen Soldaten, gehen durch eine Straße; vermutlich kommen sie aus einem fernen Lager, und der junge Russe muss sie irgendwohin zur Arbeit führen oder, wie man sagt, zum Einsatz. Irgendwohin; sie wissen nichts über ihre Zukunft; es sind Gespenster, wie man sie allenthalben sehen kann. Plötzlich geschieht es, daß eine Frau, die zufällig aus einer Ruine kommt, aufschreit und über die Straße heranläuft, einen der Gefangenen umarmt – das Trüpplein muß stehen bleiben, und auch der Soldat begreift natürlich, was sich ereignet hat; er tritt zu dem Gefangenen, der die Schluchzende im Arm hält, und fragt:

„Deine Frau?"

„Ja –."

Dann fragt er die Frau:

„Dein Mann?"

„Ja –."

Dann deutet er ihnen mit der Hand:

„Weg – laufen, laufen – weg!"

Sie können es nicht glauben, bleiben stehen; der Russe marschiert weiter mit den elf andern, bis er, einige hundert Meter später, einem Passanten winkt und mit der Maschinenpistole zwingt, einzutreten: damit das Dutzend, das der Staat von ihm verlangt, wieder voll ist.

(Frisch, in: Gesammelte Werke, Band II, 1998, S. 397–398)



5267160

Phädrus

## Wolf und Lamm

Der Durst trieb einmal Wolf und Lamm zum selben Bach. Der Wolf stand höher und weit unterhalb das Lamm.

Da reizte gleich den Wolf des Rachens wilde Gier, und darum brach der Räuber einen Streit vom Zaun.

„Du hast das Wasser, das ich trinken will, getrübt!“

Verschüchtert warf das wollig weiche Lämmchen ein: „Mein lieber Wolf, ich bitte dich, wie kann ich das? Das Wasser fließt doch erst von dir zu mir herab?“

Die Macht der Wahrheit war selbst für den Wolf zu stark.

„Du schmähtest[1]“, rief er, „mich vor einem halben Jahr!“

„Da war ich“, sprach das Lamm, „noch gar nicht auf der Welt!“

„Dann war's dein Vater eben, ja, beim Herakles!“, schrie jener und zerriss es wider Fug und Recht[2].

Die Fabel geht auf den, der Menschen ohne Schuld durch falsche Unterstellung ins Verderben zieht.

(Phädrus, in: Fabeln, 1975, S. 13)

Michael Mathias Prechtl, „Das utopische Paar“

1 jemanden schmähen: jemanden beleidigen 2 wider Fug und Recht: gegen jegliches Recht, widerrechtlich

## EINE EINLEITUNG VERFASSEN

**Vergleichen Sie die nachfolgenden Einleitungen zu einer Inhaltsangabe des Textes von Max Frisch bzw. von Phädrus und bewerten Sie sie. Erarbeiten Sie Kriterien für eine gute Einleitung.**

| | | |
|---|---|---|
| **A1** Menschen, denen die absolute Macht über andere gegeben ist, können sehr willkürlich handeln. Dies veranschaulicht der Tagebucheintrag von 1946, den der Schweizer Autor Max Frisch unter dem Titel „Tagebuch 1946–1949“ veröffentlichte. | **A2** Dass man auch Mitleid erfahren kann von einem, der unkontrolliert Macht ausüben kann, davon handelt der Tagebucheintrag von 1946, den der Schweizer Schriftsteller Max Frisch in seinen Tagebüchern 1946–1949 veröffentlichte. | **A3** Gerade in Kriegswirren zeigt sich, wie Gleichgültigkeit, Selbstsucht, Grausamkeit und Empathie das Handeln von Menschen gleichermaßen bestimmen können. Dies zeigt Max Frisch am Beispiel einer Episode, die er in seinem Tagebuch 1946–1949 veröffentlichte. |
| **B1** Ein ehemaliger Sklave des Altertums, Phädrus (1. Jh. n. Chr.), lehrt, wie wenig gute Argumente die Schwachen dieser Welt vor Machtmissbrauch schützen können. | **B2** Noch immer aktuell kommt die kleine Fabel „Wolf und Lamm“ des freigelassenen römischen Sklaven Phädrus (1. Jh. n. Chr.) daher. Das Thema, dass Macht dazu verleitet, sie zu missbrauchen, war auch im antiken Rom aktuell. | **B3** Wer möchte sich nicht zu den Wölfen zählen? Dass es sich nicht auszahlt, lebenslang Schaf zu bleiben, das lehrt bereits die Fabel des Sklaven Phädrus, die er im antiken Rom des 1. Jahrhunderts nach Christus erzählte. |

1. *Verfassen Sie nun entweder zu Franz Kafkas Text „Der Schlag ans Hoftor" (▸▸▸ S. 157) oder zu Peter Stamms Erzählung „Das schönste Mädchen" (▸▸▸ S. 156) eine Einleitung.*

2. *Gehen Sie zu einem Viererteam in einer Schreibwerkstatt (▸▸▸ S. 326–328) zusammen. Achten Sie darauf, dass Sie in Ihrer Gruppe denselben Text bearbeiten.*
   - *Geben Sie Ihre Einleitung an den Nachbarn zur Linken weiter. Korrigieren Sie die Fassung, die Sie erhalten haben, und halten Sie Ihre Verbesserungsvorschläge fest.*
   - *Geben Sie den bearbeiteten Text weiter und verfahren Sie wie eben mit dem korrigierten Text, den Sie erhalten.*
   - *Geben Sie nun den Text dem Urheber zurück. Schreiben Sie Ihren eigenen Text neu und berücksichtigen Sie dabei die Verbesserungsvorschläge.*

3. *Jeder liest seinen Text in der Gruppe vor. Sie einigen sich auf die Ihrer Ansicht nach beste Variante. Tragen Sie diese im Plenum vor. Erläutern Sie, warum Sie diesen Text ausgewählt haben.*

4. *Reflektieren Sie Ihre Erfahrung mit dieser Methode gemeinsamen Überarbeitens.*

## WIE ERSCHLIESSE ICH MIR DAS HANDLUNGSGERÜST? EINEN STICHWORTKATALOG ERSTELLEN

Erzählungen zu verfassen erfordert großes schriftstellerisches Gespür und gute Schreibtechnik. Dazu gehören zum Beispiel der Blick ins Innere der Charaktere und Techniken der Vorausdeutung und Rückblende. Kurzgeschichten sind in ihrer Handlungsstruktur für den ungeübten Leser nicht immer sofort durchsichtig. Um sich die Handlungsstruktur zu erarbeiten, kann es sinnvoll sein, nach dem ersten Lesen bestimmte Fragen zur Texterschließung zu beantworten.

Nadja Einzmann

### Hochzeiten

Nadja Einzmann, geb. 1974 in Malsch bei Karlsruhe, hat Erzählungen und Gedichte veröffentlicht. „Hochzeiten" erschien 2001 in ihrem Erzählband „Da kann ich nicht nein sagen. Geschichten von der Liebe".

[R] Vermutlich war es, weil ich meine Schwester immer bewundert habe: Einmal in ihrer Haut stecken, in dieser rosig-weichen Haut, ich hätte alles dafür gegeben. Und ihr Lächeln lächeln: diese Grübchen und die Augen zu kleinen, glücklichen Schlitzen.

„Wir werden heiraten!" hatte sie zu mir gesagt und ihrem Liebsten fest die Hand gedrückt. „Freust du dich für mich?" „Natürlich", habe ich gesagt, sie umarmt, ging auf mein Zimmer und weinte die ganze Nacht. Es würde eine Hochzeit werden aus Zuckerguß. Rote Herzballone würden in den Himmel fliegen, es würde vielstöckigen Erdbeerkuchen geben, zierlich sahneweiß umrankt.

Und als das Ave Maria von der Empore erklang, weinte ich mit allen, und als sie sich ihr Jawort gaben, wurden meine Schluchzer vom A und O der Menge überraunt.



5267162

Ich habe ihn nie gemocht, diese viel zu blauen Augen und Engelslöckchen bis zum Kinn. Und sein Lächeln immer an mir vorbei ins Leere. Aber den Schleier hätte ich mir aus dem Gesicht streichen mögen vor dem Altar und ihm meinen Mund reichen. Ich hätte mich ihm entgegenrecken mögen zart und klein auf weißen Stöckelschuhen.

Es hätte ein schöner Abend werden können. Die Braut tanzte Samba im weißen Kleid, und jeder machte jedes Spielchen mit. Mir war nicht danach. Ich saß in einer Ecke, trank Pfefferminztee und gab acht, daß mir keiner zu nahe kam.

Ich weiß nicht mehr, wann ich zu Wein übergegangen bin, wann zu Schnaps. Nur noch, daß mir irgendwann einer in die rotgeweinten Augen sah, mir die Hand hielt. Neben ihm erwachte ich am nächsten Morgen, er brachte mir Kaffee ans Bett und strich mir Marmelade aufs Brötchen.

Hätte er nicht ja gesagt, es wäre nichts geschehen. Ich hätte weiter in meinem Kämmerchen unter dem Dach leben und nur mit Tauben und anderem Gefieder Umgang halten können. Ich hätte zurückgefunden zu meinem friedlichen Leben ohne Spiegel und in weiten Pyjamas. Aber er sagte ja und nahm meine Hand und drückte sie fest. Er strich mir das Haar aus dem Gesicht und küßte mich. Und da blieb mir nichts übrig. Und obwohl ich es nicht wollte. Ich sagte zu meiner Schwester: „Ich werde heiraten! Freust du dich für mich?“ Da fiel sie mir um den Hals und begann mit mir die Einzelheiten zu besprechen. Rote Herzballone sollten in den Himmel fliegen. Und eine Kutsche, ja, vielleicht eine Kutsche. Ich war müde, als ich von ihr ging. Und legte mich sofort schlafen. An die Hochzeit erinnere ich mich nicht. Ich erwachte und war verheiratet. Er ist nicht der Schlechteste. Er putzt mir die Schuhe und kocht. Es macht Spaß, mit ihm das Bett zu teilen. Aber die Hochzeit fehlt, mir ist, als wäre keine gewesen.

(Einzmann, 2004, S. 48–49)

## Fragen zur Texterschließung von Erzählungen

- *Wann* wurde die Erzählung bzw. Kurzgeschichte *verfasst?*
- *In welcher Zeit* spielt die Handlung?
- Welche *Lebenssituation* wird dargestellt?
- Werden die *W-Fragen* beantwortet?
  Welche Fragen bleiben unbeantwortet?
- Gibt es einen *Erzählrahmen*?
- Lässt sich das Geschehen in *Phasen* einteilen*?*
- Welchen Verlauf nimmt die Erzählung?
  Steuert sie auf einen *Höhepunkt* zu? Lässt sich ein *Wendepunkt* finden?
- Wird *chronologisch,* also nacheinander erzählt oder wird erinnert *(Rückblende)?*
  Gibt es Hinweise auf zukünftige Entwicklungen *(Vorausdeutung)?*
- Gibt es *Dialoge,* die die Handlung voranbringen?
- An welchen Stellen erlaubt uns der Erzähler einen Blick ins *Innere der Charaktere?*
- Wie *endet die Erzählung?*
  Gibt es einen offenen Schluss? Liegt ein klarer Ausgang der Ereignisse vor?

1. *Welche Vorüberlegungen sind nötig, um eine gute Inhaltsangabe der Kurzgeschichte „Hochzeiten" zu verfassen? Arbeiten Sie mit der Infobox auf der letzten Seite.*

2. *Kopieren Sie die Kurzgeschichte und notieren Sie sich stichwortartig die wichtigsten Inhalte am Rand des Textes.*

3. *Bringen Sie die folgenden Sätze in die richtige Reihenfolge und halten Sie die Ergebnisse schriftlich fest. Nummerieren Sie entsprechend der Reihenfolge. Überprüfen Sie dabei am Text die Richtigkeit der Darstellung.*

A Eine vermutlich junge und verheiratete Frau denkt über ihr Leben nach.
B Während der anschließenden Feier schottet sich die jüngere Schwester zunächst ab.
C Sie betrinkt sich im Laufe des Abends und findet sich nach einem „Blackout" in den Armen eines Mannes wieder.
D Als die Schwester glücklich ihre Heiratsabsichten offenbart, zieht sie sich weinend in ihr Zimmer zurück.
E Sie ist nicht unglücklich mit ihrem Mann.
F Sie verbringt die Nacht mit ihm.
G Sie heiratet, weil er „Ja" sagt.
H Am nächsten Morgen macht sie ihm einen Heiratsantrag.
I Eigentlich ist sie innerlich nicht bereit, sich zu binden.
J Später gibt sie vor, sich nicht an ihre eigene Hochzeit erinnern zu können.
K Sie vermutet, dass sie ihren Mann aus purer Eifersucht auf ihre ältere Schwester geheiratet hat.
L Die Hochzeitszeremonie erfüllt alle romantischen Erwartungen.
M Die Erzählerin weint dabei vor Neid und Missgunst.

►►► *Lösung zum Stichwortkatalog: S. 310.*

4. *Vergleichen Sie nun die Sätze mit Ihren Stichworten am Rand des Textes.*

5. *Verfassen Sie eine Einleitung.*

6. *Schreiben Sie die Inhaltsangabe mithilfe der von Ihnen bearbeiteten Sätze. Achten Sie darauf, das Präsens beizubehalten. Verbinden Sie die Sätze, indem Sie Nebensätze verwenden. Achten Sie auch darauf, die richtigen Konjunktionen zu verwenden. Sie finden im Kapitel „Sprache beherrschen" eine Übersicht über Satzarten und Konjunktionen (►►► S. 84 f.).*

7. *Vergleichen Sie nun Ihr Arbeitsergebnis mit dem Ausgangstext. Sind die wichtigen Inhalte vorhanden? Möchten Sie etwas ergänzen oder etwas streichen?*

## DEN INHALT VON GESPRÄCHEN WIEDERGEBEN

Um lebendig und anschaulich zu erzählen, gebrauchen viele Schriftsteller die Technik der szenischen Darstellung, des Dialogs. Wir beobachten als Leser, wie im Gespräch Konflikte aufbrechen, ausgetragen oder gelöst werden. Gespräche dienen dazu, Erinnerungen aufleben zu lassen oder Entschlüsse für die Zukunft zu fassen. Als Leser werden wir Zeugen von vertraulichen Gesprächen zwischen Paaren, die sich ihre Liebe gestehen oder sich nach Jahren eingestehen, dass es keine Liebe mehr zwischen ihnen gibt.

Gespräche sind vielfältig, und auch sie wollen wiedergegeben werden als Teil der Handlung eines literarischen Geschehens. Um den Inhalt eines Erzähltextes wiedergeben zu können, ist es also notwendig, Dialoge beschreiben und zusammenfassen zu können.



5267164

Zoë Jenny

## Ein schnelles Leben [Auszug]

[R] Ayse legte den Stift ab, schlug das blaue Buch zu und versteckte es hastig in der Schublade ihres Schreibtischs, als es an der Tür klopfte. Es war das kurze ungeduldige Klopfen von Zafir, und bevor sie ihn hereinbitten konnte, hatte er die Tür schon geöffnet und stand im Zimmer.

„Was machst du?" fragte er neugierig. Im Schrankspiegel konnte sie sehen, daß er sich aufs Bett setzte.

„Arbeiten", sagte Ayse und öffnete schnell eines der Schulhefte, die auf dem Tisch lagen.

„Willst du morgen wirklich hingehen?"

Ayse beugte sich, ohne zu antworten, über das Heft.

„Ich habe noch mal darüber nachgedacht", sagte Zafir. „Es ist besser, wenn du zu Hause bleibst. Wer weiß, wer da morgen alles herumhängt."

„Alles Freunde von Sezen", antwortete Ayse.

„Eben."

Ayse drehte sich um und schaute ihn entrüstet an.

„Ich werde zu Sezens achtzehntem Geburtstag gehen, ob es dir paßt oder nicht!" sagte sie laut.

Es war das erstemal, daß die Eltern Ayse erlaubt hatten, abends auszugehen, aber das, zu Sezens Empörung, nur in Zafirs Begleitung, der sie pünktlich um elf nach Hause bringen sollte.

Zafir senkte den Kopf, als hätte man ihn am Genick gepackt.

„Na gut", sagte Zafir, „aber ich schwöre dir, Punkt elf gehen wir."

Zoë Jenny, geb. 1974 in Basel, veröffentlichte mehrere Romane, u.a. „Ein schnelles Leben" (2002).

Ayse ging schweigend zum Bett und strich den Überzug glatt.

„Steh schon auf", sagte sie. „Es gibt ein Sofa und zwei Sessel in diesem Zimmer, und du hockst immer auf meinem Bett herum!"

Aber Zafir blieb sitzen, ohne sich zu rühren, als hätte er sie gar nicht gehört. Manchmal legte er sich sogar ins Bett hinein, nur um sie zu ärgern, und Ayse mußte dann die Decke wegziehen und mit aller Kraft seinen muskulösen Körper aus dem Bett rollen.

„Raus aus meinem Bett, du Scheusal", rief sie jetzt, halb lachend, halb im Ärger. Zafir spielte den „toten Mann", wie sie es als Kinder immer getan hatten. „Mach den toten Mann", hatte Ayse zu ihm gesagt und dann aufgeschrien vor Schreck, wenn Zafir sich nicht mehr rührte. Jetzt endete das Spiel damit, daß sie auf dem Bett herumbalgten, bis Zafir die Oberhand gewann und Ayse kitzelte. Zafir saß rittlings auf ihr und bohrte ihr die Finger in die Seite, so daß Ayse kreischte und sich wand unter seinem Gewicht, während er lachend rief: „Nein, du schmeißt mich nicht aus deinem Bett, Kleine."

(Jenny, 2007, S. 24–26)

Was geschieht hier eigentlich?

- Die Eltern *erlauben* Ayse, auf das Geburtstagsfest ihrer besten Freundin zu gehen.
- Die beste Freundin *ist empört,* dass Ayses älterer Bruder als „Aufpasser" mitgeschickt wird.
- Sie *ärgert sich* auch darüber, dass Ayse so früh zurückgebracht werden soll.
- Der Bruder wiederum versucht Ayse davon zu *überzeugen,* nicht zu dem Fest zu gehen.
- Er *befürchtet,* dass Ayse dort eventuell verführt werden könnte.
- Ayse *beharrt* auf der Erlaubnis der Eltern.
- Daraufhin *beabsichtigt* der Bruder, Punkt elf Uhr zu gehen – wie das die Eltern *fordern.*
- Als Ayse ihn *auffordert,* sich aus ihrem Bett zu entfernen, spielt Zafir den „toten Mann".
- Während der folgenden Balgerei *ruft* Zefir Ayse *zu,* sie werde ihn nicht aus dem Bett werfen.

Die folgenden Verben beschreiben, wie eine Person sprachlich handelt; sie bezeichnen daher Sprechhandlungen:

erlauben, überzeugen, beharren, widerrufen, unterstützen, widersprechen, abmahnen, einen Antrag stellen ...

Um den Inhalt von Dialogen wiederzugeben, müssen wir also nicht immer die indirekte Rede verwenden. Es genügt zu verstehen, was die Gesprächsteilnehmer tun und ausdrücken wollen.

So könnte die Inhaltswiedergabe der Textstelle folgendermaßen lauten:

Ayse erhält von ihren Eltern die Erlaubnis, zum Geburtstagsfest ihrer besten Freundin Sezen zu gehen. Als ihr Bruder Zafir, ohne auf ihre Antwort zu warten, in ihr Zimmer kommt, gelingt es ihr gerade noch, ihr Tagebuch zu verstecken. Sie gibt vor zu lernen. Ihr Bruder möchte sie überreden, ihr Vorhaben mit der Geburtstagsfete fallen zu lassen. Er hat die Sorge, dass Ayse auf dem Fest mit den falschen Leuten in Berührung kommen könnte. Seine Schwester, die zum ersten Mal von den Eltern die Erlaubnis erhält, auf eine Party zu gehen, hält an ihrem Wunsch fest. Sie muss aber, so wollen es die Eltern, zum Ärger ihrer Freundin Sezen in der Begleitung Zafirs erscheinen. Zafir erklärt Ayse, er wolle um elf Uhr gehen, so wie es die Eltern wünschen. Der Konflikt zwischen den beiden Geschwistern löst sich, als Ayse den Bruder auffordert, von ihrem Bett herunterzugehen. Da dieser den „toten Mann" spielt, kommt es zu einem fröhlichen Gerangel zwischen den Geschwistern, das Ayse verliert.

Was ist zu erkennen? Im Originaltext entfaltet sich ein Gespräch in direkter Rede zwischen den Geschwistern. In der Inhaltswiedergabe werden verschiedene Möglichkeiten der Redewiedergabe verwendet, die Sie im Folgenden üben werden, um Dialoge zusammenzufassen.

## Die Anwendung des Konjunktivs in der indirekten Rede

Das Kriterium der Sachlichkeit erfordert es, Dialoge in der indirekten Rede wiederzugeben. Mit der indirekten Rede kann auch Distanz zum Gesagten hergestellt werden. Für die indirekte Rede ist oft die Form des Konjunktivs erforderlich. Sie finden die Regeln für den Gebrauch des Konjunktivs im Kapitel „Sprache beherrschen" (▸▸▸S. 286 ff.).

Außerdem ist es wichtig, verschiedene Formen der Redeeinleitung zu kennen.

(1) *Tragen Sie auf einem gesonderten Blatt die konjugierten Verben in eine der beiden Spalten ein, je nachdem, ob es sich um Indikativ- oder Konjunktivformen handelt.*

Es lache – er springe – man würde essen – sie saß – er würde kaufen – er schreibe – sie sähen – es geschehe – sie läsen – sie dächten – sie würden denken – sie dachten – er wird schicken – sie holte ein – er habe verloren – es erinnerte an – sie habe sich erinnert – sie verstoßen – sie trete ein – er sei gegangen – sie habe sich erlöst gefühlt

| **Aussageform/Indikativ** | **Möglichkeitsform/Konjunktiv** |
|---|---|
| er nahm an<br>...<br>... | sie unterstütze<br>...<br>... |



5267166

Lesen Sie das folgende Beispiel:

Georg leistet sein Soziales Jahr an der Timaru Boys' School in Timaru, Neuseeland, ab. Seit drei Wochen ist er nun an der Schule. Seine Mutter, Marthe Engelsen, hat sich bei Facebook angemeldet, um regelmäßig mit Georg „sprechen" zu können. In der linken Spalte befindet sich eine Kopie des Chats. In der rechten Spalte sehen Sie, was Georg daraufhin an seinen neuseeländischen, deutschstämmigen Freund Lars mailt. Lars spielt Rugby in der Schulmannschaft und möchte gern sein Deutsch ausprobieren. Georg möchte Lars einen Vorschlag unterbreiten.

**Marthe Engelsen:** 13. September um 18:13
Lieber Georg, ich habe mich in Facebook angemeldet. Du musst mich nochmals bei Dir als Freundin bestätigen. Und dann möchte ich gerne ohne Publikum mit Dir Kontakt haben. Geht das? Wie?

**Georg Engelsen:** 14. September um 03:51
Du kannst mir genau so schreiben! Des sehe nur ich! Schreib einfach hier weiter.

**Marthe Engelsen:** 14. September um 06:38
Lieber Georg; gestern habe ich einen Rugbyspieler kennengelernt. Es handelt sich um den Sohn meiner Freundin Irene. Er ist jetzt 13 Jahre alt, heißt Tom wie Thomas und spielt in einem Rugbyverein. Er möchte gerne mit einem gleichaltrigen oder älteren Rugbyspieler aus Neuseeland in Kontakt treten. Er meint, die Neuseeländer seien eben die besten Rugbyspieler auf der Welt. Seine Mom unterstützt das natürlich, da Tom auf diese Weise Englisch schreiben muss. Die Mailadresse des Jungen lautet: ...
Kümmerst Du Dich? Das wäre klasse.
Deine Mom
Denk daran, Dich warm anzuziehen: die arktischen Lüfte ...

**Georg Engelsen:** 14. September um 08:15
Was will er? Er will einfach mit einem Rugbyspieler in Kontakt treten? Was will er denn wissen? Okay! Jeder spielt hier Rugby, muss es ein guter Spieler sein?

**Marthe Engelsen:** 15. September um 06:10
Ja. Der Junge kennt sich auch ein bisschen aus. Er möchte doch ein Idol haben, mit dem er bei seinen Freunden auftrumpfen kann.

**Georg Engelsen:** 15. September um 06:11
Marthe? Ist es bei Euch nachts? Schläfst Du?

**Marthe Engelsen:** 15. September 06:14
Nein, früher Morgen, sechs Uhr. Ach so, gute Zeit zu reden. Der Kleine von Irene ist 13 und es sollte ein Spieler im Verein sein.

**From:** Georg Engelsen
**Subject: Kleine Frage**
**Date:** 15 Sept 16:49 NZST
**To:** Lars Brownmuller

Hi Lars,

drei Wochen Neuseeland und immer noch zu Hause. Wie das, meinst Du? Weiter als Neuseeland kann man doch nicht mehr weggehen, oder? Da kennst Du meine Mom schlecht, sie tritt Facebook bei und ist online vernetzt, immer bereit zu einem kleinen Schwätzchen.

Dabei soll ich immer noch kleine Dienstchen besorgen. Sie bittet mich, ich solle den kleinen Sohn einer Freundin mit einem guten neuseeländischen Rugbyspieler bekannt machen. Die gute alte Brieffreundschaft erlebt hier ein fröhliches Comeback.

Dreizehn Jahre sei der Junge alt, meint meine Mutter, und er spiele in einem Verein. Der Kleine, er heißt Tom, bewundere die neuseeländische Nationalmannschaft, schreibt sie, und freue sich sehr, wenn ich ihm einen Spieler

**Georg Engelsen:** 15. September um 06:16
Ich könnte ihm einen besorgen, der viel für die Blacks spielen wird. Der ist auch im Kugelstoßen der Sechste in der Weltrangliste. Er ist an meiner Schule noch Schüler. Aber ob der darauf Lust hat? Immerhin kann er ganz gut Deutsch. Ich mail ihn gleich mal an.

**Marthe Engelsen:** 17. September um 18:13
Wann sendest Du mir den Link zu genau diesem Rugbyspieler, Georg? Frag ihn doch einfach, ob er sich einen losen Mail- oder Chat-Kontakt zu einem Jungen vorstellen kann. Immerhin sind Sportler nette Leute, oder?

als penpal vermitteln könnte. Und natürlich unterstütze seine Mutter einen englischsprachigen Briefverkehr ebenfalls. Verwundert Dich das? Du siehst, Mütter sind zäh; so schnell entkommt man ihnen nicht.

Natürlich habe ich diesen Vorstoß etwas abgeblockt und gemeint, es sei doch recht fraglich, ob ein bekannter Rugbyspieler mit einem Kind mailen oder chatten wolle. Und dann bist Du mir eingefallen. Lars, dude, spring über Deinen Schatten ... Hier die Mailadresse des Jungen, vielleicht wirst Du ja irgendwann schwach und schreibst:
...
Wir sehen uns morgen,
Georg

1. *Klären Sie den Sachverhalt.*
2. *Schreiben Sie nun die in der indirekten Rede verfassten Sätze heraus und unterstreichen Sie die Prädikate rot.*
3. *Schreiben Sie die Redeeinleitungen heraus. Suchen Sie zur Übung auch Redeeinleitungen in dem Romanauszug von Zoë Jenny (▸▸▸S. 165) heraus.*

Sind in einem Erzähltext längere Passagen in Dialogform verfasst, sollten sie in der Inhaltsangabe zusammengefasst werden. Diese Vorgehensweise soll nun geübt werden.

Welche Verben drücken aus, was eine Figur tut, wenn sie etwas sagt? Hier ein Beispiel:

| | |
|---|---|
| „Mein Gott, wie konntest du nur diesen Unfall bauen! So viel Unverstand in einer so überschaubaren Situation." Leonie konnte es nicht fassen. „Und dann hast du noch den Führerschein nicht dabei!" | Leonie macht in ihrer Erregung ihrem Sohn heftige Vorwürfe. Vor allem versteht sie nicht, wie ihr Sohn den Führerschein vergessen kann. |

1. *Sammeln Sie redebeschreibende Verben. Gehen Sie dabei folgendermaßen vor:*
   - *Finden Sie fünf eigene Beispiele, die Sie mit denen Ihres Partners vergleichen und durch weitere Vorschläge ergänzen.*
   - *Gehen Sie dann durch den Raum und tauschen Sie sich mit drei weiteren Partnern aus.*
   - *Lassen sich fünfzehn Verben sammeln? Ergänzen Sie den Werkzeugkasten auf einem Blatt:*

Verben, die Sprechhandlungen beschreiben:

vorwerfen, unterstellen, zurückweisen, entgegenkommen, ...

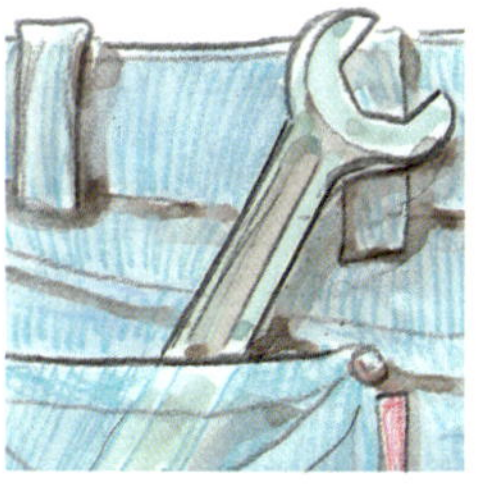

2. *Ergänzen Sie auf einer Kopie die folgende Tabelle, indem Sie die Redebeiträge links in die indirekte Rede setzen. In einem zweiten Schritt üben Sie die Beschreibung der Sprechhandlungen.*


5267168

| Direkte Rede | Indirekte Rede | Beschreibung |
|---|---|---|
| „Um Gottes willen, Konrad! Wie konntest du nur vergessen, die Katze zu füttern!", ruft Farzeen. „Und den ganzen Tag in dieser Kälte! Das arme Tier." | Farzeen ruft Konrad zu, wie er nur habe vergessen können, die Katze zu füttern. Das arme Tier habe den ganzen Tag in der Kälte verbringen müssen. | Voller Entsetzen bemerkt Farzeen, dass Konrad vergessen hat, die Katze zu füttern und sie ins Warme zu holen.<br>*Oder:*<br>Farzeen macht Konrad heftige Vorwürfe, weil er vergessen hat, die Katze zu füttern und ins Warme zu holen. |
| „Das Tier wird den Tag doch ganz gut in Nachbars Küche verbracht haben", verteidigt sich Konrad. | | |
| „Wenn du es nicht so eilig gehabt hättest, deine Motorradkumpels zu treffen, hätte das Tier nicht so leiden müssen", beharrt Farzeen auf ihrem Vorwurf. | | |
| Langsam wird es Konrad zu viel. „Mein Leben dreht sich nicht nur um eine Katze, meine Liebe. Man kann Tierliebe auch übertreiben", wiegelt er ab. | | |
| „Ich werde mich jedenfalls nicht mehr auf dich verlassen, wenn es um das Tier geht, Konrad. Und jetzt brauche ich erst mal Distanz. Das war ja nicht das erste Mal, dass du die Katze vergessen hast. Jetzt gehe ich erst mal in den Garten." | | |

Diese Sprechhandlungen könnten als Teil der Inhaltsangabe eines literarischen Textes folgenden fließenden Text ergeben:

Als Farzeen voller Entsetzen bemerkt, dass Konrad die Katze vergessen hat und das Tier einen Tag in der Kälte verbringen musste, macht sie Konrad heftige Vorwürfe. Dieser wiegelt zunächst ab. Wahrscheinlich habe die Katze Unterschlupf in der nachbarlichen Küche gefunden. Erst als Farzeen ihm vorwirft, über seinem Hobby seinen Pflichten nicht nachgekommen zu sein und so dem Tier Schaden zugefügt zu haben, reagiert er verärgert. Farzeen verlässt daraufhin aufgebracht die Küche, um in den Garten zu gehen.

(3) *Finden Sie die Stelle, in der eine Aktion durchgeführt wird.*

(4) *Finden Sie Stellen, in denen das Gesagte indirekt wiedergegeben wird.*

Sie können nun die Wiedergabe des Gesprächs noch einmal verkürzen, indem Sie sich erst gar nicht auf den doch unwesentlichen Verlauf einlassen. Wichtig ist: Es gibt einen Konflikt wegen der Katze und Farzeen verlässt empört die Küche. Also:

Als Farzeen bemerkt, dass die Katze nicht gefüttert worden ist und das Tier den Tag in der Kälte verbringen musste, lässt sie sich auf keine Ausrede Konrads ein und verlässt empört den Raum.

5 *Fassen Sie nun mithilfe Ihrer Werkzeugkiste redebeschreibender Verben (▸▸▸ S. 168) die folgenden Dialoge C, D und E zusammen. Sie können anstelle der Beispiellösungen zu A und B auch eigene Vorschläge verfassen. Gehen Sie dazu folgendermaßen vor:*

- *Bilden Sie eine Vierergruppe. Arbeiten Sie zunächst allein.*
- *Bestimmen Sie die jeweilige Situation mithilfe von W-Fragen. Um welche Art des Gesprächs handelt es sich jeweils? Was wollen die Sprechenden erreichen? Wie reagieren die beteiligten Personen? Verfassen Sie dann Ihre Zusammenfassungen. Sie haben dazu insgesamt 15–20 Minuten Zeit.*
- *Ihr Arbeitsergebnis bleibt auf Ihrem Tisch zur Überarbeitung für andere liegen. Gehen Sie als Gruppe zum nächsten Gruppentisch links von Ihnen. Korrigieren Sie nun die Vorschläge Ihrer Mitschüler und Mitschülerinnen, indem Sie sie mit Kommentaren versehen. Gehen Sie nach 8 Minuten noch einen Tisch weiter und wiederholen Sie das Verfahren.*
- *Kehren Sie zu Ihrem Tisch zurück und lesen Sie die Kommentare zu Ihrem Schreibversuch. Überarbeiten Sie ihn (10 Minuten). Lesen Sie sich Ihre Ergebnisse in der Lerngruppe vor.*

**A**
„Marco, dein Vorwurf ist einfach nicht gerecht. So war das nie gemeint, und das weißt du!", meinte Sanni traurig.

**A**
**Sanni weist Marcos Vorwurf traurig zurück.**

**B**
„Wir könnten reisen", schlug Daniel vor, aber Lukas drehte sich nur ab. „Wenn wir ein Auto kaufen würden, wären wir unabhängig und könnten uns die Wüste anschauen." Daniel ließ nicht locker: „Die Wüste – das war schon immer ein Traum von mir; ein tolles Abenteuer. Mensch, Lukas, Mann, mach schon, lass mich hier nicht hängen." Aber trotz Daniels Drängen gab Lukas nicht nach. Er sehnte sich nicht in die Wüste; er wollte bei Gabi sein.

**B**
**Daniels Vorschlag, die Wüste zu erkunden und zu diesem Zweck gemeinsam ein Auto zu kaufen, stößt bei Lukas auf keine Gegenliebe. Lukas zieht es vor, bei Gabi zu bleiben.**

**C**
Sie schaute ihn entsetzt an. Was um Gottes willen war in ihn gefahren? „Marion, schau nicht so entsetzt, immerhin habe ich dir gerade vorgeschlagen zu heiraten und eine Familie zu gründen. Du wolltest doch immer zwei Kinder, oder hatte ich das missverstanden?" Er hörte nicht auf. Sie hatte das Gefühl, weit weg rennen zu wollen. So sagte sie nur: „Siggi, das muss ich mir erst überlegen. Ich bin noch nicht so weit, glaube ich. Lass mir Zeit." Sie konnte ihm kaum in die Augen schauen, sodass sie sich schnell umdrehte und zu ihrem Auto lief. „Bloß das nicht", flüsterte sie leise.

**D**
„Frau Özdemir, bitte nehmen Sie doch Platz. Möchten Sie ein Glas Wasser?"
„Ja, bitte." „Jetzt beruhigen Sie sich erst mal und dann reden wir."
„Ja, Herr Doktor. Aber ich spüre doch, dass es Kadir sehr schlecht geht."
„Ihr Kind ist tatsächlich schwer erkrankt. Es leidet unter Leukämie."
„Aber es kann doch leben, Herr Doktor?"
„Sicher, Frau Özdemir, aber es wird viel Zuwendung brauchen, damit eine Heilung möglich wird. Sie werden viel Zeit im Krankenhaus verbringen müssen. Ihre ganze Familie wird sich auf die Krankheit einstellen müssen."

**E**
„Was willsch. Was gucksch du so! Willsch du was? Hau bloß ab, Mensch! Hau bloß ab, du Weichei." Joe blickte stumm zu Boden, vermied jeden Blickkontakt. „Hoffentlich komme ich hier heil heraus", dachte er. „Diese Misttypen, diese Hundsfotte." Seine Knie fühlten sich weich an. „Warum muss ich auch nachts die S-Bahn nehmen."



5267170

## Literarische Dialoge zusammenfassen

Die folgenden Textstellen sind Brigitte Biermanns Roman „Engel haben keinen Hunger. Katrin L.: Die Geschichte einer Magersucht" entnommen. Wenden Sie die Techniken der Dialogwiedergabe an, die Sie kennengelernt haben.

1. *Arbeiten Sie als Viererteam in einer Schreibwerkstatt (▸▸▸ S. 326–328). Geben Sie sich die Nummern 1 bis 4. Die Nummer steht auch für einen der folgenden Texte, den Sie auf einer Kopie bearbeiten.*
   - *Arbeiten Sie zunächst allein. Sie haben 20 Minuten Zeit, um Ihren Text zu bearbeiten und anschließend zusammenzufassen.*
   - *Alle gleichen Nummern gehen zusammen, die Gruppengröße bleibt allerdings bei vier Teammitgliedern. Lesen Sie sich wechselseitig Ihre Arbeiten vor. Geben Sie jeweils Verbesserungsvorschläge. Verbessern Sie dann Ihre Arbeit.*
   - *Gehen Sie in die ursprüngliche Gruppe zurück und tragen Sie sich Ihre Texte wechselseitig vor. Diskutieren Sie anhand der Texte die Kriterien für eine gute Dialogzusammenfassung.*
   - *Jede Gruppe einigt sich auf einen Text, den sie im Plenum vorstellen möchte.*

**Text 1:**
An ihrem 15. Geburtstag bekommt Katrin Lenck viel Besuch, unter anderem von Jean-Luc, einem Jungen, um den sich Katrin zwar bemüht, der aber nur mit ihr spielt. Fabian, ihr Freund, ruft nur an, da er mit seiner Basketballmannschaft unterwegs ist. Die Begegnung mit Jean-Luc löst einen Stimmungswechsel aus, der Katrins Mutter Anna zutiefst beunruhigt. Sie führt mit Lena, ihrer anderen Tochter, ein Gespräch, in dem sie sich Aufschluss über Katrins Verhalten erhofft.

Als die Mutter Lena danach fragte, wusste die nur: „Jean-Luc ist das Letzte, der behandelt sie nur mies. Am Anfang habe ich ihn auch gemocht. Aber er lässt sie voll am ausgestreckten Arm verhungern. Wenn sie kurz davor ist, sich endlich von ihm zu befreien, taucht er wieder auf, erzählt ihr was von großer Liebe, verschwindet und lässt monatelang nichts von sich hören. Ein richtiger Dreckskerl."

*Lena berichtet von psychischem Missbrauch durch Jean-Luc*

„Er sieht nett aus, wirkt auch gut erzogen", sagte Anna. „Ich hab die Mutter mal kennen gelernt, sie ist wohl Französin?"

…

„Ja, klar sieht er gut aus. Das weiß er auch. Und meine arme Schwester leidet. Ein Arschloch ist das!"

…

„Na, nun hat sie ja den Fabian beim Basketball kennen gelernt, der gefällt mir gut, weil er sanft ist und nicht so poltrig wie dieser Henryk von nebenan."

„Ich fürchte nur, dass er verliebter in Katrin ist als sie in ihn", sagte Lena.

„Aber sie verbringt doch viel Zeit mit ihm, demnach kann sie ihn wohl gut leiden."

**Text 2:**
Lena ist Katrins Schwester. Katrin ist an Magersucht erkankt, was aber der Familie noch nicht bewusst geworden ist.

Fabian ging auf das Gymnasium, das auch Lena besuchte. Einmal verklickerte ihr eine Freundin auf dem Schulhof, Katrin und Fabian hätten eine Wette abgeschlossen: Wer als Erster 45 Kilogramm wiege, habe gewonnen.

„Quatsch", sagte Lena, „das kann ich mir nicht vorstellen. Fabi ist so dünn und durchtrainiert – hast du da was verwechselt? Vielleicht wollen sie zunehmen?"

„Nein, Lena, glaub's mir, Fabian hat es mir selbst erzählt. Ich weiß nur nicht, ob ich es dir weitersagen darf. Lass dir Katrin gegenüber nichts anmerken, nein?"

„Nein, nein, ich sag nichts", versicherte Lena ihrer Freundin. Und dann überlegte sie laut: „Aber stell dir das doch mal vor: zehn Kilogramm weniger, da würde sie aussehen wie ein Faden! Ich glaub das nicht. Das hat der Fabi sicher als Witz gemeint."

**Lena hört von Wette**

**kann nicht glauben, dass Fabian und Katrin abnehmen wollen**

**…**

**Text 3:**

„Meine scheißigen Hüften, die kotzen mich an!", sagte sie eines Tages in ihr Spiegelbild und probierte ein Bikinihöschen an. Sie konnte noch so viel daran herumzerren, es war ihr zu weit.

„Spinnst du? Du hast doch gar keine Hüften", konterte Lena, die sich vor einem der beiden Waschbecken im Bad die Wimpern tuschte.

„Na guck doch mal, wie fett ich bin!"

„Ich seh nix. Außerdem bist du dran mit dem Badputzen, mach das mal, das ist gut gegen fette Hüften."

Plötzlich ließ sie die Wimpernspirale sinken und musterte ihre Schwester von oben bis unten: „Sag mal, hast du schon wieder abgenommen? Der Bikini schlackert ja regelrecht an dir rum."

„Deshalb will ich ja mit dir in die Stadt, einen neuen kaufen. Guck doch mal: Hier ist Fett und hier und dann dieser Arsch ..."

„Katrin, du spinnst. Du bist dünn wie eine Fahrradspeiche. Und einen Arsch kann ich auch nicht entdecken."

„Kann ich heute deine silbernen Armreifen und den breiten Ring haben?", lenkte Katrin ab.

„Klar, kannst du haben", sagte Lena. „Warte. Ich hole sie dir."

„Scheiß-Jungs", hörte sie Katrin murmeln, als sie zurück ins Bad kam.

„Um welche Scheiß-Jungs geht's denn diesmal?"

„Wie immer um Jean-Luc, aber auch um Fabi, das Arschloch."

„Warum das denn?"

„Der hat 'ne andre. Luise hat ihn auf dem Marktplatz mit 'ner Tussi gesehen."

**Katrin findet sich im Spiegel zu dick und zu hässlich**

**Schwester kontert, sie sehe nichts**

**weist auf Putzdienst hin**

**…**

**Text 4:**

Anna Lenck besucht nun ihre magersüchtige Tochter täglich im Krankenhaus. Während Katrin ihre Mutter zum Laufen bewegen will, möchte sich ihre Mutter auf eine Bank setzen, damit Katrin sich nicht zu viel bewegt. Denn jedes Gramm an Katrins Körper ist lebenserhaltend.



5267172

„Mum?"

„Ja, meine Kleine?"

„Der Weiß meinte heute, dass es eine Klinik gäbe, in der mir besser geholfen werden könnte als hier. Das hier ist ja eine Kinderklinik, und sie sind nicht spezialisiert auf Fälle wie mich. Ich solle mir das mal überlegen, falls ich es draußen doch nicht schaffen sollte. Er hat gesagt, ich könnte es zwar schaffen, wenn ich weiterhin zur Therapie käme. Aber ich müsse gesund werden *wollen*."

Vorschlag des Arztes: Spezialklinik

ambulante Betreuung setzt voraus: Wille, zu gesunden

„Aber das willst du doch?"

„Ja, natürlich, das heißt ..."

„Was? Das heißt was?" Anna wurde heiß.

„Manchmal weiß ich nicht mehr, was ich denke. Ihr seid immer bei mir, und doch fühle ich mich oft so schrecklich allein. In mir ist es dann ganz schwarz." Katrin sprach plötzlich immer schneller. „Ich sehe dann kein Licht mehr, hab keine Lust auf gar nichts, alles ist mir so wurscht, ich will einfach nichts mehr, ach Mama, manchmal hab ich solch große Angst, in ein Loch zu fallen, und dabei hab ich doch alles gehabt."

Katrins Unsicherheit und Verzweiflung – fühlt sich einsam

Lustlosigkeit

Sinnlosigkeit

...

„Wovor hast du Angst, mein Engel?"

„Vor dieser Leere ... Dass ich nicht weiß, wer ich bin. Dass ich in eine Depression falle und nicht mehr rausfinde."

Sie starrte vor sich auf den Weg, schob mit der Fußspitze ein Kieselsteinchen hin und her.

„Weißt du", sagte Anna, „im Moment steckst du voller trauriger und düsterer Gefühle, und all die positiven sind vergraben. Die kommen wieder ans Tageslicht, glaub mir, und wir helfen dir dabei. Du fehlst uns nämlich sehr!"

„Ja, aber der Weiß hat gesagt, ihr würdet es nicht aushalten, wenn ich daheim bin und depressiv werde, ich sei dann eine Zumutung für euch, auch deshalb wäre es besser, ich würde in diese Klinik gehen."

Das ist doch unglaublich, wie kann ein Mensch so zu einer Kranken reden, dachte Anna, aber sie schluckte ihre Wut runter, um Katrin nicht zu beunruhigen. Die redete weiter:

„Ach, Mama, wie gerne wäre ich zu Hause und die alte, fröhliche Katrin. Aber ich fühle mich oft so beschissen, hab Kopfweh, und das Essen ekelt mich richtig an, dann krieg ich Panik, dass ich mich selbst umbringe, also zerstöre ... und dass ich nicht alleine rauskomme aus diesem schwarzen Loch."

Anna legte ihren Arm fester um die knochigen Schultern ihrer Tochter, sah sie an und war unendlich traurig.

(Biermann, 2006, S. 18–19, 20–21, 81–82)

**(2)** *Fehler erkennen und verbessern – Sprachübungen: Verbessern Sie die folgenden Sätze:*

1. Sie fängt von Jean Luc und Fabi an und dass sie ihr immer weh täten.
2. Die Schwester von der Lena ist entsetzt, weil sie kann es noch immer nicht glauben.
3. Der Schwester ihre Freundin, die erzählt es ihr.
4. Lenas Mutter kommt später von wegen der Zugabfahrt.
5. Die Mutter brauchte ein Taschentuch, dadurch, dass sie so weinen muss.
6. Vor Wut auf den Arzt kriegt Lenas Mutter eine rote Birne.
7. Aber die Mutter, die wo total absackt, bleibt ganz ruhig.
8. Die Mutter von dem Jean-Luc sollte mal ihren Sohn besser erziehen.
9. Hier gibt es eine Lösung, nämlich dass die Mutter beim Arzt mal kräftig auf den Tisch hauen sollte und die Lena auch.
10. Katrin muss ihrer Familie die Wahrheit sagen, weil scheinbar nimmt sie immer mehr ab.
11. Niemand darf sich über andere lächerlich machen.

# Überarbeiten von Schülertexten

Bertolt Brecht

## Der hilflose Knabe

Bertolt Brecht (1898–1956), geb. in Augsburg, veröffentlichte „Der hilflose Knabe" um 1930 in seiner Reihe „Geschichten vom Herrn Keuner", die Teil seiner „Kalendergeschichten" wurden. Die Geschichten vom Herrn K. ähneln oft Parabeln.

[R] Herr K. sprach über die Unart, erlittenes Unrecht stillschweigend in sich hineinzufressen, und erzählte folgende Geschichte: „Einen vor sich hin weinenden Jungen fragte ein Vorübergehender nach dem Grund seines Kummers. ‚Ich hatte zwei Groschen für das Kino beisammen', sagte der Knabe, ‚da kam ein Junge und riß mir einen aus der Hand', und er zeigte auf einen Jungen, der in einiger Entfernung zu sehen war. ‚Hast du denn nicht um Hilfe geschrien?' fragte der Mann. ‚Doch', sagte der Junge und schluchzte ein wenig stärker. ‚Hat dich niemand gehört?' fragte ihn der Mann weiter, ihn liebevoll streichelnd. ‚Nein', schluchzte der Junge. ‚Kannst du denn nicht lauter schreien?' fragte der Mann. ‚Nein', sagte der Junge und blickte ihn mit neuer Hoffnung an. Denn der Mann lächelte. ‚Dann gib auch den her', sagte er, nahm ihm den letzten Groschen aus der Hand und ging unbekümmert weiter."

(Brecht, in: Deutsche Parabeln, 1982, S. 148)

**M1**

In der Kurzgeschichte von Bertolt Brecht „der hilflose Knabe" geht es um einen Knaben, der unglücklicherweise seine zwei Groschen, die er für einen Kinobesuch ausgeben will, entrissen werden. Der Film war nicht mehr möglich mit einem Groschen. Weinend sitzt der machtlose Knabe am Boden. Daraufhin kommt ein Mann und fragt ihn, wieso er so traurig sei. Der Junge erklärt ihm sein Unglück. Als er eine bestimmte Frage stellt, antwortet der junge Knabe unpassend auf seine Frage. Dies war der Auslöser zum Entreißen seiner letzten Groschen.



5267174

1. *Einmal wird die Zeit gewechselt. Wo?*
2. *Gibt es ein moderneres Wort für „Knabe"?*
3. *Viele Stellen sind unklar. Verdeutlichen Sie diese Stellen. Klären Sie die Bezüge und Inhalte.*
4. *Nur einmal wird die indirekte Rede verwendet. Genügt dies bei dieser Geschichte?*
5. *Schreiben Sie die Einleitung neu. Formulieren Sie das Thema.*
6. *Schreiben Sie die Stellen neu, die Ihnen überarbeitungswürdig erscheinen. Verbessern Sie auch die Rechtschreibfehler und die Verstöße gegen die Grammatik.*

Antoine de Saint-Exupéry

## Der kleine Prinz, Kapitel XXIII

Das bekannteste Werk des französischen Autors und Fliegers Saint-Exupéry (1900–1944) handelt von der Begegnung eines in der Sahara notgelandeten Piloten mit einem Jungen, der seinen Heimatplaneten verlassen hat und nun von seiner Reise erzählt.

„Guten Tag", sagte der kleine Prinz.

„Guten Tag", sagte der Händler.

Er handelte mit höchst wirksamen, durststillenden Pillen. Man schluckt jede Woche eine und spürt überhaupt kein Bedürfnis mehr, zu trinken.

„Warum verkaufst du das?", sagte der kleine Prinz.

„Das ist eine große Zeitersparnis", sagte der Händler. „Die Sachverständigen haben Berechnungen angestellt. Man spart dreiundfünfzig Minuten in der Woche."

„Und was macht man mit diesen dreiundfünfzig Minuten?"

„Man macht damit, was man will ..."

„Wenn ich dreiundfünfzig Minuten übrig hätte", sagte der kleine Prinz, „würde ich ganz gemächlich zu einem Brunnen laufen ..."

(de Saint-Exupéry, 1972, S. 54–55)

**M2**

In dem kurzen Auszug aus „Der kleine Prinz" von Antone de Saint-Exupèry (?) geht es darum, die schönen Momente des Lebens zu erkennen und zu genießen. (Worum geht es wirklich?)
Der kleine Prinz kommt zu einem Händler. Dieser handelt mit durststillenden Pillen. Man sollte überhaupt keinen Durst spüren. (Was ist hier „schief" formuliert?)
Der kleine Prinz fragt den Händler, warum er das verkaufe. (Der Bezug ist hier unklar.)
Dieser verspricht eine große Zeitersparnis. Er erzählt, dass man 35 Minuten von seiner Lebenszeit in der Woche spare. (Bitte genau lesen!)
Es sollen Berechnungen angestellt werden. (Was hat dieser Satz mit dem vorhergehenden und dem folgenden Satz zu tun? Zeitform?)
Daraufhin fragt der kleine Prinz, was man mit den Minuten tuen (tun) könne. Der Händler würde dass (Vorsicht: dass – Vorsicht: unklarer Bezug!) machen, was ihm zumute wäre. (Richtige Konjunktion einfügen.)
Der Prinz würde zum Brunnen gehen. (Verknüpfen Sie diese Aussage mit dem Vorsatz.)

1. *Dieser Text enthält Kommentare. Formulieren Sie die Stellen neu.*

Peter Altenberg

## Im Volksgarten

Peter Altenberg war ein stadtbekannter Wiener Caféhaus-Literat. Er war ein Meister der genauen Beobachtung, die er in kleinen literarischen Skizzen poetisch verdichtete. „Im Volksgarten" ist erstmals 1896 erschienen.

„Ich möchte einen blauen Ballon haben! Einen blauen Ballon möchte ich haben!"

„Da hast du einen blauen Ballon, Rosamunde!"

Man erklärte ihr nun, dass darinnen ein Gas sich befände, leichter als die atmosphärische Luft, infolgedessen etc. etc.

„Ich möchte ihn auslassen – – –", sagte sie einfach.

„Willst du ihn nicht lieber diesem armen Mäderl dort schenken?!?"

„Nein, ich will ihn auslassen – – – !"

Sie lässt den Ballon aus, sieht ihm nach, bis er verschwindet in den blauen Himmel.

„Tut es dir nun nicht leid, dass du ihn nicht dem armen Mäderl geschenkt hast?!?"

„Ja, ich hätte ihn lieber dem armen Mäderl geschenkt!"

„Da hast du einen andern blauen Ballon, schenke ihr diesen!"

„Nein, ich möchte den auch auslassen in den blauen Himmel!" – Sie tut es.

Man schenkt ihr einen dritten blauen Ballon.

Sie geht von selbst hin zu dem armen Mäderl, schenkt ihr diesen, sagt: „Du lasse ihn aus!"

„Nein", sagt das arme Mäderl, blickt den Ballon begeistert an.

Im Zimmer flog er an den Plafond, blieb drei Tage lang picken, wurde dunkler, schrumpfte ein, fiel tot herab als ein schwarzes Säckchen.

Da dachte das arme Mäderl: „Ich hätte ihn im Garten auslassen sollen, in den blauen Himmel, ich hätte ihm nachgeschaut, nachgeschaut – – – !"

Währenddessen erhielt das reiche Mäderl noch zehn Ballons, und einmal kaufte ihr der Onkel Karl sogar alle dreißig Ballons auf einmal. Zwanzig ließ sie in den Himmel fliegen und zehn verschenkte sie an arme Kinder. Von da an hatten Ballons für sie überhaupt kein Interesse mehr.

„Die dummen Ballons – – –", sagte sie.

Und Tante Ida fand infolgedessen, dass sie für ihr Alter ziemlich fortgeschritten sei!

Das arme Mäderl träumte: „Ich hätte ihn auslassen sollen, in den blauen Himmel, ich hätte ihm nachgeschaut und nachgeschaut – – – !"

(Altenberg, 1904, S. 262–263)

**M3**

„Im Volksgarten" ist eine Kurzgeschichte des Schrifftstellers Peter Altenvoerg.
Rosemunde möchte einen blauen Ballon haben und bekommt es. Sie erfährt auch, ihm Ballon befinde sich ein Gas, das den Ballon fliegen lasse. Sie möchte es fliegen lassen, obwohl ihr geraten wird, es dem armen Mäderl zu schenken. Sie lässt ihn fligen und verlangt nach einem. Sie sagt, es täte ihr zwar Leid, es nicht dem armen Mädchen gegeben zu haben, lässt es aber trotzdem los. Erst beim dritten Ballon, geht sie zum armen Mäderl, schenkt ihr den Ballon und verlangt, sie solle es loslasen. Das Mädchen sagt, sie wolle es nicht fliegen lassen und schaut es begeistert an.

(1) *Korrigieren Sie zunächst die Rechtschreibfehler auf einer Kopie des Textes.*



5267176

(2) *Hier sind auch viele Bezugsfehler! Finden Sie sie und formulieren Sie die Stellen neu.*

(3) *Das Mäderl oder Mädchen – verbessern Sie falsche Pronomen.*

(4) *Formulieren Sie das Thema der Geschichte.*

(5) *Welche Informationen fehlen, um den Text verständlicher und präziser zu gestalten?*

(6) *Auch sprachlich orientiert sich der Versuch stark an der Textvorlage. Verfassen Sie einen eigenen, flüssigeren Text.*

## Das Gesellenstück: eine Inhaltsangabe verfassen

Sie haben nun viele Techniken gelernt, die Ihnen dabei helfen, auch anspruchsvollere Texte wie die drei folgenden zu bearbeiten. Gehen Sie bei der Erstellung Ihrer Inhaltsangabe Schritt für Schritt vor. Sie finden auf ▸▸▸Seite 183 einen Fragenkatalog, mit dessen Hilfe Sie Ihre Arbeit überprüfen können.

Arthur Schopenhauer

### [Die Stachelschweine]

Eine Gesellschaft Stachelschweine drängte sich, an einem kalten Wintertage, recht nahe zusammen, um, durch die gegenseitige Wärme, sich vor dem Erfrieren zu schützen. Doch bald empfanden sie die gegenseitigen Stacheln; welches sie dann wieder voneinander entfernte. Wann nun das Bedürfnis der Erwärmung sie wieder näher zusammen brachte, wiederholte sich jenes zweite Übel; sodass sie zwischen beiden Leiden hin- und hergeworfen wurden, bis sie eine mäßige Entfernung voneinander herausgefunden hatten, in der sie es am besten aushalten konnten. – So treibt das Bedürfnis der Gesellschaft, aus der Leere und Monotonie des eigenen Innern entsprungen, die Menschen zueinander; aber ihre vielen widerwärtigen Eigenschaften und unerträglichen Fehler stoßen sie wieder voneinander ab. Die mittlere Entfernung, die sie endlich herausfinden und bei welcher ein Beisammensein bestehen kann, ist die Höflichkeit und feine Sitte. Dem, der sich nicht in dieser Entfernung hält, ruft man in England zu: keep your distance! – Vermöge derselben wird zwar das Bedürfnis gegenseitiger Erwärmung nur unvollkommen befriedigt, dafür aber der Stich der Stacheln nicht empfunden. – Wer jedoch viel eigene, innere Wärme hat, bleibt lieber aus der Gesellschaft weg, um keine Beschwerde zu geben noch zu empfangen.

(Schopenhauer, in: Sämtliche Werke, Band 5, 1965, S. 765)

Arthur Schopenhauer (1788-1860) ist einer der bekanntesten deutschen Philosophen. Der nebenstehende Text entstand ohne Titel 1851 und wurde als „Parabel von den Stachelschweinen“ bekannt.

Erich Kästners „Das Märchen vom Glück“ weist eine Rahmenhandlung auf. Der Erzählrahmen verankert die Erzählung von den drei Wünschen in einer bestimmten Situation. Vermutlich erzählt der alte Mann seine Geschichte mit einer bestimmten Absicht. Dies jedenfalls legt der Erzähler im letzten Satz nahe. Die Einbindung der Erzählung in eine Alltagssituation macht es erforderlich, dass Sie die Mittel der Redewiedergabe anwenden (▸▸▸S. 164 ff.).

Erich Kästner

## Das Märchen vom Glück

[R] Siebzig war er gut und gern, der alte Mann, der mir in der verräucherten Kneipe gegenübersaß. Sein Schopf sah aus, als habe es daraufgeschneit, und die Augen blitzten wie eine blankgefegte Eisbahn. „Oh, sind die Menschen dumm“, sagte er und schüttelte den Kopf, daß ich dachte, gleich müßten Schneeflocken aus seinem Haar aufwirbeln. „Das Glück ist ja schließlich keine Dauerwurst, von der man sich täglich seine Scheibe herunterschneiden kann!“

„Stimmt“, meinte ich, „das Glück hat ganz und gar nichts Geräuchertes an sich. Obwohl ...“ „Obwohl?“ „Obwohl gerade Sie aussehen, als hinge bei Ihnen zu Hause der Schinken des Glücks im Rauchfang.“ „Ich bin eine Ausnahme“, sagte er und trank einen Schluck. „Ich bin die Ausnahme. Ich bin nämlich der Mann, der einen Wunsch frei hat.“

Er blickte mir prüfend ins Gesicht, und dann erzählte er seine Geschichte. „Das ist lange her“, begann er und stützte den Kopf in beide Hände, „sehr lange. Vierzig Jahre. Ich war noch jung und litt am Leben wie an einer geschwollenen Backe. Da setzte sich, als ich eines Mittags verbittert auf einer grünen Parkbank hockte, ein alter Mann neben mich und sagte beiläufig: ‚Also gut. Wir haben es uns überlegt. Du hast drei Wünsche frei.‘ Ich starrte in meine Zeitung und tat, als hätte ich nichts gehört. ‚Wünsch dir, was du willst‘, fuhr er fort, ‚die schönste Frau oder das meiste Geld oder den größten Schnurrbart – das ist deine Sache. Aber werde endlich glücklich! Deine Unzufriedenheit geht uns auf die Nerven.‘ Er sah aus wie der Weihnachtsmann in Zivil. Weißer Vollbart, rote Apfelbäckchen, Augenbrauen wie aus Christbaumwatte. Gar nichts Verrücktes. Vielleicht ein bißchen zu gutmütig. Nachdem ich ihn eingehend betrachtet hatte, starrte ich wieder in meine Zeitung. ‚Obwohl es uns nichts angeht, was du mit deinen drei Wünschen machst‘, sagte er, ‚wäre es natürlich kein Fehler, wenn du dir die Angelegenheit vorher genau überlegtest. Denn drei Wünsche sind nicht vier Wünsche oder fünf, sondern drei. Und wenn du hinterher noch immer neidisch und unglücklich wärst, könnten wir dir und uns nicht mehr helfen.‘ Ich weiß nicht, ob Sie sich in meine Lage versetzen können. Ich saß auf einer Bank und haderte mit Gott und der Welt. In der Ferne klingelten die Straßenbahnen. Die Wachtparade zog irgendwo mit Pauken und Trompeten zum Schloß. Und neben mir saß nun dieser alte Quatschkopf!“

„Sie wurden wütend?“

„Ich wurde wütend. Mir war zumute wie einem Kessel kurz vorm Zerplatzen. Und als er sein weißwattiertes Großvatermündchen von neuem aufmachen wollte, stieß ich zornzitternd hervor: ‚Damit Sie alter Esel mich nicht länger duzen, nehme ich mir die Freiheit, meinen ersten und innigsten Wunsch auszusprechen – scheren Sie sich zum Teufel!‘ Das war nicht fein und höflich, aber ich konnte einfach nicht anders. Es hätte mich sonst zerrissen.“

„Das Märchen vom Glück“ erschien erstmals im Dezember 1947 in der „Neuen Zeitung“ und 1948 in „Der tägliche Kram“ – einer Sammlung mit Chansons und Prosa Kästners aus den Jahren „zwischen Krieg und Frieden“.

5267178

„Und?“

„Was ‚Und‘?“

„War er weg?“

„Ach so! – Natürlich war er weg! Wie fortgeweht. In der gleichen Sekunde. In nichts aufgelöst. Ich guckte sogar unter die Bank. Aber dort war er auch nicht. Mir wurde ganz übel vor lauter Schreck. Die Sache mit den Wünschen schien zu stimmen! Und der erste Wunsch hatte sich bereits erfüllt! Du meine Güte! Und wenn er sich erfüllt hatte, dann war der gute, liebe, brave Großpapa, wer er nun auch sein mochte, nicht nur weg, nicht nur von meiner Bank verschwunden, nein, dann war er beim Teufel! Dann war er in der Hölle! ‚Sei nicht albern‘, sagte ich zu mir selber. ‚Die Hölle gibt es ja gar nicht, und den Teufel auch nicht.‘ Aber die drei Wünsche, gab's denn die? Und trotzdem war der alte Mann, kaum hatte ich's gewünscht, verschwunden ... Mir wurde heiß und kalt. Mir schlotterten die Knie. Was sollte ich machen? Der alte Mann mußte wieder her, ob's nun eine Hölle gab oder nicht. Das war ich ihm schuldig. Ich mußte meinen zweiten Wunsch dransetzen, den zweiten von dreien, o ich Ochse! Oder sollte ich ihn lassen, wo er war? Mit seinen hübschen, roten Apfelbäckchen? ‚Bratapfelbäckchen‘, dachte ich schaudernd. Mir blieb keine Wahl. Ich schloß die Augen und flüsterte ängstlich: ‚Ich wünsche mir, daß der alte Mann wieder neben mir sitzt!‘ Wissen Sie, ich habe mir jahrelang, bis in den Traum hinein, die bittersten Vorwürfe gemacht, daß ich den zweiten Wunsch auf diese Weise verschleudert habe, doch ich sah damals keinen Ausweg. Es gab ja auch keinen ...“

„Und?“

„Was ‚Und‘?“

„War er wieder da?“

„Ach so! – Natürlich war er wieder da! In der nämlichen Sekunde. Er saß wieder neben mir, als wäre er nie fortgewünscht gewesen. Das heißt, man sah's ihm schon an, daß er ..., daß er irgendwo gewesen war, wo es verteufelt, ich meine, wo es sehr heiß sein mußte. O ja. Die buschigen weißen Augenbrauen waren ein bißchen verbrannt. Und der schöne Vollbart hatte auch etwas gelitten. Besonders an den Rändern. Außerdem roch's wie nach versengter Gans. Er blickte mich vorwurfsvoll an. Dann zog er ein Bartbürstchen aus der Brusttasche, putzte sich Bart und Brauen und sagte gekränkt: ‚Hören Sie, junger Mann – fein war das nicht von Ihnen!‘ Ich stotterte eine Entschuldigung. Wie leid es mir täte. Ich hätte doch nicht an die drei Wünsche geglaubt. Und außerdem hätte ich immerhin versucht, den Schaden wieder gutzumachen. ‚Das ist richtig‘, meinte er. ‚Es wurde aber auch die höchste Zeit.‘ Dann lächelte er. Er lächelte so freundlich, daß mir fast die Tränen kamen. ‚Nun haben Sie nur noch einen Wunsch frei‘, sagte er, ‚den dritten. Mit ihm gehen Sie hoffentlich ein bißchen vorsichtiger um. Versprechen Sie mir das?‘ Ich nickte und schluckte. ‚Ja‘, antwortete ich dann, ‚aber nur, wenn Sie mich wieder duzen.‘ Da mußte er lachen. ‚Gut, mein Junge‘, sagte er und gab mir die Hand. ‚Leb wohl. Sei nicht allzu unglücklich. Und gib auf deinen letzten Wunsch acht.‘ – ‚Ich verspreche es Ihnen‘, erwiderte ich feierlich. Doch er war schon weg. Wie fortgeblasen.“

„Und?“

„Was ‚Und‘?“

„Seitdem sind Sie glücklich?“

„Ach so. – Glücklich?“ Mein Nachbar stand auf, nahm Hut und Mantel vom Garderobenhaken, sah mich mit seinen blitzblanken Augen an und sagte: „Den letzten Wunsch hab ich vierzig Jahre lang nicht angerührt. Manchmal war ich nahe dran. Aber nein. Wünsche sind nur gut, solange man sie noch vor sich hat. Leben Sie wohl.“

Ich sah vom Fenster aus, wie er über die Straße ging. Die Schneeflocken umtanzten ihn. Und er hatte ganz vergessen, mir zu sagen, ob wenigstens er glücklich sei. Oder hatte er mir absichtlich nicht geantwortet? Das ist natürlich auch möglich.

(Kästner, 1979, S. 137–139)

Peter Stamm

## Am Eisweiher

[R] Ich war mit dem Abendzug aus dem Welschland nach Hause gekommen. Damals arbeitete ich in Neuchâtel, aber zu Hause fühlte ich mich noch immer in meinem Dorf im Thurgau. Ich war zwanzig Jahre alt.

Irgendwo war ein Unglück geschehen, ein Brand ausgebrochen, ich weiß es nicht mehr. Jedenfalls kam mit einer halben Stunde Verspätung nicht der Schnellzug aus Genf, sondern ein kurzer Zug mit alten Wagen. Unterwegs blieb er immer wieder auf offener Strecke stehen, und wir Passagiere begannen bald, miteinander zu sprechen und die Fenster zu öffnen. Es war die Zeit der Sommerferien. Draußen roch es nach Heu, und einmal, als der Zug eine Weile gestanden hatte und das Land um uns ganz still war, hörten wir das Zirpen der Grillen.

Es war fast Mitternacht, als ich mein Dorf erreichte. Die Luft war noch warm, und ich trug die Jacke über dem Arm. Meine Eltern waren schon zu Bett gegangen. Das Haus war dunkel, und ich stellte nur schnell meine Sporttasche mit der schmutzigen Wäsche in den Flur. Es war keine Nacht zum Schlafen.

Vor unserem Stammlokal standen meine Freunde und berieten, was sie noch unternehmen sollten. Der Wirt hatte sie nach Hause geschickt, die Polizeistunde war vorüber. Wir redeten eine Weile draußen auf der Straße, bis jemand aus einem Fenster rief, wir sollten endlich ruhig sein und verschwinden. Da sagte Stefanie, die Freundin von Urs: „Warum gehen wir nicht im Eisweiher baden? Das Wasser ist ganz warm.“

Die anderen fuhren schon los, und ich sagte, ich würde nur schnell mein Fahrrad holen und dann nachkommen. Zu Hause packte ich meine Badehose und ein Badetuch ein, dann fuhr ich hinter den anderen her. Der Eisweiher lag in einer Mulde zwischen zwei Dörfern. Auf halbem Weg kam mir Urs entgegen.

„Stefanie hat einen Platten“, rief er mir zu. „Ich hole Flickzeug.“

Kurz darauf sah ich dann Stefanie, die an der Böschung saß. Ich stieg ab.

Der Schweizer Schriftsteller Peter Stamm, geb. 1963, wuchs im Kanton Thurgau auf.

„Das kann eine Weile dauern, bis Urs zurückkommt“, sagte ich. „Ich gehe mit dir, wenn du magst.“

Wir schoben unsere Fahrräder langsam den Hügel empor, hinter dem der Weiher lag. Ich hatte Stefanie nie besonders gemocht, vielleicht weil es hieß, sie treibe es mit jedem, vielleicht aus Eifersucht, weil Urs sich nie mehr ohne sie zeigte, seit die beiden zusammen waren. Aber jetzt, als ich zum ersten Mal mit ihr allein war, verstanden wir uns ganz gut und redeten über dies und jenes.

Stefanie hatte im Frühjahr die Matura gemacht und arbeitete bis zum Beginn ihres Studiums im Herbst als Kassiererin in einem Warenhaus. Sie erzählte von Ladendieben und wer im Dorf immer nur die Aktionen und wer Kondome kaufe. Wir lachten den ganzen Weg. Als wir beim Weiher ankamen, waren die anderen schon hinausgeschwommen. Wir zogen uns aus, und als ich sah, dass Stefanie keinen Badeanzug dabeihatte, zog auch ich meine Badehose nicht an und tat, als sei das selbstverständlich. Der Mond war nicht zu sehen, aber unzählige Sterne und nur schwach die Hügel und der Weiher.

Stefanie war ins Wasser gesprungen und schwamm in eine andere Richtung als unsere Freunde. Ich folgte ihr. Die Luft war schon kühl gewesen und die Wiese feucht vom Tau, aber das Wasser war warm wie am Tag. Nur manchmal, wenn ich kräftig mit den Beinen schlug, wirbelte kaltes Wasser hoch. Als ich Stefanie eingeholt hatte, schwammen wir eine Weile nebeneinander her, und sie fragte mich, ob ich in Neuchâtel eine Freundin hätte, und ich sagte nein.

„Komm, wir schwimmen zum Bootshaus“, sagte sie.



5267180

Wir kamen zum Bootshaus und schauten zurück. Da sahen wir, daß die anderen wieder am Ufer waren und ein Feuer angezündet hatten. Ob Urs schon bei ihnen war, konnten wir aus der Entfernung nicht erkennen. Stefanie kletterte auf den Steg und stieg von dort auf den Balkon, von dem wir als Kinder oft ins Wasser gesprungen waren. Sie legte sich auf den Rücken und sagte, ich solle zu ihr kommen, ihr sei kalt. Ich legte mich neben sie, aber sie sagte: „Komm näher, das hilft ja so nichts."

Wir blieben eine Zeitlang auf dem Balkon. Inzwischen war der Mond aufgegangen und schien so hell, daß unsere Körper Schatten warfen auf dem grauen, verwitterten Holz. Aus dem nahen Wald hörten wir Geräusche, von denen wir nicht wußten, was sie bedeuteten, dann, wie jemand auf das Bootshaus zuschwamm, und kurz darauf rief Urs: „Stefanie, seid ihr da?"

Stefanie legte den Finger auf den Mund und zog mich in den Schatten des hohen Geländers. Wir hörten, wie Urs schwer atmend aus dem Wasser stieg und wie er sich am Geländer hochzog. Er mußte nun direkt über uns sein. Ich wagte nicht, nach oben zu schauen, mich zu bewegen.

„Was machst du da?" Urs kauerte auf dem Geländer des Balkons und blickte auf uns herab. Er sagte es leise, erstaunt, nicht wütend, und er sagte es zu mir.

„Wir haben gehört, daß du kommst", sagte ich. „Wir haben geredet, und dann haben wir uns versteckt, um dich zu überraschen."

Jetzt schaute Urs zur Mitte des Balkons, und auch ich schaute hin und sah dort ganz deutlich, als lägen wir noch da, den Fleck, den Stefanies und mein nasser Körper hinterlassen hatten.

„Warum hast du das gemacht?", fragte Urs. Wieder fragte er nur mich und schien seine Freundin gar nicht zu bemerken, die noch immer regungslos im Schatten kauerte. Dann stand er auf und machte hoch über uns auf dem Geländer zwei Schritte und sprang mit einer Art Schrei, mit einem Jauchzer, in das dunkle Wasser. Noch vor dem Klatschen des Wassers hörte ich einen dumpfen Schlag, und ich sprang auf und schaute hinunter.

Es war gefährlich, vom Balkon herunterzuspringen. Es gab im Wasser Pfähle, die bis an die Oberfläche reichten, als Kinder hatten wir gewußt, wo sie waren. Urs trieb unten im Wasser. Sein Körper leuchtete seltsam weiß im Mondlicht, und Stefanie, die nun neben mir stand, sagte: „Der ist tot."

Vorsichtig stieg ich vom Balkon hinunter auf den Steg und zog Urs an einem Fuß zu mir. Stefanie war vom Balkon gesprungen und schwamm, so schnell sie konnte, zurück zu unseren Freunden. Ich zog Urs aus dem Wasser und hievte ihn auf den kleinen Steg neben dem Bootshaus. Er hatte am Kopf eine schreckliche Wunde.

Ich glaube, ich saß die meiste Zeit einfach nur da neben ihm. Irgendwann, viel später, kam ein Polizist und gab mir eine Decke, und erst jetzt merkte ich, wie kalt mir war. Die Polizisten nahmen Stefanie und mich mit auf die Wache, und wir erzählten, wie alles gewesen war, nur nicht, was wir auf dem Balkon getan hatten. Die Beamten waren sehr freundlich und brachten uns, als es schon Morgen wurde, sogar nach Hause. Meine Eltern hatten sich Sorgen gemacht.

Stefanie sah ich noch bei der Beerdigung von Urs. Auch meine anderen Freunde waren da, aber wir sprachen nicht miteinander, erst später, in unserem Stammlokal, nur nicht über das, was in jener Nacht geschehen war. Wir tranken Bier, und einer sagte, ich weiß nicht mehr, wer es war, es reue ihn nicht, daß Stefanie nicht mehr komme. Seit sie dabei gewesen sei, habe man nicht mehr vernünftig reden können.

Einige Monate später erfuhr ich, daß Stefanie schwanger war. Von da an blieb ich an den Wochenenden oft in Neuchâtel und fing sogar an, meine Wäsche selber zu waschen.

(Stamm, 1999, S. 9–14)

Eine Beispiellösung für Peter Stamms „Am Eisweiher" befindet sich auf ▸▸▸Seite 311. Diese sollten Sie aber erst heranziehen, nachdem Sie die Inhaltsangabe geschrieben haben.

# Eine Filmkritik verfassen

Für die DVD-Sammlung der Schülerbibliothek können Sie eine Filmkritik verfassen, die es Ihren Mitschülern erlauben soll, sich schnell über Thema, Inhalt und Künstler zu orientieren. Sie planen u. U. auch eine Rubrik „prämierte Kurzfilme".

Wir schlagen Ihnen folgenden Kurzfilm zur Bearbeitung vor: „Spielzeugland" von Jochen Alexander Freydank, 13:50 Min.

Worum geht es? Deutschland 1942. Zwei benachbarte Jungen sind befreundet, Heinrich Meißner und David Silberstein. Angesichts der drohenden Deportation der jüdischen Familie Silberstein erzählt Marianne Meißner ihrem Sohn, ihre Nachbarn müssten bald verreisen – ins Spielzeugland. Eines Morgens sind die Silbersteins verschwunden, Heinrich auch. Marianne Meißner ist verzweifelt, natürlich will sie ihren Sohn retten ... . Ein Film über kleine und große Lügen, über Schuld und Verantwortung.

Arbeiten Sie in der Form der Schreibwerkstatt (▸▸▸S. 326–328 ff.):

1. *Erstellen Sie eine Übersicht über die Informationen, die Sie von einer guten Filmkritik erwarten.*
2. *Welchen Stellenwert geben Sie hierbei der Inhaltsangabe des Films?*
3. *Während Sie den Film betrachten, beantworten Sie die W-Fragen und notieren sich stichwortartig die wichtigsten Stationen des Handlungsverlaufs.*
4. *Verfassen Sie nun eine Inhaltsangabe. Orientieren Sie sich dabei an den von Ihnen erarbeiteten Kriterien.*
5. *Erarbeiten Sie eine Filmkritik: Welche Punkte erscheinen Ihnen nicht gelungen? Welche finden Sie ansprechend? Begründen Sie Ihr Urteil.*
6. *Schreiben Sie Ihren Text und reichen Sie ihn zur Überarbeitung an die Mitglieder Ihrer Lerngruppe weiter.*
7. *Überarbeiten Sie die Texte Ihrer Mitschüler und Mitschülerinnen und geben Sie sie an die Verfasser zurück.*
8. *Schreiben Sie Ihren Text neu. Beachten Sie die kritischen Anmerkungen Ihrer Lerngruppe.*
9. *Wenn Sie wollen, können Sie Ihren Text als Kommentar zum Film ins Netz stellen. Bedenken Sie dabei, welche Vorabinformationen Sie für wichtig halten. Hintergrundinformationen zu Jochen Alexander Freydank finden Sie im Internet. Sie können den Regisseur auch anmailen.*


5267182

# Inhaltsangabe literarischer Prosatexte

## Kompetenzen

- Sie haben die Kompetenz erworben, literarische Texte und Filme, schriftlich wiederzugeben, indem Sie die formalen Anforderungen an eine Inhaltsangabe erfüllen.
- Sie können nun folgende Fragen an eine Inhaltsangabe sachkundig beurteilen:

| Fragen an eine Inhaltsangabe | Bewertung (vergeben Sie Punkte) | | | | | Kommentar |
|---|---|---|---|---|---|---|
| Ist das Thema erfasst? | 1 | 2 | 3 | 4 | 5 | |
| Sind die Quellenangaben angeführt? | 1 | 2 | 3 | 4 | 5 | |
| Sind die W-Fragen beantwortet? | 1 | 2 | 3 | 4 | 5 | |
| Ist die Darstellung des Handlungsverlaufs verständlich wiedergegeben? | 1 | 2 | 3 | 4 | 5 | |
| Finden sich unwesentliche Details? | 1 | 2 | 3 | 4 | 5 | |
| Gelingen indirekte Rede und Redebericht? | 1 | 2 | 3 | 4 | 5 | |
| Findet der Verfasser zu einer eigenständigen Sprache? | 1 | 2 | 3 | 4 | 5 | |
| Bleibt der Stil sachlich? | 1 | 2 | 3 | 4 | 5 | |
| Ist das Präsens eingehalten? | 1 | 2 | 3 | 4 | 5 | |

## Was Sie beim Schreiben beachten sollten:

- Klarer Aufbau
- Einleitung:
  - Autor (bei einem Film: Regisseur), Titel, Textsorte (bzw. Filmgenre), Erscheinungsort und Erscheinungsjahr
  - Thema benennen: Worum geht es in der Erzählung, der Kurzgeschichte, dem Film etc.?
- Durchführung:
  - Die Handlung wird in eigenständiger Sprache wiedergegeben.
  - Dabei ist die Handlung zusammenhängend, logisch schlüssig und auf das Wesentliche beschränkt wiederzugeben.
- Darstellungsweise:
  - sachlich, ohne Spannungsaufbau
  - indirekte Rede, Konjunktiv
  - Zeitform: Präsens

in Neuchâtel
oft ins Wasser
eine Weile nebeneinander
schwach
zum ersten Mal
Wir lachten
zum Bootshaus
die beiden zusammen
die Oberfläche
am Tag
unzählige Ste
Die Luft
langsam den Hügel
wir als Kinder
Jauchzer
immer
Wir lachten
Eifersucht
ein Feuer angezündet
schatten
vielleicht
wir schwimm
im Frühjahr
der Weiher
allein
das dunkle Wasser
erzählte
einen dumpfen Sch
eine schreckliche
die Wiese feucht vom Tau
unsere Freunde
wer im Dorf
im Mondlicht
Störfaktor
ltes Wasser
wie kalt mir war
Betrug
zwei Schritte
unzählige Sterne
Weiher
zutiefst verletz

# Interpretation epischer Texte

Charakterisierung

Subjektive Wahrnehmung

Sie lernen im Kompetenzbereich „Literarische Texte und Medienprodukte“

- Ansätze zur Analyse epischer Texte kennen und anwenden,
- die schriftliche Interpretation epischer Kurztexte,
- Interpretationsbeispiele beurteilen.

Interpretationsbeispiele bearbeiten

## Elemente epischer Texte

Erzählperspektiven

Zeitstrukturen

Motive

Personen

Figurenrede

## Interpretation von Prosatexten

Aufbau

Übergänge

Satzmuster

5267185

# Was ist „Epik"?

Epische Texte sind die erzählenden Texte der Literatur: Eine Reihe unterschiedlicher Textarten – zum Beispiel Romane, Novellen, Fabeln, Erzählungen und Kurzgeschichten – fällt darunter. Da diese Texte meist nicht wie Gedichte durch Metrum, Rhythmus und Vers an eine Form gebunden sind, spricht man oft auch von literarischer „Prosa", also formal „ungebundenen" dichterischen Texten.

Im letzten Kapitel ging es darum, eine Inhaltsangabe zu verfassen; jetzt sollen kurze epische Texte interpretiert werden. Sie lernen zunächst die Elemente des Erzählens kennen.

# Elemente erzählender Texte

## ERZÄHLPERSPEKTIVE

**1** Alfred stand fröstelnd auf der Straße und beobachtete besorgt das gegenüberliegende Hotel. In einem Zimmer des zehnten Stocks wälzte sich Helmut unterdessen, von entsetzlichen Albträumen geplagt, in seinem Bett unruhig hin und her. Plötzlich sprang er auf, von panischer Angst gejagt, riss das Fenster auf und stürzte sich, ohne zu wissen, was er tat, in die Tiefe.

**2** Ich stand fröstelnd auf der Straße und beobachtete besorgt das gegenüberliegende Hotel. Plötzlich öffnet sich ein Fenster im zehnten Stock und ein Mann stürzt hinunter. Helmut!, ist mein erster Gedanke. Mit einem gellenden Schrei, wie man mir später sagte, renne ich über die Straße.

**3** Ihm war kalt. Er stand auf der Straße und beobachtete besorgt das gegenüberliegende Hotel. Plötzlich öffnete sich ein Fenster im zehnten Stock und ein Mann stürzte hinunter. Helmut! Er rannte, so schnell er konnte, über die Straße.

(1) *Ein Ereignis – drei Texte: Wodurch unterscheiden sie sich?*

(2) *Wodurch unterscheiden sich speziell Text 2 und Text 3?*

Grundsätzlich lassen sich drei Erzählhaltungen oder Erzählperspektiven unterscheiden:

- Erzählt wird aus der Sicht eines Erzählers, er ist der Urheber (lat. auctor) dessen, was er erzählt – es liegt also eine auktoriale Erzählung vor.
- Erzählt wird aus der Sicht eines erlebenden und erzählenden Ichs – es liegt also eine Ich-Erzählung vor.
- Erzählt wird aus der Sicht einer das Geschehen erlebenden Person, es liegt also ein personales Erzählen vor.



5267186

<table>
<tr><th colspan="2">Auktoriale Erzählperspektive</th></tr>
<tr><td>Er stand auf der Straße und beobachtete das gegenüberliegende Hotel. Plötzlich öffnete sich ein Fenster im zehnten Stock und ein Mann stürzte sich hinunter. Der Beobachter lief über die Straße und blickte auf den leblosen Körper. Ein eiligst herbeigerufener Arzt erklärte: „Der Mann muss auf der Stelle tot gewesen sein."</td><td>Alfred stand fröstelnd auf der Straße und beobachtete besorgt das gegenüberliegende Hotel. Er hätte Helmut nicht allein lassen dürfen. Und in der Tat: In seinem Zimmer im zehnten Stock wälzte sich Helmut unterdessen, von entsetzlichen Albträumen geplagt, in seinem Bett unruhig hin und her. Er träumte von einem riesengroßen, käferartigen Ungeheuer, das langsam auf ihn zukroch. In panischer Angst sprang er aus dem Bett, riss das Fenster auf und stürzte sich, ohne zu wissen, was er tat, in die Tiefe. Er war auf der Stelle tot. Für Alfred, der dies von dem eiligst herbeigerufenen Arzt erfuhr, konnte das kein Trost sein. Seine Gewissensbisse kamen zu spät. Das Schicksal sollte jedoch noch härtere Prüfungen für diesen noch so unreifen, noch so leichtsinnigen jungen Mann bereithalten.</td></tr>
<tr><th colspan="2">Ich-Erzählperspektive</th></tr>
<tr><td>Ich stand fröstelnd auf der Straße und beobachtete besorgt das gegenüberliegende Hotel. Plötzlich öffnet sich ein Fenster im zehnten Stock und ein Mann stürzt hinunter. Helmut!, ist mein erster Gedanke. So schnell ich kann, renne ich über die Straße. In der Tat: Es ist Helmut! Voller Verzweiflung, das Entsetzliche nicht verhindert zu haben, blicke ich auf den leblosen Körper. Ich hätte ihn heute Abend nicht allein lassen dürfen! Die Erklärung des eiligst herbeigerufenen Arztes, er müsse auf der Stelle tot gewesen sein, war mir kein Trost.</td><td>Ich stand fröstelnd auf der Straße und beobachtete besorgt das gegenüberliegende Hotel. Warum nur hatte ich Helmut allein gelassen? Er hatte mich beleidigt, gewiss, aber … Plötzlich öffnete sich ein Fenster im zehnten Stock, und ein Mann stürzte hinunter. Helmut!, war mein erster Gedanke. So schnell ich konnte, rannte ich über die Straße. Er war tot. Jahre später noch machte ich mir Vorwürfe. Damals hatte ich geglaubt, etwas Entsetzlicheres könne mir nicht widerfahren. Welch ein Tor war ich doch gewesen – unerfahren, unreif, ungefestigt. Offenbar musste ich durch harte Schicksalsschläge gestählt werden. Zurück zu Helmut: Wie ich bei seinem Begräbnis von seiner Schwester erfuhr, wollte er mit ihr zusammen Europa verlassen.</td></tr>
<tr><th colspan="2">Personale Erzählperspektive</th></tr>
<tr><td>Ihm war kalt. Er stand auf der Straße und beobachtete besorgt das gegenüberliegende Hotel. Plötzlich öffnete sich ein Fenster im zehnten Stock und ein Mann stürzte hinunter. Helmut! Er rannte, so schnell er konnte, über die Straße.</td><td>Ihm war kalt. Er stand auf der Straße und beobachtete besorgt das gegenüberliegende Hotel. Warum nur hatte er Helmut allein gelassen? Helmut hatte ihn beleidigt, gewiss, aber … Plötzlich öffnete sich ein Fenster im zehnten Stock und ein Mann stürzte hinunter. Helmut! Er rannte, so schnell er konnte, über die Straße. Es war Helmut. Voller Verzweiflung, das Entsetzliche nicht verhindert zu haben, blickte er auf den leblosen Körper. Ein eiligst herbeigerufener Arzt erklärte, Helmut müsse auf der Stelle tot gewesen sein. Das konnte ihm kein Trost sein.</td></tr>
</table>

1. *Ein Ereignis – sechs Texte! Worin unterscheiden sich jeweils die beiden Varianten? (Nutzen Sie die Infobox auf* *▸▸▸ S. 191.)*

2. *Unterstreichen Sie die Erweiterungen in jeder „Maximalform" auf einer Kopie.*

3. *Beschreiben Sie die Bandbreite jeder Erzählperspektive in ihrer „Minimal-" und „Maximalform".*

Die folgenden Texte sind die Anfänge bekannter Romane oder Erzählungen:

1 Eduard – so nennen wir einen reichen Baron im besten Mannesalter – Eduard hatte in seiner Baumschule die schönste Stunde eines Aprilnachmittags zugebracht, um frisch erhaltene Pfropfreiser auf junge Stämme zu bringen. Sein Geschäft war eben vollendet; er legte die Gerätschaften in das Futteral zusammen und betrachtete seine Arbeit mit Vergnügen, als der Gärtner hinzutrat und sich an dem teilnehmenden Fleiße des Herrn ergetzte.

(Johann Wolfgang von Goethe: Die Wahlverwandtschaften)

2 An den Ufern der Havel lebte, um die Mitte des sechzehnten Jahrhunderts, ein Rosshändler, namens *Michael Kohlhaas,* Sohn eines Schulmeisters, einer der rechtschaffensten zugleich und entsetzlichsten Menschen seiner Zeit.

(Heinrich von Kleist: Michael Kohlhaas)

3 Ob ich mich in diesem Buche zum Helden meiner eignen Leidensgeschichte entwickeln werde oder ob jemand anders diese Stelle ausfüllen soll, wird sich zeigen.
Um mit dem Beginn meines Lebens anzufangen, bemerke ich, dass ich, wie man mir mitgeteilt hat und wie ich auch glaube, an einem Freitag um Mitternacht zur Welt kam.

(Charles Dickens: David Copperfield)

4 Alle glücklichen Familien sind einander ähnlich, jede unglückliche Familie ist unglücklich auf ihre Weise.
Drunter und drüber ging es bei den Oblonskis. Die Frau des Hauses hatte erfahren, dass ihr Mann eine Liaison hatte mit einer Französin, die als Gouvernante im Haus gewesen war, und hatte ihrem Mann verkündet, dass sie nicht mehr im selben Haus mit ihm leben könne.

(Leo Tolstoj: Anna Karenina)

5 Jemand musste Josef K. verleumdet haben, denn ohne dass er etwas Böses getan hätte, wurde er eines Morgens verhaftet. Die Köchin der Frau Grubach, seiner Zimmervermieterin, die ihm jeden Tag gegen acht Uhr früh das Frühstück brachte, kam diesmal nicht. Das war noch niemals geschehn. K. wartete noch ein Weilchen, sah von seinem Kopfkissen aus die alte Frau, die ihm gegenüber wohnte und die ihn mit einer an ihr ganz ungewöhnlichen Neugierde beobachtete, dann aber, gleichzeitig befremdet und hungrig, läutete er.

(Franz Kafka: Der Proceß)

6 Die Geschichte Hans Castorps, die wir erzählen wollen – nicht um seinetwillen (denn der Leser wird einen einfachen, wenn auch ansprechenden jungen Menschen in ihm kennenlernen), sondern um der Geschichte willen, die uns in hohem Grade erzählenswert erscheint [...]

(Thomas Mann: Der Zauberberg)

7 [R] Zugegeben: ich bin Insasse einer Heil- und Pflegeanstalt, mein Pfleger beobachtet mich, läßt mich kaum aus dem Auge; denn in der Tür ist ein Guckloch, und meines Pflegers Auge ist von jenem Braun, welches mich, den Blauäugigen, nicht durchschauen kann.

(Günter Grass: Die Blechtrommel)

1 *Welche Erzählperspektive liegt bei diesen Anfängen jeweils vor? Begründen Sie Ihr Urteil.*

2 *Von welchen Möglichkeiten der gewählten Perspektive macht der Autor jeweils Gebrauch? Unterstreichen Sie Ihre Belegstellen auf einer Kopie.*

3 *Der Autor und der Erzähler – ist das dasselbe? Begründen Sie Ihre Meinung.*



5267188

## Subjektive Wahrnehmung: Ich-Erzählungen

(1) *Lesen Sie die folgenden Texte: Was nimmt der jeweilige Ich-Erzähler wahr?*

(2) *Was für ein Mensch ist er? Charakterisieren Sie ihn bzw. sie:*

### In der S-Bahn

In der S-Bahn der Linie 3, zur Hauptverkehrszeit. Ein junger Mann gerät in Streit mit seinem Nachbarn: Er wirft diesem vor, ihn jedes Mal, wenn jemand vorbeikommt, anzurempeln. Als er einen frei gewordenen Platz entdeckt, stürzt er sich darauf.

(Angelehnt an „Stilübungen" von Raymond Queneau, vgl. Queneau, 2016, S. 7–20)

**I**

Hätte ich doch ein Taxi genommen, als ich meinen Wagen zur Inspektion gab! Ich hasse es, zu warten, und ich hasse überfüllte S-Bahnen. Und in der Tat: total überfüllt. Bei jeder Haltestelle ein Gedränge! Und was für Leute! Schweißgeruch überall, furchtbar! Ich weiß, warum ich öffentliche Verkehrsmittel sonst nie benutze. Hoffentlich bleibt nichts im Anzug hängen – die Müller aus dem Vorzimmer des Chefs hat eine feine Nase. Soll ich anrufen, dass ich fünf Minuten später komme? Egal, ich werde just in time da sein, und ohne mich geht das Meeting eh nicht los. Ich zähle schließlich zu den Bestleistern, wie mir der Hauck von den Personalern gesteckt hat. Aber man muss ja nicht unangenehm auffallen.
Ein paar Meter vor mir ein junger Mann, ganz in schwarzes Leder gekleidet, überall Nieten – und überall Tattoos, die Hände und das ganze Gesicht voll. Absolut grotesk! Wie kann man sich nur so verunstalten! Ernsthaft arbeiten kann der ja nicht, so wie er aussieht. Und jetzt legt sich dieses Handtuch noch mit dem vierschrötigen Glatzkopf neben ihm an: Er wirft ihm doch glatt ein wenig weinerlich vor, ihm jedes Mal, wenn sich jemand vorbeischiebt, auf die Füße zu treten. Junge, das ist nicht deine Gewichtsklasse! So viel Dummheit! Hat der Kleine noch nicht kapiert, dass der Ober den Unter sticht? Der andere scheint verbal nicht sonderlich fit zu sein, jedenfalls sagt er gar nichts, bekommt nur einen roten Kopf. Mich hätte dieser lächerliche Streit zweier Schwachköpfe ja amüsiert, aber der Junge zieht es dann doch vor, so schnell wie möglich auf einen frei gewordenen Sitzplatz zu drängen. Gott sei Dank, bei einer Schlägerei wäre ich vielleicht wirklich noch zu spät gekommen.

**II**

Heute Morgen, wie üblich, die S-Bahn überfüllt, und keiner, der mir seinen Platz anbot – früher war das selbstverständlich, sagt meine Oma. „Ein Kavalier der alten Schule", sagt sie immer, wenn ihr ein Mann die Tür aufhält. Eigentlich wäre so ein Ritter doch ganz angenehm … andererseits musste meine Oma auch darauf warten, dass sie einer anspricht. Nee, ich such mir meine Typen lieber selber aus. Ein geiler Typ in einem heißen Outfit stand in der S-Bahn gleich neben mir: ganz in Schwarz, Leder mit Nieten und Tattoos bis zur Haarspitze, beeindruckend irgendwie, gut geschnittenes Gesicht – echt interessanter Typ. Geheimnisvoll. Ich seh ja nun auch nicht gerade durchschnittlich aus mit meiner Figur und meinen Klamotten, ich brauch jedenfalls keinen Schönheitschirurgen und lauf nicht rum wie die meisten – wie auf einer Bad-Taste-Party. Also versuchte ich hin und wieder einen Blickkontakt und war gespannt, ob er und wie er reagiert. Blöderweise reagierte er gar nicht. Er beklagte sich bei einem älteren bulligen Mann neben ihm, dieser trete ihm ständig absichtlich auf die Füße. Wow! Der andere war doch ein ziemliches Kaliber. Ich als Frau hätte dem Dicken ja noch ganz anders den Marsch blasen können, aber er … das war nicht ganz risikofrei. Wahrscheinlich wollte er einfach Eindruck schinden bei mir. Na ja, war vielleicht doch besser, dass er, ehe der Streit richtig losging, auf einen freien Platz ausgewichen ist. Mit dem Blick folgte ich ihm, das muss er doch gemerkt haben, aber er hat überhaupt nicht daran gedacht, mich anzusprechen und mir den Platz anzubieten. Komisch! Vielleicht war er ja einfach schwul?

**III**

Okay, ich war nicht gut drauf, es ging auch alles schief: kaum geschlafen, zu spät aufgestanden, Ärger mit Gaby wegen der paar Bier gestern Abend. Dann hat auch noch die Scheiß-S-Bahn wegen der Scheiß-Bauarbeiten Verspätung! Knallvoll ist sie dann natürlich auch noch. Ich zwänge mich rein, und dann steht da neben mir so ein kleines Arschloch, wie ich sie überhaupt nicht leiden kann: so ein schwarz angezogener Wichser, Leder, Nieten und bis zum Haaransatz voller Tattoos. Einer von dieser Sorte Leute, die irgendwie leben – ohne Job, denn wer würde denn so einen einstellen – also wieder einer von denen, die auf meine Kosten leben! Meinen ganzen Frust hätte ich am liebsten an ihm abgelassen und ihm die Fresse poliert. Aber gut – ich hab Gaby versprochen, dass ich jedem Zoff aus dem Weg geh. Wenn wieder was vorfällt, macht sie Ernst. Sie ist der Boss. Okay, ich geb zu, ich habe ihm jedes Mal, wenn sich einer an den Haltestellen vorbeidrängte, ein bisschen auf die Füße getreten. Und was macht das Bürschchen? Fängt nach einer Zeit an zu krähen und beschwert sich. Ich habe gar nichts gesagt, habe ihn nur angeguckt: Noch ein Wort …! Und siehe da – genauso habe ich ihn eingeschätzt: Er zieht den Schwanz ein und verzieht sich. Okay, Gott sei Dank eigentlich … wie hätte ich das sonst Gaby erklären sollen.

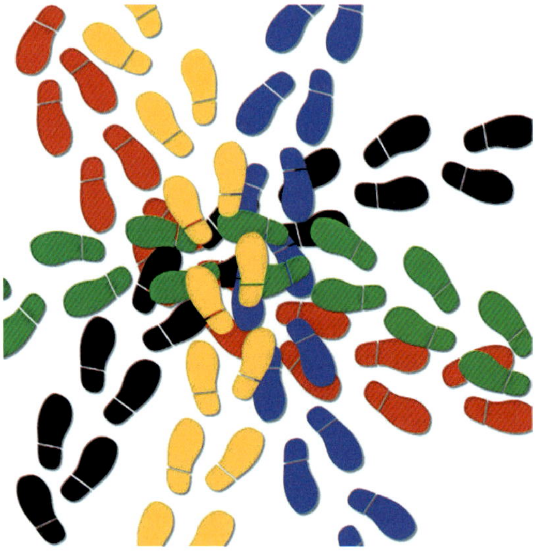

**IV**

Ein Tag wie immer, das heißt, nicht ganz: Also, S-Bahn Stuttgart, Hauptverkehrszeit … warum nur haben wir einen so frühen Arbeitsbeginn verabredet, wir sind schließlich alle Freelancer und könnten auch um 9 Uhr anfangen wie die Banker – und die verdienen als Angestellte mindestens fünfmal so viel wie wir mit unserer kleinen Werbeagentur! Und das nach diesem absolut stressigen Wochenende mit dem Event … Na ja, selbstständig sein heißt bekanntlich: Man macht alles selbst, und zwar ständig! … Also, Montag früh – der Kunde ruft – wieder dieses morgendliche Gedränge. Neben mir stand ein echt ätzender Neandertaler: Alkoholfahne, prollig, Anabolika-Muskeln, Glatze. Wahrscheinlich hartzt er – von meiner Knete. Und nach einiger Zeit merke ich, das war kein Zufall: Jedes Mal, wenn sich ein Fahrgast an einer Haltestelle herein- oder hinausdrängte, tritt mir dieser Typ doch auf die Füße! Muss ich mir nicht bieten lassen. Ich hab ihn fertiggemacht, keinen Ton konnte der mehr sagen. Und natürlich habe ich mir dann einen Sitzplatz gesucht. Der hatte sein Fett weg! Wo sind wir denn? Was sind das überhaupt für People in der Bahn?

Noch einige Übungen zur Erzählperspektive:

(1) *Vier Sichtweisen desselben Geschehens: Was haben sie gemeinsam, was unterscheidet sie, wie lassen sich die Unterschiede erklären?*

(2) *Suchen Sie sich eine der vier Ich-Erzählungen aus und formen Sie sie um in eine personale Erzählung.*

(3) *Versuchen Sie, alle Sichtweisen in einer auktorialen Erzählung zu berücksichtigen; der auktoriale Erzähler selbst (►►► S. 191) hat ebenfalls eine ganz bestimmte Meinung von den beiden Hauptpersonen (und den beobachtenden Fahrgästen).*



5267190

## Erzählperspektiven

Drei grundsätzliche Erzählhaltungen oder -perspektiven lassen sich unterscheiden: die auktoriale, die Ich- und die personale Erzählung. Jede dieser Erzählperspektiven weist eine Bandbreite an Möglichkeiten auf, die unterschiedlich ausgeschöpft werden können:

**Auktoriale Erzählperspektive:**
Erzählt wird aus der Perspektive des Urhebers (lat. auctor) des Erzählens. Er kann als Erzähler in Erscheinung treten (ich, wir) oder auch nicht.

a) Der auktoriale Erzähler kann einerseits als „allwissender" Erzähler auftreten:
   - Er weiß, was gleichzeitig an verschiedenen Schauplätzen geschieht.
   - Er kennt das Innenleben, das heißt die Gefühle und Gedanken, aller Figuren.
   - Er kennt den Fortgang des Geschehens.
   - Er kommentiert und beurteilt das Geschehen und seine Figuren.
   - Er reflektiert das Geschehen oder lässt sich über alle möglichen Themen aus.

b) Der auktoriale Erzähler kann sich aber auch völlig zurücknehmen und auf die reine Außenbeobachtung des Geschehens, auf ein völlig reduziertes, neutrales Erzählen beschränken.

**Ich-Erzählperspektive:**
In der Ich-Erzählung tritt uns ein erzählendes Ich als Teilnehmender am Geschehen ausdrücklich entgegen.

a) Der Ich-Erzähler kann einerseits die Differenz zwischen dem das Geschehen erlebenden, erzählten Ich und dem (aus späterer Sicht) erzählenden Ich bewusst ausschöpfen:
   - durch die Einbeziehung von Sichtweisen und Informationen, die dem erzählenden Ich erst später zugänglich geworden sind,
   - durch Beurteilungen des erzählten Geschehens und der Figuren aus der distanzierten Sicht des Erzählers.

b) Der Ich-Erzähler kann sich andererseits ganz auf das Erleben der erzählten Situation, auf die Sicht und den Standpunkt des erlebenden, erzählten Ichs zurückziehen.

**Personale Erzählperspektive:**
In der personalen Erzählung erleben wir das Geschehen aus der Sicht einer der Personen:

a) Das personale Erzählen bietet einerseits die Möglichkeit, Erinnerungen, Gedanken und Gefühle der Person oder Figur, aus deren Perspektive erzählt wird, breit ins Spiel zu bringen,

b) andererseits kann es sich beschränken auf die reine Darstellung des Geschehens aus der Sicht dieser Figur.

Vom allwissenden Erzähler über die beiden Zeitebenen des erlebenden und später erzählenden Ich-Erzählers hin zum personalen Erzähler, der auf die Ebene des Geschehens fixiert ist,

- wird die Perspektive immer enger und
- nimmt die subjektive Sicht zu.

**Leerstellen:**
Es ist nicht nur interessant, zu erfahren, was erzählt wird, sondern man sollte auch danach fragen, was nicht erzählt wird, was ausgeblendet wird und warum. Solche Ausblendungen nennt man „Leerstellen". Das neutrale Erzählen zum Beispiel blendet die Erklärung für das Verhalten der Personen aus, wir erfahren nicht, was die Personen denken und empfinden, was sie motiviert. Die Ich-Erzählung und die personale Erzählung können ebenfalls für den Leser wichtige Hintergrundinformationen oder Erklärungen weglassen; die Frage, warum das geschieht, gibt Aufschluss über die Person, die das Geschehen erzählt.

## ZEITSTRUKTUREN

**Die Fakten:**
In dem schwedischen Kupferbergwerk von Falun verunglückte 1677 ein junger Bergmann, Mats Israelsson. 1719 wurde seine Leiche, von Kupfervitriol durchtränkt, in einem wieder geöffneten Stollen gefunden, so unverändert, dass ihn einem wissenschaftlichen Artikel von 1722 zufolge mehrere Personen, nach einem Bericht einer Kopenhagener Zeitschrift von 1720 nur seine ehemalige Braut wiedererkannten. Die Leiche wurde von ihr für 500 Taler an die Medizinische Fakultät der Universität Uppsala verkauft. Dort wurde sie unter Glas gelegt, zerfiel jedoch und wurde 1749 beerdigt.

1. *Gehen Sie arbeitsteilig vor:*
   *Sie schreiben entweder einen Zeitungsbericht zur Entdeckung der Leiche oder gestalten aus diesem Stoff eine kurze Erzählung.*
2. *Wodurch unterscheiden sich beide Texte?*

Johann Peter Hebel hat aus diesem Stoff eine Kalendergeschichte geschaffen:

3. *Wer war Johann Peter Hebel? Was ist eine Kalendergeschichte?*
   *Informieren Sie sich auf ▸▸▸ S. 329.*

Johann Peter Hebel

### Unverhofftes Wiedersehen

In Falun in Schweden küsste vor guten fünfzig Jahren und mehr ein junger Bergmann seine junge hübsche Braut und sagte zu ihr: „Auf Sankt Luciä wird unsere Liebe von des Priesters Hand gesegnet. Dann sind wir Mann und Weib und bauen uns ein eigenes Nestlein.“ – „Und Friede und Liebe soll darin wohnen“, sagte die schöne Braut mit holdem Lächeln, „denn du bist mein Einziges und Alles, und ohne dich möchte ich lieber im Grab sein als an einem andern Ort.“ Als sie aber vor St. Luciä der Pfarrer zum zweiten Mal in der Kirche ausgerufen hatte: „So nun jemand Hindernis wüsste anzuzeigen, warum diese Personen nicht möchten ehelich zusammenkommen“, da meldete sich der Tod. Denn als der Jüngling den andern Morgen in seiner schwarzen Bergmannskleidung an ihrem Haus vorbeiging, der Bergmann hat sein Totenkleid immer an, da klopfte er zwar noch einmal an ihrem Fenster und sagte ihr guten Morgen, aber keinen guten Abend mehr. Er kam nimmer aus dem Bergwerk zurück, und sie saumte vergeblich selbigen Morgen ein schwarzes Halstuch mit rotem Rand für ihn zum Hochzeittag, sondern als er nimmer kam, legte sie es weg und weinte um ihn und vergaß ihn nie.

Johann Peter Hebel (1760–1826). Der Text wurde 1811 veröffentlicht.

Unterdessen wurde die Stadt Lissabon in Portugal durch ein Erdbeben zerstört, und der Siebenjährige Krieg ging vorüber, und Kaiser Franz der Erste starb, und der Jesuitenorden wurde aufgehoben und Polen geteilt, und die Kaiserin Maria Theresia starb, und der Struensee wurde hingerichtet, Amerika wurde



5267192

frei, und die vereinigte französische und spanische Macht konnte Gibraltar nicht erobern. Die Türken schlossen den General Stein in der Veteraner Höhle in Ungarn ein, und der Kaiser Joseph starb auch. Der König Gustav von Schweden eroberte russisch Finnland, und die Französische Revolution und der lange Krieg fing an, und der Kaiser Leopold der Zweite ging auch ins Grab. Napoleon eroberte Preußen, und die Engländer bombardierten Kopenhagen, und die Ackerleute säeten und schnitten. Der Müller mahlte, und die Schmiede hämmerten, und die Bergleute gruben nach den Metalladern in ihrer unterirdischen Werkstatt. Als aber die Bergleute in Falun im Jahr 1809 etwas vor oder nach Johannis zwischen zwei Schachten eine Öffnung durchgraben wollten, gute dreihundert Ellen tief unter dem Boden, gruben sie aus dem Schutt und Vitriolwasser den Leichnam eines Jünglings heraus, der ganz mit Eisenvitriol durchdrungen, sonst aber unverwest und unverändert war; also dass man seine Gesichtszüge und sein Alter noch völlig erkennen konnte, als wenn er erst vor einer Stunde gestorben oder ein wenig eingeschlafen wäre an der Arbeit. Als man ihn aber zu Tag ausgefördert hatte, Vater und Mutter, Gefreundte und Bekannte waren schon lange tot, kein Mensch wollte den schlafenden Jüngling kennen oder etwas von seinem Unglück wissen, bis die ehemalige Verlobte des Bergmanns kam, der eines Tages auf die Schicht gegangen war und nimmer zurückkehrte. Grau und zusammengeschrumpft kam sie an einer Krücke an den Platz und erkannte ihren Bräutigam; und mehr mit freudigem Entzücken als mit Schmerz sank sie auf die geliebte Leiche nieder, und erst als sie sich von einer langen heftigen Bewegung des Gemüts erholt hatte: „Es ist mein Verlobter“, sagte sie endlich, „um den ich fünfzig Jahre lang getrauert hatte und den mich Gott noch einmal sehen lässt vor meinem Ende. Acht Tage vor der Hochzeit ist er unter die Erde gegangen und nimmer heraufgekommen.“ Da wurden die Gemüter aller Umstehenden von Wehmut und Tränen ergriffen, als sie sahen die ehemalige Braut jetzt in der Gestalt des hingewelkten kraftlosen Alters und den Bräutigam noch in seiner jugendlichen Schöne, und wie in ihrer Brust nach fünfzig Jahren die Flamme der jugendlichen Liebe noch einmal erwachte; aber er öffnete den Mund nimmer zum Lächeln oder die Augen zum Wiedererkennen; und wie sie ihn endlich von den Bergleuten in ihr Stüblein tragen ließ, als die Einzige, die ihm angehöre und ein Recht an ihn habe, bis sein Grab gerüstet sei auf dem Kirchhof. Den andern Tag, als das Grab gerüstet war auf dem Kirchhof und ihn die Bergleute holten, schloss sie ein Kästlein auf, legte ihm das schwarzseidene Halstuch mit roten Streifen um und begleitete ihn alsdann in ihrem Sonntagsgewand, als wenn es ihr Hochzeittag und nicht der Tag seiner Beerdigung wäre. Denn als man ihn auf dem Kirchhof ins Grab legte, sagte sie: „Schlafe nun wohl, noch einen Tag oder zehen im kühlen Hochzeitbett, und lass dir die Zeit nicht lang werden. Ich habe nur noch wenig zu tun und komme bald, und bald wird's wieder Tag. Was die Erde einmal wiedergegeben hat, wird sie zum zweiten Mal auch nicht behalten“, sagte sie, als sie fortging und noch einmal umschaute.

(Hebel, in: Schatzkästlein des rheinischen Hausfreundes, 1950, S. 263–267)

1. *Vergleichen Sie Hebels Kalendergeschichte mit den Fakten.*

2. *Formulieren Sie einen ersten Deutungsansatz: Was könnte die Aussage (= Textintention) sein? Gehen Sie aus von den Begriffen Liebe, Zeit und Tod.*

3. *Bestimmen Sie den Aufbau der Geschichte.*

4. *Sie haben damit zugleich das Zeitgerüst der Geschichte in seinen drei Phasen bestimmt; beschreiben Sie es genauer. Darüber hinaus lassen sich die drei Phasen selbst wieder unterteilen und durch Schlüsselbegriffe oder Überschriften benennen.*

5. *In den drei Phasen verändert sich wie bei einer Filmkamera der Abstand, die Perspektive. Beschreiben Sie gleichsam die Zoombewegung der „Kamera".*

6. *Man unterscheidet in epischen Texten grundsätzlich die „erzählte Zeit" und die „Erzählzeit" (▸▸▸ S. 196). – Untersuchen Sie das Verhältnis von „erzählter Zeit" und „Erzählzeit" in den einzelnen Abschnitten der Geschichte.*

7. *Beschreiben Sie die Raffungstechniken, die Hebel in den einzelnen Abschnitten verwendet.*

8. *Neben Raffungstechniken finden wir im Text Rückwendungen und Vorausdeutungen. Zeigen Sie auf, an welchen Stellen sie verwendet wurden.*

Noch einmal zur Übung ein Arbeitsauftrag zur Erzählperspektive; gehen Sie arbeitsteilig vor:

1. *Erzählen Sie Hebels Geschichte aus der Sicht der alten Frau, die ihren ehemaligen Verlobten wiedererkannte:*

   - *Welche erzählerischen oder perspektivischen Möglichkeiten haben Sie bei dieser Aufgabe?*
   - *Mit welchem Zeitabstand lassen Sie die alte Frau erzählen?*
   - *Auf welche Weise lassen Sie die Frau vom Leichenfund erfahren?*
   - *Was ändert sich gegenüber Hebels Text?*

2. *Erzählen Sie Hebels Geschichte als Ich-Erzählung aus der Perspektive eines Grubenarbeiters, der bei der Entdeckung und Bergung des Toten mitgeholfen hat:*

   - *Welche perspektivischen Möglichkeiten haben Sie?*
   - *Was kann der Bergarbeiter wissen, was kann er nur gehört haben, was kann er unter Umständen nur vermuten?*
   - *Was ändert sich gegenüber Hebels Text?*

3. *„Wie jeden Nachmittag saß die alte Frau am Fenster und schaute auf die Straße, hing ihren Gedanken nach. Plötzlich hörte sie ein aufgeregtes Rufen. Was war da bloß los? Die Straße war voller Menschen, alle liefen in Richtung Bergwerk …"*
   *Erzählen Sie weiter: in der personalen Erzählhaltung aus der Perspektive der alten Frau, also in der dritten Person, reduziert auf die Wahrnehmungen, Empfindungen, Gedanken und Erinnerungen, die die Frau in dieser Erlebnissituation hat.*



5267194

Peter Handke

## Augenzeugenbericht

Peter Handke (geb. 1942 in Kärnten) im Jahr 1973. Er studierte Jura in Graz, entschloss sich aber 1965, freier Schriftsteller zu werden. Der Text wurde 1965 verfasst.

[R] Nach dem Bericht des Augenzeugen habe sich das Geschehen folgendermaßen abgespielt: Zunächst sei der geistig zurückgebliebene Halbwüchsige mit hängendem Kopf aus dem Anwesen getrottet, dann sei er, in sich hineinmurmelnd, zu der im Hof befindlichen Rübenhackmaschine gegangen, dann sei der Vormund des Schwachkopfs aus dem Anbau gekommen, dann habe der Vormund die Maschine mit Rüben angehäuft, dann habe er dem danebenstehenden Narren, mit der einen Hand das Fallbeil der Maschine anhebend, mit der anderen eine Rübe nachschiebend, zuletzt mit dem Fallbeil zuhackend, den Mechanismus der Maschine gewiesen, dann habe der Schwachsinnige genickt, dann habe ihm der Vormund den Griff des Beils in die Finger gedrückt und eine Rübe bis zum Kraut unter die Schneide geschoben, dann habe der Idiot das Fallbeil höher gehoben und mit einem Hieb das Kraut von der Rübe getrennt, dann habe er mit der Rechten den Nacken seines Erziehungsberechtigten umklammert, dann habe er mit einem Ruck den Schädel dieses nach vorne gerissen, dann habe er den Körper des Vormunds waagerecht auf die Rüben gelegt, dann, bei passender Lage, habe er die Faust vom Nacken des Vormunds gelöst, dann habe der Geistesschwache mit einem kurzen Schlag aus dem Gelenk der Linken dem Vormund, eben da dieser, von den Fingern befreit, sich herumwälzt, die Schneide des Beils in die Kehle geschlagen, dann habe er das Beil von neuem gehoben und von neuem geschlagen, dann, als Antwort auf die Wucht des Schlags, seien die Arme des Vormunds aufwärtsgeschnellt, dann habe der Jugendliche die Schneide neuerlich zuschnappen lassen, dann seien die Arme des Vormunds neuerlich aufwärtsgesprungen, dann habe das Mündel zerstreut die Hand gewechselt und mit der rechten geschlagen, dann habe der Bursche wieder die Hand gewechselt und mit der linken geschlagen und dann, nach der Aussage des Augenzeugen allmählich in seinen Bewegungen zu dem Tempo eines Zeitlupenfilms erschlaffend, handwechselnd und wieder handwechselnd, rechterhand und linkerhand, unter geistesabwesendem Murmeln, Kichern und Kopfschütteln, zuzeiten sogar zur Gänze aussetzend und sich die Augen reibend, so lange die Schneide in die Gurgel des Vormunds geschlagen, bis er, nach längerem Hin und Her, mit Ach und Krach dem letzteren den Kopf vom Rumpf getrennt hatte, worauf der Augenzeuge, da der Narr immer noch fortfuhr, das Beil zu bewegen, ihm endlich in den Arm fiel und entrüstet Einhalt gebot.

(Handke, 1969, S. 83–84)

1. *Ein irritierender Text: Welche Fragen legt er nahe?*
2. *Dieser „Augenzeugenbericht“ ist nicht nur inhaltlich von unmenschlicher Gewalt, man kann hier von einer „Unmenschlichkeit als Rede- oder Schreibform“ sprechen – inwiefern? Achten Sie auf die Sprache.*
3. *Lesen Sie den Text laut: Worauf müssen Sie in Ihrem Sprechtempo achten, wenn Sie das Geschehen verdeutlichen wollen?*
4. *Gliedern Sie den Text.*
5. *Lesen Sie den Text noch einmal laut: Wie verhalten sich erzählte Zeit und Erzählzeit (▸▸▸ S. 196) in den von Ihnen unterteilten Abschnitten?*
6. *Wie wirkt das Verhältnis von erzählter und Erzählzeit auf den Leser?*

## Zeitstrukturen

**Erzählte Zeit und Erzählzeit:**

Man unterscheidet in epischen Texten grundsätzlich die erzählte Zeit und die Erzählzeit:

- Die *erzählte Zeit* ist die Zeit, die beschrieben wird (Jahre, Tage oder Stunden zum Beispiel);
- die *Erzählzeit* ist die Zeit, die der Leser braucht, bei kurzen Texten üblicherweise gemessen in Zeilen.

Aus dem Verhältnis zwischen erzählter und Erzählzeit folgen drei Möglichkeiten:

- Die erzählte Zeit ist deutlich länger als die Erzählzeit: Dies ist *zeitraffendes Erzählen.* Raffungstechniken sind zum Beispiel Aussparungen oder Zeitsprünge, Zusammenfassungen, Aufzählungen von Ereignissen oder Fakten, die nacheinander, die sukzessiv erfolgen (*Beispiel:* „Unterdessen wurde die Stadt Lissabon in Portugal durch ein Erdbeben zerstört, und der Siebenjährige Krieg ging vorüber, und Kaiser Franz der Erste starb, und ..."), und die Aufzählung von Ereignissen, die sich regelmäßig wiederholen, die iterativ erfolgen (*Beispiel:* „Der Müller mahlte, und die Schmiede hämmerten, und die Bergleute gruben nach den Metalladern (...)").

- Die erzählte Zeit ist genauso lang wie die Erzählzeit: Man nennt dies *zeitdeckendes Erzählen.* Es liegt zum Beispiel mehr oder weniger vor in der Wiedergabe von Dialogen oder Gesprächen.

- Die erzählte Zeit ist kürzer als die Erzählzeit: Dies ist ein *zeitdehnendes Erzählen.* Es liegt vor, wenn Gefühle, Empfindungen und Gedanken genau dargestellt werden.

Grundsätzlich lässt sich sagen, dass mit der Auswahl aus diesen drei Möglichkeiten der erzählte Inhalt unterschiedlich gewichtet wird – er ist dann vermutlich auch unterschiedlich wichtig aus der Sicht des Autors.

**Zeitebenen:**

In epischen Texten lassen sich drei Zeitebenen unterscheiden:

- Die *Handlungsebene* ist das erzählte Geschehen oder Erleben; diese Ebene begegnet uns üblicherweise in der Zeitform des Präteritums, als „episches Präteritum".
  *Beispiel:* „In Falun in Schweden küsste vor guten fünfzig Jahren und mehr ein junger Bergmann seine junge hübsche Braut (...)."

- Die *Vergangenheitsebene* ist der *Rückblick* auf Ereignisse oder Phasen, die vor dem erzählten Geschehen liegen; diese Ebene begegnet uns in der Zeitform des Plusquamperfekts.
  *Beispiel:* „(...) die ehemalige Verlobte des Bergmannes kam, der eines Tages auf Schicht gegangen war (...)"

- Die *Zukunftsebene* findet sich als *Vorausdeutung* oder *Vorwegnahme;* sie begegnet uns innerhalb des erzählenden Textes in der Zeitform des Präteritums. *Beispiel:* „Als sie aber (...) der Pfarrer (...) in der Kirche ausgerufen hatte (...), da meldete sich der Tod."



5267196

# MOTIVE

Nicht immer, aber gelegentlich tauchen in erzählenden Texten bestimmte Motive oder Leitmotive auf: Es sind dies wiederkehrende Bilder, Gestalten, Gegenstände, Begriffe, Redewendungen oder Wortfolgen, die einen deutlichen Bezug zum Gesamtthema und zur Aussage des Textes haben.

1. *Wir greifen zurück auf Hebels Kalendergeschichte „Unverhofftes Wiedersehen“ (▸▸▸ S. 192): Gehen Sie den Text noch einmal unter dem Aspekt der Motive durch. Was fällt Ihnen auf?*

2. *Die zentralen Motive in Hebels Kalendergeschichte sind Liebe und Tod:*
   - *Sie hatten den Text sorgfältig gegliedert: Arbeiten Sie in jedem Abschnitt diese Motive heraus. Unterstreichen Sie jeweils die Stellen. Wie oft tauchen diese Motive auf?*
   - *Die beiden Motive sind zum Teil unmittelbar miteinander verbunden. Benennen Sie die entsprechenden Textstellen. Hat das eine Bedeutung für die Aussage dieser Kalendergeschichte?*
   - *Wie oft und an welchen Stellen taucht das Halstuch auf? Versuchen Sie es als Leitmotiv zu verstehen: Welche Bedeutung hat es für die Aussage des Textes?*
   - *Das Halstuch ist mehr als ein Leitmotiv: Es ist ein Symbol (▸▸▸ s. unten).*

3. *Lesen Sie den Text „Dorscht“ von Elisabeth Kabatek (▸▸▸ S. 253): Zwei Welten begegnen sich, nehmen sie sich wahr?*

4. *Das Leitmotiv in dieser Kurzgeschichte ist ein Satz oder ein Wort. Was bedeutet es?*

## Motive in literarischen Texten

- Ein *Motiv* innerhalb eines epischen oder auch lyrischen Textes ist ein Element – ein Ereignis, ein Gegenstand, ein Bild, eine Farbe oder auch ein Begriff –, das sich wiederholt, das also mehrfach auftaucht und dadurch dem Text schon rein formal Geschlossenheit und Dichte vermitteln kann.

- Das *Leitmotiv* ist zentral, hängt mit der Aussage des Textes eng zusammen; es hat häufig eine inhaltliche Bedeutung und lässt sich interpretieren.

- Das *Symbol* hat immer eine allgemeine Bedeutung, ist ein Zeichen für etwas anderes, Allgemeines. So ist das Herz häufig und daher auch schon fast verbraucht ein Sinn-Bild – das meint Symbol – für die Liebe; Schwarz zum Beispiel steht für Trauer und Tod.

## PERSONEN

Wohl in den meisten erzählenden Texten stehen die Personen im Mittelpunkt unseres Interesses: Warum verhalten sie sich so, wie sie sich verhalten? Sind es typische oder doch sehr individuell gestaltete Figuren? Sind sie für uns vollständig erfassbar oder bleiben sie vieldeutig? Wie werden sie charakterisiert? Welche Beziehungen bestehen zwischen ihnen und welche Konflikte resultieren daraus? Wie lösen sie ihre Konflikte?

Nadja Einzmann

### Jeremy

[R] Er ist kein Mann von besonderen Gaben, und natürlich ist ihr das bewußt. Er schlägt die Beine übereinander, wenn er in Gesellschaft ist, und betastet verlegen seine Knie. Er setzt sich, lang wie er ist, auf das zierlichste Sofa, und aus dem Schatten einer Zimmerpalme heraus wirft er dunkle Mäuseblicke in den Raum. Auch taugt er nicht zur Unterhaltung und gibt sich Mühe immer mit dem falschen Wort. Ruhig, muß sie ihm sagen, wenn er auf der ausgebleichten Seide der Polsterung hin und her rutscht, nur ruhig. Er hat feines, braunes Haar und sein Bartwuchs ist wenig ausgeprägt. Er ist rührend, sagen ihre Freundinnen, und mit ihm bist du auf der sicheren Seite. Und tatsächlich kommt es vor, daß sie weint auf dem Nachhauseweg, und dann tröstet er sie und hält ungeschickt ihre Hand.

(Einzmann, 2004, S. 50)

1. *Wer charakterisiert Jeremy?*
2. *Welche Merkmale, Eigenschaften und Eigenarten erfahren wir von ihm?*
3. *Warum weint „sie" gelegentlich auf dem Weg nach Hause?*
4. *Warum bleibt sie bei ihm?*

Nadja Einzmann

### Es ist eines nicht wie das andre

[R] Natürlich wird sie ihn nicht vergessen – wer würde einen solchen Mann vergessen? Und will es auch nicht. Sie erinnert sich gerne. In Schatzkisten und Kästchen wird sie seine Traurigkeit bewahren und seine Blicke unter zärtlichen Wimpern hervor. Kindern und Kindeskindern wird sie von ihm berichten, von seinem stolzen Gang und seinen unzähligen Gesichtern: Da gab es einmal einen, wird sie sagen, *so* groß war er und *so* schön, er hätte euch gefallen. Sie wird mit Armen und Fingern erzählen, das kann sie gut. Längst hat sie gelernt zu gehen wie er und beim Sprechen reißt sie die linke Augenbraue hoch.

5267198

Er muß verstehen. Die Welt ist nicht umsonst rund, und es wachsen Menschen auf allen Kontinenten. Von Blüte zu Blüte und von Haus zu Haus muß sie ziehen, er würde es nicht anders machen. Lernen und sich Kostbarkeiten aus dem Unrat klauben: Augenblicke, und eine Hand an der Klinke, die klein ist und weiß. Seid so lieb, ein Glas Wasser, dann spreche ich weiter. Was wäre, wenn sie zu liegen käme auf einer Bahre und sie in die großen, hungrigen Kinderaugen nichts hineinerzählen könnte? So aus einer Welt gehen mit rein gar nichts auf der Hand, das wünscht sie ihm nicht und sich nicht. In einem Zelt sitzen, vom Sandsturm umtost, und einen Samen legen in so ein kindliches Herz, was kann es Schöneres geben? Und bitte, soll er doch später einmal vorbeikommen. Weihrauch and Myrrhe im Handgepäck und vielleicht einen Stern, das würde ihr gefallen.

Sag nichts. Sie verschließt ihm die Lippen mit dem Mund. „Mein Lieber, du wirst mein Liebster bleiben!“ Er hat so süße Lippen, so lebendige Lippen. Fast möchte sie – Aber, nein. Adieu zu sagen ist nie leicht, und wußte sie es nicht? „Gib mir deine Hand!“ Sie liest ihm ein Leben aus seiner Liebeslinie, daß ihm die Tränen in die Augen treten, mehr kann sie nicht für ihn tun.

Es ist Zeit. Ihr Bündel ist gepackt. Vor dem Haus fährt ein Wagen vor. Wie soll sie ihn jetzt umarmen, sie hat keine Hand mehr frei. Ist es der? fragt er und schaut aus dem Fenster. Einer, sagt sie. Nicht schöner als du, nicht klüger, und was er erzählt ist nicht wichtig. Nur dieser Ton, diese Stimme süß und rauh, und wenn er geht, trägt er die Last der Welt auf seinen Schultern.

Einmal so gehen. Sie wird es lernen. Und daß er keine Lippen hat und kein Ohr für sie, es wird ein nächster kommen und ein nächster.

Einen Sandsturm wünscht sie sich, als sie geht, und hört schon das Sausen und Brausen.

(Einzmann, 2004, S. 102)

1. *Klären Sie die Situation: Was geschieht tatsächlich und was stellt „sie“ sich in dieser Situation nur vor?*
2. *Warum verlässt sie ihn? Welche Vorstellungen hat sie vom Leben?*
3. *Wie beurteilen Sie ihr Verhalten?*
4. *„Von Blüte zu Blüte und von Haus zu Haus muss sie ziehen, er würde es nicht anders machen.“*
   - *Was erfahren wir über ihn?*
   - *Würde er es nicht anders machen? Erzählen Sie die Situation aus seiner Sicht. Gehen Sie arbeitsteilig vor: Wählen Sie die Form der Ich-Erzählung oder der personalen Erzählung.*
5. *In „Jeremy“ und in „Es ist eines nicht wie das andre“ treten uns zwei junge Frauen entgegen. Sie sind ganz und gar unterschiedlich. Gehen Sie arbeitsteilig vor: Charakterisieren Sie sie, entwickeln Sie Ihr Bild von diesen Frauen.*

5267199

Alexander Kluge (geb. 1932), war Rechtsanwalt, bevor er Filmemacher, Schriftsteller, Hochschullehrer und Fernsehproduzent wurde. Der Text ist aus dem Jahr 1977.

Alexander Kluge

## Er wollte sie wie ein Einmachglas noch eine Weile aufheben und dann irgendwann eintauschen gegen eine Bessere

[R] Er war sich gut für viel Künftiges, Überraschendes. Ob er Gabi liebte, konnte er von Anfang an nicht sagen. Was soll Liebe heißen? Er empfand öfter Furcht als Liebe, die ein Deckwort für „Verschiedenes" darstellt. Er plante seit längerer Zeit, Gabi einzutauschen, provozierte Streit, um jene Trennungs-Energie im richtigen Moment zur Verfügung zu haben. Zwischen den beiden hatte sich mittlerweile Haß angesammelt, konnte aber vor Erwins „liebendem Auge" nicht bestehen und verwandelte sich in Liebe, d. h. Klebemasse, die ihn und sie festhielt. Jeder von beiden nahm an, es sei noch etwas aus der Beziehung zu gewinnen, ehe sie sich trennen wollten. Bei dem Gedanken an eine Trennung wurde ihm warm ums Herz. Das zog ihn jedesmal zu ihr hin. Dann fuhr Gabi Ende Januar gegen 17 Uhr im Nebel nach Stuttgart. Bei dem Unfall wurde sie querschnittgelähmt. Die Gelähmte konnte Erwin nun nicht mehr verlassen. Das wäre Desertion gewesen. Er hatte die Gefahr, die Gefahr für sein Leben, wenn er die eigentlich ungewollte Verbindung von Tag zu Tag verlängerte, unterschätzt.

Es läßt sich jede Verbindung kitten, gerade die, zu der nie Anlaß bestand. Sie schenkte ihm „aus Dankbarkeit" zu seinem 55. Geburtstag eine Möbelgarnitur, da sie ja die Unfallrente mit in die Ehe brachte. Zu seinem 56. Geburtstag schrieb sie ihm in das Buch „Große Chirurgen", das sie ihm schenkte (er war praktischer Arzt): „In ewiger Treue Gabi." Darüber mußten sie beide weinen, denn sie wußten ja, daß das furchtbar war.

(Kluge, 1977, S. 216–217)

1. *In vielen Ehen kommt es zur Trennung, weil Männer in mittlerem Alter eine Beziehung zu einer jüngeren Frau eingehen. Beurteilen Sie diesen Sachverhalt.*
2. *Beschreiben Sie die Beziehung zwischen Erwin und Gabi vor dem Unfall.*
3. *Hätte Erwin seine Frau nach dem Unfall verlassen können?*
4. *Interpretieren Sie den letzten Satz.*
5. *Erwin wollte Gabi verlassen. In Nadja Einzmanns Kurzgeschichte „Es ist eines nicht wie das andre" verlässt eine junge Frau ihren Geliebten: Sehen Sie Gemeinsamkeiten zwischen dem Arzt und der jungen Frau? Es gibt auch deutliche Unterschiede. Charakterisieren Sie die beiden Figuren.*



5267200

**Personen (Figuren)**

Welche Informationen zum Charakter der Figuren gibt uns ein epischer Text?

- Die Charakterisierung einer Person erfolgt im Text zum einen ganz direkt:
  - Der Erzähler oder Ich-Erzähler (selbst eine Figur der Handlung) beschreibt unmittelbar, direkt das Äußere, die Merkmale, Eigenschaften und Eigenarten einer Figur.
  - Der Ich-Erzähler stellt sich selbst dar, entwirft ein Bild von sich selbst.
  - Eine Figur charakterisiert eine andere Figur der Handlung.

- Die Charakterisierung einer Person erschließt sich aus dem Text auch indirekt:
  - Wir erfahren etwas über den Charakter einer Figur durch ihr Handeln oder ihre sprachlichen Äußerungen.

Die Konzeption der Figuren kann unterschiedlich erfolgen:
- orientiert eher an einem Schema/Typus (wie Geizhals), einer gängigen Erwartung, vielleicht sogar einem Klischee (wie: „biedere Hausfrau" oder „grüner Junge")
- oder sehr individuell: für den Leser klar erfassbar oder offen, vieldeutig.

Die Handlung ergibt sich aus den Beziehungen zwischen den Figuren, der Konstellation; dies sind häufig Konflikte, zum Beispiel Generationskonflikte, Beziehungs- oder Ehekrisen, Gegensätze zwischen Arm und Reich, unterschiedliche Wertorientierungen.

## DIE FIGURENREDE

Übliches Erzählen kennt zwei – man nennt es so – Redeformen:
- die Erzählerrede, gemeint ist hier der Text des auktorialen oder auch des Ich-Erzählers, und
- die Figurenrede, gemeint ist hier der Dialog, das Gespräch zwischen den handelnden Personen, oder auch der innere Monolog, also die Gedanken einer Figur, als „stumme Rede".

Ein Beispiel:

Franz Kafka

### [Der Aufbruch]

[R] Ich befahl mein Pferd aus dem Stall zu holen. Der Diener verstand mich nicht. Ich ging selbst in den Stall, sattelte mein Pferd und bestieg es. In der Ferne hörte ich eine Trompete blasen, ich fragte ihn, was das bedeute. Er wußte nichts und hatte nichts gehört. Beim Tore hielt er mich auf und fragte: „Wohin reitest Du, Herr?" „Ich weiß es nicht", sagte ich, „nur weg von hier, nur weg von hier. Immerfort weg von hier, nur so kann ich mein Ziel erreichen." „Du kennst also Dein Ziel?" fragte er. „Ja", antwortete ich, „ich sagte es doch, ‚Weg-von-hier', das ist mein Ziel." „Du hast keinen Eßvorrat mit", sagt er. „Ich brauche keinen", sagte ich, „die Reise ist so lang, daß ich verhungern muß, wenn ich auf dem Weg nichts bekomme. Kein Eßvorrat kann mich retten. Es ist ja zum Glück eine wahrhaft ungeheuere Reise."

(Kafka, in: Gesammelte Werke, Band 8, 1994, S. 11)

(1) *Ein merkwürdiger Text: Geht es um eine längere Reise oder steht die Situation des Aufbruchs für etwas anderes? Wofür könnte sie stehen? Diskutieren Sie.*

Deutlich unterscheiden lassen sich der Text des Ich-Erzählers – also die Erzählerrede – und die wörtliche Rede des Ich-Erzählers und seines Dieners – die Figurenrede.
Gehen Sie im Folgenden arbeitsteilig vor (der erste Satz ist jeweils vorgegeben):

2 *Lösen Sie die Figurenrede auf und ersetzen Sie sie durch die Erzählerrede. Beispiel: „Beim Tore hielt er mich auf und fragte, wohin ich reiten wolle." Wie wirkt der Text dann im Vergleich zum Original?*

3 *Versuchen Sie, die Erzählerrede durch die Figurenrede zu ersetzen, den Text also durchgehend szenisch zu gestalten. Beispiel: „Sattle mein Pferd und bring es her!" Lässt sich das durchgehend machen? Wie wirkt der Text dann im Vergleich zum Original?*

4 *Erzählen Sie das Geschehen personal:*
- *aus der Sicht des Herrn. Beispiel: „Entschlossen befahl er, sein Pferd aus dem Stall zu holen."*
- *aus der Sicht des Dieners. Beispiel: „Zu seiner Überraschung befahl ihm sein Herr ..."*

*Wie wirkt der Text dann im Vergleich zum Original?*

5 *Erzählen Sie das Geschehen auktorial, und zwar so, dass der Erzähler sowohl die Gedanken des Dieners als auch die Absicht und die Gedanken des Herrn kennt und dem Leser mitteilt. Voraussetzung ist, dass Sie sich über die möglichen Gründe und die Absicht des Herrn klar geworden sind. – Ein Beispiel:*
*„Ein junger Mann, der bisher eher plan- und ziellos von seinem ererbten Vermögen gelebt hatte, befahl eines Tages seinem alten Diener, der ihn schon seit seiner Kindheit kannte, ..."*

6 *Lesen Sie die verschiedenen Varianten vor:*
- *Was ändert sich?*
- *Wie wirken die unterschiedlichen Fassungen?*

Das personale Erzählen, das Sie kennen, lässt noch eine weitere Variante zu:
Sie kennen bereits die folgende Form: „Entschlossen befahl er, sein Pferd aus dem Stall zu holen."
Sie kennen noch nicht die folgende Variante: „Jetzt ist mir klar, was ich tun muss, wenn ich mein Leben radikal ändern will. Ich werde ..."
Die erste Variante nennt man „erlebte Rede", die zweite „inneren Monolog".

7 *Wodurch unterscheiden sich beide formal? Was macht den Unterschied in der Wirkung aus?*

Wolf Wondratschek

## Anekdote

[R] *[...] knapper Bericht über eine merkwürdige Begebenheit, die eine Persönlichkeit, Zeit u.a. schlagartig beleuchtet.*

Mit einem Sprung aus dem 20. Stockwerk eines Hochhauses in Hamburg-Osdorf beging am Dienstagabend ein 28jähriger Arbeiter Selbstmord. Kurz vor seinem Todessturz hatte er neben dem Hochhaus ein Taxi verlassen. Seine letzten Worte zum Taxifahrer: „Gleich können Sie mal was erleben."

(Wondratschek, 1970, S. 18)

Wolf Wondratschek, geb. 1943, wuchs in Karlsruhe auf. Er schreibt Lyrik und Prosa. Seine kurze Anekdote wurde 1970 veröffentlicht.

8 *Was geht in dem Mann vor, während er im Fahrstuhl hochfährt? Was hat ihn zu seiner Tat veranlasst?*
*Gehen Sie arbeitsteilig vor:*
*Sie schreiben in erlebter Rede oder in Form eines inneren Monologs.*



5267202

### Die Figurenrede

- Die Figurenrede in ihren unterschiedlichen Formen – Dialoge in wörtlicher Rede, erlebte Rede, innerer Monolog – ist immer auch ein Abbau des Erzählers; diese Zurücknahme beginnt schon bei der Form der Ich-Erzählung, weil der Ich-Erzähler selbst eine Figur seiner erzählten Welt ist.

- Die Wirkung der Figurenrede ist ein hoher Grad von Unmittelbarkeit, ein Verlust an Distanz; der Leser wird stärker einbezogen in das dargestellte Geschehen.

- Zugleich sind Unterschiede zwischen den verschiedenen Formen der Figurenrede deutlich:
  - Der *Dialog* lässt uns unmittelbar teilhaben an der Situation, wir erfahren indes nichts darüber, was die Gesprächspartner denken.
  - Die *erlebte Rede* lässt uns in die Figur hineinblicken, erlaubt aber auch noch in Restbeständen ein erzählendes Darstellen des Geschehens – aus der Sicht der Figur: Vergleichen Sie den Beginn von Kafkas „Proceß" (►►►S. 188).
  - Der *innere Monolog* ist unmittelbar und ohne jede Distanz – das, was die Figur wahrnimmt, denkt, fühlt, wird in der Zeitform des Präsens „vergegenwärtigt".

## Die Interpretation von Prosatexten

Sie haben zentrale Elemente epischer Texte kennengelernt, Sie haben in der Bewältigung der Aufgabenstellungen auch schon viele Schritte in die Interpretation getan: Sie können literarische Prosatexte eigentlich bereits interpretieren. Es gilt jetzt, dieses Können exemplarisch zu üben und zu verfestigen bis hin zur Erstellung in sich geschlossener schriftlicher Texte.

1. *Lesen Sie zunächst die Erzählung „Hochzeiten" von Nadja Einzmann (►►►S. 162). Sie haben zu diesem Text bereits eine Inhaltsangabe geschrieben. Überprüfen Sie noch einmal kritisch Ihre Einleitung und die Inhaltsangabe.*

2. *Was erfahren wir über die Ich-Erzählerin?*
   - *Was unterscheidet sie von ihrer Schwester?*
   - *Welche Beziehung hat sie zu ihrer Schwester?*
   - *Warum heiratet sie?*

3. *Wie ist die Geschichte erzähltechnisch angelegt?*
   - *Manches ist ausgeblendet, was den Leser doch interessieren könnte: Wie lassen sich die Leerstellen erklären?*
   - *Unterscheiden lassen sich Passagen des erlebenden und des erzählenden Ichs, unterscheiden lässt sich die Geschichte der Eheschließung und ihr Resultat: Ist das Resultat für uns einsichtig, schlüssig?*

4. *Untersuchen Sie den Text unter dem Aspekt von Motiven: Welche Motive finden sich? Was ist ihre Funktion?*

5. *Sie haben die einzelnen Aufgaben bearbeitet: Stellen Sie jetzt eine in sich geschlossene Interpretation her, einen Fließtext. Seine Gliederung folgt der Reihenfolge dieser Aufgaben, die Aufgabenziffern fallen jedoch weg.*

5267203

## Checkliste zur Interpretation von Prosatexten

- Basis ist die Checkliste zur Inhaltsangabe von epischen Texten (▸▸▸S. 183)
- Ist Ihre Interpretation klar durch Abschnitte gegliedert?
- Haben Sie die Aufgabenstellungen genau bedacht und bearbeitet?
- Haben Sie Ihre Aussagen durch Zitate oder Textbelege ausgewiesen und gesichert?
- Haben Sie die Aufgabenstellungen durch Übergangssätze miteinander verbunden?
- Ist Ihnen zur Formulierung des Schlusses etwas eingefallen, das über die Aufgabenstellung hinausführt (zum Beispiel Wirkung oder Bewertung des Textes, Aktualität)?

Doris Dörrie

## Wir reden gerade so nett

Doris Dörrie (geb. 1955) ist eine bekannte deutsche Regisseurin und Erzählerin.

Sie starrt seit ein paar Minuten auf ihr Lachscarpaccio und sagt nichts mehr. Worüber hat sie nur geredet? Schnecke, sage ich. Keine Antwort. Ist was? Sie hebt nicht den Blick. Ihr Haaransatz färbt sich rosarot, ein leichtes Zucken fährt über ihre Kopfhaut wie bei einem Pferd, das eine Fliege verscheucht. Dann tropft die erste Träne in ihre Vorspeise.

Ich strecke meine Hand nach ihr aus, das ist ein Fehler. Sie reißt den Kopf hoch, sieht mich bitterböse an, steht auf, wirft dabei das Weinglas um und geht auf die Toilette. Nein, sie geht nicht, sie stampft. Sie schafft es, dass sich das ganze Lokal nach ihr umdreht – und dann nach mir. Dort sitzt er, der Übeltäter, Bösewicht, Frauenschänder. Ich lächle unschuldig, senke jetzt meinerseits den Kopf und wünsche mir sehnlichst eine Zeitung. Ich bin so müde, so schrecklich müde. Der Kellner kommt, beseitigt wortlos die Weinpfütze und das umgeworfene Glas. Wie ein Idiot sitze ich da und male Muster mit der Gabel ins Tischtuch. Ich wollte ganz friedlich mit meiner Frau essen gehen, das war alles. Mein Sohn hätte jetzt wenigstens seinen Gameboy dabei.

Natürlich läuft die Wimperntusche. Wasserfeste gibt es einfach nicht, ganz gleich, was die Werbung sagt. Es ist kalt auf dem Klo. Ich verabscheue ungeheizte Klos. Ich sitze auf der Brille und heule wie ein Schlosshund. Ich habe mich wirklich zusammengenommen. Gelächelt, erzählt von meinem Alltag im Büro und mit den Kindern, gelächelt, geredet. Stumm wie ein Fisch sitzt er da, starrt in seinen blöden Meeresfrüchtesalat und kriegt das Maul nicht auf. Hast du was? Er antwortet nicht, sieht abwesend im Restaurant umher, als befände er sich auf dem Flughafen. Bin nur müde, brummt er. Ich hätte gute Lust, ihm mein Lachscarpaccio über die Rübe zu hauen. Was glaubt er denn, wie ich mich fühle? Im Taxi bin ich kurz eingenickt, das gebe ich zu. Aber trotz aller Erschöpfung strenge ich mich an, dem allabendlichen Trott die Stirn zu bieten, kämpfe wie ein Löwe um ein wenig zivilisierte Konversation. Nur ein paar Sätze. Ist das denn zu viel verlangt?

Ich weiß nicht, wie sie das durchhält. Den ganzen Vormittag redet sie im Büro und dann nachmittags mit den Kindern, und abends will sie immer noch reden. Richtig reden, nennt sie das. Ich habe einfach nicht ihre Energie. Fühle mich wie ein warmes Cola. Verdammt. Es sollte ein schöner Abend werden.

Warum kann ich nicht so sein wie der Typ am Nebentisch? Jung, dynamisch, frisch und



5267204

ausgeruht schwatzt er intensiv auf seine Partnerin ein. Ich weiß nicht, aber Männer, die so viel reden, sind mir suspekt.

Früher, als wir noch das ganze Wochenende im Bett liegen konnten und ich nicht schon um acht Uhr mit irgendwelchen Playmobilmännchen über den Teppich kriechen musste, habe ich, glaube ich, mehr geredet. Die Dame am Nebentisch schweigt ein bisschen viel. Jetzt senkt sie den Kopf so tief über ihren Teller, dass ich den sauber gezogenen Scheitel sehen kann, der Mann fasst sie am Arm, sie schüttelt ihn ab, springt auf, wirft die Serviette in ihren Salat und marschiert im Sturmschritt auf die Toilette. Der Mann ist ein wenig rot geworden, vorsichtig sieht er sich um, unsere Blicke treffen sich, ich nicke ihm zu.

Eine Frau kommt weinend hereingestürmt. O Gott, stöhnt sie in den Spiegel, und warum heulen Sie? Ich zucke die Achseln. Es sollte ein schöner Abend werden. Welches Mascara nehmen Sie? Absolut wasserfest, sage ich. Meins auch, sagt sie. Wir lächeln uns schüchtern zu und tupfen uns die verschmierte Wimperntusche aus dem Gesicht. Ich bin abends fix und fertig, sagt sie in den Spiegel, ich kann noch nicht mal mehr muh sagen. Und er will sich unterhalten. Aber mein Kopf ist abends so leer wie ein ausgepustetes Ei. Nichts mehr drin. Kein einziger Satz. Das macht noch unsere Beziehung kaputt, schnieft sie.

Sie strengen sich einfach nicht genug an, sagt er und signalisiert dem Kellner, seine Teller und sein Glas an unseren Tisch zu bringen. Doch, widerspreche ich, aber meine Kraft reicht abends noch fürs Vorlesen für die Kinder, dann falle ich auf die Couch und mache den Fernseher an. Tut mir leid. Nicht anders als mein Vater. Aber Fernsehen kann durchaus meditativ sein.

Aha, sagt er.

Wenn es richtig schlecht ist. Das ist wunderbar. Ich versenke mich in diese gigantische Idiotie und nach ein paar Stunden stimmt mich das durchaus heiter. Nur reden kann ich nichts.

Sollten wir sie vielleicht holen? fragt er.

Wie die Deppen vor der Klotür stehen und winseln: Kommt doch bitte raus?, wende ich ein. Außerdem reden wir gerade so nett.

Da haben Sie recht, sagt er.

Beine hoch, Glotze an, sagt sie. Nicht denken, nicht reden, nur glotzen. Wunderbar. Und dann sitzt er stumm und beleidigt neben mir und sieht mich von der Seite vorwurfsvoll an.

Sollten wir vielleicht rausgehen, schlage ich vor.

Ach, sagt sie, ich weiß nicht, wir reden gerade so nett.

(Dörrie, in: Ruckzuck. Die schnellsten Geschichten der Welt, 2008, S. 31–34)

1. *Gliedern Sie den Text: Wer spricht jeweils?*
2. *Lesen Sie den Text laut mit verteilten Rollen.*
3. *Worum geht es? Was ist das Thema?*
4. *Klären Sie:*
   - *Wer von den beiden Paaren will wie den alltäglichen Abend verbringen?*
   - *Wer von den beiden Paaren enttäuscht wodurch welche Erwartung des Partners?*
5. *Die Kurzgeschichte ist witzig: weshalb?*
6. *Was ist die Intention (= Aussage, Aussageabsicht)?*
7. *Überlegen Sie sich einen passenden Einstieg und schreiben Sie die Einleitung.*

**8** *Schreiben Sie eine Inhaltsangabe.*

**9** *Der Reiz der Kurzgeschichte resultiert neben den inhaltlichen Parallelen und Verschränkungen aus der Erzähltechnik, den Erzählperspektiven, die Doris Dörrie gewählt hat. – Erläutern Sie diese These.*

**10** *Sie haben die Einleitung und die Inhaltsangabe geschrieben; Sie haben weitere Punkte, die zu einer Textinterpretation gehören, geklärt:*

- *Erstellen Sie ein Gliederungskonzept für die Interpretation dieser Kurzgeschichte.*
- *Schreiben Sie die Textinterpretation.*

**11** *Sie bilden Dreiergruppen und erörtern Ihre Interpretationen in einer Schreibwerkstatt* *(▸▸▸ S. 326–328)**:*

- *Sie lesen stumm, ohne Gesprächsaustausch, die Interpretationen; Sie tauschen sie aus und schreiben jeweils einen Kommentar darunter:*
- *Gefallen hat mir … Nicht verstanden habe ich … Verbessern würde ich …*
- *Nach diesem Durchgang erhält jeder seinen Text zurück: Jetzt beginnt das Gespräch über die kritischen Fragen und Verbesserungsvorschläge, eingeleitet dadurch, dass Sie jeweils die Kommentare laut vorlesen. Hiermit ist die wichtige Diskussionsphase der Schreibwerkstatt eröffnet!*
- *Jeder überarbeitet anschließend seinen Text. Sie brauchen dazu Zeit.*
- *Die überarbeiteten Interpretationen lesen Sie sich gegenseitig vor.*
- *Sie diskutieren in der Gruppe, welche Interpretation Sie im Plenum präsentieren wollen.*

William Sansom

## Difficulty with a Bouquet

Seal, walking through his garden, said suddenly to himself: “I would like to pick some flowers and take them to Miss D.”

The afternoon was light and warm. Tall chestnuts fanned themselves in a pleasant breeze. Among the hollyhocks there was a good humming as the bees tumbled from flower to flower. Seal wore an open shirt. He felt fresh and fine, with the air swimming coolly under his shirt and around his ribs. The summer's afternoon was free. Nothing pressed him. It was a time when some simple, disinterested impulse might well be hoped to flourish.

Sansom, in: 22 Short Shorts/22 kurze Kurzgeschichten, 2001, S. 156–161.

Ein englischer Autor, indeed:

**1** *Lesen Sie den Beginn dieser Short Story laut.*

**2** *Übersetzen Sie ihn ins Deutsche (decken Sie dazu die Seite 207 ab).*

**3** *Vergleichen Sie beide Texte: Was ändert sich im Aufbau, in der Struktur der Sätze?*



5267206

William Sansom

## Laßt Blumen sprechen

[R] Als Seal durch seinen Garten ging, sagte er plötzlich zu sich selbst: „Ich würde gern ein paar Blumen pflücken und sie Miss D. bringen."

Der Nachmittag war hell und warm. Hohe Kastanienbäume wiegten sich leicht in einer sanften Brise. Im Malvengesträuch summte es mächtig von den Bienen, die von Blüte zu Blüte taumelten. Seal trug den Hemdkragen offen. Er fühlte sich frisch und munter von der Luft, die er kühl unter seinem Hemd auf den Rippen spürte. Der sommerliche Nachmittag gehörte ihm. Nichts trieb ihn zur Eile. Es war ein Augenblick, in dem eine schlichte, uneigennützige Gefühlsregung leicht zur Blüte reifen konnte.

Seal empfand große Freude an all den Blumen rundherum und aus ihr heraus ein beglückendes Bedürfnis, zu schenken. Er wünschte dies tief in seinem Inneren, unkritisch, ohne auch nur einen Augenblick darüber nachzusinnen: „Hier bin ich, Seal, und möchte gern etwas tun." Seal wollte ganz einfach ein paar seiner Blumen einem Mitmenschen schenken! Miss D. war die erstbeste Person, die ihm eingefallen war. Er fühlte sich zu Miss D. in keiner Weise hingezogen. Er kannte sie nur flüchtig, als ein unscheinbares ältliches Mädchen von etwa zwanzig, das in das Mietshaus gegenüber seinem Garten eingezogen war. Wenn Seal überhaupt je an Miss D. dachte, so war es, weil ihm ihre Art zu gehen mißfiel. Sie hatte einen steifen Schritt, wobei der lange Oberkörper voraussegelte und die kurzen Beine ihn einzuholen trachteten. Aber daran dachte er in diesem Augenblick nicht. Beim Bücken nach einer Blume war sein Blick zufällig auf das Mietshaus gefallen, und dieses hatte in ihm das Bild von Miss D. wachgerufen.

Seal wählte gewöhnliche, alltägliche Blumen. Während die Stengel brachen, pfiff er zwischen den Zähnen leise vor sich hin. Seine Wahl war auf diese alltäglichen Blumen gefallen, weil sie seiner Hand am nächsten waren, aber auch, weil sie frisch und lebendig aussahen. Sie waren weder selten noch kostbar. Es waren ganz einfach hübsche, frische, unauffällige Blumen.

Mit den Blumen in der Hand verließ Seal zufriedenen Sinnes seinen Garten und betrat den Asphalt, der zum Mietshaus über der Straße führte. Doch als sein Fuß den Asphalt berührte, als der gewitzte Blick eines alten Mannes im Augenblick des Vorübergehens sein Auge traf, als der Straßenverkehr seine Rechte geltend machte, da begannen gewisse Bedenken seine spontane Freude abzukühlen. „Mein Gott", dachte er plötzlich, „was brocke ich mir da ein?" Er trat gleichsam aus sich selbst heraus und sah, wie sein eigenes Ich unterwegs war, um Miss D. einen Strauß billiger Blumen über die Straße zu bringen.

„Es sind billige Blumen", überlegte er. „Ich schenke sie in einer plötzlichen Anwandlung. Während ich sie dem Fräulein überreiche, werde ich lächeln. Wir werden beide wissen, dass für das Geschenk kein eigentlicher Grund vorliegt, und somit wird die ganze Geschichte nach Gutseinwollen riechen – nach Gutseinwollen und einfältiger Menschenliebe. Und irgendwie – ja irgendwie wird daher meine Geste als einstudierte Pose erscheinen. Eine so einfache Geste ist unwahrscheinlich. Unwahrscheinliches erregt Argwohn. Mein Geschenk wird sicher als Affektiertheit empfunden werden.

Wenn ich nur einen Grund hätte – persönliches Prestige, finanziellen Gewinn, sexuelle Absichten – irgend eine der allgemein anerkannten Triebfedern, die meinen Blumen gesellschaftliche Geltung verschaffen würden. Aber nein – ich habe keine. Ich will ja nur geben und nichts dafür nehmen."

Im Weitergehen sah Seal sich selbst, wie er sich verbeugte und lächelte. Sein Lächeln erschien ihm zu breit, während er sich übertrieben für seine gute Tat entschuldigte. Angewidert fuhr er mit dem Hals zurück, als er in Gedanken das sattsam bekannte Getue absolvierte. Er sah auf Miss D.s Gesicht ein spöttisches Lächeln und fühlte sich durchschaut.

Seal ließ die Blumen in die Gosse fallen und ging langsam in seinen Garten zurück.

Von ihrem hochgelegenen Fenster in dem Betonklotz beobachtete Miss D., wie Seal die Blumen wegwarf. Wie frisch sie aussahen! Wie sie ihr kahles Zimmer belebt hätten! „Wäre es nicht nett gewesen", dachte Miss D., „wenn dieser Mr. Seal *mir* den hübschen Blumenstrauß gebracht hätte? Wäre es nicht nett gewesen, wenn er sie in seinem eigenen Garten gepflückt und sie – ja nun – ganz beiläufig vorbeigebracht hätte, um mir an diesem herrlichen Nachmittag ein Geschenk zu machen." Ein paar Minuten träumte Miss D. weiter vor sich hin.

Dann runzelte sie die Stirn, erhob sich, schob ihren Rockträger zurecht und eilte in die Küche. „Gott sei Dank hat er es nicht getan", atmete sie erleichtert auf. „Es wäre mir äußerst peinlich gewesen. Es ist ja nicht so, als hätte er Absichten auf mich. Gar nicht auszudenken, wie rührselig alles gewesen wäre!"

Sansom, in: 22 Short Shorts/22 kurze Kurzgeschichten, 2001, S. 156–161.

1. *Seal wirft seine Blumen weg, und Miss D. wäre es peinlich gewesen, sie zu bekommen: Dann ist ja alles in Ordnung – oder?*

2. *Klären Sie das innere Geschehen, die gedanklichen Abläufe bei Seal:*

   - *Warum pflückt Seal überhaupt Blumen in seinem Garten?*
   - *Warum für Miss D.?*
   - *Was löst sein Unbehagen aus?*
   - *Wie gelangt er zu seinen kritischen Überlegungen?*
   - *Warum wirft er die Blumen am Ende fort?*

3. *Welche Gedanken hat Miss D.? Wie kommt es zum Umschlag?*

4. *Wie wirken beide Personen auf Sie? Versuchen Sie, sie zu charakterisieren.*

5. *Insgesamt liegt eine auktoriale Erzählperspektive vor. Inwiefern?*

6. *Innerhalb der auktorialen Erzählhaltung wechselt die Perspektive: Untersuchen Sie sie genau; was liegt jeweils vor?*

7. *Der Reiz der Geschichte liegt genau in der Erzählperspektive; begründen Sie, warum.*

8. *Sansom betitelte seine Erzählung „Difficulty with a Bouquet". Wählen Sie eine andere Überschrift und ermitteln Sie dann im Gespräch, welche am besten passt.*

9. *Sie haben jetzt die Kurzgeschichte interpretiert: Schreiben Sie eine Textinterpretation.*

   - *Sie denken nach über eine passende Einleitung,*
   - *Sie schreiben die Inhaltsangabe,*
   - *Sie überlegen eine Gliederung Ihrer Interpretation,*
   - *Sie schreiben die Interpretation und*
   - *denken dabei an geeignete Übergangssätze zwischen den Abschnitten.*

10. *Sie bilden Dreiergruppen und überprüfen Ihre Interpretationen in einer Schreibwerkstatt* *(▸▸▸ S. 326–328).*

# Interpretation epischer Texte

## Reflektieren

- Gehen Sie die folgende Liste durch, überprüfen Sie, ob Sie die angegebenen Kompetenzen gut, weniger gut oder noch gar nicht beherrschen.

- Schreiben Sie die Punkte auf, in denen Sie mit den genannten Kompetenzaussagen Schwierigkeiten haben, und warum; so gehen Sie dabei vor:

  - Ich kann weniger gut ...
  - Ich kann noch nicht ...

## Kompetenzen

- Sie haben die Kompetenz erworben,

1. Prosatext zu interpretieren, d. h.:

   - Sie erkennen die möglicherweise gegebene Intention eines Prosatextes,
   - Sie erkennen erzählerische Mittel zur Umsetzung einer Textintention,
   - Sie kennen die drei grundlegenden Erzählperspektiven,
   - Sie kennen die Zeitstrukturen und Zeitebenen des Erzählens,
   - Sie erkennen Motive und Symbole und können sie unterscheiden,
   - Sie wissen, wie Personen in erzählenden Texten charakterisiert werden können, und Sie kennen die unterschiedlichen Formen der Figurenrede.

2. die Schreibform „Interpretation von Prosatexten“ zu beherrschen, d. h.:

   - Sie kennen unterschiedliche Formen der Einleitung für die Schreibform „Interpretation von Prosatexten“,
   - Sie können eine Inhaltsangabe schreiben,
   - Sie können einen Schreibplan (►►► S. 325 f.) entwickeln und ihn umsetzen.

## Was Sie beim Schreiben beachten sollten:

- Sie lesen den Text und die Aufgabenstellung sorgfältig durch und überprüfen, ob Sie den Text inhaltlich verstanden haben.

- Sie überlegen sich eine Einleitung.





5267210

- Sie erstellen eine Inhaltsangabe. Dabei orientieren Sie sich an den Empfehlungen auf ►►► S. 183.

- Sie arbeiten in Orientierung an den weiteren Aufgabenstellungen den Text noch einmal durch: Sie machen sich Notizen und halten Belegstellen fest.

- Sie überlegen sich, wie Sie Ihre Interpretation gliedern wollen.

- Sie verfassen aus Ihren Notizen einen durchgehenden Fließtext und beachten bei Ihrer Gliederung Absätze und Überleitungen.

- Sie lesen Ihren Text noch einmal kritisch durch:

  - Habe ich inhaltlich klar formuliert?
  - Ist mein Text sprachlich in Ordnung?
  - Ist meine Gliederung sinnvoll?
  - Passen meine Überleitungen?

- Sie erstellen eine Reinschrift.

Ich weiß
soll es
ich so
wer wagt es
Rittersmann
oder Knapp
ein holde
Traum
das Labyrin
der Brust
leise
Schau
wettert
füllest
wieder
Busch
und Tal
still

# Lyrik und ihre Interpretation

Lyrik:
Lied, Song
Gedicht
Ballade

Sie lernen im Kompetenzbereich „Literarische Texte und Medienprodukte“

- Bausteine zur Analyse lyrischer Texte kennen,
- die schriftliche Gedichtinterpretation,
- Interpretationsbeispiele beurteilen.

**Von den Elementen lyrischer Texte ...**

Verse

Sprachliche Bilder

Metrum

Reim

Strophe

**... zur Gedichtinterpretation**

Inhalt und Thema

Aufbau und Sprache

Aussage und Form

# Was ist „Lyrik"?

Gedichte sind „Lyrik": Das Wort kommt von „Lyra" – das war ein Saiteninstrument der alten Griechen, mit dem Lieder vorgetragen wurden. Lyrik gibt es in unterschiedlichster Art und seit je: Kinderreime, Abzählreime, Wiegenlieder, Balladen, Lieder und Songs, Liebesgedichte, Naturgedichte ... Eine moderne Variante sind Raps und beliebt ist der Wettstreit mit selbst vorgetragenen Gedichten vor einem Publikum: ein Poetry-Slam.

# Elemente lyrischer Texte als Bausteine für eine Gedichtinterpretation

Im Folgenden werden Sie Elemente lyrischer Texte erarbeiten und die Möglichkeiten und die Bandbreite von Lyrik kennenlernen mit dem Ziel, Texte dieser Art – also Gedichte – lesen und interpretieren zu lernen.

## VERSE – DIE ZEILEN DES LYRIKERS

Sie kennen die Redewendung oder vorgebliche Lebensweisheit: „Man kann das Eisen nur so lange schmieden, wie es heiß ist."

(1) *Was ist die Bedeutung dieser Redewendung? Unterscheiden Sie eine wörtliche und eine übertragene Bedeutung.*



5267214

**Problem**

Man kann das Eisen nur so lange schmieden, wie man sich auch die Finger daran verbrennen kann.

Günter Müller

## Problem

Man kann das Eisen
nur so lange
schmieden
wie man sich auch
die Finger daran
verbrennen kann.

(Müller, in: Tagtäglich. Gedichte, 1980, S. 136)

1. *Was bedeutet der linke Text? Klären Sie jeweils zu zweit seine Bedeutung.*
2. *Was ändert sich durch den Umbruch auf Verse im rechten Text?*
3. *Lesen Sie beide Texte laut.*
4. *Erstellen Sie zu zweit durch Versumbruch ein Gedicht aus dem folgenden Text von Gerhard C. Krischker:*

**mein Vater**
weil er immer nur mein bestes im auge hat sieht er nicht meine probleme

(Krischker, in: Tagtäglich. Gedichte, 1980, S. 22)

*Erproben Sie verschiedene Möglichkeiten und begründen Sie schließlich Ihre Ent-scheidung.*

In Daniel Kehlmanns Roman „Die Vermessung der Welt" begegnet dem Leser der große Naturforscher Alexander von Humboldt (1769–1859); unter schwierigsten Bedingungen erkundet er den Lauf des Orinoko und Rio Negro auf der Suche nach einer Verbindung zum Amazonasgebiet. Seine Mannschaft pflegt sich im Boot Geschichten zu erzählen. Als Humboldt aufgefordert wird, doch auch eine Geschichte zu erzählen, lehnt er ab:

Daniel Kehlmann

## Die Vermessung der Welt

Geschichten wisse er keine, sagte Humboldt [...]. Auch möge er das Erzählen nicht. Aber er könne das schönste deutsche Gedicht vortragen, frei ins Spanische übersetzt. Oberhalb aller Bergspitzen sei es still, in den Bäumen kein Wind zu fühlen, auch die Vögel seien ruhig, und bald werde man tot sein.

Alle sahen ihn an.

Fertig, sagte Humboldt.

Ja wie, fragte Bonpland. [...]

Entschuldigung, sagte Julio. Das könne doch nicht alles gewesen sein.

(Kehlmann, 2008, S. 128)

Johann Wolfgang von Goethe

## Wandrers Nachtlied

Über allen Gipfeln
Ist Ruh,
In allen Wipfeln
Spürest du
Kaum einen Hauch;
Die Vögelein schweigen im Walde.
Warte nur, balde
Ruhest du auch.

(von Goethe, in: Werke, Band 1: Gedichte und Epen I, 1998, S. 142)

1. *Lesen Sie Humboldts Übersetzung und Goethes Gedicht laut.*
2. *Lesen Sie das Gedicht Goethes noch einmal laut – in zwei Varianten: einmal als Prosatext und einmal – Sie beachten die Versform – als Gedicht.*
3. *Was ist der inhaltliche Unterschied zwischen Humboldts freier Übersetzung und Goethes Gedicht?*
4. *Was geht in der Übersetzung verloren?*
5. *Was können Sie in Goethes Gedicht an dichterischen Mitteln beobachten?*

Johann Wolfgang von Goethe (1749–1832) gilt als einer der bedeutendsten Dichter weltweit. Er schrieb Gedichte, Romane und Dramen und betätigte sich zugleich als Naturforscher und Minister am Fürstenhof in Weimar. Mit Friedrich Schiller, dem anderen großen Dichter der sog. Weimarer Klassik, war er eng befreundet.
„Wandrers Nachtlied (ein Gleiches)" schrieb Goethe 1780 bei einer Übernachtung im Pirschhäuschen auf dem Kickelhahn im Thüringer Wald mit Bleistift auf die Bretter über einem Fenster. Als er 1831 wieder auf dem Kickelhahn war, suchte er nach dem Gedicht. Er starb im folgenden Frühjahr.

### Elemente: Vers – „lyrisches Ich"

- Lyrisches Sprechen unterscheidet sich von Prosatexten dadurch, dass Lyrik immer in **Verse,** das sind die Zeilen eines Gedichts, gesetzt ist. Prosatexte sind Fließtexte, sie werden durchgeschrieben; ein Gedicht hat immer Verse von gleicher oder auch unterschiedlicher Länge, es sieht daher im Schriftbild anders aus als ein Prosatext und wird anders gesprochen.
- So, wie der Erzähler epischer Texte, selbst wenn er als Ich-Erzähler auftritt, nicht mit dem Autor verwechselt werden darf, ist der Sprecher lyrischer Texte nicht der Autor, sondern das **lyrische Ich;** denn auch der Inhalt von Gedichten muss nicht vom Autor tatsächlich erlebt oder empfunden worden sein.
- Der **Inhalt** von Gedichten ist durch das lyrische Ich geprägt und gefiltert: Gedanken, Empfindungen, Gefühle oder Wahrnehmungen des lyrischen Ichs, sinnliche Wahrnehmungen: Beobachtungen, Geräusche usw.



5267216

## SPRACHLICHE BILDER – MIT DER SPRACHE BILDER MALEN

Georg Britting

### Feuerwoge jeder Hügel

Feuerwoge jeder Hügel,
Grünes Feuer jeder Strauch,
Rührt der Wind die Flammenflügel,
Wölkt der Staub wie goldner Rauch.

Wie die Gräser züngelnd brennen!
Schreiend kocht die Weizensaat.
Feuerköpfige Blumen rennen
Knisternd übern Wiesenpfad.

Blüten schwelen an den Zweigen.
Rüttle dran! Die Funken steigen
Wirbelnd in den blauen Raum –
Feuerwerk ein jeder Baum!

(Britting, in: Moderne deutsche Naturlyrik, 1980, S. 42)

1. *Klären Sie zu zweit: Was liegt hier vor? Muss man die Feuerwehr anrufen?*
2. *Sprachliche Bilder oder: mit der Sprache Bilder malen. Welches Bild begegnet uns in jeder Strophe?*
3. *Welche weiteren Bilder lassen sich unterscheiden? Achten Sie auf die Farben und Bewegungen.*

Klabund (1890–1928, eigentlich: Alfred Henschke) erkrankt bereits mit 16 an Tuberkulose. Während des Ersten Weltkriegs wird er zum überzeugten Pazifisten und schreibt einen offenen Brief an Kaiser Wilhelm II.

Klabund

### Ironische Landschaft

Gleich einem Zuge grau zerlumpter Strolche,
Bedrohlich schwankend wie betrunkne Särge,
Gehn Abendwolken über jene Berge,
In ihren Lumpen blitzen rote Sonnendolche.

Da wächst, ein schwarzer Bauch, aus dem Gelände
Der Landgendarm, dass er der Ordnung sich beflisse,
Und scheucht mit einem bösen Schütteln seiner Hände
Die Abendwolkenstrolche fort ins Ungewisse.

(Klabund, in: Gedichte, 2013, S. 15)

1. *Wer tut hier was?*
2. *Welche Aussagen macht Klabund über die Abendwolken in der ersten Strophe?*
3. *Klabund vergleicht, er personifiziert und er benutzt Metaphern. Ordnen Sie zu.*

August Stramm

## Patrouille

Die Steine feinden
Fenster grinst Verrat
Äste würgen
Berge Sträucher blättern raschlig
Gellen
Tod.

(Stramm, in: Menschheitsdämmerung, 1959, S. 87)

August Stramm (1874–1915) schlug auf Wunsch seines Vaters eine Laufbahn im Postdienst ein. Daneben war er Mitarbeiter der expressionistischen Kunstzeitschrift „Der Sturm". Er fiel als Soldat im Ersten Weltkrieg in Russland.

1. *Was ist eine Patrouille?*
2. *„Fenster grinst Verrat": Was ist damit gemeint? In welcher Situation kann ein solcher Eindruck entstehen?*
3. *Stellen Sie sich vor, Sie sind auf dieser von August Stramm lyrisch festgehaltenen Patrouille im feindlichen Gebiet; was nehmen Sie wahr, was geht in Ihnen vor? – Schreiben Sie einen Prosatext: Gehen Sie aus von den Wahrnehmungen und Ängsten, die im Gedicht erkennbar sind; Sie beginnen: „Gestern Nacht waren wir auf Patrouille. Es war fürchterlich. ..."*
4. *Was unterscheidet Ihren Text von dem Gedicht?*
5. *Klären Sie grundsätzlich den Begriff „Metapher". Gehen Sie aus von alltäglichen Redewendungen, zum Beispiel: „etwas begreifen", „einer Sache nachgehen".*

### Elemente: Sprachliche Bilder

„Grau zerlumpte Strolche, bedrohlich schwankend wie betrunkne Särge"

Unter den Wahrnehmungen des „lyrischen Ichs" dominiert die Beobachtung; die **Sprache** der Lyrik ist daher häufig **bildlich** geprägt: visuelle Wahrnehmungen, Vergleiche und Metaphern:

- Ein **Vergleich** ist die Verknüpfung von Worten aus unterschiedlichen Wirklichkeitsbereichen durch ein ausdrückliches „wie" („Staub wie goldner Rauch").
- Eine **Metapher** ist die unvermittelte Verknüpfung von Worten aus unterschiedlichen Wirklichkeitsbereichen („grünes Feuer jeder Strauch", „Steine feinden").
- Eine **Personifizierung** liegt vor, wenn Dingen, Tieren oder der Natur Handlungen oder Eigenschaften von Personen zugeschrieben werden („Fenster grinst", „Abendwolken gehen").



5267218

Lewis Carroll

## Der Zipferlake

Verdaustig war's und glasse Wieben
Rotterten gorkicht im Gemank;
Gar elump war der Pluckerwank,
Und die gabben Schweisel frieben.

„Hab acht vorm Zipferlak, mein Kind!
Sein Maul ist beiß, sein Griff ist bohr!
Vorm Fliegelflagel sieh dich vor,
Dem mampfen Schnatterrind!"

Er zückt' sein scharfgebifftes Schwert,
Den Feind zu futzen ohne Saum,
Und lehnt' sich an den Dudelbaum
Und stand da lang in sich gekehrt,

In sich gekeimt, so stand er hier:
Da kam verschnoff der Zipferlak
Mit Flammenlefze angewackt
Und gurgt' in seiner Gier.

Mit eins! und zwei! und bis aufs Bein!
Die biffe Klinge ritscheropf!
Trennt er vom Hals den toten Kopf,
Und wichernd sprengt er heim.

„Vom Zipferlak hast uns befreit?
Komm an mein Herz, aromer Sohn!
O blumer Tag! O schlusse Fron!"
So kröpfte er vor Freud.

(Carroll, 1963, S. 144–145)

Lewis Carroll (Charles Lutwidge Dodgson, 1832–1898), war Mathematikprofessor in Oxford. Berühmt wurde er durch seine grotesken Romane „Alice im Wunderland" (die Quelle des Gedichts links) und „Alice hinter den Spiegeln".

1. *Hier wird ein dramatisches Ereignis erzählt: Was ist der Inhalt?*

2. *„Sein Maul ist beiß, sein Griff ist bohr", „mit Flammenlefze angewackt": Diese sprachlichen Bilder sind leicht zu entschlüsseln. Was bedeuten sie?*

3. *Versuchen Sie, weitere, auf den ersten Blick unverständliche Worte zu entschlüsseln.*

4. *In Carrolls Roman findet die Titelheldin Alice jemanden, der ihr die Worte dieses Gedichts erklärt:*

[R] „*‚Verdaustig‘* heißt vier Uhr nachmittags – wenn man nämlich noch *verdaut*, aber doch schon wieder *durstig* ist.“

„Das paßt sehr gut“, sagte Alice; „und *‚glaß‘*?“

„Nun, *‚glaß‘* heißt ‚glatt und naß‘. Das ist wie eine Schachtel, verstehst du: zwei Bedeutungen werden dabei zu einem Wort zusammengesteckt.“

„Jetzt versteh ich's schon“, sagte Alice nachdenklich. „Und was sind *‚Wieben‘*?“

„Also, *‚Wieben‘* sind so etwas Ähnliches wie Dachse – und wie Eidechsen – und so etwas Ähnliches wie Korkenzieher.“

„Das müssen aber sehr merkwürdige Geschöpfe sein.“

„Das wohl“, sagte Goggelmoggel; „sie bauen außerdem ihre Nester unter Sonnenuhren – und außerdem fressen sie nur Käse.“

„Und was ist *‚rottern‘* und *‚gorkicht‘*?“

„*‚Rottern‘* ist das gleiche wie ‚rotieren‘, das heißt: sich schnell drehen. *‚Gorkicht‘* heißt alles, was sich in Kork einbohrt.“ [...]

(Carroll, 1963, S. 200–201)

5 *Versuchen Sie in ähnlicher Weise, noch ungeklärte Wörter zu entschlüsseln oder zu deuten.*

## STROPHEN – DIE ABSCHNITTE DES GEDICHTS

Häufig sind Gedichte in Strophen eingeteilt: Mehrere Verse – das sind die Zeilen eines Gedichts – sind jeweils zu einem Block zusammengefasst; dies kann sehr regelmäßig erfolgen, sodass sich bestimmte Strophenformen unterscheiden und benennen lassen; die Strophenbildung kann aber auch frei erfolgen.

1 *Untersuchen Sie die Strophen in Brittings „Feuerwoge“ und in Carrolls „Zipferlake“: Welche Regelmäßigkeiten bei der Strophenbildung lassen sich feststellen?*

**Elemente: Strophe**

- Verse werden häufig zu **Strophen** zusammengefasst: Ein Gedicht kann einstrophig sein oder auch mehrere Strophen bilden.
- Wenn drei Verse eine Strophe bilden, redet man von einem Terzett, wenn eine Strophe aus vier Versen besteht, von einem Quartett.

## DAS METRUM – DIE INNERE MASSEINHEIT DES GEDICHTS

Sie kennen sicher Abzählverse wie zum Beispiel:

| | | |
|---|---|---|
| Ich und du | = | x́ x x́ |
| Müllers Kuh | = | x́ x x́ |
| Müllers Esel | = | x́ x x́ x |
| Der bist du! | = | x́ x x́ |

1 *Schreiben Sie zwei weitere Beispiele für Abzählverse, Kinderreime oder Kinderlieder auf.*

2 *Markieren Sie die betonten Silben in jedem Vers wie im angegebenen Beispiel (ein „x“ steht für eine Silbe, ein Strich darauf verdeutlicht die Betonung).*

3 *Lesen Sie Ihren Text laut mit deutlicher Gewichtung der betonten Silben.*

4 *Informieren Sie sich über den Begriff „Metrum“ in der folgenden Infobox.*

## Elemente: Metrum – Versfuß – Kadenz – Enjambement

Häufig sind Gedichte metrisch strukturiert: Die regelmäßige, gleichbleibende Abfolge von betonten und unbetonten Silben nennt man **Metrum** (= Taktmaß, Versmaß).

Eine Einheit von zwei oder drei Silben, von denen eine betont ist, nennt man **Takt** oder **Versfuß;** er ist die kleinste, regelmäßig wiederkehrende Einheit innerhalb eines Verses: zum Beispiel x́ x oder, in Umkehr, x x́. Diese Versfüße haben Namen:

- Der Versfuß von betonter und unbetonter Silbe (x́ x) ist der **Trochäus,**
- der Versfuß von unbetonter und betonter Silbe (x x́) ist der **Jambus,**
- der Versfuß mit einer betonten und zwei unbetonten Silben (x́ x x) ist der **Daktylus,**
- der Versfuß mit zwei unbetonten und einer betonten Silbe (x x x́) ist der **Anapäst.**

Der Versschluss hat auch einen Namen, nämlich **Kadenz:**

- Ein Vers kann mit einer betonten Silbe enden („grünes Feuer jeder Strauch" oder auch „der weiße Nebel wunderbar"), dann hat er eine **männliche** oder **stumpfe Kadenz;** sie klingt hart.
- Folgt der betonten Silbe noch eine weitere, unbetonte Silbe („Feuerwoge jeder Hügel"), spricht man von einer **weiblichen** oder **klingenden Kadenz;** der Vers klingt weich aus.

Gelegentlich treten der Satzrhythmus und das Metrum am Versschluss in eine leichte Spannung, wenn wir vom Satzrhythmus her am Versende keine Zäsur (= Einschnitt), also keine Pause, lesen dürfen, sondern über das Versende ( / ) „hinweglesen" müssen:
„Rüttle dran! Die Funken steigen / Wirbelnd in den blauen Raum".
Man nennt dies ein **Enjambement.**

Auf dem Berge Sinai
Wohnt der Schneider Kikrikri,
Schaut aus seinem Fenster raus.
Eins, zwei, drei und du bist raus.

(Unbekannter Verfasser)

1. *Erstellen Sie wie zuvor auch das metrische Schema.*
2. *Trennen Sie die einzelnen Versfüße durch Schrägstriche voneinander; wie viele Versfüße hat jeder Vers?*
3. *Was liegt vor, ein vierfüßiger Jambus oder Trochäus?*

Es war einmal ein Mann,
der hatte einen Schwamm.
Der Schwamm war ihm zu nass,
da legt' er sich ins ...
Das ... war ihm zu kalt,
da ging er in den ...
Der ... war ihm zu grün,
da ging er nach ...

(Unbekannter Verfasser)

1. *Schreiben Sie das Gedicht weiter.*
2. *Bestimmen Sie wie zuvor auch das Metrum.*
3. *Wie funktioniert dieser Text? Auf einen sinnvollen, stimmigen Inhalt kommt es offensichtlich nicht an: Was muss immer passen?*

## DER REIM – EIN LAUTSPIEL (AM VERSENDE)

Franz Bonn (von Miris)

### Wie es wär', wenn's anders wär' (Auszug)

Wie wär' es praktisch, schön und gut, = a
Hätt' jeder Ochse einen ... ! =
Doch mehr als dies noch wär' fidel, = b
Könnt' Schlittschuh laufen das ... ! =
Sehr niedlich wär's und int'ressant, =
Wenn fliegen könnt' der ... . =

(Bonn, in: Das Nonsens-Buch, 1990, S. 141–142)

Franz Bonn (1830–1894), Staatsanwalt, Richter und Politiker, veröffentlichte u.a. unter dem Pseudonym „von Miris" viele satirisch-heitere Gedichte. Der Text oben erschien 1876 in den „Fliegenden Blättern", einem humoristisch-satirischen Wochenblatt.

1. *Ergänzen Sie die fehlenden Reimwörter.*
2. *Die Reime werden dem Alphabet entsprechend durchgezählt: Ein neuer Reim erhält den nächsten Buchstaben. Ergänzen Sie die fehlenden Buchstaben.*
3. *Schauen Sie sich die Reime und die Buchstaben am Rand an: Es liegt eine bestimmte Regelmäßigkeit in der Abfolge vor.*
4. *Schauen Sie sich die Reimwörter an: Was ist eigentlich ein Reim?*

### Finster war's, der Mond schien helle

Finster war's, der Mond schien helle
Auf die grünbeschneite Flur,
Als ein Wagen blitzes...
Langsam um die Ecke ... .
Drinnen saßen stehend ...
Schweigend ins Gespräch ... ,
...

(Unbekannter Verfasser)

Die vermutlich erste Aufzeichnung dieses volkstümlichen Lügengedichts erfolgte 1898. Es existiert in vielen Varianten.

1. *Ergänzen Sie die fehlenden Reimwörter.*
2. *Schreiben Sie das Gedicht fort.*
3. *Zählen Sie die Reime durch wie zuvor.*
4. *Welche Regelmäßigkeit liegt vor?*

5267222

Christian Morgenstern

## Das ästhetische Wiesel

Ein Wiesel
saß auf einem ...
inmitten Bach... .

Wisst ihr,
weshalb?

Das Mondkalb
verriet es mir
im Stillen:

Das raffinier-
te Tier
tat's um des Reimes willen.

(Morgenstern, 1998, S. 18)

Christian Morgenstern (1871–1914) arbeitete als Lektor in einem Verlag; er ist einer der bekanntesten Autoren von kritisch-witzigen, sprachspielerischen und Nonsens-Gedichten.

1. *Ergänzen Sie die fehlenden Reime.*
2. *Lesen Sie das Gedicht laut: einmal als Prosatext, einmal als Gedicht unter deutlicher Kennzeichnung der Reime; die zweite Leseweise ist schwierig – weshalb?*
3. *Zählen Sie die Reime durch wie zuvor. Welche Regelmäßigkeit ergibt sich?*

Christian Morgenstern

## Die beiden Esel

Ein finstrer Esel sprach ...
zu seinem ehlichen ... :

„Ich bin so dumm, du bist so ... ,
wir wollen sterben gehen, ... !"

Doch wie es kommt so öfter ... :
Die beiden blieben fröhlich ... .

(Morgenstern, 1998, S. 24)

1. *Ordnen Sie folgende Reimwörter zu: leben, einmal, kumm, Gemahl, eben, dumm.*
2. *Unterschiedliche Reimschemata lassen sich unterscheiden: Machen Sie sich kundig in der folgenden Infobox. Welche Reimschemata weisen die Gedichte in diesem Kapitelabschnitt auf?*

Heinz Erhardt

## Anhänglichkeit

Das Kind hängt an der ...,
der Bauer an dem ...,
der Protestant an ...,
das Ölbild an der ....
Der Weinberg hängt voll ...,
der Hund an Herrchens ...,
der eine hängt am ...,
der andere am ... ...

(Erhardt, 1984, S. 315)

1. *Bilden Sie kurze Sätze mit dem Verb „hängen", in denen dieses Wort möglichst unterschiedliche Bedeutungen hat.*
2. *Ergänzen Sie die Reimwörter.*

### Elemente: Reime und Reimschemata

Viele Gedichte sind gereimt: Ein Reim ist die partielle (also teilweise) Übereinstimmung des Lautmaterials von wenigstens zwei Wörtern („eilen" – „verweilen"). Wenn man ein Gedicht analysiert, nimmt man fortlaufende Buchstaben, um seine Reime zu kennzeichnen (a b c ...), gleich lautende Reime erhalten die gleichen Buchstaben (zum Beispiel a a b b).

- Orientiert an der Stellung des Reims **im Wort** lässt sich der Stabreim vom Endreim unterscheiden:
  - Der **Stabreim** ist die Übereinstimmung betonter Silben zu Wortbeginn, also im Anlaut („Das Lernen ohne Lust ist eine leere Last").
  - Der **Endreim** ist die Übereinstimmung des Lautmaterials ab dem letzten betonten Vokal („Dromedare" – „Spielzeugware").

- Orientiert an der Stellung des Reims **im Vers** lassen sich unterscheiden:
  - der Eingangsreim (ein Reim am Anfang eines Verses),
  - der Binnenreim (ein Reim im Versinneren) und
  - der Endreim (ein Reim am Schluss eines Verses).

- Orientiert an der Stellung des (End-)Reims **in der Strophe** lassen sich **Reimschemata** unterscheiden:
  - **Paarreim:** a a b b ...
  - **Kreuzreim:** a b a b c d c d ...
  - **Umarmender** oder **umschließender Reim:** a b b a c d d c ...
  - **Schweifreim:** a a b c c b d d e ...
  - **Verschränkter Reim:** a b c a b c ...
  - Einen Versausgang in einem gereimten Gedicht, auf den sich kein anderer reimt, nennt man eine **Waise.**

Sie haben jetzt folgende Elemente lyrischer Texte kennengelernt: Verse, sprachliche Bilder, metrische Formen, Reimschemata. Sie haben an den Beispielen gesehen, dass sich Verse auch zu größeren Einheiten, zu Strophen, bündeln lassen. – Mit diesen Elementen lässt sich arbeiten: Nicht jeder Mensch ist ein Dichter, aber viele Menschen können Gedichte herstellen.

(1) *Sie suchen sich ein Thema (zum Beispiel eine Jahreszeit, das Wetter, ...);*
*Sie legen ein Reimschema und ein metrisches Schema fest (Jambus oder Trochäus).*

(2) *Sie versuchen, einen ersten Vers zu formulieren – und fahren fort.*

# Ein Gedicht und seine Interpretation

Gedichte unterscheiden sich von Prosatexten durch ihre Elemente, sie sind Ausdruck einer künstlichen Sprache: Sie sind häufig inhaltlich sehr konzentriert, verdichtet formuliert und formal sehr kunstvoll gestaltet. Viele Gedichte sind nicht auf den ersten Blick zu fassen, bei guten Gedichten lohnt es sich, einmal genauer hinzuschauen, sie zu interpretieren. Das ist nicht immer ganz leicht, aber es ist eine Freude, zu entdecken und aufzudecken, wie Gedichte konstruiert sind.



5267224

**Septembermorgen**

Früher Morgen. Noch ist alles ruhig, im Nebel noch verhüllt und verschleiert; Wald und Wiesen scheinen noch zu träumen. Bald wird sich der Nebel indes lichten, ein blauer Himmel wird aufklaren und die Welt in einem kräftigen Herbstlicht mild leuchten lassen.

1. *Wer spricht hier?*
2. *Wovon wird gesprochen, was ist das Thema?*
3. *Lässt sich ein Vorgang, ein Prozess in mehreren Schritten erkennen?*
4. *Welche Stimmung wird ausgedrückt?*

Eduard Mörike

## Septembermorgen

Im Nebel ruhet noch die Welt,
Noch träumen Wald und Wiesen:
Bald siehst du, wenn der Schleier fällt,
Den blauen Himmel unverstellt,
Herbstkräftig die gedämpfte Welt
In warmem Golde fließen.

(Mörike, in: Sämtliche Werke, Band 1, 1961, S. 101)

Eduard Mörike (1804–1875) war schwäbischer Pfarrer in Cleversulzbach. 1843 ließ er sich pensionieren und lebte ab 1851 in Stuttgart. Das Gedicht entstand 1827.

Sie bilden kleine Gruppen und gehen arbeitsteilig vor:

1. *„Septembermorgen": Wie wird er dargestellt? Versuchen Sie, die Aussage des Gedichts knapp zusammenzufassen (Stimmung, Landschaft).*

2. *Das Gedicht beschreibt einen Vorgang, einen Prozess: Welcher Vorgang ist es?*
3. *Welche Phasen oder Schritte lassen sich unterscheiden?*
4. *Den Sprecher eines jeden Gedichts nennt man „lyrisches Ich", weil er häufig – in Ich-Aussagen – eigene Empfindungen oder Gefühle beschreibt. Wie ist das hier?*
5. *Schauen Sie sich die beiden ersten Verse einmal genau an: Was wird über die Herbst-Welt, von Wald und Wiesen ausgesagt? Fällt Ihnen am Gebrauch der Verben etwas auf?*
6. *Kennzeichnen Sie die Reime mit Buchstaben.*
7. *Die sechs Verse des Gedichts weisen nur zwei Reime auf: Lässt sich ihre Folge schematisch fassen?*

8 *Das Gedicht lässt sich auf dreifache Weise gliedern:*

- *inhaltlich im Ablauf des beschriebenen Prozesses,*
- *syntaktisch in der Abfolge der Sätze,*
- *formal durch die gegebenen Reimschemata.*

*Welche Einteilungen ergeben sich?*

9 *Bestimmen Sie das vorliegende Metrum.*

10 *Wie verteilen sich die Kadenzen auf das Gedicht?*

11 *Mit welcher Kadenz schließt der letzte Vers und warum muss das so sein?*

Was ist nun eine Gedichtinterpretation? Sie haben die Bausteine dazu mit dem letzten Arbeitsauftrag eingesammelt. Wenn Sie Ihre Ergebnisse zusammenstellen und einen durchgehenden Fließtext in grammatisch vollständigen Sätzen bilden, haben Sie eine schriftliche Gedichtinterpretation erstellt. Eine Übersicht über alle wichtigen Punkte finden Sie am Ende des Kapitels.

1 *Was ist in den folgenden Zeilen passiert? Da stimmt doch einiges nicht.*

**Herbst**

Herr: es ist Zeit. Der Sommer war sehr groß.
Leg deinen Schatten auf die Sonnenuhren,
und auf den Fluren lass die Winde los.
Dies ist ein Herbsttag, wie ich keinen sah!
Befiehl den letzten Früchten voll zu sein;
gib ihnen noch zwei südlichere Tage.
Die Luft ist still, als atmete man kaum,
und dennoch fallen raschelnd, fern und nah,
die schönsten Früchte ab von jedem Baum.
Dränge sie zur Vollendung hin und jage
die letzte Süße in den schweren Wein.
O stört sie nicht, die Feier der Natur!
Denn heute löst sich von den Zweigen nur,
was vor dem milden Strahl der Sonne fällt.
Dies ist die Lese, die sie selber hält.
Wer jetzt allein ist, wird es lange bleiben.
Wer jetzt kein Haus hat, baut sich keines mehr,
wird wachen, lesen, lange Briefe schreiben,
unruhig wandern, wenn die Blätter treiben
und wird in den Alleen hin und her

(Zusammengestellt aus Hebbel, in: Hebbels Werke, 1899, S. 75 und Rilke, in: Werke in drei Bänden, Band 1, 1966, S. 154)



5267226

Friedrich Hebbel (1813–1863), Sohn eines Maurers. Er arbeitete als Journalist und Autor von Gedichten und Dramen. Das Gedicht „Herbstbild“ entstand 1852.

Rainer Maria Rilke (1875–1926). Geboren in Prag, Studium der Kunst- und Literaturgeschichte. Er veröffentlichte vor allem Gedichte. „Herbsttag“ entstand 1902.

(2) *Versuchen Sie, die beiden Gedichte wieder zu entwirren (die Satzzeichen stimmen übrigens nicht immer): Die Verse müssen natürlich inhaltlich zusammenpassen, hilfreich ist aber auch die Beachtung von Metrum und Reim!*

(3) *Stellen Sie die Daten zu beiden Gedichten zusammen (Autor, Titel, Entstehungsdatum).*

(4) *Zwei Herbstgedichte: Was haben sie gemeinsam? Worin bestehen die Unterschiede? Gehen Sie im Folgenden arbeitsteilig vor und untersuchen Sie entweder das Gedicht von Hebbel oder das von Rilke:*

(5) *Wie ist das Gedicht inhaltlich aufgebaut? Beschreiben Sie den Aufbau, orientiert an den Aussagen der einzelnen Strophen.*

(6) *Wie wird die Natur gesehen und dargestellt?*

(7) *Analysieren Sie das Gedicht formal: sprachliche Bilder, Satzbau, Reime, Kadenzen, Metrum.*

(8) *Unterstützen die formalen Mittel die inhaltliche Aussage?*

Trostloser Herbst. Verlorne weite Öde
Die tiefen Wolken jagen Winde schnöde
Der kahlen, braunen Felder, die der Wald
Schwarz grenzt, wo an den niedern Himmeln kalt
Es dunkelt schon, das rote Heidekraut
Wo flattert vor der grauen Wolken Zug
Verschwimmt im Grau des Bodens, den ein Volk
Einsamer Birken grünes Trauerband
Von Krähn verlässt, das zu dem schwarzen Kolk[1]
Noch zeigt den Huf des Stiers das Ackerland
Und krummen Weiden fliegt mit scharfem Laut
Der durch die Schollen zog den harten Pflug

(Heym, in: Dichtungen und Schriften, Band I, 1964, S. 125)

Offensichtlich noch einmal ein Herbstgedicht. Wieder ist der Text allerdings völlig durcheinandergeraten und die Satzzeichen am Versende fehlen.

1 Ein Kolk ist ein kleiner Teich oder größerer Tümpel.

Georg Heym (1887–1912) studierte Jura, konzentrierte sich aber intensiv auf seine literarische Produktion, vor allem Gedichte. Er ertrank beim Eislaufen in Berlin.
Das Gedicht „Trostloser Herbst. Verlorne weite Öde ..." entstand 1910.

1. *Rekonstruieren Sie dieses Gedicht von Georg Heym. Ein Tipp: Es hat drei Strophen und ein klares Reimschema.*
2. *Das Gedicht beschreibt eine Landschaft im Herbst: Skizzieren Sie diese Landschaft als Bild.*
3. *Es beschreibt nicht nur die Herbstlandschaft, das lyrische Ich als Beobachter wertet auch. Wie und wodurch wird hier gewertet? Schreiben Sie die Wertungen heraus.*
4. *Wie könnte eine gute Einleitung einer Interpretation aussehen? Notieren Sie Ihre Einfälle.*
5. *Bilden Sie Dreiergruppen, erörtern Sie die Vorschläge, entscheiden Sie sich für den besten und formulieren Sie ihn schriftlich aus.*
6. *Sie haben jetzt schon eine ganze Menge zur Interpretation lyrischer Texte gelernt. Beachten Sie nun die grundsätzlichen Fragen bei der Lyrikinterpretation auf der folgenden Seite und schreiben Sie auf dieser Grundlage eine Interpretation des Gedichts von Georg Heym.*
7. *Anschließend bilden Sie Dreiergruppen und erörtern Ihre Interpretationen in einer Schreibwerkstatt (▸▸▸ S. 326–328 ff.):*
   - *Sie lesen stumm, ohne Gesprächsaustausch, die Interpretationen; Sie tauschen sie aus und schreiben jeweils einen Kommentar darunter:*
     *„Gefallen hat mir ... Nicht verstanden habe ich ... Verbessern würde ich ..."*
   - *Jeder erhält seinen Text nach diesem Durchgang zurück: Jetzt beginnt das Gespräch über die kritischen Fragen und Verbesserungsvorschläge, eingeleitet dadurch, dass Sie jeweils die Kommentare laut vorlesen. Jetzt ereignet sich die wichtige Diskussionsphase der Schreibwerkstatt.*
   - *Jeder überarbeitet dann seinen Text. Sie brauchen dazu Zeit.*
   - *Die überarbeiteten Interpretationen lesen Sie sich gegenseitig vor.*
   - *Sie diskutieren in der Gruppe, welche Interpretation Sie im Plenum präsentieren wollen.*



5267228

**DICHTERIN**

*Mal fällt das Wort wie eine Schneeflocke*
*mal fällt es wie ein Stein*
*und dann sagen alle:*
*Still, da fällt ein Wort.*

(Kuijer, 2005, S. 9)

# Lyrik und ihre Interpretation

## Reflektieren

- Gehen Sie die folgende Liste durch, überprüfen Sie, ob Sie die angegebenen Kompetenzen gut, weniger gut oder noch gar nicht beherrschen.
- Schreiben Sie die Punkte auf, in denen Sie mit den genannten Kompetenzaussagen Schwierigkeiten haben, und warum; so gehen Sie dabei vor:
  - Ich kann weniger gut ...
  - Ich kann noch nicht ...

## Kompetenzen

Sie haben die Kompetenz erworben,

1. Gedichte zu erschließen, d. h.:
   - Sie erkennen das Thema.
   - Sie erkennen den inhaltlichen Aufbau.
   - Sie erkennen gegebenenfalls die Aussageabsicht.
   - Sie können die Form, das Metrum und das Reimschema bestimmen und Sie erkennen ihre Funktion für die inhaltliche Aussage.
   - Sie erkennen sprachliche Eigenarten und ihre Funktion für die inhaltliche Aussage.
2. einen Schreibplan (▸▸▸S. 325 f.) für die Lyrikinterpretation zu erstellen und ihn umzusetzen, d. h.:
   - Sie stellen sich Fragen zu Inhalt, Form und Sprache und machen sich dazu Notizen.
   - Sie setzen Ihre Notizen, orientiert an den Aspekten Inhalt, Form und Sprache in einen Fließtext um.

## Was Sie beim Schreiben beachten sollten:

Sie stellen sich folgende Fragen und machen dazu Notizen:

- **Zum Inhalt:**
  - Was kann ich über den Autor und das Entstehungsjahr des Gedichts sagen?
  - Was ist das Thema?
  - Wie wird das Thema durch das lyrische Ich entwickelt? Hat das Gedicht einen klaren inhaltlichen oder gedanklichen Aufbau?
  - Lässt sich eine Aussageabsicht erkennen?





5267230

**Zur Form:**

- Wie ist das Gedicht formal aufgebaut (Strophen, Verse)?
- Was ergibt die Analyse des Metrums?
- Was ergibt die Analyse des Reimschemas?
- Gibt es auffallende Besonderheiten:
  - im Metrum? Wie verhalten sich Metrum und Satzrhythmus zueinander?
  - bei den Reimen?
- Wie verhalten sich Form und Inhalt zueinander: Passt beides zusammen oder lässt sich eine Spannung, ein Kontrast oder ein Widerspruch feststellen?

**Zur Sprache:**

- Sind die Sätze grammatikalisch vollständig? Welche Satzarten liegen vor?
- Gibt es wörtliche oder inhaltliche Wiederholungen?
- Dominieren bestimmte Wortfelder (Natur, Gefühle ...)?
- Welche sprachlichen Bilder liegen vor?
- Unterstreichen oder stützen die sprachlichen Beobachtungen die inhaltliche Aussage?

# Kreatives Schreiben, Vortragen und Erzählen

Rollenspiel

Sie lernen in den Kompetenzbereichen „Sprechen und Zuhören“ und „Schreiben“

- eine Geschichte vorzutragen und
- eine eigene Geschichten zu erfinden und zu verfassen.

## Vortragen

- Kriterien guten Erzählens
- Vorlesetechnik
- Adressatengerechter Vortrag
- Szenisches Lesen
- Lesen umgangssprachlicher Texte

## Kreativ schreiben

- Erzählanfänge fortsetzen
- Ein Geschehen kommentieren
- Einen Tagebucheintrag oder eine Glosse verfassen
- Einen Erzählkern ausgestalten
- Ein neues, anderes Ende erfinden
- Kreatives Schreiben im Alltag oder als Selbstreflexion

Schreibwerkstatt

# 1. Unterrichtsprojekt: Eine Geschichte vortragen

## GUTES ERZÄHLEN – EINE HOHE KUNST MIT LANGER TRADITION

Gabi Wojtiniak

### Der Weg des Mondes

[...] Das winzige Café in der Altstadt von Damaskus ist brechend voll. Der Kellner trägt tiefschwarzen Kaffee und Tee durch den Raum und legt immer wieder Kohle in die Glut, um die Wasserpfeifen anzuheizen. Ich bin gespannt, wann er sich die Hosennaht verbrennt. Man kann auch draußen sitzen, auf der engen Altstadtgasse am Fuße einer ausgetretenen, steilen Treppe, in der Nachbarschaft von Schmuckläden, teuren Kunst- und Teppichhändlern, aber dies hätte einen Nachteil – der Geschichten-Erzähler wäre nicht zu hören. Der nimmt gerade in einem prächtigen Lehnstuhl auf einem Podest Platz, rückt sich den Fes zurecht, fuchtelt mit einem eisernen Schwert, trinkt noch einen Tee und schlägt dann sein dickes Buch an der Stelle auf, die gestern sein Finale ergab. Er liest nicht; er erzählt, parodiert, kommentiert und kommuniziert mit seinen Zuhörern. Die spornen ihn an, schlagen sich lachend auf die Schenkel und entlassen dicken Qualm aus ihren Wasserpfeifen. Ab und zu haut der Geschichtenerzähler mit seinem Schwert auf ein eisernes Tischchen, dann ist der ganze Saal aus dem Häuschen.

Ein faszinierendes Spektakel, auch wenn man nichts versteht. Die Geschichtenerzähler sind eine uralte Institution. Früher schon, wenn sich die Herren ihre Zeit zwischen den letzten Abend-Gebeten im Café vertrieben, fesselten sie ihre Zuhörer nicht nur mit den Geheimnissen des Orients, auch durch die hohe Kunst, Geschichten in den Augenblick zu tragen und kräftig über die Politik herzuziehen. [...]

Plötzlich ist alles vorbei, der Kellner geht mit einem Tablett umher, auf das bald kein Schein mehr passt, und schon ist er durch die Tür, der geheimnisvolle Chronist, auf dem Weg ins nächste Restaurant – er soll der einzige und letzte seiner Art in Damaskus sein.

(Wojtiniak, in: der Freitag Online, 2006, o. S.)

Beim Erzählen einer Geschichte steht die Unterhaltung im Mittelpunkt; zu guter Unterhaltung gehören aber – im alten Orient genauso wie bei uns in alten Zeiten an den Fürstenhöfen und auf den Marktplätzen oder auch in heutiger Zeit – ein Thema, das Interesse bei den Zuhörern weckt, eine Handlung, die Spannung aufbaut, bis es zur entscheidenden Wendung kommt, und eine Erzählweise, die das Publikum fesselt. Eine solche Geschichte gilt es auszuwählen.



5267234

Sicherlich wäre es gut, eine Erzählung frei und mit eigenen Worten vorzutragen; dazu braucht man jedoch neben Talent auch Fähigkeiten, die man über einen längeren Zeitraum erwerben und üben muss. Normalerweise kann ein Nicht-Profi sehr wohl ein Gedicht auswendig gut vortragen, aber er wird selten in der Lage sein, eine Geschichte so lebendig und anschaulich zu erzählen, dass das Publikum Freude daran hat (und sogar bereit ist, ihn dafür zu bezahlen). Das Vorlesen dagegen stellt geringere Anforderungen, die Sie durchaus bewältigen können.

1. *Überlegen Sie in der Klasse gemeinsam, welche Gesichtspunkte beim Vorlesen einer Geschichte beachtet werden sollten – das sind zugleich Kriterien, die man später einer Bewertung des Vortrags zugrunde legen könnte, also zum Beispiel,*

   - *ob die Stimme gut wahrgenommen werden kann (nicht zu leise, nicht zu laut),*
   - *inwieweit Pausen an den richtigen Stellen gemacht werden,*
   - *ob flüssig oder nur stockend gelesen wird usw.*

2. *Gehen Sie in Partnerarbeit vor:*

   - *Begeben Sie sich auf die Suche nach einer Erzählung, die sich Ihrer Meinung nach gut für das Vorlesen eignet. (Vielleicht werden Sie in diesem Buch bereits fündig.)*
   - *Beschaffen Sie sich Informationen über den Autor und seine Zeit, die Zeit der Handlung und den Stoff der Geschichte.*
   - *Klären Sie unbekannte Begriffe.*

## VORLESETECHNIK EINÜBEN

Eigene Markierungen im Text erleichtern Ihnen das Vorlesen. Sie können folgende Zeichen verwenden:

| Zeichen | Erklärung |
|---|---|
| // | kurzes Innehalten |
| /P/ | Sprechpause |
| (“) | das Folgende hervorheben = etwas höher sprechen |
| **? ! .** (fett) | Satzzeichen beachten! |

1. *Versuchen Sie den folgenden Textanfang so vorzulesen, wie es die Zeichen angeben. Üben Sie das zunächst mehrfach in Partnerarbeit.*

Franz Hohler

### Der Verkäufer und der Elch

[R] Kennt ihr das Sprichwort // „Dem Elch eine Gasmaske verkaufen“**?** /P/ Das sagt man in Schweden // von jemandem, // der sehr tüchtig ist, /P/ und ich möchte jetzt erzählen, // wie es zu diesem Sprichwort gekommen ist. /P/

Es gab einmal einen Verkäufer, // der war dafür berühmt, // daß er (“) allen (“) alles verkaufen konnte. /P/ Er hatte schon einem Zahnarzt // eine Zahnbürste verkauft, /P/ einem Bäcker // ein Brot /P/ und einem Obstbauern // eine Kiste Äpfel.

(Hohler, 2003, S. 43–44)

(2) *Setzen Sie die Zeichen in einer Kopie der unten stehenden Fortsetzung selbst und lesen Sie dann weiter.*

(3) *Üben Sie das Vorlesen zu zweit, indem Sie sich zuerst einzelne Abschnitte, dann die ganze Geschichte mehrmals gegenseitig vorlesen und genau auf die vereinbarten Kriterien achten.*

Franz Hohler ist ein Schweizer Autor, Kabarettist und Erzähler. „Seit seinen ersten Auftritten in Kellertheatern weiß Hohler, wie wichtig der Blickkontakt über die Rampe hinweg ist", schrieb ein Kritiker über ihn.

„Ein wirklich guter Verkäufer bist du aber erst", sagten seine Freunde zu ihm, „wenn du einem Elch eine Gasmaske verkaufst." Da ging der Verkäufer so weit nach Norden, bis er in einen Wald kam, in dem nur Elche wohnten. „Guten Tag", sagte er zum ersten Elch, den er traf, „Sie brauchen bestimmt eine Gasmaske." „Wozu?" fragte der Elch. „Die Luft ist gut hier." „Alle haben heutzutage eine Gasmaske", sagte der Verkäufer. „Es tut mir leid", sagte der Elch, „aber ich brauche keine." „Warten Sie nur", sagte der Verkäufer, „Sie brauchen schon noch eine." Und wenig später begann er mitten in dem Wald, in dem nur Elche wohnten, eine Fabrik zu bauen. „Bist du wahnsinnig?" fragten seine Freunde. „Nein", sagte er, „ich will nur dem Elch eine Gasmaske verkaufen." Als die Fabrik fertig war, stiegen so viel giftige Abgase aus dem Schornstein, daß der Elch bald zum Verkäufer kam und zu ihm sagte: „Jetzt brauche ich eine Gasmaske." „Das habe ich gedacht", sagte der Verkäufer und verkaufte ihm sofort eine. „Qualitätsware!" sagte er lustig. „Die andern Elche", sagte der Elch, „brauchen jetzt auch Gasmasken. Hast du noch mehr?" (Elche kennen die Höflichkeitsform mit „Sie" nicht.) „Da habt ihr Glück", sagte der Verkäufer, „ich habe noch Tausende." „Übrigens", sagte der Elch, „was machst du in deiner Fabrik?" „Gasmasken", sagte der Verkäufer. P.S. Ich weiß doch nicht genau, ob es ein schwedisches oder ein schweizerisches Sprichwort ist, aber die beiden Länder werden ja oft verwechselt.

## DEN ZUHÖRERN DAS VERSTEHEN ERLEICHTERN

Neben dem Vorlesen ist es oft wichtig, den Zuhörern Informationen zu geben, die es ihnen erleichtern oder vielleicht sogar erst ermöglichen, eine Geschichte zu verstehen:

- Man sollte auf jeden Fall den Autor vorstellen und vielleicht auch über seine Lebensumstände berichten.
- Unbekannte Begriffe, Namen, Daten oder auch der Stoff der Geschichte sollten erklärt werden. Überlegen Sie, welche Vorkenntnisse Sie bei Ihrem Publikum voraussetzen können!
- Das Milieu oder der zeitgeschichtliche Hintergrund könnte vor allem dann eine Rolle spielen, wenn die Handlung in einer Umgebung oder einer Zeit spielt, über die das Publikum vermutlich wenig weiß. Zum Beispiel könnte man bei Geschichten aus Don Quichotte als Einführung für das Publikum vorausschicken, dass es sich bei dem Helden um einen verarmten Adligen handelt, der in Spanien um das Jahr 1600 den Idealen eines Rittertums anhängt, das auch damals schon längst Vergangenheit und „außer Mode" war.



5267236

(1) *Informationen, die das Verständnis der von Ihnen ausgewählten Geschichte erleichtern, sollten Sie dem Publikum in anschaulicher Weise präsentieren – eine Plakatwand, eine Overheadfolie oder ein Informationsblatt sind geeignete Medien dafür.*

L ▸▸▸ *Anregungen dazu finden Sie im Kapitel „Visualisierung", S. 113 ff.*

Die Atmosphäre eines orientalischen Cafés oder Marktplatzes lässt sich im Klassenzimmer sicherlich nicht herstellen; doch ist es wichtig, einen Rahmen zu schaffen, der es den Erzählern erleichtert, gehört zu werden und die Beachtung des ganzen Publikums zu bekommen.

(2) *Überlegen Sie gemeinsam: Welche Rahmenbedingungen können Sie im Klassenraum schaffen? Fertigen Sie eine Grundrissskizze zur Umgestaltung an.*

(3) *Bereiten Sie nun zu zweit den Vortrag „Ihrer" Geschichte vor – wenn es die Erzählung zulässt, können Sie auch mit Ihrem Partner oder Ihrer Partnerin gemeinsam vorlesen: Der eine liest beispielsweise den erzählenden Teil, der andere, was die Hauptperson denkt und sagt.*

## FEEDBACK GEBEN

Bevor es losgeht, beauftragen Sie einzelne Mitschülerinnen und Mitschüler, sich während der Vorträge Notizen zum Feedback zu machen. Um eine Rückmeldung an die Erzählenden zu erleichtern, entwickeln Sie in der Klasse gemeinsam einen Feedback-Bogen – welche Bestandteile könnte eine solche Rückmeldung haben? Überprüfen und ergänzen Sie folgende Vorschläge mit Ihren eingangs angestellten Überlegungen:

| **Kriterien für einen adressaten- und inhaltsgerechten Vortrag** | | | | |
|---|---|---|---|---|
| Erzählung | Umfang | genau richtig | ... | zu lang/zu knapp |
| | Thema | ... | | |
| | ... | ... | | |
| Vortrag | Verständlichkeit | ... | | |
| | – Lautstärke | ... | | |
| | – Artikulation | ... | | |
| | ... | ... | | |
| | Anschaulichkeit | | | |
| | – Sprechweise | sehr lebendig | ... | ... |
| | – Gestik und Mimik | ... | | |
| | ... | ... | | |
| Informationen zum Text | für Zielgruppe geeignet | sehr hilfreich | ... | ... |
| | Gestaltung | | | |
| | – Folie(n) | sehr übersichtlich | ... | ... |
| | ... | ... | | |

# 2. Unterrichtsprojekt: Szenisches Lesen

Am 9. November 1938 wurden in Deutschland in einer zentral gesteuerten antisemitischen Aktion Synagogen angezündet und vernichtet, jüdische Bürger wurden angegriffen, verletzt, getötet. Die Scheiben ihrer Wohnungen und Läden wurden vom Nazi-Pöbel eingeschlagen und ihr Eigentum wurde zerstört oder gestohlen bzw. in den Wochen danach vom Staat beschlagnahmt, auch in Stuttgart.

Der Stuttgarter Werner Stiefele hat viele Dokumente (vor allem Gerichtsakten aus Prozessen der ersten Jahre nach dem Zweiten Weltkrieg) erforscht und 1983 ein Theaterstück verfasst, das die Situation damals verdeutlicht. Seiner szenischen Dokumentation „Reichskristallnacht" über die Ereignisse im November 1938 ist folgende Szene in einem jüdischen Schuhgeschäft entnommen. Darin treten auf:

- ein „Vertreter", der als Beamter die nationalsozialistische Staatsmacht verkörpert,
- ein – ebenfalls vom Staat beauftragter – „Auktionator", der die enteigneten Waren zugunsten der Staatskasse versteigern soll, und
- die hilflose Frau des Ladenbesitzers, eine Jüdin.

1 *Lesen Sie den folgenden Text und bereiten Sie dann gemeinsam eine szenische Lesung vor:*

- *Besprechen Sie den Ablauf der Szene und unklare Stellen und Begriffe. Verteilen Sie offene Fragen zur Klärung an Arbeitsteams, zum Beispiel:*
- *Von welcher Krise ist die Rede?*
- *Was sind Einheitspreisgeschäfte? Welche Rolle spielten die Warenhäuser Tietz, Schocken und Tanne?*
- *Welche „Kontribution" ist gemeint?*
- *Hatte die jüdische Ladenbesitzerin eine Chance, sich zu wehren?*
- *Wie stand es um die Staatsfinanzen zu dieser Zeit?*
- *...*
- *Berichten Sie dem Plenum über Ihre Rechercheergebnisse. (Sie können auch eine gemeinsame Präsentation des zeitgeschichtlichen Hintergrundes zusammenstellen.)*

2 *Verteilen Sie die Rollen Jüdin – Auktionator – Vertreter – Regisseur (Lesung der Regieanweisungen). Kopieren Sie die Szene und markieren Sie den Text für das Lesen Ihrer Rolle.*

Kaufhaus Schocken in Stuttgart, entworfen von Erich Mendelsohn, 1926–28 erbaut, um 1960 abgerissen

3 *Lesen Sie die Erzählung „Des Pudels Kern" (▸▸▸ S. 239).*
*Vergleichen Sie die Szene „Im Schuhgeschäft" mit der Kalendergeschichte von Oskar Maria Graf und besprechen Sie in Kleingruppen, was sich jeweils als „Kern" der Judenfeindlichkeit herausstellt.*



5267238

Werner Stiefele

## „Reichskristallnacht“, XIII. Szene

*Schuhgeschäft, 16. November 1938, vormittags*

Der AUKTIONATOR *zählt Schuhkartons.*
Fünfzehn zu jeweils sechs Mark fünfzig.
*Der Auktionator zählt weiter.*
Zwölf zu vier.

JÜDIN
Das ist weniger als unser Einkaufspreis. Der Einkaufspreis liegt schon bei acht Mark fünfzig für dieses Modell.

AUKTIONATOR
Also: zwölf mal drei fünfzig.

JÜDIN
Der Einkaufspreis beträgt acht Mark fünfzig. Ich kann Ihnen die Rechnung zeigen.

AUKTIONATOR
Also: zwölf mal drei Mark.
*Der Auktionator zählt weiter.*
Sechs mal, ja, was machen wir da? – sechs mal sechs Mark.
*Der Auktionator zum Vertreter der Wirtschaftsstelle:*
Oder was meinen Sie dazu? Die sind doch hervorragend gearbeitet.

VERTRETER
Doch. Wirklich hervorragende Arbeit. Mit denen über den Winter, mein Gott, das wär was! Man müsste sich bedienen können!

AUKTIONATOR
Kommt nicht in Frage. Das ist ab sofort Volksvermögen.

JÜDIN
Das sind unsere Schuhe.

AUKTIONATOR
Waren.
*Der Auktionator zählt weiter.*
Elf Paar zu fünf fünfzig.

JÜDIN
Wir haben im Einkauf neun fünfzig dafür bezahlt.

AUKTIONATOR
Ruhe dahinten.

JÜDIN
Neun fünfzig war der Einkaufspreis.

AUKTIONATOR
Wir geben Ihnen keine neun fünfzig für den Ramsch.
*Der Auktionator zum Vertreter:*
Was hab ich gesagt?

VERTRETER
Fünf fünfzig.

AUKTIONATOR
Und da hat das Aas protestiert. Aber man ist ja kein Unmensch. Lassen wir's trotzdem dabei.

JÜDIN
Und für die Winterstiefel haben wir fünfzehn bezahlt und keine sechs Mark ... Mein Mann bricht zusammen, wenn er das erfährt.

VERTRETER
Soll er doch. Jahrelang habt ihr ehrliche Leute über's Ohr gehauen. Jetzt reicht's.

JÜDIN
Wir haben nicht teurer und nicht billiger verkauft als deutsche Geschäfte.

VERTRETER
Reingelegt habt ihr die Kunden ständig. Anders ist es nicht zu erklären, dass euch fast alle Geschäfte gehören.

JÜDIN
Gehören uns doch nicht.

VERTRETER
Wenn ein deutscher Geschäftsmann längst bankrott war, habt ihr wie die Maden im Speck weitergelebt. Warum seid ihr nicht pleitegegangen, wie so viele pleitegegangen sind?

JÜDIN
Viele von uns sind zusammengebrochen in der Krise.

5267239

VERTRETER
Schmarotzt habt ihr, während ehrliche Geschäftsleute sich nicht mehr halten konnten.

AUKTIONATOR
Was streitest du mit der rum? Schreib lieber mit: Acht zu vier achtzig, dreizehn zu fünf, siebzehn zu vier.

VERTRETER
Unsereins hat ja gar keine Chance mehr gehabt, solange es euch gibt.

JÜDIN
Nicht wir machen den Einzelhandel kaputt.

VERTRETER
Wer dann? Euer Tietz, euer Schocken, eure Tanne.[1] Die verfluchten Kaufhäuser. Die Einheitspreisgeschäfte. Eure ganze Sippschaft. Und immer wieder gibt es Idioten, die in euren Läden kaufen. Die kann man boykottieren, wie man will. Irgendwer rennt doch in die Läden. Aber damit ist jetzt Schluss.

AUKTIONATOR
Dreiundzwanzig zu vier fünfzig. Vier zu zehn, muss ja auch mal was Teureres dazwischenstehen. Einundzwanzig zu drei fünfzig.

JÜDIN
Dass die Leute kein Geld haben, macht die Geschäfte kaputt.

AUKTIONATOR
Soll das heißen, Sie heißen unsere Wirtschaftspolitik nicht gut?

Die JÜDIN *antwortet erschreckt:*
Doch. Doch.

AUKTIONATOR
Das will ich Ihnen auch raten. So. Jetzt haben wir's gleich. Keller, Lager, Kleinkram, Strümpfe, Socken, Bürsten, Schuhe. Mehr haben Sie nicht?

JÜDIN Nein.

Der AUKTIONATOR *zum Vertreter:*
Mach mal die Bilanz.
*Der Auktionator geht im Laden umher.*

VERTRETER
Macht zehntausendsiebenhundertfünfundsiebzig.

AUKTIONATOR
Sagen wir siebentausend für alles zusammen.

VERTRETER Acht.

AUKTIONATOR Sieben.

VERTRETER
Kommt ja sowieso auf ein Sperrkonto und fällt ans Reich. Acht.

AUKTIONATOR Gut. Siebeneinhalb.

VERTRETER Sieben fünf.

JÜDIN
Aber ... Die Kontribution ... Die Scheiben.

VERTRETER
Ihr habt genügend gerafft.

JÜDIN Nichts haben wir.

VERTRETER Pech.
*Sie wenden sich zum Gehen.*
Also: Auf Wiedersehen.

AUKTIONATOR
Den Wagen, der den ganzen Krempel abholt, schicken wir heute Mittag. Aber rühren Sie nichts an. Wir haben alles auf unseren Listen.

Die JÜDIN *schaut ihnen nach, wie sie abgehen.*

(Stiefele, 1983/1984, o. S.)

1 Bekannte jüdische Unternehmer im Warenhausbereich.

Werner Stiefele verfasste die szenische Dokumentation „Reichskristallnacht – der Pogrom in Stuttgart" 1983 im Auftrag der Staatstheater Stuttgart. Er arbeitet in der Kulturvermittlung.

# 3. Unterrichtsprojekt: Lesen umgangssprachlicher Texte

Martin Weller

## Die Leiden des jungen Banli

Benny Banli
Erster Zweiter geboren
bekam bereits als Baby
bloß Styles auf die Ohren
völlig breit von den Drogen
beschlossen die Eltern
›Muttersprache freestyle, zu geil für die
Welt man‹
Benny eckte schnell an
und checkte recht schnell dann
an den ersten Fragen
in seinem Kindergarten
dass andre Kinder anders sprachen
alles ohne Reime sagen
aber im Klassenzimmer
wurde es viel schlimmer:
›Benny, was ist zwei plus zwei‹
Der Kleine wusste vier
doch er sagte drei.

Gehänselt auf dem Pausenhof
ständig gezocktes Pausenbrot
schweres Los, beschwert er sich
bekommt er bloß das dumme Lob
›Oh wie süß, der Reim war gut‹

Benny zieht los in die Stadt
packt was der Plattenladen
an Battleraps hat
in seinen Rucksack
mit dem Effekt dass
wenn ihn einer auslacht
Benny sich Respekt schafft
indem er den bald
verbal platt macht

später kam Battlen dann leider unpraktisch
bei zwei Zigaretten am Cafétisch:
›Ich finde dich sympathisch.‹
›You can suck my dick bitch!‹
Bekam statt Frauen
flache Frauenhände ab
hörte ab da:
Maxens Anna
die suchende Pyranha
Blumentopf für Hannah
dann kam die Annika
verwundert zwar doch wunderbar
nahm nun Benny wahr
dass auch sie anders war.
Sie konnte nicht rappen,
sie konnte nicht sprechen,
sie konnte nur singen.
Aber das bestens.

Die beiden lebten ne Ehe
trotz lästernder Leute
und wenn sie nicht gestorben sind
flashen sie noch heute.

(Weller, in: LITERATURMACHEN, 10/2006, o. S.)

(1) *Lesen Sie den Rap von Martin Weller und besprechen Sie gemeinsam, was für ein Mensch dieser Benny Banli wohl ist und welche Lebensgeschichte er hat.*

(2) *Kopieren Sie den Text. Setzen Sie Betonungs- und Pausenzeichen.*

(3) *Versuchen Sie den Rap rhythmisch laut zu lesen! Trainieren Sie zu zweit, indem Sie sich gegenseitig vorlesen, zuhören und Hinweise geben.*

(4) *Tragen Sie diese Art eines Gedichts stilgerecht in der Klasse vor (evtl. mit Begleitung durch Klopfen oder Fingerschnalzen).*

Feridun Zaimoglu

## Ich bin, der ich bin

[R] *Hasan, 13, Streuner und Schüler*

Du willst wissen, wie mein dreh is, und ich will ihn dir mal verraten unter uns: zorn, wie ihn dir der herrscher beigab ins blut, in die sehnen, ins organ, denn die alten erzählen doch: im anfang war schlick, und der kam irgendmal an die reihe, puste, gottes ureigene heilige puste kam da rein und brachte ordentlich regung in den matsch, war wohl sowas wie ne gute infektion, das geb ich dir also erst mal mit (1), wenn du schon fragst, was hier abgeht und was nich. ||
So ist es: ist ordentlich sturm, zieht's die dachziegel runter, knallen mit krach da mitten auf's autoblech, du kriegst den schreck, mann (2), du verpißt dich, weil dich da was beißt, womit du nich rechnest, du kannst mit nix dem beikommen, weil der schreck ne ordentliche ladung hat und keinen körper. ||
Das hab ich mir gleich gemerkt, wie ich da wie ne tunte am schlottern war vor'm dämon, von dem die alten sagen: der dämon macht'n mann zur metze (3) mit ner schrumpeligen seele, und jedes kind im viertel lacht und zeigt mit'm finger auf dich, weil's dich so erwischt hat, daß du ungesund bist und nich mal fähig, nem anderen die flosse zu drücken. ||
Also, du hörst es von mir, ich hab mir den ganzen mist was abläuft gemerkt: du bist der fighter und drehst fein deine runden und nimmst die puste aus deinen verdammten lungen, und machst draus ne schöne form mit nem spitzen ende und sagst den hängern: freunde, nicht mit mir, mit mir nich (4), und die kapieren wie nix gutes. ||
Und die sagen: du bist aufm damm, mann, wie willst du, daß wir dich nennen? Und du sagst: ich bin, der ich bin! Bruder (5), das hab ich mal aufgeschnappt von nem Spaghetti, und der hat 'n film gesehen mit'm meschuggenen cop, der hat'n verrücktes ding drehen gehabt in seiner birne, der stieß immer auf schmutz und dreck und schlick, und das war sein easy ausweis, ||
wenn ihm jemand über'n weg lief und fragte, wer er denn sei und woher. Und der cop sagt dann cool: baby, ich bin, der ich bin, und was machst du in der gegend. Man muß die hänger dazu bringen, daß sie dich von weitem erkennen als wärst du ne olle ampel, wichtig is, wer die frage stellen darf (6): was hängst du hier rum? ||
Die gegend is wichtig, genauso wie die dampfende schüssel, die mir mutter vorsetzt, und sie sagt: iß, damit du kräftig wirst. Und was heißt das? Das heißt: laß dich nicht unterkriegen (7). Also in der gegend wohn ich schon seit meinem ganzen leben, wenn ich rausgeh, muß ich wissen, wo die hänger sind und ob die da hängen dürfen, und daß ich fragen kann: hier hängt ihr rum, das geht klar, weil's meine verdammte gegend is. ||

Feridun Zaimoglu ist ein bekannter deutschsprachiger Schriftsteller, der seit 1985 in Kiel lebt. Das Buch „Kanak Sprak", aus dem der Auszug stammt, ist 1995 erschienen.



5267242

Du könntest nich auf die zugehen, da ziehn sie ganz schön ne wand hoch wie nix gutes, du bist baff, wie schnell das geht, an die hänger kommst du nich ran (8), da is pech vor und dahinter, ne ganze mannschaft, an denen du dir die ollen zähne ausbeißt, die ziehn dich denn in die schlinge und stellen fragen. Alles ist geschlossen, wenn dir nicht danach ist, dich zusammenzutun, kommt der schreck und packt dich weg, bruder, das kann ich dir sagen. ||
Deine chance heißt: mit paar hängern vermassele ich's mir nich, ich hab nen wert, ich hab ne zweite haut, da brauch ich feinen zwirn nich, weil der wert, den gibts nicht im kaufhaus, den hast du, weil die leute sagen: der ist die gegend. (9) Paß auf, sie meinen nicht, daß du in derselben gegend hängst wie sie, sie sagen, du bist die gegend, und das mußt du erst mal in den kopf kriegen. ||
Du kommst zur welt als knitteriger schlabberlatz, die ziehn dich dann groß, bis du in 'n paar schuhe reinpaßt und später brauchst du keine windeln und kannst dir selbst die senkel binden. Auch mit der familie und auch mit nem namen bleibst du ein bastard, du hast krause haare und benimmst dich nicht wie die deutschen (10), denen das licht längst ausgegangen is, du hast was vor, aber ne menge arschlöcher möchten dich aus der gegend haben, ||
und wenn du dich nicht wehrst, kappen sie dir die leitung und machen dich zur dunklen memme, da verbringst du tag und nacht damit, wie's um dich steht, doch weil die kraft dich zurückstemmt, bist du mächtig in der klemme, mann, dir kann das nich egal sein (11), daß dir der olle sabber runterläuft wie bei der irren abteilung in der geschlossenen, du hast das gefühl, da is ne teuflische pranke auf deinen augen, und das ganze feixen bringt dich nich ne elle weiter. ||
Einen von den alten hat's erwischt, den araber wegen seiner dunklen pelle, der denkt, ne blonde erzböse bürste will gift in sein tee mischen, redet von nix anderem als, wie schlimm die olle is und wie die mit ner speziallauge ihm die pelle rubbeln und weißen will, weil sie sich nur mit nem weißen macker abgeben will. Der araber sagt, er kann nich ehebrechen (12), gott hat's gewirkt, daß er nach seinem ratschluß ne gute frau nahm vom dorf, und jetzt, wo der teufel den fuß in der tür hat, kann er kein auge schließen, nich, die weiber hier, sagt er, machen den mann zum dürren gerippe, ||
und er kann sehen, wo er bleibt. Bruder, der araber glimmt jetzt wie'n falsches juwel und verplempert seine leibeskraft, und mehr als aufm schemel platzfinden kann er nicht, also ich sag dir: das wasser schläft, der feind nimmer (13), heißt doch so bei uns, du mußt lernen, im rechten winkel zu lugen, ob um die ecke gehen wirklich was bringt, weil da ja vielleicht 'n hänger dir die gurgel putzen möcht, und laß dich bloß man nich ficken. ||
Ich mach mir mein paradies (14), und merk mir die hölle der anderen, weil du leicht da hineingerätst, und die falle schnappt zu. Dem araber seine hölle heißt ne blondine, die gibt's ja nich, ich glaub, der is selbst scharf auf so ne tusse, in die er seinen harten stecken kann so nebenbei, und er weiß, er will's und er will's nicht, also gibt das ein spektakel, 'n mächtiges kopfzerbrechen, daß ihm das grat kracht. Der is nu 'n derwisch, ja meister, manche drehen durch und finden in der hölle ihr heil, dürfen reine weste tragen, aber bezahlen mit'm kopf. ||
Falsch ist falsch, im dreck stecken is falsch, 'n hänger auf den fersen zu haben is falsch. Deckung ist richtig, das hab ich doch begriffen, ne olle fassade mit'm richtigen anstrich, und das meiste geht an dir vorbei. Wenn du in der hölle auffällst, machen sie dich zur schnepfe, und dein himmel is futsch. Bruder, mußt außen feste hülle haben (15) wie stahl und innen deinen eigenen kram, dann bricht der dich nich ein und nimmt nix weg von wert. ||

In der schule lehrt der oberdeutsche was, daß ich null vorankomm, wenn ich's wissen nich hab. Ich hab mein wissen. Ich geh in der gegend auf und ab, und die hänger nicken mit'm kopf und wollen nich wissen, wie und wo's langgeht, das ist mein stil. Ich hab'n scharfes ende, das brauchbar is (16), da hält man abstand, weil man weiß, da fängt meine hölle für die anderen an, da latscht man nich rein und macht sachte die tür zu. Die alten sagen: für jedes schloß ein schlüssel. ||

Für meine tür hab ich'n schlüssel, der paßt, und mein wert is zum teil der schlüssel, zum teil, was da hinter der tür so übles wartet. Der deutsche kapiert das nicht, meine sorge soll das auch nich sein, daß sie das in'n kopf kriegen, ihnen gehört das land hier, sie haben ihre ollen nester, und das geld is ihr wärmespender (17), ich aber bin nich mehr da, wo ich herkomme, und nich, wo ich hier rumlungere, ||

hört sich an wie'n verdammter dichter, bruder, aber es is auf gott den herrn geschworen, was abläuft in der gegend und woanders. Diese scheiße mit den zwei kulturen steht mir bis hier, was soll das, was bringt mir'n kluger schnack mit zwei fellen, auf denen mein arsch kein platz hat, 'n fell streck ich mir über'n leib, damit mir nich bange wird, aber unter'n arsch brauch ich verdammich bloß festen boden (18), wo ich kauer und ende. ||

Die wollen mir weismachen, daß ich wie ne vertrackte rumheul an muttern ihr zipfel und, auch wenn's hell is, bibber vor angst, weil mich das mit innen und außen plagt. Die deutschen müssen was zu hassen kriegen, damit sie wie'n köter an'm knochen knaupeln daran, und wenn sie nix zu beißen haben, kriegen die ne wut (19) und zünden an. ||

Du hörst das von mir, bruder, vergiß das nich, du hörst die gute alte wahrheit von nem ollen kanaken, den die hänger nich gekriegt haben, ich kenn die masche, ich weiß, was ne münze is und was richtig gut schotter. (20) Bin hier die gegend.

(Zaimoglu, 2010, S. 91–96; die roten Markierungen und die Einteilung des Textes in die 20 rot nummerierten Abschnitte stammen natürlich nicht vom Autor. Feridun Zaimoglu hat nur einmal einen neuen Absatz gemacht: in Zeile 93.)

1. *Wählen Sie einen der bis (20) nummerierten rot markierten Teilsätze aus, schreiben Sie ihn auf einen kleinen Zettel und lesen Sie ihn laut vor sich hin (lernen Sie ihn dabei auswendig), während Sie alle quer durch den Raum gehen, ohne sich dabei zu berühren (= erstes Spiel; der Klassenraum sollte leer sein: Tische und Stühle an den Rand!). Sprechen Sie beim Herumgehen immer wieder einen Mitschüler oder eine Mitschülerin mit Ihrem Satz an:*
   - *alle flüsternd (= zweites Spiel),*
   - *alle entrüstet (= drittes Spiel),*
   - *alle weinerlich (= viertes Spiel),*
   - *alle lachend (= fünftes Spiel) – jeweils für ca. eine bis zwei Minuten.*
2. *Kopieren Sie den Text und bereiten Sie eine Lesung des Abschnittes vor, in dem Ihr rot markierter „Satz" steht (machen Sie Betonungsstriche, Pausenzeichen).*
3. *Lesen Sie sich den Text in einer Kleingruppe gegenseitig vor. Geben Sie dem Lesenden jeweils eine kurze Rückmeldung zu seiner Leseweise.*
4. *Lesen Sie gemeinsam den ganzen Text: Jeder liest seinen Abschnitt.*
5. *Diskutieren Sie in der Klasse über den Inhalt des Textes und seine Sprache (der Autor Feridun Zaimoglu verlieh seinem Buch übrigens den Untertitel: „24 Misstöne vom Rande der Gesellschaft". Mit „einer Mischung aus heimatlichen Dialekten und Straßendeutsch" dokumentierte er laut Verlagswerbung „authentische Bekenntnisse junger Männer türkischer Abstammung".)*

**6** *Schreiben Sie in einem kurzen „Bekenntnis“ einen Text in Ihrer eigenen Umgangssprache (also authentisch) über Ihre Lebenseinstellung und lesen Sie ihn laut in der Klasse (oder Gruppe) vor.*

**7** *Diskutieren Sie: Warum klingt das anders als bei Hasan, aber auch anders als in einem Schulaufsatz?*

## Eigene Geschichten schreiben

Nachdem Sie sich mit dem Vorlesen von Texten vertraut gemacht haben, sollen Sie in diesem und den folgenden Abschnitten selbst versuchen, etwas zu erzählen. Sie erhalten dazu Anregungen durch genaue Arbeitsaufträge, durch Erzählungen, in die Sie gestaltend eingreifen, oder durch Erzählanfänge, die Sie fortsetzen sollen. Auch die Ideen Ihrer Mitschüler sollen Sie aufgreifen und an ihnen weiterarbeiten. Dabei ist es hilfreich, wenn Sie sich klarmachen, für welche Zielgruppe die Erzählung, die Sie selbst schreiben, gedacht ist und in welchem Medium sie erscheinen soll.

**1** *Vereinbaren Sie in der Klasse mögliche Kriterien für gutes kreatives Schreiben, damit Sie Mitschülern, die ihre Texte vorlesen, später eine sachliche und hilfreiche Rückmeldung mit Verbesserungsvorschlägen geben können.*

L ▸▸▸ *Siehe auch S. 250.*

5267245 

# KREATIVES SCHREIBEN IN DER GRUPPE

## Kreativitätsspiel: Sich kennenlernen

Sie können das folgende Kennenlernspiel im Plenum oder in Ihrer späteren Arbeitsgruppe (Vierer- oder Fünfergruppe) einsetzen.

Wählen Sie aus dem eigenen Vornamen fünf Buchstaben aus, die den Anfang eines Wortes bilden sollen (falls Sie aber zum Beispiel Anna heißen, dürfen Sie zum selben Buchstaben auch verschiedene Wörter bilden).

Erzählen Sie eine erlebte oder erfundene Geschichte oder eine Szene, die mit Ihnen zu tun hat und in der alle fünf Wörter vorkommen. Sie könnten beispielsweise etwas erzählen zu
- einer Sportart, die Sie gern ausüben,
- einer Landschaft, die Sie besonders gern mögen,
- einer Tätigkeit (Spiel, Handwerk, Unternehmung, ...), die Sie gern ausüben,
- einer Musikgruppe oder einem Musiktitel, den Sie gern hören (oder selbst spielen),
- Ihrer eigenen Herkunft oder der Ihrer Familie ...

Wichtig ist, dass die Wörter als Anlass benutzt werden, über sich zu sprechen bzw. sich der Gruppe vorzustellen. Wählen Sie dann die Geschichte aus, die Ihnen am besten gefällt.

## Erzählanfänge fortsetzen

Arbeiten Sie in einer Vierer- oder Fünfergruppe:
- Jeder wählt aus den folgenden zehn Vorschlägen einen Erzählanfang aus und schreibt in einer vereinbarten Zeit (zum Beispiel acht Minuten) die Geschichte weiter. Dann gibt er sein Blatt dem links neben ihm sitzenden Gruppenmitglied und bekommt eines von rechts.
- In der zweiten Runde liest jeder den Anfang und den Abschnitt des Vorgängers und setzt die Geschichte weiter schlüssig fort (in zehn Minuten). Das wiederholt sich, bis jedes Blatt wieder beim ersten Schreiber angelangt ist.
- Dieser überarbeitet die Schreibvorschläge, indem er Ideen und Formulierungen der Mitschreiber übernimmt, ändert oder streicht, und zuletzt bringt er die Geschichte zu einem sinnvollen Ende.

L ▸▸▸ *Tipps zum Schreiben finden Sie auf S. 250.*

Die Ergebnisse können dann noch in einer Schreibwerkstatt (▸▸▸ S. 326–328 ff.) verbessert werden, bis sie zur Veröffentlichung – beispielsweise in einer Literaturzeitung der Klasse – reif sind.

(1) *Setzen Sie den folgenden Anfang fort: Sie schreiben eine Geschichte für die Zeitschrift Ihrer Krankenkasse, in der Jugendliche vor den Gefahren des Alkoholismus gewarnt werden sollen.*

> Der Wodka kreiste zur vierten Runde. „Ich brauch jetzt erst mal ein Glas Wasser", stöhnte Mirjam, „oder einen Tee." „Mach nicht jetzt schon schlapp! Es ist gerade zwei Uhr, und die S-Bahn kommt erst um vier Uhr fünfzig!" Die fünf Mädchen und Kevin hatten geplant, nach dem Konzert die Bahn zu verpassen und die Nacht im Schlosswäldchen am Teich zu verbringen – jeder mit einer Flasche seines hochprozentigen Lieblingsgetränkes. ...



5267246

(2) *Schreiben Sie zu unten stehender „Log Line" ein „Exposé" – also einen Entwurf, aus dem dann ein Drehbuch entstehen könnte – für den Produzenten. Es soll die Handlung für einen 40-Minuten-Action-Film kurz zusammenfassen.*

„Log Line":
Lasko kämpft gegen eine Gruppe gefährlicher Gewalttäter, die systematisch Obdachlose terrorisieren und auch in Kauf nehmen, dass einzelne Opfer dabei ums Leben kommen.

Anfang des Exposés:
Am Boden krümmt sich ein schwer verletzter Obdachloser. Laskos Freund Gladius hat ihn beim Einkaufen gefunden und Lasko hergerufen; Lasko erfragt ein paar Details von dem Mann über die Täter. Dann kommen schon Notarzt und Polizei.
...

(3) *Sie schreiben eine Erzählung für die Jugendzeitschrift „AKTIV", die das Ministerium zur Lektüre für junge Menschen herausgibt und kostenlos verteilt. Die Chefredakteurin Frauke B. möchte ein alltägliches Schulproblem zum Thema machen, das die Leser bewegen könnte.*

„Diese lahme Ente! Schleimt sich beim Kotte ein mit seiner Nachbarschaftshilfe: ‚Die Omi wartet jeden Tag auf mich, die hat ja sonst keinen!' Dann fehlt er ganze Nachmittage und der Kotte glaubt ihm seine Storys." Peter flüsterte mit seiner Banknachbarin Ike. Die nickte nur und gab zur Antwort: „Den wollt' ich schon immer mal richtig fertigmachen!"
...

(4) *Sie verfassen eine Geschichte für Kinder ab drei, die ihnen am Abend vorgelesen werden soll, damit sie friedlich einschlafen können:*

Auf dem Bauernhof war schon den ganzen Vormittag große Aufregung: Kiki, der Hahn, war verschwunden! Am Morgen früh um vier hatte er noch gekräht; später hatte ihn seine Lieblingshenne Hannah gesucht, weil er nicht wie sonst zu ihr gekommen war, um mit ihr nach Würmern zu scharren. Ganz aufgeregt war sie, kein Ei konnte sie legen: „Kiki ist weg", schluchzte sie, „was ist passiert?"
...

5 *Sie schreiben einen Ferien-Krimi für Leser, die nichts wollen als Spaß und Spannung:*

„Horch!“, flüsterte sie. Doch er hörte nichts. So nah dachten sie dem gerissensten Meisterdieb seit Arsène Lupin noch nie gekommen zu sein; leise hatten sie sich in das Hotelzimmer geschlichen, in dem er – das war absolut sicher! – sich befinden musste, doch er war weg. Kein Fenster offen, keine Feuerleiter beim Balkon, keine Sprungmöglichkeit (elfter Stock)!

„Verdammt!“, fluchte Heribert Krug nun laut. Eine Minute, nachdem die Kripobeamten das Hotelzimmer resigniert verlassen hatten, schwang sich Konrad Rat, wie er im Hotel gemeldet war, geschmeidig auf den Balkon, unter dem er sich (akrobatische Meisterleistung!) mit einer Hand am Abflussrohr – flach ausgestreckt wie auf einem Brett – die ganzen zwanzig Minuten des Polizeibesuchs festgehalten hatte. Er verließ das Hotel sofort im Dienstaufzug und durch den Lieferanteneingang im Keller.

...

6 *Ihre Vorgabe zum folgenden Text: ein traurig-heiteres Märchen für eine Sammlung von Anti-Märchen für Erwachsene.*

Prinz Eduard hatte gut gefrühstückt. Es war Mittagszeit und seine junge Gemahlin saß schon seit vier Stunden an ihrem Lieblingsplatz, dem Spinnrad.

„Ach, Mausilein!“, sprach Prinz Eduard sie an; er schob ihr langes blondes Haar zur Seite und küsste sie in den Nacken. „Nenne mich nicht so!“, erwiderte Kunigunde. „Ich will nicht klein gemacht werden, auch nicht zärtlich!“ „Genau drei Tage sind wir von unserer Hochzeitsreise zurück, und du hast den ganzen Tag nichts anderes zu tun, als rumzuwuseln und zu ackern wie eine Ameise. Dabei sollten wir doch nur der Lust und Laune leben! Später, wenn ich als König regiere, wirst du genug zu tun haben und Waisenhäuser oder Schwarzkünstler besuchen, damit die Hofpresse etwas zu schreiben hat.“ „Gute Laune bekomme ich beim Arbeiten und darauf habe ich auch Lust, später dann, wenn ich müde bin, bekomme ich vielleicht manchmal auch Lust auf dich.“ Nach dieser Feststellung schob sie seine Hand von ihrem Busen und setzte ihre Arbeit fort.

...

7 *Nach der Vernichtung der Menschheit und der Verseuchung der Erdoberfläche geht unter der Erde das Leben weiter – schreiben Sie eine Science-Fiction-Fabel für den Internetauftritt einer Umweltschutzorganisation:*

Willi Maulwurf war es gelungen, sich immer tiefer unter die Erde zu graben und seine Erdhäufchen in eine unterirdische Felsspalte zu schieben, statt sie nach oben zu werfen. Er stieß in eine große Öffnung durch: eine Höhle. „Brumm“, sagte der Bär Balduin. „Ich habe eine Frage: Gibt es hier irgendwo Honig oder einen Ameisenhaufen? Ich habe Hunger.“ „Das wird schwierig! Vielleicht musst du deine Ernährung umstellen“, meinte Willi. „Aber ich suche mal Effi, die kluge Füchsin, die habe ich vorhin gerochen, sie muss in der Nähe sein und die hat immer eine Idee, die sie preisgibt, wenn man ihr nicht in die Quere kommt!“ ...



5267248

**8** *Eine Vampir-Geschichte für die Vierteljahreszeitschrift „Leseratte" der Bundesvereinigung des deutschen Buchhandels:*

Sein Auge leuchtete kurz auf. Der Uhu saß in zwölf Metern Höhe auf dem knorrigen Ast der alten Eiche und beobachtete die riesige Fledermaus, die lautlos auf eine Fensterspalte in dem einsamen Schwarzwaldhaus zusteuerte. Kurze Zeit später hörte er das leise Stöhnen eines Mädchens und ein genüssliches Schlürfen.

Genau auf diesen Moment hatte Professor Hicks gewartet. Mit der bereitgestellten Leiter kletterte der alte Forscher leise hoch, schloss von außen mit seiner genialen Schnurumlenkvorrichtung das Fenster so fest, dass es von innen nicht geöffnet werden konnte, und kicherte: „Jetzt ist alles total dicht und Vamp Drakul sitzt in der Falle …"
…

**9** *Eine konjunktivische Futur-der-Vergangenheit-Geschichte für die „Fachzeitschrift der Liebhaber skurriler Sprachverwendung" mit dem Titel „Kon-Fut-ius":*

Würde er auf die einsame Insel gekommen sein, wenn es ihm gelungen sein würde, die Motorjacht des steinreichen saudischen Reeders Omar Ben Raschid zu entern? Dann würde er doch mit seiner hochgerüsteten Piratenmannschaft die Sicherheitstruppe des Multimilliardärs ins Meer gefeuert haben, seine Models und Partygäste im Beiboot ausgesetzt und mit seinem Seenavi die Insel gezielt angesteuert haben. Dann würde er allerdings noch den superfetten Gauner Freddy Glubschauge auszutricksen gehabt haben, der ihm mit den drahtigen Kampfsportlern aus China auf den Fersen gewesen sein würde; aber der würde ja dumm wie die Nacht gewesen sein! …

**10** *Eine raue Wildweststory für die Zeitschrift „Highnoon" des Westernfilmverlags:*

Gary, der Sheriff, hing müde im Sattel. Sein prächtiger, dunkler Fuchs Hotspot trottete ebenso müde durch das endlose Geröllfeld in den schwülen Abend hinein. Den ganzen Tag war er der Spur der drei Knossos-Brüder gefolgt, die die beim Überfall auf die Rancher-Bank erbeuteten drei schweren Geldsäcke mit Ein-Dollar-Münzen mitschleppten und zu seiner Verwunderung kaum haltmachten.

„Wann machen die endlich schlapp?", fragte er Hotspot; doch der schnaubte nur ein wenig. „Oh, da schau hin! Eine Rauchsäule! Ihr Nachtlager? Sie werden wohl leichtsinnig. Jetzt gilt es sich vorsichtig heranzupirschen!" Er stieg ab und führte sein Pferd am Halfter. …

5267249

## Tipps für das Schreiben und die gute Fortsetzung eines Erzählanfangs

- Die Geschichte knüpft inhaltlich schlüssig an die Vorlage an.
- Der Inhalt der Geschichte ist am Horizont eines vorgestellten Lesers orientiert.
- Das heißt auch, dass die Konstruktion der Handlung zwar anspruchsvoll, aber nicht zu kompliziert sein sollte. Der Leser muss Ihnen folgen können.
- Die Schreibweise hält sich an den Rahmen, der durch den Verwendungszweck und den Anfang vorgegeben ist (bleibt vergnüglich, seltsam oder spannend, je nach „Genre").
- Die sprachlichen Mittel sind möglichst lebendig, das heißt
  - abwechslungsreich in der Wortwahl und genau in der Beschreibung, sodass die Fantasie des Lesers Nahrung erhält.
  - Direkte Rede ist indirekter Wiedergabe eines Gesprächs oder einer Aussage meist überlegen.
  - Vergleiche und sprachliche Bilder unterstützen das Vorstellungsvermögen des Lesers.
- Machen Sie durch klaren Satzbau das Lesen angenehm!
- Wichtig ist auch zu wissen, was eine Hauptperson denkt, befürchtet, ahnt oder beabsichtigt, damit der Leser sich mit der Figur identifizieren kann.
- Beim Schreiben ist die eigene Fantasie erforderlich, nicht jedoch das Zurschaustellen von abseitigen Ideen oder Schwelgen in ekelhaften oder schlüpfrigen Nachahmungen niveauloser Medienprodukte. Respektieren Sie Ihren Leser!
- Die Endfassung der Geschichte soll sprachlich korrekt sein; dazu dient auch die Überarbeitung in einer Schreibwerkstatt.

# INDIVIDUELLES SCHREIBEN

## Produktiver Umgang mit Literatur

Sie können als Übung zum kreativen Schreiben auch Anfänge oder Abschnitte veröffentlichter Erzählungen durch eigenes Weiterschreiben fortsetzen:

> Das ist kein Leben, nicht für eine Frau wie sie, und heute hat sie es ihm gesagt. Sie geht die Straße entlang, die Sonne scheint. Eine Telefonzelle kommt in Sicht, und sie geht vorbei. Was wird er tun ohne sie? Leer wird sein Leben sein und voll von Menschen, denen er nichts bedeutet. Wird er auf sich achtgeben, wenn keiner mehr nach ihm sieht? Mager war er immer, und seine Anzüge flatterten ihm um die Hüften. Und traurige Augen hatte er.
> Er wird sich eine andere suchen. Nicht daran denken! – Sie geht schneller. – Ja, das wird er.

(Einzmann, 2004, S. 57–58)

(1) *Setzen Sie die Erzählung aus ihrem Blickwinkel fort – wird sie dabei bleiben, endgültig wegzugehen, oder wird sie zu ihm zurückkehren? Warum ist sie überhaupt weggegangen? Oder:*

(2) *Setzen Sie die Erzählung aus seiner Perspektive fort – was tut er zur selben Zeit, nachdem sie weggegangen ist? Geht er sie suchen? Was denkt er? Trauert er oder ist es ihm gleichgültig, dass sie weg ist?*

Eine andere Möglichkeit des produktiven Umgangs mit Literatur besteht darin, sich in eine Person der Handlung hineinzuversetzen und aus ihrer Sicht etwas zu sagen bzw. zu schreiben, das nicht in der Erzählung vorkommt.



5267250

Oskar Maria Graf

## Des Pudels Kern[1]

Der bayerische Schriftsteller Oskar Maria Graf (1894–1967) emigrierte wegen der Nazidiktatur 1933 aus Deutschland. Die Erzählung ist in seinen „Kalendergeschichten" erstmals 1929 erschienen.

[R] Lange Zeit, bevor er amtlicherseits die Wirtshaus-Konzession[2] bekam, betrieb unser Nachbar, der Windl, einen Flaschenbierhandel. Ins Windlhaus kam ab und zu der eine oder andere Hausierer. Der Gendarm von Starnberg kaufte sich an heißen Sommertagen manchmal eine Flasche Bier, und öfters machten auch zwei oder drei unbekannte, lärmend auftretende, sogenannte „christliche" Viehhändler dort Besuch, die sich offenbar mit der Windlin ausgezeichnet verstanden.

Nicht selten blieben sie über Nacht, soffen und krakeelten[3] und kamen erst am andern Tag in die umliegenden Bauernhäuser, um einen Handel abzumachen. Die großen Bauern aber handelten mit ihrem Vieh untereinander, ihre Schlachtochsen bekam der Klostermaier von Aufkirchen, und die kleinen Bauern und Häusler waren Kunden vom „Jud Schlesinger". Den kannten sie seit langen Jahren, keiner von ihnen war jemals durch ihn zu kurz gekommen.

Der Schlesinger war reell[4], sie achteten ihn wie ihresgleichen; viele schuldeten ihm Geld, aber er drängte nie. Und er war ein Mensch, der sein Geschäft und die Bauern verstand. Die Bezeichnung „Jud Schlesinger" hatte nicht im geringsten etwas Herabminderndes, sie war lediglich eine Berufsbezeichnung. Der Schlesinger war weitherum sehr beliebt, und man zollte ihm den größten Respekt.

Aber diese neuen Händler – mein Gott! Statt in den Stall kamen sie in die guten Stuben getrampelt und hielten die Leute von ihrer Arbeit ab. Ihre freche Überheblichkeit, ihre rohen Zoten und zudringlichen obszönen Scherze, die sie mit den Mägden zu machen versuchten, stießen jedermann ab. Die Bauern haßten und verachteten sie. Das brachte die konkurrenzneidigen Händler gegen den Schlesinger auf. Sie verdächtigten ihn und setzten seine Kühe herab.

„Der Saujud, der windige! ... Der Halsabschneider!" plärrten sie: „Wartet nur ab, einmal schnürt er euch schon die Luft ab!"

Das war zuviel.

„Was? ... Jud? ... Der Schlesinger ist ein reeller Mensch, basta!" schrie der Bauer: „Und was seid's ihr? ... Ungehobelte Sautreiber! Bleibt's nur beim Windl! Vielleicht kauft euch der was ab!"

Enttäuscht und ernüchtert kamen die Händler zum Windl zurück. Beim Hereinbruch der Nacht fuhren sie zum Dorf hinaus.

Es vergingen Wochen. Das Frühjahr stand klar am Himmel. An einem Nachmittag, als es schon zu dämmern anfing, fuhr der Schlesinger vor unsere Stalltüre. Damals ließ unser Vater gerade das Haus vergrößern. Der Schlesinger staunte, wie weit der Umbau schon gediehen war.

„Na, Beck, du machst dich ja jetzt ganz groß, was?" rief er. „Jaja, da heißt's wiederum rackern[5], bis ich das herausbring, was ich da hineinsteck", meinte mein Vater und murmelte etwas verlegen: „Geh, Schlesinger, du siehst ja, die Bauleute wollen ihr Geld. Ich kann dir diesmal bloß die Hälfte von der ausgemachten vierteljährlichen Abzahlung geben." Er sah dem Händler unsicher ins Gesicht.

1 Die Überschrift zitiert eine Stelle aus Goethes Theaterstück „Faust I": Ein Pudel ist Faust in seine Wohnung gefolgt und verwandelt sich dort mit Knall und Rauch in den Teufel (Mephistopheles). Faust kommentiert den Vorgang mit dem Satz: „Das also ist des Pudels Kern!"
2 Konzession: Erlaubnis
3 lärmten
4 Bedeutung in diesem Zusammenhang: anständig, ehrlich, redlich
5 hart arbeiten

5267251

„Die Hälfte? ... Ja, das ist ja großartig! Ich hab gemeint, ich krieg nicht mal ein Viertel!" tat der Schlesinger erstaunt und nahm eine Prise aus der Tabaksdose, die ihm mein Vater hinhielt.

„Wart", sagte der Vater wieder und überlegte, „oder willst nicht hereinkommen, dann geb ich dir das Geld?" Aber der Schlesinger wartete. Er ging nie in ein Haus. Der Stall und nichts anderes war sein Berufsfeld.

„Adjes, Beck! Und viel Glück zum Bau!" rief er, als er sich auf sein leichtgefedertes Wägelchen schwang.

Am andern Tag brachte die alte Klostermaier-Zenzl, die stets das Fleisch von Aufkirchen in die umliegenden Dörfer trug, die Nachricht, daß man den Schlesinger im Holz hinter Aufhausen erstochen aufgefunden habe.

„Er ist ganz blutig auf der Straße gelegen ... Zwei oder drei Stiche hat er ... Kein Mensch hätte es gemerkt, wenn das Roß mit dem leeren Wägerl nicht zum Heimrath gekommen wäre."

„Und wer ihn erstochen hat, das weiß man nicht?" fragte mein Vater benommen. Wir alle starrten wie entgeistert auf die Zenzl.

„Vorläufig liegt er bei uns im Feuerwehrhaus ... Jetzt wird von Wolfratshausen die Untersuchungskommission schon da sein", schloß die Zenzl und legte das bestellte Fleisch auf die escherne[1] Tischplatte.

Abgesehen von dem Aufsehen, das der Mord weit herum erregte – die kleinen Bauern und Häusler im ganzen Pfarrgau[2] trauerten genau so aufrichtig um den toten Schlesinger wie unser Vater und wir alle. In diese Trauer aber mischte sich auch eine bange, unsichere Besorgnis, denn die meisten sagten sich: „Jetzt werden wohl die Erben das Geld schnell eintreiben." Auch unseren Vater bedrückte dieser Gedanke sehr. Denn jetzt, wo das Geschäft fast nichts einbrachte und das Baugeld knapp geworden war, bedeuteten fünfzig Mark eine riskante Summe.

Aber merkwürdig – die Polizei forschte, zum Windl kamen einmal zwei Gendarmen und blieben verdächtig lange, in den Nachbarhäusern und bei uns fragten sie herum und erfuhren nichts; es hieß auch einmal, die „christlichen" Viehhändler seien verhaftet worden – merkwürdig, die Wochen verstrichen hin, aus dem April wurde Mai, indessen von irgendeinem Schlesingerschen Erben hörte man nichts.

Es stellte sich schließlich heraus, daß der Viehhändler Junggeselle gewesen war und nur noch einen Bruder im fernen Amerika gehabt habe, der aber so gut wie verschollen sei. Schlesingers Vermögen fiel der jüdischen Gemeinde zu, aber niemand trieb die Schulden ein. Die Bedrückung wich, das pietätvolle[3] Andenken an den „Jud Schlesinger" lebte in jedem Haus. Der Tote wurde das Beispiel eines wahrhaft ehrlichen, guten Mannes.

(Graf, 1978, S. 155–157)

1 *Verfassen Sie einen möglichen Brief des Ich-Erzählers an den Bruder des Ermordeten (oder an seinen Erben), der sich nach dem Zweiten Weltkrieg beim Bürgermeister nach Schlesinger erkundigt hat.*

1 aus Eschenholz
2 Gebiet einer Kirchengemeinde
3 voller Hochachtung



5267252

## Ein Geschehen kommentieren

Stellen Sie sich vor, Sie beobachten ein Geschehen und möchten sich dazu oder zur Handlungsweise einer Person äußern. Als Reporter könnten Sie einen Kommentar oder eine Glosse verfassen, privat würden Sie Ihre Eindrücke vielleicht in einem Tagebuch festhalten.

### Kommentar

Eine meinungsbetonte journalistische Textform, die in Printmedien durch namentliche Nennung des Autors – oft mit Bild – gekennzeichnet wird. Darin äußert der Verfasser seinen subjektiven Standpunkt zu einem Thema, über das die Zeitung berichtet, und begründet ihn argumentativ. Im Fernsehen oder im Rundfunk spricht der Autor den Kommentar selbst. Das Grundgesetz schützt eine solche journalistische Textform ausdrücklich im Artikel 5 als „Freiheit der Meinungsäußerung."

### Glosse

Ein Meinungsbeitrag im Journalismus, der durch Zuspitzung gekennzeichnet ist, indem der Autor zum Beispiel polemisch einen anderen Standpunkt angreift oder ihn satirisch der Lächerlichkeit preisgibt; er kann sich auch darauf beschränken, in feuilletonistisch lockerer Form – also ohne die Argumentation sachlich zu belegen – eine Meinung zu vertreten. Manche Zeitungen haben dafür eine eigene Kolumne. Im Fernsehen und im Rundfunk hat die Glosse oft einen unterhaltenden, ja geradezu kabarettistischen Charakter.

Elisabeth Kabatek

## Dorscht

An der Haltestelle Rathaus steigen zwei Männer ein. Beide haben knallrote Gesichter, was nicht nur von der Kälte kommt. Sie unterhalten sich laut. „Eh, I hock mi noh", sagt der eine. „Du, dat lohnt nich', wir steigen doch gleich wieder aus, nur zwei Stationen!" Der zweite Mann bleibt stehen. Aber sein Kumpel hat schon Platz genommen, sitzt zwei Frauen gegenüber, die jetzt eingekeilt sind zwischen sitzendem Penner von vorn und stehendem Penner von hinten. Sie sehen aus wie Mutter und Tochter, gut angezogen, mit prallgefüllten Einkaufstüten. Die Ältere, die zum Gang hin sitzt, hat die Jüngere bedeutsam angeschaut, als der Penner sich ihr gegenüber hingesetzt hat. Als ihr klar wird, dass ein zweiter Kerl hinter ihr steht, rutscht sie ein wenig hinüber zu ihrer Tochter und dreht die Schulter weg vom Gang, damit sie möglichst großen Abstand hat. Es sieht unbequem aus.

Elisabeth Kabatek (geb. 1966) lebt im Großraum Stuttgart. Einem großen Lesepublikum ist sie vor allem mit ihrem Roman „Laugenweckle zum Frühstück" bekannt geworden. „Dorscht" erschien 2009 in der Straßenzeitung „Trott-war".

„Gib mir was zu trinken!", ruft der Mann, der sitzt. Er trägt einen Anorak, die Naht an der Schulter ist geplatzt und hellblauer Füllstoff quillt heraus.

„Nu wart doch!"

„I hab aber Dorscht!"

„Du kriegst doch gleich wat, sind doch nur zwei Stationen! Eh, mach mir jetzt nich' so 'n Stress!"

„I hab aber Dorscht!"

Die Frauen, eingekeilt zwischen Penner vorn und Penner hinten, werfen sich immer beunruhigtere Blicke zu, sie sinken immer mehr in sich zusammen, zueinander hin, werden immer kleiner, wie zwei tauende Schneemänner. Gleich werden sie von den Schultern abwärts zu einem Klumpen zusammenkleben und langsam schmelzen. Staatsgalerie, endlich, die zweite Station, der sitzende Penner erhebt sich schwankend, beide steigen aus, stellen auf dem Gleis ihre Taschen auf die Bänke und machen sich sofort an ihren Rucksäcken zu schaffen. Die beiden Frauen folgen ihnen mit den Blicken, langsam richten sie sich auf, erleichtert, so, als seien sie gerade einer großen Gefahr entkommen, in letzter Sekunde. Die ältere lächelt, die jüngere sagt „Dorscht", beide lachen und das Gespräch, das für zwei Haltestellen verstummt war, kommt langsam wieder in Gang.

(Kabatek, in: Trott-war 07/2009, o. S.)

1. *Ein anderer Fahrgast, der die Szene beobachtet und sich nach der Haltestelle Staatsgalerie auf den Platz des Penners gegenüber den zwei Frauen gesetzt hat, hört das wieder in Gang gekommene Gespräch der beiden Frauen. Der Vorfall gibt ihm zu denken. Er schreibt am Abend in sein Tagebuch: „U1, 19:00 Uhr ..." Verfassen Sie den Tagebucheintrag so, dass deutlich wird, was den Fahrgast an dem Vorfall so sehr bewegt.*

2. *Ein Reporter für Lokales, der zufällig ebenfalls Augen- und Ohrenzeuge wurde, überlegt sich auf dem Weg in die Redaktion ein Thema für einen Kommentar des Geschehens. Oder war die Szene eher Anlass für eine Glosse? Schreiben Sie seinen Beitrag.*

3. *Spielen Sie die Szene in der Straßenbahn nach und finden Sie einen anderen Ausgang (Rollenspiel, siehe unten und Rollenbiografie* *▸▸▸ S. 328 f.**).*

## Tagebucheintrag

Während eine Glosse oder ein Kommentar für die Öffentlichkeit geschrieben wird, dient das Tagebuch der eigenen Erinnerung. Demgemäß enthält es ganz persönliche Eindrücke, Gedanken, Ideen oder Gefühlsäußerungen.
Bei einem fiktiven Tagebucheintrag versetzt man sich in die Person, die den Eintrag gestaltet, und thematisiert deren eigene Entwicklung, ihre Beziehungen zu Menschen und Dingen. Man schreibt von ihren Wünschen, Hoffnungen und Träumen, Erinnerungen an früher Erlebtes, aber auch von ihren Ängsten oder Enttäuschungen, soweit sie sich auf die Geschichte beziehen, die die Person in der Vorlage erlebt und zu der sie sich äußert.
Der Tagebucheintrag steht in der Ich-Form. Wertungen, unvollständige Sätze und rhetorische Fragen („Ist das nicht fies?") machen das Schreiben lebendig.

## Rollenspiel

- Anders als bei einer Theaterszene gibt es im Rollenspiel keinen festgelegten Verlauf und keinen vorgegebenen Text. Stattdessen wird eine echte Lebenssituation simuliert.
- Die Mitspieler bekommen eine Rolle, meist in Form einer Rollenkarte, die eine Beschreibung der Rolle und der Zielsetzung für die Situation, die gespielt werden soll, enthält.
- Die Beteiligten treffen dann in der vorgegebenen Situation aufeinander und improvisieren den Verlauf je nach ihrer Auffassung der Rolle.
- Die Mitschüler beobachten den Verlauf und geben eine Rückmeldung, die sich nicht auf die Spieler, sondern nur auf die gespielten Rollen bezieht. Lob und Kritik meinen deshalb nie die Person des Spielers, sondern die gespielte Figur.



5267254

## Einen Raum oder den Grundriss eines Ortes skizzieren, der für die Erzählung eine Rolle spielt

Franz Kafka (1883–1924) wurde als Sohn eines jüdischen Kaufmanns in Prag geboren, wo er zur deutschsprachigen Minderheit gehörte. Als Jurist und Beamter arbeitete er bei der Arbeiter-Unfallversicherungsanstalt, bis er schwer erkrankte. Kafkas Romane und Erzählungen gehören zur Weltliteratur; nach seinem Stil bezeichnet das Adjektiv „kafkaesk" eine auf rätselvolle Weise undurchschaubare und dabei oft auch bedrohlich wirkende Situation.

Franz Kafka

### [Heimkehr]

[R] Ich bin zurückgekehrt, ich habe den Flur durchschritten und blicke mich um. Es ist meines Vaters alter Hof. Die Pfütze in der Mitte. Altes unbrauchbares Gerät in einander verfahren verstellt den Weg zur Bodentreppe. Die Katze lauert auf dem Geländer. Ein zerrissenes Tuch einmal im Spiel um eine Stange gewunden hebt sich im Wind. Ich bin angekommen. Wer wird mich empfangen? Wer wartet hinter der Tür der Küche? Rauch kommt aus dem Schornstein, der Kaffee zum Abendessen wird gekocht. Ist Dir heimlich, fühlst du Dich zuhause? Ich weiß es nicht, ich bin sehr unsicher. Meines Vaters Haus ist es, aber kalt steht Stück neben Stück als wäre jedes mit seinen eigenen Angelegenheiten beschäftigt, die ich teils vergessen habe teils niemals kannte. Was kann ich ihnen nützen, was bin ich ihnen und sei ich auch des Vaters, des alten Landwirts Sohn. Und ich wage nicht an der Küchentür zu klopfen, nur von der Ferne horche ich, nur von der Ferne horche ich stehend, nicht so daß ich als Horcher überrascht werden könnte. Und weil ich von der Ferne horche, erhorche ich nichts, nur einen leichten Uhrenschlag höre ich oder glaube ihn vielleicht nur zu hören herüber aus den Kindertagen. Was sonst in der Küche geschieht ist das Geheimnis der dort Sitzenden, das sie vor mir wahren. Je länger man vor der Tür zögert, desto fremder wird man. Wie wäre es wenn jetzt jemand die Tür öffnete und mich etwas fragte. Wäre ich dann nicht selbst wie einer der sein Geheimnis wahren will.

(Kafka, 1994, S. 162–163)

1. *Skizzieren Sie den Grundriss des Hofes und des alten Vaterhauses, zu dem der Ich-Erzähler zurückkehrt. Legen Sie auch den Punkt fest, an dem der Erzähler steht, wenn er sich umblickt.*
2. *Stellen Sie die Ergebnisse im Klassenraum aus und diskutieren Sie, welches Bild am besten zum Text passt.*
3. *Überlegen Sie, warum es dem Erzähler so schwer fallen könnte, wieder nach Hause zu kommen.*
4. *Die Tür geht auf … Schreiben Sie die Erzählung weiter und beziehen Sie in Ihre Fassung eine mögliche Vorgeschichte ein.*
5. *Dieser Text wurde erst nach Kafkas Tod unter diesem Titel veröffentlicht. Er fand sich in seinen Notizbüchern. Aus diesem Grund fehlen auch viele Kommas. Tragen Sie sie auf einer Kopie ein.*

## Einen Erzählkern zu einer spannenden oder lustigen Erzählung ausgestalten

Eine Frau hat sich in einen Mann verliebt und würde am liebsten seinem Wunsch nachgeben, mit ihm in die weite Welt zu fliegen. Sie ist aber verheiratet und nicht in der Lage, ihrem lieben Mann ein solches Leid zuzufügen. Über diesen Zwiespalt in ihrem Herzen verliert sie fast den Verstand. Am Ende liegen sich die Frau und die beiden Männer weinend in den Armen.

1. *Erzählen Sie die Geschichte zu diesem Erzählkern.*
2. *Reflektieren Sie in der Klasse Ihre möglichen Kriterien für gutes kreatives Schreiben und geben Sie den Mitschülern, die ihre Geschichte vorlesen, eine angemessene Rückmeldung.*

## Eine Geschichte zu Ende schreiben oder ein neues, anderes Ende erfinden

### Eine extrem hautnahe Geschichte

Seit Pitt vierzehn Jahre alt ist, darf er sein äußeres Erscheinungsbild selbst bestimmen; das hatte ihm sein Vater versprochen, als Pitt sich zu seinem zwölften Geburtstag die Haare blau färben lassen wollte. „Da kommt mir das Kotzen", hatte sein Vater gesagt. Er legte sehr viel Wert auf ein gepflegtes Äußeres, seit er vor zehn Jahren seine Achtundsechzigerfrisur mit Vollbart durch einen soliden Halbglatzenrundschnitt und ein feines Oberlippenbärtchen – „nicht wie der Führer, sondern wie Robert Kreis, der Kabarettist" – ersetzt hatte. Mit dem Deal, einen PC mit gigantischer Kapazität (da laufen alle Spiele!) geschenkt zu bekommen, war Pitt zu dem Zweijahresvertrag zu überreden gewesen.

Jetzt aber war es so weit. Natürlich hatte sich Pitts Modebewusstsein inzwischen geändert: Piercen war angesagt! Nicht nur die Unterlippe, auch den linken Nasenflügel und – dreifach! – die rechte Augenbraue ließ er piercen, und als ästhetisch supergeile Abrundung des kunstvollen Eingriffs: ein Tattoo – eine wunderbare braunrote Kobra in Angriffshaltung auf dem Hals.

„Wie kriegt man das wieder weg?", war die erste Bemerkung des Vaters. Eher ein Befehl als eine Frage. Aber er musste sein Versprechen halten und konnte Pitt nicht bestrafen. Doch ohne Drohungen ging es nicht: Erstens sei ein Tattoo giftig, das könne schwere Gesundheitsschäden wie Krebs verursachen. Zweitens könne er das Studio rechtlich belangen, denn Pitt brauche dazu sein schriftliches Einverständnis. Drittens kriege er so nie eine Lehrstelle! Der Arbeitgeber könne beim Piercing verlangen, dass die Ringe entfernt würden für die Dauer der Arbeitszeit. Und mit dem Tattoo am Hals müsse er ja voll verschleiert herumlaufen!

Mindestens zehnmal am Tag machte er solche Bemerkungen: „Deine Zukunft ist ruiniert! Vielleicht kannst du noch Tattoo-Stecher werden oder Hip-Hopper oder freier Künstler. Aber den Kunstunterricht schwänzt du ja regelmäßig, und musikalisch? Du kannst ja nicht mal die Tonleiter pfeifen!" Pitts große Schwester Liza dagegen sei, wie der Vater anerkennend bemerkte, im Gegensatz zu Pitt hochmusikalisch, weil sie umwerfend singen könne: „Liza könnte Gesangsunterricht nehmen und an der Opernschule studieren!"

Doch Liza ergriff für Pitt das Wort: „Lass ihn doch endlich in Ruhe! Sein Tattoo ist völlig harmlos, es ist ein Henna-Tattoo, das nach einiger Zeit von allein verschwindet. Und im Übrigen: Pitt wird seinen Weg schon gehen, wenn du ihn nicht daran hinderst, herauszufinden, was gut für ihn ist. Tattoos sind total in, genauso wie Piercing. Und die Lehrer haben sich längst daran gewöhnt!"



5267256

1. *Schreiben Sie die Geschichte zu Ende.*
2. *Suchen Sie in einer Kleingruppe (etwa vier Mitglieder) eine andere Erzählung in diesem Buch und erfinden Sie in Einzelarbeit ein neues Ende. (An welcher Stelle würden Sie beginnen, die Geschichte anders zu erzählen?)*
3. *Lesen Sie einander die neuen Fassungen vor und überlegen Sie gemeinsam, worin sich die Aussage der neuen Erzählung im Vergleich zur Vorlage jeweils unterscheidet.*
4. *Halten Sie die Ergebnisse in Stichworten fest, einigen Sie sich auf ein Beispiel, bei dem sich die Aussagen besonders stark unterscheiden, und tragen Sie es dem Plenum vor – lesen Sie dazu beide Fassungen der Erzählung vor.*

## Kreatives Schreiben im Alltag (▸▸▸privater Geschäftsbrief S. 107 ff.)

**Ein Freund fragt Sie um Rat:**

Er hat vor einem Jahr den Kfz-Führerschein gemacht und gleich ein billiges altes Fahrzeug erworben, dessen Zulassung am 1. Juni endet. Beim TÜV ist keine Verlängerung möglich. Er hat das Jahr über gespart und von seiner Großmutter noch ein bisschen Geld bekommen, um sich ein besseres Fahrzeug kaufen zu können.

Er hat nun nach einem Kleinbus gesucht, den er ausbauen wollte, um darin auch mit seiner Freundin Urlaub machen oder übers Wochenende wegfahren und darin schlafen zu können. Nach langer Suche fand er dann bei einem Händler einen schnellen Vito – 6 Jahre alt –, der allerdings schon 120 000 km gefahren war und 8 500,00 € kosten sollte (aus erster Hand, TÜV neu); für das Geld sollten außerdem binnen einer Woche neue Achsen eingebaut werden und der Wagen sollte mit neuen Reifen, einem Radio mit CD-Player und guten Boxen ausgestattet werden. Er entschloss sich rasch und unterzeichnete den Kaufvertrag.

Fünf Tage später stand in der Zeitung ein Angebot von privat: genau derselbe Fahrzeugtyp, 4 Jahre alt, 60 000 km, gute Reifen und gute Ausstattung für nur 6 000,00 €.Er hat sich den Wagen angesehen und bis zum Nachmittag reserviert. Den ersten Händler konnte er in der Zwischenzeit telefonisch nicht erreichen, kurz entschlossen hat er dann das zweite Fahrzeug gekauft, gleich bezahlt und mitgenommen. Am nächsten Tag hat er mit dem Händler telefoniert und ihn erst einmal gefragt, ob das Auto fertig sei. Der Händler hat um Fristverlängerung gebeten, weil sein Meister krank geworden sei und seine kleine Werkstatt erst in einer Woche wieder in Betrieb genommen werden könne. Das hat Ihr Freund aber sofort abgelehnt und ist mündlich vom Vertrag zurückgetreten; der Händler war damit nicht einverstanden: Der Vertrag sei bindend. Er hat widersprochen und das Gespräch beendet.

Jetzt möchte Ihr Freund Ihre Hilfe; er will sofort einen Brief schreiben, mit dem er den Vertrag kündigen und erreichen will, dass er möglichst ohne Schwierigkeiten aus der Sache herauskommt. Sein Deutsch ist so schlecht, dass er Ihre Hilfe benötigt. Das Geld für einen Anwalt möchte er sich sparen. Im Vertrag ist von der Woche Lieferzeit nichts enthalten; das war nur mündlich verabredet. Reparatur und Ausstattung werden genannt. Durch die schriftliche Bestätigung des Kaufs, die der Verkäufer gleich zugesandt hatte, war der Vertrag verbindlich geschlossen. Bei einem Rücktritt wird Schadenersatz fällig (15 % des Kaufpreises).

1. *Verfassen Sie einen Entwurf für diesen Brief (beachten Sie dabei auch ▸▸▸ S. 108 ff.). Wie können Sie den Empfänger dazu bringen, nicht auf der Erfüllung des Vertrages zu bestehen?*

2. *Besprechen Sie Ihre Entwürfe in der Kleingruppe zuerst inhaltlich: Was ist erforderlich, um den Rücktritt zu realisieren? Wie kann erreicht werden, dass der Händler auf die Forderung eines Schadenersatzes verzichtet (1 275,00 €)?*

3. *Wählen Sie einen Entwurf aus, den Sie auch sprachlich überarbeiten (Schreibwerkstatt ▸▸▸ S. 326–328 ff.) und in der Klasse vorstellen.*

## Kreatives Schreiben als Selbstreflexion

Wenn man seinen Arbeitsanzug überzieht, fängt man an, anders zu werden. Jeder. Zuerst ganz unmerklich. Die Schultern hängen ein bisschen mehr, der Rücken wird runder, der Kopf wird eingezogen. Nur ja nicht auffallen. (...) Keine Selbstverständlichkeit mehr in den Bewegungen, von Selbstvertrauen gar nicht zu reden. Stillgelegte Körper, ohne Erwartungen, ohne Wünsche. Schwerfällig und hölzern. Man verkrampft sich, wie unter einer Last, ohne aber ganz nachzugeben ... Man verschließt sich, schrumpft zusammen, spürt – ohne wirklich darauf zu achten – die Veränderung, die in einem vorgeht: man verschwindet in einer anderen Haut, einem anderen Körper, dem einer neutralen, unpersönlichen Arbeitsmaschine, die nicht mehr von den anderen Arbeitsmaschinen zu unterscheiden ist. Außer durch lange Haare oder graue Haare oder Bart ...

(o. A./Un Groupe D'ouvriers, in: Arbeitsbilder, 1982, S. 43)

1. *Besprechen Sie in einer Kleingruppe, wie der Schreiber den Beginn seines Arbeitstages schildert und wie der Fotograf den Ort, an dem der Arbeitsanzug hängt, dargestellt hat.*

2. *Beschreiben Sie, was mit Ihnen vor sich geht, wenn Sie einen Arbeitstag beginnen oder sich zu Hause für einen Schultag bereit machen.*



5267258

# Kreatives Schreiben, Vortragen und Erzählen

## Kompetenzen

Sie haben die Kompetenz erworben,

1. eine Geschichte gut vorzutragen, d. h., Sie sind in der Lage,
   - gut verständlich und richtig betont vorzulesen,
   - eine Lesung zuhörergerecht vorzubereiten (Textauswahl und zusätzliche Informationen),
   - bei der Lesung einer Szene eine vorgegebene Rolle zu sprechen.

2. eine Geschichte zu planen, zu entwerfen sowie zielgerichtet, situations- und adressatengerecht zu gestalten.

3. den Schreibprozess allein und in der Gruppe zu reflektieren und Ihren Text zu überarbeiten, z. B. wenn Sie
   - eine in der Gruppe erfundene Geschichte weiterschreiben,
   - den Anfang einer literarischen Geschichte weiterschreiben und diese Fortsetzung mit der vom Autor geschriebenen Fassung kritisch vergleichen,
   - sich in eine literarische Figur hineinversetzen und deren Gedanken darstellen,
   - für eine bestehende Geschichte ein anderes, ebenso passendes Ende finden,
   - einen Geschäftsbrief verfassen, der den Empfänger überzeugt (▸▸▸ S. 107 ff.),
   - durch Schreiben eine lebensnahe Situation überdenken.

4. Kriterien zu entwickeln und anzuwenden, um anderen eine qualifizierte Rückmeldung zu geben.

Auf einen Blick

## Was Sie beim Schreiben beachten sollten:

Kreatives Schreiben ist persönlich gefärbtes Schreiben – wählen Sie daher dieses Thema nur, wenn die Geschichte oder der Erzählanfang Sie anspricht!

- Lesen Sie die Aufgabenstellung und ggf. eine Textvorlage genau: Sollen Sie sich in eine Figur der Handlung hineinversetzen? Einen Erzählanfang fortsetzen? Einen neuen Schluss finden?
- Lesen Sie eine literarische Vorlage ein zweites Mal. Nehmen Sie dabei je nach Aufgabenstellung zum Beispiel die Perspektive der Figur ein und achten Sie ganz besonders auf die Erzählperspektive und auf die Eigenart der Sprachverwendung (besonders in der direkten Rede), um daran angelehnt zu schreiben bzw. weiterzuschreiben.
- Zögern Sie dann nicht lange, sondern schreiben Sie einfach drauflos.
- Lesen Sie noch ein drittes Mal die Vorlage und überarbeiten Sie Ihren Text inhaltlich.
- Achten Sie auf die Erzählweise und die Sprache: Passt Ihre Fassung zur Vorlage?
- Überarbeiten Sie Ihren Text zum Schluss im Hinblick auf die sprachliche Richtigkeit und schlagen Sie in Zweifelsfällen im Wörterbuch nach.

Schaffstadt, 1.10.2010
Sehr geehrte Damen und Herren,
in Ihrer Anzeige im
"Schaffstadter Tagblatt"
suchen Sie einen Chefschaffer.
Ich bewerbe mich um diese
Stelle, weil ich einen entwick-
lungsfähigen

# Sich bewerben – ein Unterrichtsprojekt

Wege zum Beruf

Sie erwerben Projektkompetenz, indem Sie

- Ihr Ziel formulieren,
- einen Ablaufplan erstellen,
- die Schritte kontrolliert realisieren
- und das Ergebnis reflektieren und bewerten.

Im Kompetenzbereich "Schreiben" lernen Sie eine Bewerbermappe zu erstellen.
Im Kompetenzbereich "Sprechen und Zuhören" trainieren Sie das Vorstellungsgespräch.

- **Ziele festlegen**
- **Sich informieren**
- **Planen: Wege zum Ziel**
- **Analysieren**
  - Stärken und Schwächen
  - Berufswunsch und Angebot
- **Bewerbungsunterlagen erstellen**
  - Anschreiben und Lebenslauf
  - Online-Bewerbung
- **Überprüfen und bewerten**
  - Vorstellungsgespräch als Rollenspiel
  - Feedback einholen und geben

## DAS ZIEL UND DER WEG

Was ist ein Unterrichtsprojekt? Wodurch unterscheidet es sich von traditionellen Unterrichtsformen? Welche Merkmale, Schritte oder Phasen kennzeichnen allgemein ein Projekt?

Definieren Sie Ihr gemeinsames Ziel. Am Projektende sollte eine möglichst praxisnahe Überprüfung Ihrer Arbeitsergebnisse stehen: Laden Sie dazu (rechtzeitig und zur rechten Zeit!) beispielsweise einen Mitarbeiter oder eine Mitarbeiterin einer Personalabteilung ein.

(1) *Notieren Sie in Stichworten alles, was Ihnen zum Thema „Bewerbung" einfällt, und bilden Sie Dreiergruppen:*

- *Vergleichen Sie Ihre Stichworte und erstellen Sie gemeinsam eine strukturierte Liste als Ablaufplan: Was muss ich als Erstes klären, wenn ich einen Beruf/eine Arbeitsstelle suche, welche Schritte folgen? (Haben Sie die Informationen im folgenden Text beachtet?)*
- *Präsentieren Sie Ihr Ergebnis.*

Anja Schreiber

### [Fachleute geben Tipps]

- Die Berufsberaterin Martina Wille von der Arbeitsagentur Stuttgart empfiehlt auch Schulabgängern, die einen Ausbildungsplatz suchen, sich über ihre Interessen und Kompetenzen klar zu werden. „Fragen Sie sich, was Sie können und wollen, welche Fähigkeiten Sie früher schon zeigen konnten und was Ihre Freunde an Ihnen schätzen."
- Da angehende Auszubildende in der Regel noch über keine berufliche Erfahrung verfügten, rät ihnen Wille, Fähigkeiten in der Bewerbung zu erwähnen, die sie zum Beispiel in berufsbezogenen Hobbys oder Praktika erworben haben.
- Und noch ein Tipp von Wille: „Wer einen Ausbildungsplatz sucht, sollte sich vorher auf der Homepage berufenet.arbeitsagentur.de über die Tätigkeiten und geforderten Kompetenzen informieren und auf diese im Anschreiben eingehen."
- [...] Sonja Kämpfer aus Stuttgart von der Beratungsfirma Karriere2 [rät], sich zuerst die Stellenausschreibungen ganz genau durchzulesen. „Fragen Sie sich: Welche Aufgaben soll ich als Mitarbeiter erfüllen? Welche Kompetenzen erwartet der Arbeitgeber von mir?"
- Sauber, ordentlich, übersichtlich und ohne Tipp- und Rechtschreibfehler – so sollte eine Bewerbermappe aussehen. In der Farb- und Materialwahl sind die Geschmäcker verschieden. Deshalb empfiehlt Bewerbungscoach Sonja Kämpfer aus Stuttgart: „Wählen Sie Farbe und Material der Mappe so, wie es Ihnen für die Branche, in der Sie sich bewerben, passend erscheint. Schätzen Sie das berufliche Setting eher konservativ ein, dann greifen Sie eher zu Dunkelblau. Sonst kann es ruhig auch bunter sein." Der Stuttgarter Coach Thomas Götze ergänzt: „Verzichten Sie auf Schnellhefter und Klarsichthüllen." Übrigens sollte die Mappe unbenutzt, in jedem Fall aber unbeschädigt sein [...].
- Und noch ein Tipp von Thomas Götze: Um sich von anderen Bewerbern zu unterscheiden, ist es sinnvoll, hochwertigeres Papier als das Standardkopierpapier zu benutzen.
- Ein Bild sagt mehr als tausend Worte. [...] Thomas Götze aus Stuttgart rät: „[...] Wenn Sie ein Bild mitschicken, sollte es aber professionell sein." Ein Billigfoto aus dem Automaten ist also tabu. Die Fotografierten sollten einen sympathischen und professionellen Eindruck hinterlassen. Businesskleidung gehört genauso dazu wie ein freundlicher Gesichtsausdruck und – bei Frauen – ein dezentes Make-up.


5267262

- Keine passende Stellenausschreibung in Zeitungen oder im Internet gefunden? Kein Grund, untätig zu sein! [...] Auch für junge Leute, die sich um einen Ausbildungsplatz bewerben, kommt eine Initiativbewerbung infrage. Martina Wille [...] empfiehlt: „Ausbildungsplatzsuchende sollten sich zuvor erkundigen, ob der Betrieb grundsätzlich ausbildet." Ihr Tipp für angehende Azubis: eine Kurzbewerbung in Form eines DIN-A4-Anschreibens. „Bieten Sie der angeschriebenen Firma an, bei Interesse die kompletten Unterlagen nachzureichen." [...] Auch wenn sich Initiativbewerbungen auf keine konkrete Stellenausschreibung beziehen, sollte das Anschreiben so passgenau wie möglich formuliert werden.

(Die einzelnen Tipps wurden mehreren Beiträgen von Anja Schreiber für die Beilage zur Stuttgarter Zeitung „Start in den Beruf" vom 18.9.2010 entnommen und von uns unter diesem Titel als Liste zusammengestellt.)

## STÄRKEN, SCHWÄCHEN, BERUFSZIELE UND ANGEBOTE

Was will ich, was kann ich, wofür eigne ich mich und wofür weniger? Das herauszubekommen ist gar nicht so einfach: Die Bundesagentur für Arbeit bietet eine Fülle von Informationen rund um Ausbildung und Beruf an – auch Filme und Veranstaltungen. Recherchieren Sie.

1. *Erstellen Sie eine Checkliste mit zum Beispiel folgenden (oder anderen) Kriterien und arbeiten Sie sie sorgfältig ab:*

- *Welche Schulfächer interessieren mich, welche Fächer würde ich am liebsten abwählen?*
- *Wo liegen meine Interessen und Neigungen?*
- *Was sind meine Fähigkeiten?*

  *Beruflich relevante Fähigkeiten sind zum Beispiel:*
  - *körperliche Leistungsfähigkeit,*
  - *gesundheitliche Leistungsfähigkeit,*
  - *räumliches Vorstellungsvermögen,*
  - *rechnerisches Denken,*
  - *Sprachbeherrschung,*
  - *logisches Denken,*
  - *Kontaktfähigkeit,*
  - *Teamfähigkeit,*
  - *Gewissenhaftigkeit,*
  - *Ideenreichtum,*
  - *handwerkliches Geschick,*
  - *gute Feinmotorik.*
- *Was sind meine Schwächen?*
- *Was Stärken und Schwächen angeht, ist es ganz hilfreich zu sehen, wie uns andere einschätzen (Eltern, Freunde). Holen Sie sich möglichst auch Informationen zur „Außensicht".*
- *Womit würde ich mich am liebsten beschäftigen? (Arbeitsgegenstände und Arbeitsmittel)*
- *Wo würde ich am liebsten arbeiten? (Arbeitsort: auf dem Dach, im Labor ...?)*
- *In welcher Branche würde ich gerne arbeiten?*
- *Habe ich ein realistisches Bild unterschiedlicher Berufsfelder?*
  *Woher bekomme ich realistische Informationen? (Interviewen Sie auch Ihre Bekannten!)*
- *Was ist mein berufliches Ziel? (Szenario: Wo sehe ich mich in zehn Jahren?)*
- *Auf welche Anlagen, Fähigkeiten und Kenntnisse kann ich mich dabei stützen?*

*(Wenn Sie wollen, schreiben Sie unter die Checkliste: „Auf diesem Steckbrief hat sich ... beschrieben. Wer hat mich erkannt?" Hängen Sie die Checkliste anonym aus: Es ist vielleicht ganz spannend zu sehen, wer Sie identifizieren kann.)*

2. *Welche Firmen, Betriebe, staatlichen Institutionen kommen für mich als ausbildender Betrieb/ als Arbeitgeber in Frage? Welche Informationen brauche ich? Sie recherchieren zu zweit oder zu dritt, sofern Sie den gleichen Berufswunsch haben.*

- *Im Internet zum Beispiel:*
  *www.arbeitsagentur.de, www.handwerkskammer.de, www.ihk-lehrstellenboerse.de, Jobportale wie www.jobpilot.de, www.monster.de, Branchenbücher wie www.meinestadt.de.*
- *Sie besuchen die nächstgelegene Arbeitsagentur/das BIZ (Berufsinformationszentrum).*
- *Sie analysieren Stellenanzeigen: Welche Anforderungen sind gestellt?*
- *Was können Sie über den Betrieb in Erfahrung bringen?*
  *Über das Profil bzw. Ausbildungsprofil des Betriebs (Ausbildungsberufe, Zahl der Auszubildenden, Voraussetzungen und Anforderungen)?*
- *Über die Bewerbung (Zeitraum, Unterlagen, Auswahlverfahren: zeitlich und inhaltlich)?*
- *Über die Ausbildung (Dauer, Inhalte, theoretische/praktische Anteile, Arbeitsfelder, Ziele)?*
- *Über die Perspektiven nach der Ausbildung.*

(3) *Sie rufen in einem Betrieb an:*

- *Sie haben das Schreibzeug für Notizen griffbereit.*
- *Sie haben sich Fragen überlegt.*
- *Sie fragen nach den Verantwortlichen, die für die Ausbildung zuständig sind.*
- *Sie formulieren knapp, worum es geht.*

## BEWERBUNGSUNTERLAGEN

(1) *Sie recherchieren zunächst, was in eine Bewerbermappe gehört, und stellen Ihre Informationen in Vierergruppen zusammen:*

- *Inhalte und Reihenfolge,*
- *Deckblatt? Wenn ja: Gestaltung?*
- *die Gestaltung des Fotos,*
- *die Gestaltung der Mappe.*

(2) *Sie erstellen zum Ergebnis ein Plakat.*

### Lebenslauf

Was wissen Sie schon über Formen und Formalien des Lebenslaufs?

(1) *Sie recherchieren und stellen Ihre Informationen in Vierergruppen zusammen:*

- *Formen, Regeln oder Grundsätze*
- *Sie erstellen einen Musterentwurf (Flipchart) und präsentieren ihn.*

(2) *Sie erarbeiten gemeinsam Beurteilungskriterien des Lebenslaufs und halten sie schriftlich fest.*

(3) *Sie schreiben Ihren Lebenslauf.*

(4) *Sie suchen sich einen Partner und bilden eine Lesewerkstatt, das heißt, Sie lesen wechselseitig den Lebenslauf, korrigieren Schreibfehler und schreiben eine kritische Beurteilung: Was ist gelungen, in welchen Punkten lässt sich der Lebenslauf noch verbessern?*

(5) *Sie überarbeiten Ihren Lebenslauf auf der Grundlage der Beurteilung.*


5267264

## Anschreiben

Was wissen Sie bereits über Inhalt, Aufbau und Form des Anschreibens?

1. *Sie recherchieren und stellen Ihre Informationen in Vierergruppen zusammen:*
   - *Welche Regeln oder Grundsätze sind zu beachten?*
2. *Sie diskutieren, inwieweit Sie die vorgefertigten Musterentwürfe Ihrer Recherche individuell variieren können; denn das Bewerbungsschreiben ist zwar eine Sache der Form – aber mit einem jeweils anderen konkreten Anlass und persönlicher Note. Es geht um*
   - *klare Zielorientierung: Was ist das? Wie wird sie sprachlich deutlich?*
   - *Adressatenorientierung: Was ist das? Wie wird sie sprachlich deutlich?*
   - *Das Wecken von Neugierde und Interesse: Wie gelingt das?*
   - *Die Darstellung Ihrer Fähigkeiten und Kenntnisse, die Erwähnung passender Persönlichkeitsmerkmale muss zur ausgeschriebenen Stelle/zum Ausbildungsplatz passen: Wie gelingt das?*
3. *Sie erstellen einen Entwurf.*
4. *Sie präsentieren Ihr Ergebnis.*
5. *Sie diskutieren und bewerten die Resultate im Plenum: Welcher Entwurf ist der beste und aus welchen Gründen?*
6. *Sie suchen sich einen Partner und bilden eine Lesewerkstatt, das heißt, Sie lesen wechselseitig das Bewerbungsschreiben, korrigieren Schreibfehler und schreiben eine kritische Beurteilung: Was ist gelungen, in welchen Punkten lässt sich das Anschreiben noch verbessern?*
7. *Sie überarbeiten Ihr Anschreiben auf der Grundlage der Beurteilung.*
8. *Sammeln Sie weniger gut gelungene Formulierungen und drücken Sie sie treffender aus:*

| Formulierung | Verbesserung |
|---|---|
| Hiermit möchte ich mich bewerben … | … |
| … | … |

## Online-Bewerbung

Sie haben jetzt die Bewerbermappe in ihren verschiedenen Bestandteilen erarbeitet und könnten sich damit bewerben. Eine andere Form der Bewerbung ist die Online-Bewerbung. Hinweise auf „Sünden", die man dabei begehen kann, liefert der folgende Text:

Bewerben Jugendliche sich online um eine Lehrstelle, sollten sie schnell auf jede Rückmeldung reagieren. „Man muss innerhalb von 24 Stunden antworten – sonst ist die Stelle weg", sagt der Bewerbungsberater Gerhard Winkler aus Berlin. Jugendliche sollten also täglich ihre E-Mails abrufen, damit sie bei der Lehrstellensuche über das Internet kein Angebot verpassen. Das Netz sei ein schnelles Medium. Bewerber müssten damit rechnen, dass Ausbilder mit einer E-Mail gleich mehrere Kandidaten anschreiben. Wer dann als Letzter reagiert, habe das Nachsehen. Hier gelte also der Satz „Wer zuerst kommt, mahlt zuerst." Daneben kommt es bei Online-Bewerbungen für eine Lehrstelle auf die richtige Form an. Folgende Todsünden dürfen Jugendliche dabei nicht begehen:

**Unseriöse E-Mail-Adresse:** Spitznamen in der Mail-Adresse gehen gar nicht. „Also bitte nicht »heissehexe123«", warnt Winkler. „Eine seriöse E-Mail-Adresse besteht aus dem Vornamen und Nachnamen, also zum Beispiel Max.Mustermann, und dann dem Provider." Wer eine solche Adresse nicht besitzt, sollte sie sich vor der Online-Bewerbung unbedingt noch besorgen – kostenlose Angebote gibt es genug.

**Rechtschreibfehler:** Auch wenn der Ton und die sprachliche Form in E-Mails und Chats eher locker ist – bei Online-Bewerbungen gilt das nicht. Ein laxer Umgang mit der Rechtschreibung sei daher schnell ein K.-o.-Kriterium: „Die Ausbilder monieren ja ohnehin, dass viele Bewerber Lese- und Schreibschwächen haben", sagt Winkler. „Durch Rechtschreibfehler in der Bewerbung disqualifiziert man sich daher schnell." Auch komme es nicht gut an, wenn Bewerber in einer E-Mail einfach alles kleinschreiben oder Smileys verwenden.

**Falsche Anrede und Grußformel:** „Hi!" ist die falsche Art, eine Online-Bewerbung zu beginnen. Auch im Internet sei die Standardformel zu Beginn des Anschreibens immer noch „Sehr geehrte Damen und Herren", erläutert Winkler. Noch besser ist es, gleich den Ausbilder anzuschreiben, wenn man dessen Namen kennt. Auch ein formloser Gruß am Ende des Anschreibens ist tabu. „Man schreibt ‚Mit freundlichen Grüßen' und nicht ‚Mfg' oder ‚Cheers!'."

**Zu lang:** Auch wenn eine E-Mail kein Seitenende hat – die Geduld eines Personalers ist begrenzt. Die Online-Bewerbung darf daher nicht in einen Roman ausarten. „Mehr als 1600 bis 2000 Anschläge inklusive Leerzeichen sollte das Anschreiben nicht haben", erklärt Winkler. Als Ausdruck dürfe es nicht länger als eine Seite sein. Am einfachsten sei es, den Text in einem separaten Programm vorzuschreiben, bevor man ihn in die E-Mail oder ein Bewerbungsformular im Internet kopiert.

**Zu viel:** Ein „Riesenwust" von Anhängen schreckt Personaler schnell ab. „Am besten packt man Lebenslauf, Zeugnisse, Foto und andere Referenzen alle in ein Dokument und hängt das an", sagt Winkler. Das Anschreiben kann dabei gleich in der E-Mail stehen und muss nicht zusätzlich als separates Dokument angehängt werden. Die Bewerbung darf außerdem nicht das Postfach des Ausbilders verstopfen – fünf Megabyte sind die Obergrenze.

(dpa, in: Start in den Beruf (Beilage), Stuttgarter Zeitung, 18.9.2010, o. S.)

(1) *Recherchieren Sie zusätzlich: Online-Bewerbung – worin liegen die Unterschiede zur schriftlichen Bewerbung?*

## VORSTELLUNGSGESPRÄCH

Die letzte Hürde auf dem Weg zu einem Ausbildungs- oder Arbeitsplatz – gegebenenfalls nach einem erfolgreich durchlaufenen firmenspezifischen Auswahlverfahren („Assessment") – besteht im Vorstellungsgespräch.

(1) *Recherchieren und notieren Sie die Anforderungen, die ein Vorstellungsgespräch an Sie stellt, unter folgenden Stichworten:*



5267266

- *Ablauf*
- *Kleidung*
- *Frisur*
- *Tatoos, Piercing?*
- *Pünktlichkeit*
- *Auftreten*
- *Sprache*
- *Umgangsformen*
- *Körpersprache*
- *Gestik*
- *Interesse am und Kenntnisse im angestrebten Beruf*
- *Informationen über das Unternehmen*
- *Selbsteinschätzung: Stärken und Schwächen (und wie Sie sich dazu äußern würden)*
- *Freizeitbeschäftigungen, Hobbys*
- *Fragen zur Berufsausbildung und zum Unternehmen*
- *Perspektiven am Ende der Ausbildung*
- *Weitere Qualifizierungsperspektiven*

Auch in beruflichen Kontexten sind nonverbale Kommunikationssignale von entscheidender Bedeutung. Ob im Umgang mit Kollegen, Kunden oder Vorgesetzten – auch in diesen Situationen gilt der Grundsatz, dass über 70 % der Informationen nonverbal übermittelt werden.

1. *Besprechen Sie in Ihrer Gruppe, welche nonverbalen Kommunikationssignale in einem Vorstellungsgespräch vorkommen werden, welche man von Ihnen erwartet – und welche nicht.*
2. *Bereiten Sie ein „stummes" Rollenspiel des Vorstellungsgespräches vor, das Sie der Klasse präsentieren. Die Zuschauer notieren alle nonverbalen Kommunikationssignale, die sie erkennen, und welche Wirkung diese Signale auf sie als Zuschauer haben.*
3. *Besprechen Sie als Gruppe mit den Zuschauern, ob die von Ihnen gesendeten Signale auch so aufgenommen wurden, wie sie von Ihnen beabsichtigt waren.*
4. *Diskutieren Sie anschließend im Plenum, welche Botschaften Sie in einem Vorstellungsgespräch durch Kleidung, Körperschmuck, Kosmetik etc. senden.*

## PRAXISNAHE ÜBERPRÜFUNG: FEEDBACK UND ROLLENSPIEL

1. *Sie haben den Kontakt zu einem bzw. einer verantwortlichen Mitarbeiter/-in einer Personalabteilung eines Betriebes hergestellt mit dem Ziel, dass er oder sie Ihnen die Bewerbersuche aus Sicht des Betriebes kurz darstellt und einige realistische Vorstellungsgespräche mit Ihnen führt.*
2. *Sie bereiten sich auf den Besuch und das Rollenspiel entsprechend vor:*
   - *Sie informieren sich über das Unternehmen.*
   - *Sie haben Bewerbungsunterlagen vorbereitet.*
   - *Sie überlegen sich Fragen.*
   - *Sie erstellen in Gruppen einen Beobachtungs- und Beurteilungsbogen für die exemplarisch durchgeführten Vorstellungsgespräche, ausgehend von Ihrem Anforderungskatalog; Sie unterteilen diesen Bogen in „Anforderungen – Bewertungen (drei, maximal fünf Stufen) – Begründungen".*
3. *Sie überprüfen Ihre Kriterien anhand der Informationen, die Sie von Ihrem Gast aus der Personalabteilung erhalten.*
4. *Die Vorstellungsgespräche finden statt. Die jeweils nicht aktiv beteiligten Schülerinnen und Schüler füllen die Bögen aus.*
5. *Sie erörtern Ihre Beurteilungen.*

# Sich bewerben – ein Unterrichtsprojekt

## Reflektieren

- Gehen Sie die folgende Liste durch, überprüfen Sie, ob Sie die angegebenen Kompetenzen gut, weniger gut oder noch gar nicht beherrschen.
- Schreiben Sie die Punkte auf, in denen Sie mit den genannten Kompetenzaussagen Schwierigkeiten haben, und warum; so gehen Sie dabei vor:
  - Ich kann weniger gut ...
  - Ich kann noch nicht ...

## Kompetenzen

Sie haben eine spezifische Projektkompetenz erworben:

- Sie haben das Ziel festgelegt: eine erfolgreiche Bewerbung
- Sie können sich informieren und die einzelnen Schritte zu diesem Ziel planen
- Sie können Ihre beruflichen Interessen, Ihre schulischen und beruflich relevanten Stärken und Schwächen analysieren
- Sie können sich über berufliche Angebote und über Firmen informieren
- Sie können eine Bewerbermappe erstellen
- Sie kennen und beherrschen die Textsorten Lebenslauf und Bewerbungsanschreiben
- Sie können eine Online-Bewerbung erstellen





5267268

- Sie kennen die Beurteilungskriterien eines Vorstellungsgesprächs und können einen Beobachtungs- und Beurteilungsbogen erstellen
- Sie können sich auf ein Vorstellungsgespräch vorbereiten und es in der Rolle des Bewerbers führen
- Sie können als Beobachter einen Bewerber im Vorstellungsgespräch beurteilen

AAA aaa BBB bb
KLEIN
KLEIN
GROSS
HAUPTSATZ
NEBENSATZ

# Sprache beherrschen

Sie lernen im Kompetenzbereich „Sprache und Sprachgebrauch“

- die lebendige Vielfalt des Sprachgebrauchs in seinen Varianten kennen,
- formalsprachliche Strukturen als verbindliche Normen in der Grammatik und Rechtschreibung.

# Mit unterschiedlicher Zunge sprechen

Sprache ist nicht gleich Sprache. Sie gehen durch die Stadt und lauschen auf den Vielklang der sprachlichen Äußerungen. Sie hören, wie den Passanten „der Schnabel gewachsen“ ist. Da gibt es die Standard- oder Hochsprache, den regionalen Einschlag, den Dialekt, Szenesprachen, aber auch die vielfältigen Muttersprachen der Migranten aus vielen Gegenden der Welt. Sie hören, wie sich diese Sprachen mit der deutschen Sprache mischen und sich neue Sprechweisen bilden. Und gehen Sie in einen Elektronikmarkt, werden Sie mit Fachsprachen konfrontiert. Diese Varietäten sind reizvoll, manchmal auch ärgerlich, aber immer spannend.

(1) *Ordnen Sie die folgenden Begrüßungsworte den Personen und Situationen zu. Ersetzen Sie die Fragezeichen durch Ihnen bekannte Floskeln bzw. erfinden Sie eine weitere Situation.*

| | | |
|---|---|---|
| Priester | ? | Begrüßung vor der Kirche |
| Schüler | ? | trifft auf Eltern |
| Skater | Hallo! | zu Skater |
| Gangsta | Grüß Gott! | in der Disco |
| Bankangestellter | Guten Tag! | in der Bank |
| Bäckersfrau | Gott zum Gruße! | im Laden |
| ? | Was geht, Alter? | ? |

Sprachen sind lebendige Gebilde. Sie unterliegen einem ständigen Wandel, wenn auch die grundlegenden grammatischen Strukturen und die meisten Wörter und Begriffe über einen langen Zeitraum gleich bleiben. Sprachmoden setzen sich nicht immer durch. Dennoch lassen sich einige Kennzeichen der heutigen Sprachverwendung feststellen.

## EINFLÜSSE DES ENGLISCHEN

Ein Moderedakteur klärt per *E-Mail* vor einem *Shooting* die möglichen Stolpersteine des Auftrags ab. Hier ein *Insideview:*

Hey honey,
I hope all is well.
Sorry für die späte Rückmeldung, ich war extrem busy mit dem Retouching der letzten zwei Shoots. Ben Watt's erstes Editing war ein ziemlicher Fake, die eigentlichen High-Resolution-Bilder sahen furchtbar messy aus; Hardcore-Retouching notwendig, eine never ending story!
Kurz zum Schedule für unser Shoot: Der Flieger des Models aus NY wurde gecancelt, die Airline hält sie auf Standby für eine Maschine heute Abend.
Ich denke, wir sollten parallel neu casten, Worst-Case-Szenario wäre, wenn sie gar nicht ankommt und wir alles canceln und dem kompletten Team eine Kill-Fee zahlen müssten. Oder wir kräftig Overtime für die Location, das Equipment und Hair + Make-up zahlen müssen, falls sie viel zu spät landet. In beiden Fällen wären wir komplett over budget!
Mein Vorschlag: morgen früh ein Casting mit anschließendem Fitting in der Shooting-Location; Callsheet und Calltimes für die Crew gibt es dann also erst danach.
Was denkst Du?
Keep me posted – be in touch.
Mike

(1) *Wie wirkt dieser Text auf Sie und wodurch wird diese Wirkung erzeugt?*

(2) *Klären Sie die Begriffe, die Ihnen fremd sind, mit Ihrem Partner.*
*Folgende Begriffe sind Ihnen vielleicht unbekannt, wenn Sie die Fachsprache bzw. den Fachjargon des Modebusiness nicht beherrschen: Fitting – Anprobe; Callsheet – Papier mit den wichtigsten Daten des Arbeitstages; High Resolution – Hochauflösung in der Fotografie; Hardcore Retouching – stark eingreifende Bildbearbeitung; Kill-Fee – Ausfallhonorar.*

(3) *Wie erklären Sie sich die Häufung von englischen Wörtern in der Mail?*

(4) *Was sind die Gründe dafür, dass sich englische Versatzstücke in der beruflichen Kommunikation insgesamt häufen?*

Wussten Sie übrigens ...

Der Keks musste viel aufgeben, um in die deutsche Sprache zu gelangen. Dabei hatte er es anfangs noch leicht. „Was ißt die Menschheit unterwegs? Na selbstverständlich Leibniz-Cakes“, riefen Werbeplakate im Jahr 1898 den Menschen zu – schlagartig machte Bahlsen das englische Wort cake in Deutschland bekannt. Dann setzte die Germanisierung ein: Das a in Cakes wurde durch ein e ersetzt, das hintere e verschwand. Aus einem C wurde ein K. Zudem wurde der englische Plural mit seinem s zum deutschen Singular – stattdessen halste man dem gebeutelten Wort einen eigenen Plural in Form eines e auf. Ein Keks, viele Kekse. Schließlich war das Kunstwort in der deutschen Sprache angekommen: 1919 fand der Keks Eingang in den Duden.

(Heinrich, in: ZEIT Online, 2009, o. S.)

(5) *Der Keks wandelte sich durch Anpassung vom Fremdwort zum Lehnwort. Kennen Sie weitere englische Wörter, die dem Deutschen angeglichen wurden? Geht ihre Angleichung so weit wie beim „Keks“?*

(6) *Wie erklären Sie sich, dass viele Konsumenten englische Werbesprüche schätzen, obwohl sie sie nicht verstehen?*

(7) *Sammeln Sie bis zur nächsten Stunde englische Slogans in Werbetexten und übersetzen Sie diese Slogans mithilfe eines Wörterbuchs. Bitten Sie die Lehrkraft für Englisch um eine Überprüfung Ihrer Übersetzung.*

## CHATSPRACHE – DIE NEUE JUGENDSPRACHE?

Bewerten Sie folgenden Eintrag, den ein Jugendlicher seinem Freund in einem Chatroom an die Pinnwand heftete:

Hey Stinker,
was geht in NZ? ich hab deinen Bruder jetzt nach 3 Monaten endlich auch mal wieder erreicht :D mensch war des n kampf ;-) der is ja grad in 3000000 Projekten aktiv! leck... noch n größerer Work-a-holic als ich :P
Feiert ihr Lutscher auch fleissig Fasching?!! Sonst muss der W. mal rüberkommen und des einführen :D
Sonst alles fit?
Greetz M.

*(1) Erstellen Sie eine Übersicht: Welche typischen Merkmale kennzeichnen die Chatsprache? Was fällt Ihnen am Satzbau auf? Wie gehen Chatter mit der Rechtschreibung um? Werden Wörter verkürzt oder zusammengezogen? Im folgenden Text finden Sie weitere Merkmale. Fügen Sie sie Ihrer Visualisierung hinzu. Wie wird diese Sprachverknappung erklärt?*

*(2) Ist die Chatsprache eine Umgangs- oder Gruppensprache? Eine Jugendsprache? Eine Fachsprache? Ein Jargon? Klären Sie die Begriffe und diskutieren Sie die Frage.*

Caroline Stelzer, 17 Jahre

## Hieroglyphen

Punkt, Punkt, Komma, Strich, fertig ist mein virtueller Gesichtsausdruck. Jetzt weiß jeder, der das liest, in welcher Stimmung ich mich befinde. Smileys sind in der Chatsprache unverzichtbar. Sie sind witzig, individuell, und die Kombinationsmöglichkeiten reichen ins Unendliche. Eigentlich nur vorteilhaft, oder?

Als ich einen Brief an meinen Großvater schrieb, fiel mir ein weiteres nicht so positives Phänomen auf: Ich war außerstande, schriftlich Ironie auszudrücken, ohne Smileys zu benutzen. Ich begann zu überlegen, ob das immer so war. Es ist nämlich so, dass mein Großvater zwar ein cooler, aber nicht in die unendlichen Weiten der Chatrooms eingeweihter Opa ist. Ich wusste von vornherein, dass er xD (breites Lachen) oder gar 8) (irres Grinsen) nicht verstehen würde. Trotzdem malte ich die einfachste Form des Smileys, =), unter meinen Brief und hoffte, er würde wissen, dass es Lächeln bedeutet. „Was heißt dieses Zeichen unter deinem letzten Brief?“, kam die Antwort. Hin war meine Überzeugung, Smileys seien logische Zeichen und keine verwirrenden Hieroglyphen. Ich frage mich langsam, warum ich sie benutze. Wenn jemand Ironie nicht als Ironie erkennt, weil kein Smiley dahintergepinselt ist, gibt es nur drei Gründe: Erstens – der Witz war schlecht, dann hilft auch kein Smiley. Zweitens – derjenige hat keinen Humor. Drittens (schlimmster Fall) – er kann sich Ironie nicht ohne Smileys vorstellen.

Ich habe Smileys brutal aus meinen Briefen verbannt. Mein Opa und ich haben eine Menge zu lachen – ganz ohne dass ich erklären muss, wann ich scherze.

(Stelzer, in: Der Tagesspiegel Online, 2009, o. S.)

*(3) Schreiben Sie eine Stellungnahme zu Caroline Stelzers Erfahrungsbericht. Lesen Sie sie vor.*

*(4) Verfassen Sie einen Brief in der Chatsprache an Ihren Lehrer oder Ihre Lehrerin, in dem Sie den Unterricht differenziert bewerten. Stellen Sie sich notfalls als Dolmetscher zur Verfügung. An welchen Stellen entstehen Verständnisschwierigkeiten oder Missverständnisse?*

*(5) Welche Bedeutung hat das Chatten für den Alltag von Jugendlichen? Führen Sie mithilfe des folgenden Fragenkatalogs eine Umfrage in Ihrer Jahrgangsstufe durch und werten Sie die (anonymisierten!) Ergebnisse in Diagrammen aus. Wie lassen sie sich interpretieren? Schreiben Sie einen Bericht und veröffentlichen Sie ihn in den Klassen.*

Übrigens: Die altägyptische Hieroglyphe oben steht nicht etwa für Heulkrampf oder Heißhunger, sondern für ¼. Das Zeichen für „Mund“ bedeutete beim Rechnen „Teil“.



5267274

1. Wie viele Stunden verbringen Sie täglich am Bildschirm?
2. Zu welchen Tageszeiten chatten Sie?
3. Wie lange halten Sie sich im Chat täglich auf?
4. Welche Tätigkeiten laufen neben dem Chatten her?
5. Was außer chatten tun Sie im Netz?
6. In welchen Netzgemeinschaften sind Sie sonst noch aktiv?
7. Warum haben Sie sich den Nutzernamen ausgesucht, den Sie als Tarnung gebrauchen?
8. Was verbinden Sie mit diesem Nutzernamen?
9. Hilft Ihnen der Nutzernamen, offener zu sein, als Sie es sonst wären?
10. Haben Sie unter Ihrem Nutzernamen persönliche Informationen preisgegeben, die Sie unter Ihrem Namen nie preisgegeben hätten?
11. Haben Sie schon einmal jemanden im Chat gemobbt? Wen? Wann? Warum? Mit welchem Erfolg?

(6) *Viele Chatteilnehmer verlieren den Sinn für Höflichkeit und Achtung gegenüber den Teilnehmern und Nichtanwesenden – manchmal geht das bis zum Mobbing. Schreiben Sie eine Stellungnahme. Lesen Sie Ihre Stellungnahme in der Gruppe vor.*

(7) *Erstellen Sie eine Chatiquette, das heißt einen Regelkanon, an den sich Chattende halten sollten.*

## Fachbegriffe aus den Sprachwissenschaften

**Standardsprache,** auch **Schriftdeutsch** oder **Hochsprache:** Die Standardsprache wird in der Schule unterrichtet. Jeder sollte sich in der Standardsprache schriftlich wie mündlich ausdrücken können, da ihre Kenntnis im Beruf und im geschäftlichen Briefverkehr verlangt wird. Zudem können Sprecher der Standardsprache in allen Kreisen des gesellschaftlichen Lebens verkehren.

**Umgangssprache:** Im täglichen Umgang sprechen wir im Allgemeinen nicht die korrekte Standardsprache, sondern gebrauchen regionale Dialekte, Gruppensprachen oder eine Mischung aus verschiedenen Sprachebenen. Die Umgangssprache wirkt deshalb weniger steif. Sie spiegelt den Bildungsstand des Sprechenden wider, seine Herkunft, aber auch seinen Umgang, sein soziales Umfeld. Die Umgangssprache kann von daher wie die Standardsprache Statuscharakter erhalten.

**Dialekte** sind vorwiegend gesprochene Sprachen, die sich im Laufe der Zeit in bestimmten Regionen herausgebildet haben. In Baden-Württemberg etwa werden drei große Dialekte gesprochen: das Badische/Alemannische, das Schwäbische und das (Rhein-)Fränkische. Allerdings finden sich auch innerhalb der Dialekte starke regionale Einfärbungen. In Stuttgart zum Beispiel wird ein anderes Schwäbisch gesprochen („Honoratiorenschwäbisch") als von den Tübinger Weinbauern („Gogenschwäbisch").

**Gruppensprachen** sind, wie der Name schon nahelegt, begrenzt auf bestimmte Gruppen. Beispiele hierfür sind die Jugendsprache(n), das Kiezdeutsch, der Jargon der Kreativen, aber auch Rapperdeutsch oder die Chatsprache. Sich in der entsprechenden Sprachvariante ausdrücken zu können ist ein Zeichen der Zugehörigkeit zu einer Gruppe.

**Fachsprachen** werden in den verschiedenen Berufen und Branchen gesprochen. Sie dienen der unmissverständlichen und präzisen Verständigung innerhalb bestimmter Sach- und Wissensgebiete. Dazu gehört zum Beispiel die Sprache der Medizin oder Elektrotechnik genauso wie die Sprache der Eisenbahner oder die des Jazz. Jeder Mechaniker und jeder Arzt muss seine Fachbegriffe (die Fachterminologie) kennen, um angemessen und effizient kommunizieren zu können.

Viele Fachbegriffe sind dem Lateinischen *(mobil)* oder Griechischen *(Turnus)* entnommen, zunehmend finden sich auch viele Anglizismen, gerade im IT-, Wirtschafts- oder Modebereich *(downloaden, Controlling, stylisch)*. Oft suchen Fachleute neue Namen für neue Entwicklungen *(Handy)* oder verwenden bekannte Begriffe in einer neuen Bedeutung (wie *Smartphone*, oder *flavour, colour* in der Elementarphysik).

# Sprachnormen

Für den schriftlichen Sprachgebrauch gilt in öffentlichen, amtlichen, beruflichen oder auch privaten Texten die Standardsprache: Sie ist von der Wortbildung über die Satzbildung bis zur Schreibweise der Wörter streng geregelt und eindeutig festgelegt, das heißt normiert. Einige dieser Normfelder werden im Folgenden dargestellt.

## DIE WORTARTEN

Die Menschen einer Sprachgemeinschaft haben sich im Lauf ihrer Geschichte auf die Verwendung sprachlicher Zeichen in einer bestimmten Weise verständigt. Wörter als sprachliche Zeichen unterscheiden sich nach:

- Bedeutung,
- Form,
- Verwendung im Satz.

Unter diesen drei Aspekten lassen sich Wörter in Klassen unterscheiden, die Wortarten.

| | | |
|---|---|---|
| **Grundwortarten:** | | |
| Substantiv oder Nomen (Hauptwort)<br>Verb (Tätigkeitswort)<br>Adjektiv (Eigenschaftswort) | z. B. Tisch, Tasse, Brot<br>z. B. gehen, stehen, singen<br>z. B. schön, laut, grün | |
| **Stellvertreter und Begleiter des Substantivs:** | | |
| Artikel (Geschlechtswort)<br>Pronomen (Fürwort)<br><br>Numerale (Zahlwort) | z. B. der, die; einer<br>z. B. personal: ich, du;<br>possessiv: mein, dein<br>z. B. eins, dritter | |
| **Partikeln (unveränderliche Wortarten):** | | |
| Adverb (Umstandswort)<br>Präposition (Verhältniswort)<br>Konjunktion (Bindewort)<br>Interjektion (Ausrufewort) | z. B. dort, dann, wohl<br>z. B. in, gegen, auf, über<br>z. B. und, oder, aber, weil<br>z. B. oh! hallo! | |



5267276

1 *Ordnen Sie die folgenden Wörter der Tabelle zu: Mensch, groß, schlafen, heute, sein, das, mit, fünfter, gern, obwohl, iiii*

Wörter unterscheiden sich in ihrer **Bedeutung.** Wir unterscheiden zum Beispiel Handlungen, Gegenstände, Lebewesen, Zustände, Vorgänge, Merkmale oder Eigenschaften.

2 *Ordnen Sie zu: schreiben, Hund, Werkzeug, rot, schlafen, regnen …*

Wörter können sich in ihrer **Form** verändern, das heißt, sie sind flektierbar oder nicht.

3 *Ordnen Sie zu: weil, über, sie, der, Pferd, schneien, Satz, weich …*

Wörter werden **im Satz unterschiedlich** verwendet. Vier Fragen stellen sich hier:

- Kann das Wort ein Satzglied sein (wie das Substantiv, das Personalpronomen, das Verb, das Adverb)?
- Kann das Wort vorweg einen Artikel erhalten (wie das Substantiv)?
- Kann das Wort andere Wörter oder Sätze verbinden (wie die Konjunktion, die Präposition)?
- Verlangt das Wort von einem Substantiv oder Pronomen einen bestimmten Kasus (= Fall) (wie die Präposition oder manche Verben)?

4 *Eine kleine Übung: Wenden Sie die Frage jeweils auf die Wörter des Fragesatzes selbst an.*

## Substantiv

Bei den Substantiven unterscheiden wir zwischen Konkreta (Begriffe für Dinge, die man sehen oder anfassen kann, wie „Fenster", „Licht", „Auto") und Abstrakta (Begriffe für Dinge, die man nicht sehen oder anfassen kann, oder etwas, was man denkt oder fühlt, zum Beispiel Liebe, Sehnsucht, Stille).

1 *Tragen Sie die folgenden Begriffe in eine zweispaltige Tabelle ein, unterschieden nach Abstrakta und Konkreta:*

Freude, Schere, Fenster, Hunger, Fisch, Liebe, Hund, Lehrer, Meter, Lampe, Vater, Mensch, Tag, Frieden, Buch, Fluss, Frau, Angst, Geschwindigkeit, Monat, Baum, Auto, Maschine, Schlaf, Butter, Niederlande, Schnee, Fleiß, Alpen, Glück, Hotel, Ferien, Obst, Menschheit

## Artikel

Die drei bestimmten Artikel „der", „die", „das" und die drei unbestimmten Artikel „ein", „eine", „ein" bezeichnen als „Begleiter" das Geschlecht (das Genus) der jeweiligen Substantive:

| Geschlecht | bestimmter Artikel | unbestimmter Artikel |
|---|---|---|
| männlich (maskulin)<br>weiblich (feminin)<br>sächlich (neutral) | der Mond<br>die Sonne<br>das Handy | ein Mond<br>eine Sonne<br>ein Handy |

## Verb

Wir unterscheiden zwischen Vollverben (singen, sprechen, lachen), den Modalverben (können, müssen, sollen, wollen, dürfen, mögen) und den Hilfsverben, die wir zur Bildung bestimmter Zeitformen benötigen (haben, sein und werden).

Die Grundform eines Verbs heißt Infinitiv (arbeit-en, also: Verbstamm + Infinitivendung -en), ferner gibt es noch das Partizip I (Verlaufsform: spiel**end**, verwirr**end**) und das Partizip II (Vollzugsform: **ge**spiel**t**, verwirr**t**).

## Adjektiv

Adjektive kennzeichnen Eigenschaften und Zustände von Personen, Dingen und Vorgängen. Adjektive können als einzige Wortart gesteigert werden:

- Positiv (Grundstufe): schnell
- Komparativ (Mehrstufe) schneller
- Superlativ (Höchststufe) am schnellsten

## Personalpronomen

Die Personalpronomen ich, du, er, sie, es, wir, ihr, sie werden benutzt, um davon zu sprechen, wer etwas tut.

## Possessivpronomen

Die Possessivpronomen mein, dein, sein, unser, euer, ihr werden benutzt, um davon zu sprechen, dass jemandem etwas gehört.

## Veränderbare Wortarten: Konjugation und Deklination

Alle bisher genannten Wortarten sind **veränderbar,** das meint:

**Verben** werden **konjugiert,** das heißt: in die jeweilige Person gesetzt. Es gibt drei Personen, die entweder die Einzahl (Singular) oder die Mehrzahl (Plural) anzeigen.

| Konjugation | Singular | Plural |
|---|---|---|
| 1. Person | ich gehe | wir gehen |
| 2. Person | du gehst | ihr geht |
| 3. Person | er/sie/es geht | sie gehen |

1. *Konjugieren Sie das Verb „sehen" im Deutschen und im Englischen. Welche Unterschiede stellen Sie fest?*

Substantive, Adjektive, Artikel und Pronomen werden **dekliniert,** das heißt: in die im Deutschen verwendeten **vier Fälle** gesetzt. Die folgende Übersicht zeigt, wie sich die Wortarten in den jeweiligen Fällen verändern.



5267278

| Deklination | | Maskulinum | Femininum | Neutrum |
|---|---|---|---|---|
| **1. Fall: Nominativ** (Wer oder was?) | Sing. | der gute Film<br>mein neuer Computer | die laute Party<br>meine kleine Schwester | das schnelle Auto<br>mein teures Handy |
| | Plural | die guten Filme<br>meine neuen Computer | die lauten Partys<br>meine kleinen Schwestern | die schnellen Autos<br>meine teuren Handys |
| **2. Fall: Genitiv** (Wessen?) | Sing. | des guten Films<br>meines neuen Computers | der lauten Party<br>meiner kleinen Schwester | des schnellen Autos<br>meines teuren Handys |
| | Plural | der guten Filme<br>meiner neuen Computer | der lauten Partys<br>meiner kleinen Schwestern | der schnellen Autos<br>meiner teuren Handys |
| **3. Fall: Dativ** (Wem?) | Sing. | dem guten Film<br>meinem neuen Computer | der lauten Party<br>meiner kleinen Schwester | dem schnellen Auto<br>meinem teuren Handy |
| | Plural | den guten Filmen<br>meinen neuen Computern | den lauten Partys<br>meinen kleinen Schwestern | den schnellen Autos<br>meinen teuren Handys |
| **4. Fall: Akkusativ** (Wen oder was?) | Sing. | den guten Film<br>meinen neuen Computer | die laute Party<br>meine kleine Schwester | das schnelle Auto<br>mein teures Handy |
| | Plural | die guten Filme<br>meine neuen Computer | die lauten Partys<br>meine kleinen Schwestern | die schnellen Autos<br>meine teuren Handys |

### Nicht veränderbare Wortarten

Unveränderliche Wortarten sind:

- Präpositionen (Verhältniswörter) wie: in, an, zu, über, mit
- Konjunktionen (Bindewörter) wie: und, oder, aber, dann

## DER SATZ

Wir benutzen Wörter nicht in beliebiger Aneinanderreihung, sondern bilden mit ihnen nach bestimmten Regeln Sätze, um etwas auszudrücken. Eine mögliche Definition des Begriffes „Satz" findet man in der Duden-Grammatik von 2009: „Ein Satz ist eine Einheit, die aus einem Prädikat mit finitem Verb und allen zugehörigen Satzgliedern besteht."

### Was ist ein Satzglied?

Im Satz übernehmen die Wörter oder auch Wortgruppen eine bestimmte Funktion als Satzglied, nach dem man fragen kann. Jeder (Aussage-)Satz besteht mindestens aus einem Subjekt und einem Prädikat. Beispiele:

| | | | | | | |
|---|---|---|---|---|---|---|
| **Satz 1** | Ich | lese. | | | | |
| **Satz 2** | Ich | lese | ein | Buch. | | |
| **Satz 3** | Ich | lese | ein | Buch | im | Sessel. |
| **Wortart:** | Personalpronomen | Verb | Artikel | Substantiv | Präposition | Substantiv |
| **Satzglied:** | Subjekt | Prädikat | Objekt | | Adverbiale | |
| **Frage z. B.:** | Wer oder was? | Was tut er/sie/es? | Wen oder was? | | Wo? | |

Eine bestimmte Wortart kann in unterschiedlichen Satzgliedern auftauchen, andererseits kann ein Satzglied aus mehreren Wörtern unterschiedlicher Wortarten bestehen. Wortart und Satzglied sind deshalb nicht zu verwechseln!

Satzglieder unterscheiden sich durch ihre Funktion im Satz, die zum Beispiel durch W-Fragen ermittelt wird: Wer, was, wo? Subjekt, Prädikat, Objekt und Adverbiale sind die zentralen Satzglieder. Man kann sie innerhalb des Satzes verschieben oder umstellen, dabei steht in einem Hauptsatz das Prädikat bzw. sein gebeugter Bestandteil an zweiter Stelle:

| Ich | lese | ein Buch | im Sessel. |
| Im Sessel | lese | ich | ein Buch. |
| Ein Buch | lese | ich | im Sessel. |

Durch die **Verschiebeprobe** (Umstellprobe) lässt sich herausfinden, welche Wörter oder Wortgruppen zu einem Satzglied gehören.

1 *Wenden Sie die Verschiebeprobe bei den folgenden Sätzen an und finden Sie die Satzglieder.*

- In Bozen kauften wir im Sommerschlussverkauf die modischsten Accessoires.
- Viele Jugendliche möchten die Welt wandernd erleben.
- Der Aufschwung in der Wirtschaft schafft wieder Ausbildungsplätze.

## Was ist ein Prädikat?

Das Prädikat bildet den Kern des Satzes. Es besteht aus einem Verb, das in die verschiedenen Zeiten gesetzt sein kann. Zudem passt sich das Prädikat dem Subjekt an (Einzahl/Singular oder Mehrzahl/Plural) und es drückt einen Sachverhalt (Indikativ), eine Möglichkeitsform (Konjunktiv) oder eine Aufforderung (Imperativ) aus (s. Tabelle unten).

Das Verb wird also in seiner Funktion als Prädikat „gebeugt" bzw. konjugiert (▸▸▸S. 264). Ein solches Verb ist – im Gegensatz zu seiner Grundform, dem Infinitiv – „finit", also „bestimmt" von Person und Numerus (Zahl) des Subjekts, Tempus (Zeit) und Modus (Aussageweise). Ein Prädikat weist somit bestimmte grammatische Merkmale auf:

| Prädikat: | **Person/Numerus** | **Modus** | **Tempus** |
|---|---|---|---|
| Mit Kickboxen beschäftigen sich Dennis und Kerim seit Langem. | *3. Pers. Pural* | *Indikativ* | *Präsens* |
| Kickboxen sei ein gefährlicher Sport, hatten die Eltern gemeint. | *3. Pers. Singular* | *Konjunktiv I* | |
| Ach, wären sie nur etwas gelassener! | *3. Pers. Pural* | *Konjunktiv II* | |
| Vor allem Dennis hat trotzdem regelmäßig trainiert. | *3. Pers. Singular* | *Indikativ* | *Perfekt* |
| Nun lag er mit Fieber im Bett. | *3. Pers. Singular* | *Indikativ* | *Präteritum* |
| Gestern hatte er noch Kerim angerufen. | *3. Pers. Singular* | *Indikativ* | *Plusquamperfekt* |
| Jetzt wird Kerim doch alleine im Kickboxturnier antreten. | *3. Pers. Singular* | *Indikativ* | *Futur I* |
| Er wird schon alles richtig vorbereitet haben. | *3. Pers. Singular* | *Indikativ* | *Futur II* |
| Zeig's ihnen, Kumpel! | *2. Pers. Singular* | *Imperativ* | |

1 *Übertragen Sie den folgenden Text in Ihr Heft. Fügen Sie dabei passende Prädikate ein. Achten Sie auf die korrekte Zeitenfolge.*

Jeder Pendler ___(1) das Gefühl, das ein Stau in ihm ___(2). Die meisten ___(3) mit Wut, Stress oder Ungeduld, wenn sie in einen Stau ___(4). Die Geduld der Autofahrer in China ___(5a) allerdings immer wieder auf eine besondere Probe ___(5b). So ___(6) der Verkehr auf der G 110 im Jahr 2010 in einem Mega-Stau zum Erliegen. Die G 110 ___(7) eine Expressstraße, die von der Inneren Mongolei nach Peking ___(8). Zehn Tage lang ___(9) dort die Fahrzeuge Stoßstange an Stoßstange auf mehr als 100 Kilometern Länge. Als die

G 110 geplant ___(10), ___(11) nur kleine LKW auf dieser Strecke. Das ___(12) sich, nachdem man ___(13), die Kohlevorkommen in der Inneren Mongolei abzubauen. Der Straßenbelag ___(14) enorm unter dieser ausufernden Belastung. Auch ___(15a) in den letzten Jahren immer mehr Autos ___(15b), sodass das Verkehrsaufkommen immer weiter ___(16). Die vielen Baustellen ___(17) ebenfalls zum Stau bei. Die Chinesen, die in diesen Stau ___(18), ___(19) sich in Geduld, ___(20) Schach oder Karten und ___(21) sich die Beine. Der Rekordstau ___(22) aber auch positive Seiten – für die Dorfbewohner an der G 110: Sie ___(23) Fastfood und traditionelle Straßengerichte zu Höchstpreisen.

Sicherlich erinnern Sie sich, wie hilfreich es ist, bei der **Bestimmung von Satzgliedern** gezielt **Fragewörter** einzusetzen:

- Wie erkennen Sie das Prädikat? Sie fragen zum Beispiel:
  Was tut er, sie, es/was tun sie, wir? Was geschieht? Sie suchen nach dem konjugierten Verb.
- Wie erkennen Sie das Subjekt? Sie fragen:
  Wer oder was? (Die Antwort oder Ergänzung steht im Nominativ.)
- Wie erkennen Sie die Objekte? Sie fragen:
  Wen oder was? (Die Ergänzung steht im Akkusativ.)
  Wem? (Die Ergänzung steht im Dativ.)
  Wessen? (Die Ergänzung steht im Genitiv.)
  Wonach? Worüber? usw. (Präpositionalobjekt)

Welche und wie viele **verpflichtende Satzglieder** ein Satz hat, hängt von der Bedeutung des Verbs ab.

**2** *Betrachten Sie die folgenden Verben: Welche **Ergänzungen** verlangen sie? Gebrauchen Sie die Fragewörter.*

| | ? | Prädikat (finites Verb) | ? | ? | ? | ? |
|---|---|---|---|---|---|---|
| **singen:** | Julia und Uta | singen. | | | | |
| **tragen:** | Der ältere Bruder | trägt | | | den schweren Rucksack. | |
| **schenken:** | Hatice | schenkt | | Susan | eine Konzertkarte. | |
| **fragen nach:** | Anne | fragt | | | (Johannes) | nach dem Termin. |
| **sich vergewissern:** | Tamara | vergewisserte sich | der Zustimmung ihres Vorgesetzten. | | | |

**3** *Welche Ergänzungen sind bei den folgenden Verben zwingend nötig? Verfassen Sie sechs Sätze und bestimmen Sie die Satzglieder.*

nachdenken – sich freispielen – entbehren – sich verbessern – verbessern – stellen – drehen – darauf warten – sich interessieren für – sich beschäftigen mit – sich freuen über – sich enthalten – tanzen – sich erwehren – sich entledigen – sich bedienen – bestehen auf – daran glauben – begegnen – zweifeln an – misslingen – gehören – schaffen – kritisieren – loben – zustimmen – gedenken – bedürfen – sich annehmen – sich schämen – überreichen – vorspielen – sich bewerben – präsentieren – zuordnen – mitteilen – verschweigen – nachgehen – gewohnt sein – verheimlichen – unterschlagen – etwas ansehen (zwei Möglichkeiten) – sich kümmern um – schulden – zutrauen – verdächtigen – bezichtigen – essen – schenken – stehlen

**4** *Arbeiten Sie in Ihrem Heft. Tragen Sie die Verben je nach der Art und Anzahl ihrer zwingenden Ergänzungen in eine Tabelle mit folgendem Aufbau ein:*

| Verben nur mit Subjektergänzung | Verben mit Akkusativergänzung | Verben mit Dativergänzung | Verben mit zwei Ergänzungen | Verben mit Genitivergänzung | Verben mit Präpositionalobjekt |
|---|---|---|---|---|---|
| nachdenken | schenken | gehören | zutrauen | sich annehmen | zweifeln an |
| ... | | | | | |

## Zusätzliche Ergänzungen: Umstandsbestimmungen oder Adverbialien

Mithilfe der Adverbialien können wir wichtige zusätzliche Informationen im Satz ausdrücken, die die **Umstände,** unter denen etwas geschieht, näher beleuchten.

Die Adverbialien werden grob in vier Gruppen eingeteilt. Diese sind:
1. die Lokaladverbialien (Wo? Wohin? Woher? Wie weit?)
2. die Temporaladverbialien (Wann? Bis wann? Seit wann? Wie oft? Wie lange?)
3. die Modaladverbialien (Wie? Wie sehr? Um wie viel? Woraus? Womit? Wodurch? Mit wem?)
4. die Kausaladverbialien (Warum? Weshalb? Aber auch: Wozu? Trotz/unter welcher Bedingung?)

**1** *Arbeiten Sie zu viert. Welche Adverbialien liegen im folgenden Satz vor?*

An einem sonnigen Frühlingsmorgen | begab sich ein junger Mann | ohne Anlass | zu Fuß | zum Bahnhof .

**2** *Arbeiten Sie nun jeder für sich. Führen Sie die Geschichte fort, indem Sie einen Satz zu diesem Eingangssatz hinzufügen. Er sollte möglichst viele Adverbialien enthalten. Geben Sie dann im Uhrzeigersinn Ihren Text weiter. Fügen Sie dem Ihnen nun vorliegenden Text einen weiteren Satz hinzu. Nach zwei Durchgängen (acht Wechseln) sollten Ihre vier Geschichten fertig sein. Wählen Sie in der Gruppe die beste Geschichte aus und tragen Sie sie im Plenum vor.*

**3** *Ein Hauptsatz kann sich über mehrere Zeilen erstrecken, ohne dass Sie ein Komma setzen* ***dürfen!*** *Verfassen Sie einen langen Satz, in dem Sie möglichst viele und lange Adverbialien unterbringen. Achten Sie darauf, dass in diesem Satz* ***kein Komma*** *gesetzt wird. Tauschen Sie Ihren Satz mit Ihrem Nachbarn aus und überprüfen Sie, ob nicht doch ein Nebensatz oder eine nachgestellte Beifügung hineingerutscht ist. Dann müssen Sie die Kommasetzung überprüfen* *(▸▸▸ S. 282).*

### Arten von Adverbialien

- lokal = Ort
- temporal = Zeit
- modal = Art und Weise, zum Beispiel:
  - adversativ = Gegensatz
  - instrumental = Mittel
- kausal = Grund, zum Beispiel auch:
  - konsekutiv = Folge
  - konzessiv = Einräumung
  - final = Zweck
  - konditional = Bedingung



5267282

## Das Attribut: ein Mittel zur Genauigkeit

In vielen Fällen ist es notwendig, eine Aussage überzeugender, ein Geschehen eindringlicher oder einen Sachverhalt anschaulicher zu gestalten, indem man sie genauer darstellt. Die Sprache bietet als Mittel zur näheren Bestimmung die Zuweisung von Attributen (Beifügungen).

Die unterschiedlichen Möglichkeiten der Attribution kann man unter fünf Gesichtspunkten zusammenfassen:

1) mit Adjektiven, Adverbien und Partizipien, zum Beispiel:
   die roten Rosen; die beiden dort drüben lieben sich; eine aufblühende Schönheit
2) durch Wortzusammensetzungen, zum Beispiel:
   Popkonzert; Automechaniker
3) durch Genitive oder präpositionale Ergänzungen nach einem Substantiv (Nomen), wie:
   die Blüten des Kirschbaums; das Mädchen mit dem hübschen Haarband
4) mit eingefügten oder angehängten Erläuterungen (Komma beachten!), zum Beispiel:
   Die starken Regenfälle, fünfzig Liter in der Minute, richteten schwere Schäden an; beim Klettern war er ein Draufgänger, leichtsinnig und ohne Gefühl für Gefahren.
5) mit ganzen Sätzen (Relativsätzen, Hauptsatzeinschüben, Infinitiven mit „zu"), zum Beispiel:
   Der Kerl, der in unserem Wohnviertel seit Wochen Fahrräder geklaut hat, ist endlich gefasst worden. Im Urlaub – ich war in diesem Jahr in Holland – wäre ich beim Surfen fast ertrunken. Mein Ziel, die Abschlussprüfung mit einer guten Note zu bestehen, werde ich wegen meiner Schwierigkeiten in Deutsch und Englisch nicht erreichen.

Das Attribut als Satzgliedteil oder „fünftes Satzglied" (neben Subjekt, Prädikat, Objekt, adverbialer Bestimmung) ist demnach nur eine von vielen Möglichkeiten, etwas genauer zu sagen. Üben Sie die sprachlichen Möglichkeiten, etwas genauer zu sagen, anhand folgender Geschichte.

### Der Zauberfisch

Paul war beim Angeln am See. Nach stundenlangem Warten schien wirklich ein Fisch angebissen zu haben. Routiniert zog er ihn aus dem Wasser: ein relativ kleiner, aber knallbunter Fang! Er zappelte gewaltig und als Paul ihn losgemacht hatte und am Überlegen war, ob er ihn wieder in den See zurückwerfen oder doch in den großen Eimer mit Wasser tun und mit nach Hause nehmen solle, fing der Fisch plötzlich an zu sprechen: „Ich bin ein Zauberfisch, völlig ungenießbar. Aber ich kann dir einen Wunsch erfüllen, wenn du mir versprichst, mich dann gleich wieder in den See zu lassen." „Hm, seltsam", dachte Paul, „ich könnte mir ein Auto wünschen. ... Aber was werde ich bekommen, wenn ich jetzt sagen würde: Ich wünsche mir ein Auto? Vielleicht nur ein Spielzeugauto!" Und so fragte er: „Kann ich mir den Wunsch für einen kleinen Moment überlegen?" Der Zauberfisch gab zur Antwort: „Gut! Aber lass mich so lange zurück in den See; im Nu bin ich wieder bei dir." „Einverstanden!", sagte Paul, und er ließ ihn vorsichtig ins Wasser gleiten. „Jetzt muss ich schnell nachdenken."

1 *Helfen Sie Paul, indem Sie genauer sagen, was er sich wünschen könnte. Nutzen Sie dabei möglichst alle sprachlichen Möglichkeiten der Attribution.*

2 *Weitere Übungen zur Attribution:*

- *die Beschreibung eines Urlaubsziels*
- *ein Aushang für eine eigene Wohnung*
- *die Ausgestaltung eines Festraumes (runder Geburtstag, Abschlussfeier oder Hochzeit)*

# SATZREIHE UND SATZGEFÜGE

## Hauptsätze in einer Satzreihe (= Parataxe)

Wir können Sätze bilden und wir können diese Sätze aneinanderreihen: Die Parataxe reiht Hauptsätze aneinander. In einem Hauptsatz ist das Prädikat immer das zweite Satzglied:

Am Montag regnete es heftig, Dienstagabend schlug uns ein heftiges Gewitter in die Flucht; bis Freitag war dem Wetter nicht zu trauen – dann endlich erlebten wir den ersten regenlosen Urlaubstag.

(1) *Achten Sie auf die Satzzeichen. Welche Satzzeichen könnten durch welche ausgetauscht werden?*

## Haupt- und Nebensätze: das Satzgefüge (= Hypotaxe)

- Nebensätze erkennen Sie häufig am **nachgestellten Prädikat.**
- Nebensätze werden durch Kommas abgetrennt.
- Nebensätze werden meist durch eine unterordnende Konjunktion oder ein Relativpronomen eingeleitet.

Es gibt verschiedene Arten von Nebensätzen:

- Subjektsatz:
  Es fällt zunächst niemandem auf. Dass Ernie sich ein Bein gebrochen hat, fällt zunächst niemandem auf.
- Objektsatz:
  Die Familie beschließt es schließlich. Die Familie beschließt schließlich, dass sie im folgenden Sommer eine Amerikatour machen will. (= Akkusativobjektsatz)
  Osman freut sich darüber. Osman freut sich, dass er endlich New York erleben wird. (= Präpositionalobjektsatz)
- Relativsatz:
  Die Firmenleitung, die bereits Übernahmegespräche mit mehreren weltweit agierenden Firmen führte, zog die Gespräche mit dem Betriebsrat in die Länge.
- Adverbialsatz:
  Lokaler Adverbialsatz:
  Wo immer Firmen schließen müssen, sind die Mitarbeiter die Verlierer.
  Temporaler Adverbialsatz:
  Als ein Bankrott möglich schien, suchten alle Beschäftigten neue Stellen.
  Kausaler Adverbialsatz:
  Da sie Angst vor Arbeitslosigkeit hatten, kümmerten sie sich rechtzeitig um Alternativen.
  Finaler Adverbialsatz:
  Damit sie eine Arbeitslosigkeit durchstehen könnten, forderten sie einen Sozialplan ein.
  Modaler (instrumentaler) Adverbialsatz:
  Indem/Dadurch, dass der Betriebsrat an die Presse ging, konnte er auf die Lage aufmerksam machen.

Eine Übersicht zur Verknüpfung von Sätzen mit Konjunktionen gibt die folgende Tabelle.

L *Zur Konjunktion „dass"* ▸▸▸ *S. 280.*



5267284

| Verknüpfung von Sätzen | | Einleitungswörter |
|---|---|---|
| Hauptsatz – Hauptsatz (Parataxe) | | **nebenordnende Konjunktionen:** aber, denn, doch, dennoch, und, oder, beziehungsweise, folglich, deshalb, zwar – aber |
| Hauptsatz – Nebensatz (Hypotaxe) und der Nebensatz ist: | | **unterordnende Konjunktionen:** |
| temporal | Zeit | als, bevor, bis, bis dass, nachdem, während, sowie, solange, seitdem, ehe |
| lokal | Ort | wo, wohin, woher, wo auch immer |
| kausal | Grund | weil, da |
| konsekutiv | Folge | sodass, so ..., dass, als dass, ohne dass |
| konzessiv | Einräumung | obwohl, obgleich, wenngleich, wenn auch |
| final | Zweck | um zu, damit, dass |
| modal | Art und Weise | indem, dadurch dass, wobei, ohne dass |
| konditional | Bedingung | falls, wenn |
| adversativ | Gegensatz | während, wohingegen, (an)statt |
| komparativ | Vergleich | als, wie |
| Subjekt- und Objektsätze | | dass |
| Relativsätze | | Relativprononomen |

1 *Übertragen Sie den folgenden Text in Ihr Heft und setzen Sie dabei die passenden Konjunktionen und die fehlenden Kommas ein. Wo steckt das Relativpronomen?*

und, wo, aber, wenn, und, oder aber, den, und, oder, und, da, und, und

Paul Auster

## Mann im Dunkel

Brick hat bereits einen Plan – ___1 er hat feste Grundsätze. Unter keinen Umständen will er sich mit Frisk treffen ___2 den Auftrag ausführen ___3 man ihm zugewiesen hat. Er wird niemanden ermorden er wird nach niemandes Pfeife tanzen wird sich so lange wie nötig bedeckt halten. ___4 Virginia weiß ___5 er abgestiegen ist wird er das Hotel auf der Stelle verlassen ___6 nicht mehr zurückkehren. Die drängendste Frage lautet demnach wohin er als Nächstes gehen soll ___7 ihm fallen drei mögliche Antworten ein. Zurück zum Imbiss ___8 Molly Wald um Hilfe bitten. ___9 was ___10 sie dazu nicht bereit ist? Durch die Straßen laufen ___11 ein anderes Hotel suchen – ___ ___12 den Einbruch der Dunkelheit abwarten ___13 sich aus Wellington davonstehlen.

(Auster, 2010, S. 51–52)

2 *Die Konjunktionen im folgenden Text passen nicht. Schreiben Sie die korrigierten Sätze auf und setzen Sie die Kommas. (Beachten Sie die Fortsetzung der Tabelle auf der nächsten Seite!)*

| | | |
|---|---|---|
| Junge Menschen müssen begreifen | sodass | Facebook ein öffentliches Medium ist. |
| Auch Unternehmen sollten ihre Botschaften genau durchdenken | damit | sie Facebook für Unternehmensnachrichten oder als Image-Tool nutzen wollen. |
| Nachlässige oder fehlerhafte Einträge schaden dem Unternehmen | indem/wenn | Mitarbeiter im Umgang mit den virtuellen Kommunikationsräumen geschult werden sollten. |
| Viele Mitarbeiter nutzen die Plattform Xing für ihren beruflichen Internetauftritt | obwohl | sie Facebook oder Twitter für die privaten Kontakte bevorzugen. |
| Mitarbeiter präsentieren sich auch als Bewerber für konkurrierende Unternehmen | dass | sie ihr Xing-Profil professionell auf Hochglanz bringen. |

| | | |
|---|---|---|
| Ein Unternehmen hinterlässt einen guten Eindruck bei Kunden | auch wenn | sich die Mitarbeiter mit Fotos und ihrer Kurzvita auf Xing präsentieren. |
| Noch immer geben viele Jugendliche intime Informationen über Facebook preis | falls | sie wissen, dass auch Arbeitgeber sich diese Profile anschauen können. |
| Schulen und Ausbilder sollten Jugendliche für die Gefahren sensibilisieren | wenn/indem | sie die Gefahren des Datenmissbrauchs und des unfreiwilligen Datenstriptease kennen. |
| Kümmern Sie sich deshalb sorgfältig um Ihre Online-Reputation | während | Sie unter Gleichaltrigen als Langweiler verschrien sein sollten. |

(3) *Wählen Sie eine der beiden folgenden Aufgaben und bearbeiten Sie sie. Stellen Sie sie Ihrem Partner vor. Das Thema beider Aufgaben lautet: Veränderung.*

1. Jeder steht im Leben immer wieder vor Situationen, in denen er sich eigentlich verändern müsste – aber es zu vermeiden sucht. Vielleicht nimmt man es nicht wahr, weil es gerade so schön ist oder weil man Angst hat und unsicher ist angesichts all des Neuen.
Schreiben Sie eine Erzählung in der personalen Erzählperspektive. Wählen Sie eine Episode aus Ihrem eigenen Leben oder aus dem Leben einer Ihnen bekannten Person. Verwenden Sie Umstandsbestimmungen und Konjunktionen. Achten Sie auf die korrekte Zeitenfolge. Überprüfen Sie die Kommasetzung.

2. Ein Freund steht kurz davor, seine eben erst begonnene Ausbildung als Industriekaufmann abzubrechen. Er fühlt sich im Berufsalltag überfordert. Es macht ihm keinen Spaß, sich in die neue Umgebung und die neuen Anforderungen hineinzufinden. Er scheut die Veränderung, die der Wechsel vom Schülerdasein zum Leben eines Auszubildenden mit sich bringt.
Schreiben Sie einen Brief, in dem Sie Ihrem Freund die Notwendigkeit verdeutlichen, sich auf die veränderte Lage einzustellen. Achten Sie darauf, möglichst viele Konjunktionen zu gebrauchen. Achten Sie auch auf die Kommasetzung.

## DER KONJUNKTIV IN DER INDIREKTEN REDE

Bei der Konjugation (Beugung) von Verben unterscheidet man

- verschiedene Tempora (Zeitformen): Präsens, Perfekt, Präteritum, Plusquamperfekt, Futur,
- verschiedene Aktionsformen: Aktiv und Passiv,
- verschiedene Modi (Aussageweisen), nämlich:
  1. **Indikativ** (Wirklichkeitsform): Wir verwenden ihn, wenn wir die Wirklichkeit beschreiben, Aussagen über Tatsachen machen;
  2. **Konjunktiv** (Möglichkeitsform): Wir verwenden ihn zum Beispiel
     - als Ausdruck von Möglichkeiten („Er *könnte* gelogen haben."),
     - von Wünschen („*Käme* er doch endlich!"),
     - von irrealen Vorstellungen, seien es verpasste Chancen („*Hätte* ich doch mehr gelernt, dann *hätte* ich in Englisch noch eine Vier geschafft!") oder nicht eingetretene Schäden („Beinahe *wäre* ich in die Pfütze getreten!")
     - und – wichtig in unserem Zusammenhang – zur Wiedergabe von Äußerungen anderer („Er *sei* unschuldig, sagte der Angeklagte"), also in der **indirekten Rede;**
  3. **Imperativ** (Befehlsform): Wir verwenden ihn, wenn wir jemanden anweisen oder auffordern, etwas zu tun oder zu lassen („Nun sei doch bitte endlich still!").



5267286

## Die Bildung des Konjunktivs

- Es lassen sich zwei Konjunktivformen unterscheiden:
  Konjunktiv I („er kommt" → „er komme") und Konjunktiv II („er kam" → „er käme").
- Der Konjunktiv wird in allen Tempusformen gebildet:
  - im Präsens zum Ausdruck der Gleichzeitigkeit von Vorgängen („er kommt" → „er komme"),
  - im Perfekt zum Ausdruck der Vorzeitigkeit eines Vorgangs („er kam" → „er sei gekommen")
  - im Futur zum Ausdruck der Nachzeitigkeit eines Vorgangs („er wird kommen" → „er werde kommen").
- Wenn sich die konjunktivische Form vom Indikativ nicht unterscheidet, werden Ausweichformen notwendig („ich komme" → „ich komme", also: „ich käme").
- Unregelmäßige, starke Verben bilden den Konjunktiv z. T. anders als regelmäßige, schwache Verben („ich komme" → „ich käme", „ich mache" → „ich machte").

Das Resultat zeigt die folgende Übersicht zur **Bildung des Konjunktivs.**

| **Indikativ Präsens:** | | **Konjunktiv I:** | | **Ausweichformen:** | |
|---|---|---|---|---|---|
| ich komme | ich mache | ich komme | ich mache | ich käme | ich machte |
| du kommst | du machst | du kommest | du machest | | |
| er kommt | er macht | er komme | er mache | | |
| wir kommen | wir machen | wir kommen | wir machen | wir kämen | wir machten |
| ihr kommt | ihr macht | ihr kommet | ihr machet | | |
| sie kommen | sie machen | sie kommen | sie machen | sie kämen | sie machten |
| **Indikativ Präteritum:** | | **Konjunktiv II:** | | | |
| ich kam | ich machte | ich käme | ich machte | | ich würde machen |
| du kamst | du machtest | du käm(e)st | du machtest | | du würdest machen |
| er kam | er machte | er käme | er machte | | er würde machen |
| wir kamen | wir machten | wir kämen | wir machten | | wir würden machen |
| ihr kamt | ihr machtet | ihr käm(e)t | ihr machtet | | ihr würdet machen |
| sie kamen | sie machten | sie kämen | sie machten | | sie würden machen |
| **Indikativ Perfekt:** | | **Konjunktiv I:** | | | |
| ich bin gekommen | | ich sei gekommen | | | |
| du bist gekommen | | du sei(e)st gekommen | | | |
| er ist gekommen | | er sei gekommen | | | |
| wir sind gekommen | | wir seien gekommen | | | |
| ihr seid gekommen | | ihr seiet gekommen | | | |
| sie sind gekommen | | sie seien gekommen | | | |
| ich habe gemacht | | ich habe gemacht | | | ich hätte gemacht |
| du hast gemacht | | du habest gemacht | | | |
| er hat gemacht | | er habe gemacht | | | |
| wir haben gemacht | | wir haben gemacht | | | wir hätten gemacht |
| ihr habt gemacht | | ihr habet gemacht | | | |
| sie haben gemacht | | sie haben gemacht | | | sie hätten gemacht |
| **Indikativ Plusquamperfekt:** | | **Konjunktiv II:** | | | |
| ich war gekommen | | ich wäre gekommen | | | |
| du warst gekommen | | du wärest gekommen | | | |
| er war gekommen | | er wäre gekommen | | | |
| wir waren gekommen | | wir wären gekommen | | | |
| ihr wart gekommen | | ihr wäret gekommen | | | |
| sie waren gekommen | | sie wären gekommen | | | |

| | | |
|---|---|---|
| ich hatte gemacht<br>du hattest gemacht<br>er hatte gemacht<br>wir hatten gemacht<br>ihr hattet gemacht<br>sie hatten gemacht | ich hätte gemacht<br>du hättest gemacht<br>er hätte gemacht<br>wir hätten gemacht<br>ihr hättet gemacht<br>sie hätten gemacht | |
| **Indikativ Futur:** | **Konjunktiv I:** | **Ausweichformen:** |
| ich werde kommen<br>du wirst kommen<br>er wird kommen<br>wir werden kommen<br>ihr werdet kommen<br>sie werden kommen | ich werde kommen<br>du werdest kommen<br>er werde kommen<br>wir werden kommen<br>ihr werdet kommen<br>sie werden kommen | ich würde kommen<br><br><br>wir würden kommen<br>ihr würdet kommen<br>sie würden kommen |
| ich werde machen<br>du wirst machen<br>er wird machen<br>wir werden machen<br>ihr werdet machen<br>sie werden machen | ich werde machen<br>du werdest machen<br>er werde machen<br>wir werden machen<br>ihr werdet machen<br>sie werden machen | ich würde machen<br><br><br>wir würden machen<br>ihr würdet machen<br>sie würden machen |

1. *Schauen Sie sich den ersten Block an: Indikativ Präsens – Konjunktiv I – Ausweichformen.*
   - *Ermitteln Sie, wie der Konjunktiv gebildet wird – bei dem starken Verb „kommen" wie bei dem schwachen Verb „machen".*
   - *Warum werden an welchen Stellen die Ausweichformen notwendig?*
   - *Woher stammen die Ausweichformen?*

2. *Arbeiten Sie jetzt unter der gleichen Aufgabenstellung die nächsten Blöcke durch.*

Das alles hat Konsequenzen für die indirekte Rede; die folgende Übersicht stellt exemplarisch die direkte Rede und ihre Umformung in die indirekte Rede durch den Konjunktiv gegenüber:

| **Direkte Rede** | **Indirekte Rede** |
|---|---|
| a) Er sagt: „Ich komme morgen."<br>b) Er sagt: „Wir kommen morgen."<br>c) Er sagt: „Wir freuen uns über die Ferien." | a) Er sagt, er komme morgen.<br>b) Er sagt, sie kämen morgen.<br>c) Er sagt, sie freuten sich über die Ferien.<br>*Oder:* Er sagt, sie würden sich über die Ferien freuen. |
| d) Tim sagt: „Ich habe gestern Geburtstag gehabt."<br>e) Tim sagt: „Ich hatte gestern Geburtstag."<br>f) Burak antwortet: „Ich hatte keine Zeit zu kommen."<br>g) Tim entgegnet: „Ich hatte dich aber eingeladen." | d) Tim sagt, er habe gestern Geburtstag gehabt.<br>e) Tim sagt, er habe gestern Geburtstag gehabt.<br>f) Burak antwortet, er habe keine Zeit gehabt zu kommen.<br>g) Tim entgegnet, er habe ihn aber eingeladen. |
| h) Tim sagt: „Wir haben gestern ein tolles Fest gehabt."<br>i) Tim sagt: „Wir hatten gestern ein tolles Fest."<br>j) Burak antwortet: „Wir hatten keine Zeit zu kommen."<br>k) Tim entgegnet: „Wir hatten euch aber eingeladen." | h) Tim sagt, sie hätten gestern ein tolles Fest gehabt.<br>i) Tim sagt, sie hätten gestern ein tolles Fest gehabt.<br>j) Burak antwortet, sie hätten keine Zeit gehabt zu kommen.<br>k) Tim entgegnet, sie hätten sie aber eingeladen. |

3. *Stellen Sie fest, wo ein normal gebildeter Konjunktiv und wo seine Ersatzform vorliegt.*

4. *Warum wird jeweils die Ersatzform notwendig? Wie lautet jeweils die Normalform?*

5. *Übertragen Sie die direkte in die indirekte Rede, das heißt, verändern Sie den Indikativ der direkten Rede in den Konjunktiv:*



5267288

Ahmad erzählt seinen Eltern: „Heute haben wir unangekündigt einen Test zum Konjunktiv geschrieben, ist das nicht gemein? Aber ich glaube, ich habe es verstanden und geschafft. Im Grunde ist das ja nicht so schwer. Ich bin gespannt, was da herauskommen wird, welche Note ich bekommen werde. Ich brauche endlich wieder eine gute Note."
Helmut teilt seiner Mutter am Telefon mit: „Meine Freunde helfen mit bei der Arbeit – und es gibt gewaltig viel zu tun: Wir schieben die Möbel in dem Gartenhäuschen zusammen, die unbrauchbaren Dinge werfen wir in den Container. Wir waschen die alte Farbe von den Wänden, soweit es geht; zum Teil müssen wir sie abkratzen. Einige graben im Garten die Beete um; sie stechen auch die Rasenkanten ab. Auch die Hecke muss geschnitten werden."

**6** *Setzen Sie die wörtliche Rede des Cartoons mittels des Konjunktivs in die indirekte Rede: A sagt … B antwortet …*

Bertolt Brecht

## Ulm 1592

[R] Bischof, ich kann fliegen
Sagte der Schneider zum Bischof.
Paß auf, wie ich's mach!
Und er stieg mit so 'nen Dingen
Die aussahn wie Schwingen
Auf das große, große Kirchendach.
Der Bischof ging weiter.
Das sind lauter so Lügen
Der Mensch ist kein Vogel
Es wird nie ein Mensch fliegen
Sagte der Bischof vom Schneider.

Der Schneider ist verschieden
Sagten die Leute dem Bischof.
Es war eine Hatz.
Seine Flügel sind zerspellet
Und er liegt zerschellet
Auf dem harten, harten Kirchenplatz.
Die Glocken sollen läuten
Es waren nichts als Lügen
Der Mensch ist kein Vogel
Es wird nie ein Mensch fliegen
Sagte der Bischof den Leuten.

(Brecht, in: Ausgewählte Werke, Band 3, 1997, S. 283–284)

**1** *Recherchieren Sie unter „Schneider von Ulm" oder „Albrecht Ludwig Berblinger":*

- *Fassen Sie Ihre Ergebnisse zusammen.*
- *Worin weicht Brechts Bearbeitung ab?*
- *Welche Gründe könnten diese Abweichungen haben?*
- *Was ist die mutmaßliche Intention (= Aussageabsicht) des Gedichts?*

**2** *Ein Augenzeuge des Flugversuchs berichtet: „So etwas hat es noch nie gegeben! Unser Schneiderlein wollte fliegen! Hunderte von Leuten standen auf dem Platz vor dem Ulmer Münster …" – schreiben Sie weiter.*

**3** *Lesen Sie Brechts Text in verteilten Rollen: Schneider – Bischof – Leute.*

**4** *Übertragen Sie die direkte Rede in Brechts Gedicht in die indirekte Rede, beginnen Sie dabei jeweils mit der Redeeinleitung (zum Beispiel: „Der Schneider sagte zum Bischof, dass …").*

**5** *Übertragen Sie den Bericht des Augenzeugen in die indirekte Rede.*

# Rechtschreibung – ausgewählte Probleme

## GROSSSCHREIBUNG

Lesen Sie den folgenden Auszug aus einem Brief des zu lebenslanger Haft verurteilten RAF-Mitglieds Peter-Jürgen Boock an den Schriftsteller Peter Schneider aus Stammheim vom 31.12.1983 laut vor:

> [R] „[...] der oft sehr abrupte wechsel der zusammenhänge und die suche, das sich-verändern-wollen, das nicht-ersaufen-wollen: das sind so die beiden pole. wenn du von der anarchie der evolution sprichst, die nur notdürftig zugedeckt wird durch selbstauferlegte regelsysteme, ist das nicht weit davon entfernt. mein problem bestand allerdings immer mehr darin, daß ich auf einen ganzen haufen bereits vorhandener, meist sehr statischer regelsysteme gestoßen bin und darin keinen platz finden konnte.
> [...] du kommst in die schule, bist entweder gut oder schlecht. und damit sind schon mal die ersten weichen gestellt. findest du dich nicht ab damit, begehrst du auf, entziehst du dich, kann schon die erste sackgasse angesagt sein – z. b. wie bei mir das erziehungsheim. gäbe es da nicht diese andere folgekette, die die suche wachsen läßt – aus dem druck, dem schmerz, den mißglückten anstrengungen der sardine, sich an die dose anzupassen –, wäre da meist schon schluß."

(Boock/Schneider, 1986, S. 57)

1 *An welchen Stellen haben Sie beim ersten spontanen Lesen Schwierigkeiten? Woran liegt das Ihrem Eindruck nach?*

Die Rechtschreibung verfolgt das Ziel, dass Grundregeln für Schreibweisen gelten, also Ausnahmen möglichst vermieden werden. Solche Grundregeln wollen sowohl die Sicht des Schreibers als auch die des Lesers berücksichtigen.

Die konsequente Kleinschreibung macht es dem Schreiber einfach, dem Leser schwer. Einige Prinzipien der Großschreibung würden dem Leser das Lesen des Briefes von Peter-Jürgen Boock erleichtern (am Satzanfang, im Satzinnern):

2 *Machen Sie dem Leser durch Großschreibung deutlich, wo ein Satz beginnt!*

3 *Erleichtern Sie dem Leser das Verständnis des Inhalts: Die Großschreibung hilft ihm, die grammatische Struktur eines Satzes besser zu durchschauen.*

4 *Welche* ***Regeln*** *folgen daraus? Großschreibung tritt in vier Bereichen auf (beachten Sie die Unterstreichungen einzelner Beispiele auf dieser Seite); notieren Sie diese Bereiche.*

5 *Auch in Feridun Zaimoglus Text in „Kanaksprak" (**▸▸▸ S. 230 ff.**) sind nur die Satzanfänge großgeschrieben. Schreiben Sie ab „In der schule lehrt der oberdeutsche was ..." bis „... was richtig gut schotter. Bin hier die gegend." (Z. 93–117) Substantive bzw. Nomen und Substantivierungen bzw. Nominalisierungen heraus, die in deutscher Schriftsprache großgeschrieben werden müssen (dieselbe Übung können Sie auch mit dem Brief von Peter-Jürgen Boock machen).*



5267290

## Regeln der Großschreibung

- Alle Wörter nach einem Punkt werden großgeschrieben.
- Die Höflichkeitsform „Sie" (Singular und Plural) und die zugehörigen Pronomen „Ihnen", „Ihr(en)" werden **immer** großgeschrieben, „du"/„deine", „ihr"/„euer" nur in Briefen (wenn man höflich sein will).
- Substantive („Nomen") werden großgeschrieben.
- Man kann aber auch andere Wortarten zu Substantiven machen („substantivieren" oder „nominalisieren") – dann gilt ebenfalls Großschreibung.

**Wie erkenne ich eine Substantivierung?**
Ob eine Substantivierung (Nominalisierung) vorliegt, erkennen Sie am „Begleiter", der meist vorausgeht. Das kann ein Artikel, ein Pronomen, eine Präposition, ein Adjektiv oder ein Zahlwort sein. Beispiele:

- Großschreibung von Adjektiven:
  - Substantivierte Adjektive (**das A**lte, **unser G**roßer, **viel S**chönes),
  - Superlative, nach denen man mit „Woran? Worauf?" fragen kann (Sie glauben **an das B**este im Menschen. Ich verlasse mich **auf den H**öchsten.),
  - Adjektive in Verbindung mit **etwas, genug, alles, allerlei, nichts, viel, wenig** (**etwas N**eues; **wenig B**rauchbares).
- Großschreibung von Verben:
  Substantivierte Verben werden großgeschrieben.
  (**Das R**echnen war nie seine Stärke. **Ausgiebiges F**aulenzen schon eher.)
- Die Wendungen **im Allgemeinen, im Wesentlichen, im Einzelnen, im Voraus** werden großgeschrieben.
- Großschreibung von Zahlen:
  Substantivierte Kardinal-, Ordnungs- und Bruchzahlen werden großgeschrieben (Sie hat **eine D**rei bekommen. Jetzt ist **das H**undert erreicht. Die **beiden E**rsten kommen weiter.).
- Großschreibung von Farb- und Sprachbezeichnungen:
  Wenn Farb- und Sprachbezeichnungen mit einer Präposition verbunden sind, werden sie großgeschrieben (Wir unterhalten uns **in D**eutsch. **Bei Gr**ün kann man über die Straße.).

**Tipp:** Wenn es keinen „Begleiter" gibt, prüfen Sie, ob Sie einen einsetzen könnten!

Wichtige Ausnahmen:

- Indefinitpronomen, auch in Verbindung mit bestimmtem/unbestimmtem Artikel, werden kleingeschrieben (die meisten, ein wenig, ein paar, ein bisschen, die einen, die anderen).

# DER SCHARFE S-LAUT

Wie lässt sich herausfinden, was für ein Zeichen für den s-Laut geschrieben werden muss: „s" oder „ss" oder „ß"?

1. *Gehen Sie vor wie Konrad Duden: Stellen Sie fest,*

- *ob für die jeweilige Schreibweise eine „Regel" gefunden werden kann,*
- *ob – falls dies nicht gelingt – eine plausible Begründung oder Erklärung für eine bestimmte Schreibweise gegeben werden kann oder*
- *ob die Schreibweise im Einzelfall festzulegen ist (der Schreiber muss sie sich dann merken oder nachschlagen, beispielsweise im „Duden").*

② *Decken Sie in der folgenden Tabelle die rechte Spalte ab. Lesen Sie die Beispiele laut! Lässt sich an der Aussprache eine Gemeinsamkeit erkennen (Laut-Buchstaben-Zuordnung)?*

③ *Finden Sie weitere Wörter, die in das jeweilige Feld passen. Formulieren Sie jeweils eine Regel.*

④ *Lässt sich keine Regel finden, versuchen Sie, eine Begründung oder eine Erklärung zu geben. Überprüfen Sie Ihre Ergebnisse erst (mithilfe der Eintragungen in der rechten Spalte der Tabelle), wenn Sie Ihren Versuch abgeschlossen und mit Ihrem Nachbarn verglichen haben.*

Informationen zur Formulierung von Regeln:
Ein **Laut** ist das, was man hört oder spricht, ein **Buchstabe** ist das, was man liest oder schreibt. Ein **Selbstlaut** (a–e–i–o–u) kann für sich allein einen vollen Klang erzeugen und kann wie ein **Umlaut** (ä–ö–ü) **lang** oder **kurz** gesprochen werden. **Doppellaute** (au–eu–ai–ei–äu–ie ...) sind eine besondere Form der Selbstlaute. **Mitlaute** (b–c–d–f–g–h ...) werden zusammen mit einem Selbstlaut gesprochen.

| | |
|---|---|
| lesen, Wiese, beweisen, preisen, Rasen, Läuse, ... | **Regel:**<br>Der **stimmhaft** gesprochene s-Laut (in Lautschrift: [z]) wird immer mit dem Buchstaben „s" geschrieben. |
| Wird ein s-Laut **stimmlos** (scharf – in Lautschrift: [s]) gesprochen, sind folgende Überlegungen anzustellen: | |
| Kasten, Wespe, Maske ... | **Erklärung:**<br>Folgt dem [s]-Laut ein Mitlaut, schreibt man „s" – es sei denn, er ist abgeleitet von einem Verb mit „ss" im Infinitiv („passt" – Infinitiv: „passen"). |
| Maus, Preis, fies, dies, ... | **Erklärung:**<br>Wird der [s]-Laut in der Verlängerung stimmhaft [z] gesprochen, steht „s" (Maus – Mäuse, dies – dieser). |
| aushalten, deshalb, ... | **Erklärung:**<br>Den [s]-Laut am Ende einer Vorsilbe schreibt man „s". |
| das, des, es, aus, was?, was | **Einzelfestlegungen** |
| fließen, Grieß, ...<br>Maße, Straße, ...<br>fleißig, draußen, scheußlich, ...<br>Klöße, Grüße, ... | **Regel:**<br>Steht vor dem [s]-Laut ein lang gesprochener Selbstlaut oder Umlaut oder ein Doppellaut, schreibt man „ß".<br>Ausnahme: „aus". |
| Masse, Gasse, Hass, muss, dass, Wasser, passen, ...<br>Küsse, müssen, Nässe, hässlich, ...<br>lässt, fasst, hasst | **Regel:**<br>Steht vor dem [s]-Laut ein kurz gesprochener Selbstlaut oder Umlaut, schreibt man „ss". |

## DAS UND DASS

### „das", „das", „das" oder „dass": Was ist was?

Wussten Sie das?

- Das meistverkaufte Album ist „Thriller" von Michael Jackson.
- Das erste Fahrzeug der Welt, das einen Verbrennungsmotor hatte, wurde gebaut von Karl Friedrich Benz.
- Der härteste je gemessene Tennisaufschlag war der von Ivo Karlovic 2011: Der Ball erreichte 251 km/h. Das ist Weltrekord.
- Wussten Sie, dass die Chinesische Mauer die längste Mauer der Welt ist?



5267292

**Das Wörtchen „das"**

- als Artikel: **Das** Eis schmeckt mir.
- als Relativpronomen: Das Eis, **das** (welches) Du mir gekauft hast, schmeckt mir.
- als Demonstrativpronomen: **Das** (dieses) kann doch nicht wahr sein!

Aus den Ersatzwörtern „dieses" und „welches" folgt eine einfache **Faustregel:**
Immer wenn man statt „das" „dieses" oder „welches" einsetzen kann, handelt es sich um „das" als Artikel, Relativpronomen oder Demonstrativpronomen, **nicht** aber um die Nebensatzkonjunktion „dass".

(1) *Machen Sie die Ersatzprobe mit „dieses" und „welches" in den folgenden Sätzen und klären Sie, worum es sich jeweils handelt.*

a) ________ führt zu nichts.
b) ________ Rennrad, ________ du dir gekauft hast, ist große Klasse.
c) ________ Tor, ________ Müller vorige Woche geschossen hat, ist ________ Tor des Monats.
d) Willst du ________ oder ________, ________ ist hier die Frage.
e) ________ T-Shirt, ________ du trägst, steht dir gut.
f) ________ es schon so alt ist, hätte ich nicht gedacht.

## Die Nebensatzkonjunktion „dass"

Wussten Sie eigentlich, ...

- dass die erste elektrische Straßenbahn 1881 in Lichterfelde bei Berlin auf 2,5 km Schienen fuhr,
- dass im Jahr 2017 der größte lebende Mensch der Türke Sultan Kösen mit 2,51 m war,
- dass der vermutlich schnellste Vogel der Welt der Graukopf-Albatros ist,
- dass man nämlich bei einem Graukopf-Albatros eine Geschwindigkeit von 127 km/h gemessen hat, gehalten über acht Stunden?

(1) *Bilden Sie weitere „dass"-Sätze aus folgenden Elementen:*

| | |
|---|---|
| behaupten | Es wird heute Abend noch ein Gewitter geben. |
| erklären | Die S-Bahn hatte wieder einmal Verspätung. |
| versprechen | Sie wird um 23:00 Uhr zu Hause sein. |
| einsehen | Er war im Unrecht. |
| wissen | Heute ist Donnerstag. |
| fühlen | Hier stimmt etwas nicht. |
| hoffen | Es wird bald aufhören zu regnen. |
| wetten | Der FC Bayern München wird wieder deutscher Meister. |

Die Konjunktion „dass" leitet immer Nebensätze ein:
Häufig gehen ihnen im Hauptsatz Verben des Sprechens, Meinens, Denkens, Empfindens voraus. Die mit „dass" eingeleiteten Nebensätze nennt man daher abhängige Aussagesätze.

② *Setzen Sie die folgenden Sätze fort:*

- Es ist doch klar, ...
- Mein Problem ist, ...
- Die Tierschützer wollen, ...
- Ich denke, ...
- Ich wünsche mir, ...
- Wir wissen doch alle, ...
- Bist du dir sicher, ...
- Behauptest du im Ernst, ...
- Ich rechne damit, ...
- Ich befürchte, ...
- Ich glaube, ...

③ *Formulieren Sie fünf weitere Sätze nach dem obigen Muster.*

## Die Konjunktion „dass"

leitet immer Nebensätze ein:

- Sie stehen an der Stelle von Subjekten, Objekten, Prädikativen (= Prädikaten mit „ist").
- Es sind Finalsätze oder Konsekutivsätze.
- Es sind Adverbialsätze.

Beispiele:

1. „*Dass du mitkommst,* freut mich!"
   *Wer/was* freut mich? *Dass du mitkommst.*
   Also: Dein Mitkommen freut mich. Also: **Subjektsatz.**
2. „Der Wetterbericht sagt voraus, *dass die Sonne scheint."*
   *Wen/was* sagt der Wetterbericht voraus? *Dass die Sonne scheint.*
   Also: Der Wetterbericht sagt Sonnenschein voraus. Also: **Objektsatz** (Akkusativobjekt).
3. „Pech ist, *dass du den Fuß verstaucht hast."*
   *Wer/was ist* Pech? *Dass du den Fuß verstaucht hast.*
   Also: Pech ist der verstauchte Fuß. Also: **Prädikativsatz.**
4. „Ich habe das Radio angestellt, *dass/damit ich den Wetterbericht hören kann."* (= Ich habe das Radio angestellt, um den Wetterbericht zu hören.)
   *Mit welchem Zweck/Ziel* habe ich das Radio angestellt?
   „damit" signalisiert immer ein Ziel oder einen Zweck. Also: **Finalsatz.**
5. „Er haute so auf die Pauke, *dass einem die Ohren wehtaten."*
   Was war *die Folge* der Tatsache, dass er auf die Pauke haute?
   „(so)dass" signalisiert immer die Folge von etwas. Also: **Konsekutivsatz.**
6. „Denke *daran, dass es sehr kalt ist."*
   Was liegt syntaktisch vor? Der „dass"-Satz bezieht sich auf ein Adverb im übergeordneten Satz, das er erläutert, konkretisiert.
   Also: **Adverbialsatz** (darüber, darum, dafür, dabei, dagegen ... sind Adverbien, auf die sich Adverbialsätze mit „dass" beziehen können).

① *Um welche „dass"-Sätze handelt es sich im Folgenden? Ordnen Sie die Sätze zu.*

*a) Der Igel spürte, dass der Winter nahte.*
*b) Da bat er den Maulwurf, dass er ihm ein Plätzchen in seiner Höhle einräume.*
*c) Der Maulwurf erfüllte den Wunsch des Igels, dass dieser bleiben konnte.*
*d) Er hatte allerdings nicht bedacht, dass seine Hilfsbereitschaft bestraft werden könnte.*

*e) Der Igel bemerkte zunächst nicht, dass sein Gastgeber sich in der engen Wohnung ständig an den Stacheln seines Gastes stach.*
*f) Der Maulwurf machte ihm klar, dass ihm das unerträglich sei.*
*g) Er meinte, dass der Igel wieder gehen solle.*
*h) Er bat den Igel ausdrücklich, dass er gehen solle.*
*i) Aber den Igel freute nur, dass er einen so einfältigen Wirt gefunden hatte.*
*j) Er sagte dem Maulwurf, dass er ja selber gehen könne, wenn ihn die Stacheln störten.*

(2) *Schreiben Sie in Einzelarbeit je zehn „dass"-Sätze.*

(3) *Ordnen Sie Ihre Sätze in Partnerarbeit den sechs Möglichkeiten zu.*

(4) *Bilden Sie in Partnerarbeit noch einmal sechs unterschiedliche Sätze: ein Beispiel zu jeder der sechs Möglichkeiten.*

## „Das" oder „dass"?

Jetzt können Sie Ihr Wissen testen. Arbeiten Sie mit einem Partner zusammen.

(1) *Kopieren Sie die folgenden beiden Lückentexte und setzen Sie „das" oder „dass" ein.*

a) Ich fürchte, _____ dieser Verkauf schwierig wird.
b) Das Haus, _____ wir kürzlich verkauft haben, war alt.
c) _____ dort drüben sind meine Brüder.
d) Wir freuen uns auf _____ bevorstehende Wiedersehen.
e) Ich möchte _____ noch einmal betonen.
f) _____ du dein Auto verkaufen musstest, bedauere ich.
g) Ich freue mich darauf, _____ wir uns bald wieder sehen.
h) Ich weiß, _____ _____ Wort „das" drei unterschiedliche Funktionen haben kann.
i) Ich glaube, _____ ich mit der Konjunktion „dass" keine Probleme mehr haben werde.
j) Es ist gut, _____ ich auch die Prädikativsätze erkenne.

**Ein Jahr in Neuseeland!**

_____ war eine gute Entscheidung damals, _____ ich mich entschlossen hatte, nach meiner Schule den sowieso fälligen Zivildienst im Ausland zu machen. „_____ wird der Hammer", so sagten mir _____ meine Freunde schon vor dem Abflug nach Neuseeland voraus, „_____ wird alles bestimmt so unglaublich aufregend, _____ du bestimmt gar nicht viel an Deutschland denken wirst." So machte ich mich voll ungebremster Vorfreude auf in ein Land, _____ als einziges von Anfang an in seiner Kolonialgeschichte mit seinen Ureinwohnern, den Maori, in Einklang zusammengelebt hat und _____ als erstes Land das Wahlrecht für Frauen eingeführt hat.
Schon beim Anflug wurde mir klar, _____ _____ ein Land voller Wunder der Natur ist, ein Land, _____ mit einem Strand von 90 Meilen, hohen alpinen Gebirgen und dichtem Regenwald _____ Reisen in den Ferien zu einem unglaublichen Erlebnis machen würde. Ich arbeitete an einer Schule für Jungen. Rugby war _____ Lieblingsspiel der Jungs. Anfangs meinten sie, _____ Rugby kein Spiel für die weinerlichen Deutschen sei. Und schon nach den ersten „tackles" gegen mich merkte ich, _____ _____ Spiel ohne Schützer und Schoner _____ Potenzial für blaue Flecken von Fußball deutlich überschreitet. Ich arbeitete viel im Schulalltag mit und half oft Kindern mit Behinderungen, _____ sie bestehen konnten. Ich lernte, _____ man sehr viel Zeit und Geduld im Umgang mit behinderten Kindern braucht. Auf meinen Reisen durch _____ Land

realisiert ich, ______ man zum Leben eigentlich nur einen Schlafsack und etwas Brot benötigt. ______ Jahr, ______ nun immer schneller vorbeizuziehen schien, gewährte mir also einen Einblick in ______ Leben eines anderen Landes und ließ mich wertvolle Erfahrungen sammeln. Im Nachhinein war ______ Jahr wirklich so gut, ______ ich jedem empfehle, eine solche Erfahrung auch zu machen, und ich hoffe, ______ jeder, der Interesse hat, auch seine Chance bekommt, ______ zu tun.

# Die Zeichensetzung

Diese Regeln der Kommasetzung sollten Sie beherrschen:

**1. Das Komma steht bei der Aufzählung von Wörtern, Wortgruppen, Teilsätzen oder ganzen Sätzen, sofern sie nicht durch Konjunktionen miteinander verbunden sind.**

Beispiele: a) Die Band spielt samstags, sonntags, montags. b) Die jungen Leute benutzen private Mitfahrgelegenheiten, organisieren Übernachtungsgelegenheiten, genießen die Gemeinsamkeit der Fans. c) Martina stellt ihr Zimmer zur Verfügung für Freunde aus Stuttgart, Bernd sorgt für das Frühstück, Benjamin räumt die Wohnung (etwas) auf.

**2. Kein Komma steht in der Regel bei folgenden Konjunktionen: „und“, „oder“, „bzw.“, „sowie“, „entweder – oder“, „sowohl – als auch“, „weder – noch“.
(Wenn vollständige Sätze miteinander verbunden werden, darf ein Komma gesetzt werden, um den Gesamtsatz übersichtlicher zu gestalten.)**

Beispiele: a) *Entweder* überweisen Sie schnellstmöglich den fälligen Betrag[,] *oder* Sie müssen mit einer Bearbeitungsgebühr von 30 € rechnen. b) Emil isst kein Fleisch *beziehungsweise* kein Schweinefleisch. c) Anna nimmt *sowohl* Fleisch *als auch* Fisch zu sich. d) Die Bahn erlaubt *weder* Alkohol in den Waggons *noch* das Rauchen im Abteil. e) Wasserkraft, Solarenergie, Windkraft *und* Gezeitenkraftwerke werden bald die fossilen Energieträger ersetzen.

**3. Bei folgenden Konjunktionen werden Kommas gesetzt: „aber“, „sondern“, „einerseits ..., andererseits“.**

Beispiele: a) Er liebte Wein, *aber* in Maßen. b) Frühlingsfeste auf dem Wasen waren ihm nicht nur zuwider, *sondern* er fand sie auch regelrecht langweilig. c) *Einerseits* joggte er gerne stundenlang durch die Weinberge, *andererseits* saß er auch gerne lange in den Bibliotheken.

**4. Einschübe und nachgestellte Beisätze werden durch Kommas abgetrennt.**

Beispiele: a) Entweder Sie fahren mit der Bahn, *wie vorgesehen und allgemein üblich,* oder Sie bezahlen die Fahrtkosten selbst. b) Der Flugkörper, *es wird sich wohl um einen Hubschrauber handeln,* verschwand im Nebel. c) Sie können, *wenigstens nach den mir vorliegenden Informationen,* jederzeit auch zu Fuß das Hotel erreichen. d) Johannes, *mein älterer Bruder,* fährt ein Auto als Werbeträger. e) Das Auto, *Feinstaubproduzent und Abgasverursacher,* wird auch noch in dreißig Jahren mit fossilen Brennstoffen fahren.



5267296

**5. Vor „und zwar", „nämlich", „zum Beispiel", „insbesondere" steht immer ein Komma.**

Beispiele: a) Das Flugzeug wird kritisch, *und zwar* sehr kritisch, beäugt. Mit dem Flugzeug reisen verursacht viele Probleme, *insbesondere* hohen Schadstoffausstoß und Lärmbelästigung.

**6. Nachgestellte Adjektive oder Partizipien werden durch ein Komma vom Nomen getrennt.**

Beispiele: a) Die Fahrt mit der Bahn, *schnell und bequem,* sollte den langen Wartezeiten im Stau vorgezogen werden. b) Der Passagier, *sich entspannt in seinen Sitz zurücklehnend,* freute sich über eine Ruhepause bis zum nächsten Meeting in der nächsten Stadt.

**7. Hauptsätze und *Nebensätze* werden durch Kommas getrennt.**

Beispiele: a) *Wenn Mike joggen geht,* nimmt er den Weg durch den städtischen Park. b) Er läuft zweimal die Woche, *damit er während der Schulzeit auf andere Gedanken kommt.* c) Manchmal trifft er Jo, *der mit seiner Freundin die wöchentlichen Runden dreht,* und läuft mit ihnen weiter.

**8. Achtung: Infinitivgruppen werden durch Kommas getrennt,**
**a) wenn sie mit „um", „als", „anstatt", „außer", „ohne", „statt" eingeleitet werden,**

Beispiele: a) Der Personalchef der Kreissparkasse lud den jungen Mann zu einem Gespräch ein, *um* ihn auf seine Unhöflichkeit gegenüber einem Kunden *hinzuweisen.* b) *Anstatt* ruhig *zuzuhören,* brauste der Auszubildende auf. c) Er halte sich immer in seinen Äußerungen zurück, *ohne* sich durch die Hektik der Kunden aus der Ruhe bringen *zu lassen.* d) *Außer zu kritisieren,* gebe es wohl noch andere Ausbildungsmethoden. e) Nun allerdings sei nichts dringlicher, *als* den Ausbildungsvertreter *hinzuzuziehen.*

**b) wenn ein hinweisendes Wort (wie dazu, darauf ...) sie ankündigt,**

Beispiele: a) Seine Kollegin überredete ihn *dazu,* sich doch bei dem Kunden für sein Benehmen zu entschuldigen. b) Sie war *dafür,* auch noch einmal mit dem Personalchef zu sprechen. c) Ihre Absicht war *es,* die Sache endgültig zu erledigen.

**c) wenn sie von einem Substantiv abhängen.**

Beispiele: a) Der Kunde kam am nächsten Tag *in dem Glauben,* den jungen Mann nicht mehr anzutreffen. b) Er bot ihm aber alsbald *die Möglichkeit,* sich zu entschuldigen.

AUCH VIELE TAGESZEITUNGEN WERDEN INZWISCHEN IN FERNOST PRODUZIERT.

# Lösungen und Beispiele

## Stellungnahme auf der Grundlage eines Sachtextes

### Textwiedergabe zu R. Herberg, „>Wir-Gefühl< statt Markenwahn?“ (S.65)

In Großbritannien und der Türkei, in den meisten asiatischen und südamerikanischen Staaten tragen die Schüler „Schuluniformen“, das heißt, die Schüler einer Schule tragen eine einheitliche Kleidung. In Deutschland ist dies (noch) nicht der Fall.

Ruth Herberg berichtet in ihrem Artikel „>Wir-Gefühl< statt Markenwahn?“, am 24. März 2016 im „Mannheimer Morgen“ erschienen, von einigen Schulen, die eine Schulkleidung eingeführt haben.

Die Ernst-Reuter-Schule bei Darmstadt biete 30 unterschiedliche Artikel an in den Schulfarben und dem Logo der Schule, für Schüler und Lehrer. Es gehe um die Stärkung des „Wir-Gefühls“ und darum, den Markenwahn zu unterbinden. Dies sei auch die Begründung gewesen bei der ersten Schule, die vor 16 Jahren in Hamburg eine einheitliche Kleidung eingeführt hat.

Das Argument wird allerdings bezweifelt: Handys und Uhren seien inzwischen auch eindeutige Statussymbole, zudem könnten ärmere Kinder sich viele Kleidungsvarianten nicht leisten, die sozialen Unterschiede blieben somit weiterhin erkennbar. Mit finanzieller Unterstützung versuchten die Schulen hier ausgleichend einzugreifen.

Grundsätzlich ist die Schulkleidung nicht verpflichtend, das Grundgesetz stehe dem entgegen. Ein Gymnasium in Rüsselsheim allerdings lasse die Eltern bei der Anmeldung ihrer Kinder unterschreiben, dass sie mit einer verpflichtend einheitlichen Kleidung einverstanden sind.

(1) *Vergleichen Sie den Lösungsvorschlag mit Ihrer eigenen Lösung: Welche Unterschiede können Sie feststellen?*

(2) *Vergleichen Sie den Lösungsvorschlag mit dem Ausgangstext (S. 65):*

- *Welche Informationen sind weggefallen?*
- *Wie ist der Vorschlag gegliedert?*
- *Wie sind die Argumente gegliedert?*

## Textwiedergabe zu J. Weinberg, „Ohne Abstraktionen geht es nicht" (S. 63/64)

**156 Wörter:**
Der Auszug aus Johannes Weinbergs Buch „Deutsch für Deutsche" (1971) thematisiert den symbolischen Grundcharakter jeder Sprache:
Jedes Kind lerne, dass Sprache Bezeichnungscharakter habe. Es könne zunächst nicht begreifen, dass das Wort und der Gegenstand zwei verschiedene Dinge sind. Sprache sei aber nicht die Wirklichkeit selber, sondern symbolisiere nur die Wirklichkeit. Das Wort „Ball" stehe als Symbol für einen Gegenstand. Sprache habe daher vermittelnde Funktion. Das Wort „Ball" als Symbol für einen Gegenstand ermögliche die Verständigung mit anderen über diesen Gegenstand. Dieser Bezeichnungscharakter der Sprache sei uns meistens nicht mehr bewusst. Symbolische Handlungen wie das Sprechen nähmen wir auch vor, wenn wir beim Kauf auf den gewünschten Gegenstand zeigen oder Waren vergleichen. Wenn wir auf ein Stück Kuchen zeigen, heiße das: Ich möchte dieses Stück kaufen. Wenn wir einen Becher Joghurt nehmen, die Beschriftung lesen, ihn wieder zurückstellen und einen anderen in den Einkaufswagen stellen, bedeute das, zwei Sorten verglichen und sich dann entschieden zu haben.

**Verkürzung auf 81 Wörter:**
Der Auszug aus Johannes Weinbergs Buch „Deutsch für Deutsche" (1971) thematisiert den symbolischen Grundcharakter jeder Sprache:
Kinder lernten allmählich, dass Sprache nicht die Wirklichkeit selbst darstelle, sondern die Wirklichkeit nur symbolisiere. Sprache habe Bezeichnungscharakter. Das Wort Ball stehe als Symbol für einen Gegenstand. Sprache habe daher vermittelnde Funktion; sie diene der Verständigung über Gegenstände.
Symbolische Handlungen nähmen wir auch vor, wenn wir beim Einkauf auf die gewünschte Ware zeigen oder Preise und Qualitätsunterschiede vergleichen und uns dann für eine Ware entscheiden.

**Verkürzung auf 29 Wörter:**
Der Auszug aus Johannes Weinbergs Buch „Deutsch für Deutsche" (1971) thematisiert den symbolischen Grundcharakter jeder Sprache:
Weil Sprache Wirklichkeit symbolisiere, diene sie in vermittelnder Funktion der Verständigung über Realität.

**Verkürzung auf 16 Wörter:**
Der Auszug aus Johannes Weinbergs Buch „Deutsch für Deutsche" (1971) thematisiert den symbolischen Grundcharakter jeder Sprache.

(1) *Klären Sie im Gespräch in Partnerarbeit, welche Informationen aus Weinbergs Text in der Textwiedergabe und in den folgenden Verkürzungen jeweils weggefallen sind.*

## Textwiedergabe zu A. Hennis, „Einheitskluft statt Markenzwang: Eltern wollen ..." (S. 66 f.)

Der Artikel „Einheitskluft statt Markenzwang: Eltern wollen Schuluniformen" von Andrea Hennis erschien am 12.11.2008 auf der Online-Ausgabe der Wochenzeitschrift „Focus", FOCUS-SCHULE-online.

Nach einer Emnid-Umfrage im Auftrag des nordrhein-westfälischen Kultusministeriums befürworten, so schreibt die Focus-Redakteurin Andrea Hennis, 66 Prozent der Eltern in NRW die einheitliche Schulkleidung, 33 Prozent lehnen sie ab. Hintergrund sei das Schulgesetz von 2006, das ausdrücklich den Schulen die Einführung einer einheitlichen Kleidung erlaube; entscheidend sei das Votum der Schulkonferenz.

Obwohl bisher nur wenige Schulen eine uniforme Kleidung eingeführt hätten, liege NRW mit diesem Umfrageergebnis deutlich vor dem bundesdeutschen Durchschnitt: Hier seien 54 Prozent der Gesamtbevölkerung für und 45 Prozent gegen eine Schuluniform.

Die ersten Erfahrungen mit einer einheitlichen Kleidung seien positiv:

- Es schwinde der „Markenzwang" (Z. 27 f.), die Identifikation der Kinder und Jugendlichen über die Kleidung (Z. 51).
- Das „Selbstwertgefühl" der Schülerinnen und Schüler entstehe vielmehr auf der Basis ihrer „Persönlichkeit, Sozialkompetenz und Leistung" (Z. 49 f.).

(1) *Vergleichen Sie den Lösungsvorschlag mit Ihrer eigenen Lösung: Welche Unterschiede können Sie feststellen?*

(2) *Vergleichen Sie den Lösungsvorschlag mit dem Ausgangstext:*

- *Welche Informationen sind weggefallen?*
- *Wie ist der Vorschlag gegliedert?*
- *Wie sind die Argumente gegliedert?*

## Stellungnahme auf der Grundlage eines Sachtextes zu A. Clauß, „Bloß kein ..." (S. 69 f.)

Nun ist das Thema „Schulkleidung" auch in Baden-Württemberg angekommen: Auf Beschluss der Schulkonferenz können Schulen eine Schulkleidung einführen.

Der Bericht aus der Stuttgarter Zeitung vom 12.1.2010 mit dem Titel „Bloß kein Einheitslook" von Annette Clauß informiert über ein erfolgreiches Projekt des Bildungszentrums Weissacher Tal im Rems-Murr-Kreis; seit 2008 werden hier Kleidungsstücke mit dem Schullogo an die Schülerinnen und Schüler verkauft.

Um die Diskussion über Schulkleidung in Gang zu bringen, sei 2008 ein Unterrichtsprojekt dazu mit drei Klassen auf den Weg gebracht worden: Die Ergebnisse zu unterschiedlichen Aspekten des Themas seien wöchentlich auf Schautafeln präsentiert worden; in einer Umfrage habe sich eine deutliche Mehrheit von Schülern, Eltern und vor allem von Lehrern für Schulkleidung ausgesprochen; das Resultat: In einem eigenen Shop, ohne Gewinn von Schülerinnen und Schülern betrieben, würden unterschiedliche Kleidungsstücke und Accessoires, allesamt mit dem Logo des Bildungszentrums versehen, zum Kauf angeboten. Jeder könne kaufen und tragen, was er wolle; es gebe keinen „Einheitslook" (Z. 67) und keinen Zwang.



5267300

Mich beeindruckt, was das Bildungszentrum Weissacher Tal geleistet hat, ich bin ein Befürworter von Schulkleidung. Im Folgenden möchte ich allerdings zunächst die Argumente nennen und erörtern, die dagegen sprechen könnten, bevor ich meine Gründe darlege.

- Gelegentlich wird gesagt, die (einheitliche) Schulkleidung hebe die individuellen Unterschiede zwischen den Menschen auf. Nun, es wäre allerdings traurig, wenn wir uns nur durch die Kleidung voneinander unterschieden; unsere Individualität ist in vielfältiger Weise und unaufhebbar gegeben, die Kleidung ist dabei sicher nicht zentral.
- In der Tat: Die Schulkleidung ist grundsätzlich ein Eingriff in das Selbstbestimmungsrecht von Schülern und Eltern, das ist nicht zu bestreiten. Aber dies erscheint mir kein massiver Einwand: Erstens können wir Länder wie Frankreich, Großbritannien oder die Türkei heranziehen – alles keine undemokratischen Staaten – und zweitens gibt es in vielen Berufen ganz selbstverständlich eine Berufskleidung, Schüler können ähnlich gesehen werden. Drittens schließlich erfordert die Einführung einer Schulkleidung an den öffentlichen Schulen in Deutschland immer die Zustimmung der Schulkonferenz, an der die Eltern beteiligt sind.
- Es bleibt ein letztes Gegenargument: die Kosten. Wir können nicht annehmen, dass ein Schulträger die Kleidung wie bei der Bundeswehr zur Verfügung stellt. Die Sachen müssen von den Eltern bezahlt werden. Sponsoren oder Fördervereine, die viele Schulen haben, können sicher hier und da unterstützend eingreifen, aber das ändert grundsätzlich nicht die Situation. Nun wird aber doch die Schulkleidung – den Begriff Uniform möchte ich vermeiden – in der Regel auch einige Jahre getragen, Teile davon vielleicht auch außerhalb der Schule; das heißt, es rechnet sich, die Kosten amortisieren sich zumindest ein Stück weit.

Ich habe mich bemüht, zentrale Einwände zu entkräften. Noch nicht begründet ist indes, was denn nun für die Einführung einer (einheitlichen) Schulkleidung spricht:

- Es ist wohl hinreichend belegt: Die Schulkleidung stärkt die Identifikation mit der Schule und das Gemeinschaftsgefühl, das „Wir-Gefühl" der Schülerinnen und Schüler.
- Gleichzeitig damit wird die Konkurrenz unter ihnen, einander mit teurer Markenkleidung zu übertrumpfen, unterbunden oder zumindest doch stark eingeschränkt, reduziert auf Schmuck, Uhren oder Accessoires. Der Zwang, in der Kleidung mithalten zu müssen, um „trendy" oder anerkannt zu bleiben in der Gruppe, fällt weg.
- Das bedeutet zugleich: Das soziale oder ökonomische Gefälle zwischen den Einzelnen ist nicht auf den ersten Blick schon erkennbar. Das Kostenargument kehrt sich positiv um: Eltern, die in der Ausstattung ihrer Kinder mit Markenkleidung finanziell nicht mithalten können, können sich die Schulkleidung problemloser leisten.
- Ein letzter Punkt ist erstaunlich, aber belegt: Das soziale Klima im Umgang miteinander, die Lernatmosphäre, die Konzentration und letztlich das Resultat, der Lernerfolg, verbessern sich mit einer Schulkleidung.

Ich habe das Wort „Uniform" bisher vermieden und „einheitlich" in Klammern gesetzt. Warum? Das Bildungszentrum Weissacher Tal vermeidet eine einheitliche Kleidung und hält zugleich am Gedanken einer Schulkleidung fest. Das ist eine Möglichkeit. Und das scheint mir, wenn die Entscheidung für eine Schulkleidung gefallen ist, die zentrale Frage: Wie einheitlich soll die Kleidung sein?

Ich halte eine Vereinheitlichung im Outfit für besser, weil ich fürchte, die guten Gründe für eine Schulkleidung werden relativiert, verwässert, tendenziell aufgehoben, wenn man ein ganzes und stets wechselndes Sortiment anbietet: Das soziale Gefälle wird wieder deutlich, die Konkurrenz untereinander wieder angeregt. Deshalb plädiere ich durchaus und bewusst für eine konsequent einheitliche Kleidung; Kritiker mögen dies „Uniform" nennen, es stört mich nicht, da ich weiß, dass eine Schule, eine gute Schule zumal, sich um Meilen von einer Kaserne unterscheidet.

1. *Vergleichen Sie die Textwiedergabe mit dem Zeitungsbericht: Welche Informationen sind weggefallen?*
2. *Wie ist die Textwiedergabe gegliedert?*
3. *Wie erfolgt der Übergang zur Stellungnahme?*
4. *Wo wird die eigene Position deutlich?*
5. *Wie sind die Argumente aufgebaut?*
6. *Drei Gegenargumente werden aufgegriffen (Z. 36–73):*
   - *Wie werden sie jeweils sprachlich dargestellt (zustimmend – neutral – distanziert)? Wodurch wird einmal die Distanzierung, zum anderen die Zustimmung sprachlich fassbar?*
   - *Wie geht der Schreiber inhaltlich mit den Gegenargumenten um?*
7. *Überzeugt Sie die in diesem Lösungsvorschlag vertretene Position? Begründen Sie Ihre Meinung.*

## Stellungnahme auf der Grundlage eines Sachtextes zu R. Müller, „Verlockend" (S. 71)

Schwarzarbeit ist wohl überall auf der Welt weitverbreitet, mag vielen als ein Kavaliersdelikt gelten wie etwa auch die Geschwindigkeitsüberschreitung beim Autofahren. Eine andere Dimension ergibt sich allerdings, wenn es sich um riesige Summen handelt, die am Staat vorbeigeschleust werden. Welche Mittel sind erlaubt, die Steuerhinterziehung in diesen Fällen aufzudecken? Darf ein Finanzamt oder eine Regierung auch gestohlene Informationen kaufen und verwerten?

Unter dem Titel „Verlockend" greift Reinhard Müller in der FAZ vom 1.2.2010 diese Problematik in einem Kommentar auf; er kommt zu dem abgewogen offenen und vorsichtigen Resultat, dass der Staat „rechtswidrig erlangten Daten und Hinweisen im Einzelfall" (Z. 53 f.) nachgehen dürfe.

Müller wägt folgende Argumente gegeneinander ab:

- Einerseits stehe einem Einsatz von 2,5 Millionen € ein zu erwartender Gewinn von über 100 Millionen € entgegen (Z. 1–4).
- Es sei die „Pflicht des Staates" (Z. 14), Menschen, die Steuern in hohem Maß hinterziehen, intensiv zu verfolgen.
- Immer schon habe auch der Staat mit Kriminellen über Geldforderungen verhandelt: mit Terroristen, Geiselgangstern, nicht zuletzt mit Spitzeln, die Informationen verkaufen würden (Z. 31–40).
- Die sogenannte „Liechtenstein-Affäre" (Z. 20) sei als exemplarischer Fall heranzuziehen; der Staat hat damals Geld gezahlt für entsprechende Bankdaten.

- Auf der anderen Seite gelte im Prinzip der Grundsatz: „der Staat darf mit Kriminellen keine Geschäfte machen" (Z. 29 f.).
- Der Zweck rechtfertige nicht jedes Mittel, „Aufklärung um jeden Preis" dürfe „nicht das Ziel sein" (Z. 49 f.).
- Auf keinen Fall dürfe der Staat durch sein Verhalten zu Straftaten anstiften oder sich der „Beihilfe" (Z. 55) schuldig machen. Ein solches Verhalten sei schon ökonomisch nicht zu rechtfertigen (Z. 61 f.).

Am Ende erscheint mir die Position des Autors nicht recht klar, denn was meint denn konkret, wenn der Staat „rechtswidrig erlangten Daten", also doch durch Kauf erworbenen Daten, „im Einzelfall" nachgehen dürfe (Z. 53 f.)? Jede zum Kauf angebotene Datei ist doch wohl ein Einzelfall.


5267302

Um mich klar zu positionieren: Ich befürworte den Ankauf derartiger Dateien.

Beginnen möchte ich indes mit den Gründen gegen den Kauf; ich gestehe zu, die von Reinhard Müller angeführten Argumente sind zweifellos zentral und werden in der Diskussion immer wieder in Varianten und unterschiedlicher Schärfe formuliert:

- Ein Staat, der den Handel mit Diebesgut als Hehlerei bestraft, darf nicht selbst zum Hehler werden, er gibt damit seine selbst gesetzten Grundsätze auf, verliert seine Glaubwürdigkeit. Eine Begehung von Straftaten zur Aufklärung von Straftaten ist ein Selbstwiderspruch.
- Schon jetzt ist die Schweiz bereit, in Fällen des Steuerbetrugs, wenn etwa Urkunden gefälscht werden, Informationen zu liefern; sie leistet auch Amtshilfe, wenn die deutschen Behörden einen begründeten Verdacht haben und Namen und Bank nennen können. Hier ist mittel- und langfristig anzusetzen: Verhandlungen sind zu führen mit der Schweiz und anderen Staaten; denn es handelt sich letztlich um eine Auseinandersetzung zwischen Staaten und ihren noch unterschiedlichen Rechtsauffassungen.

Diese Argumente erkenne ich an. Was setze ich dagegen? Über die von Reinhard Müller schon eindeutig formulierten Argumente hinaus möchte ich bekräftigend und differenzierend folgende Punkte anführen:

- In der Tat, Steuerhinterziehung ist kein Kavaliersdelikt: Ab 100 000,00 € hinterzogener Steuer droht Freiheitsentzug, von einer Million € an ist Gefängnis garantiert. Nach Schätzungen sollen in Schweizer Banken etwa 175 Milliarden € deutscher Kunden liegen.
- Streng genommen handelt es sich nicht um Hehlerei, dieses Delikt bezieht sich auf Sachen, nicht aber auf Informationen. Vor allem aber geht der unberechtigten Verwertung von Geschäftsgeheimnissen durch die Bankangestellten, die Informationen zum Kauf anbieten, ein massives Delikt, das der Steuerhinterziehung, voraus. Ich nenne ein Beispiel: Wenn mir mein Auto gestohlen wird und es wird mir von einem zweiten Dieb wieder zum Kauf angeboten, dann ist es doch kein strafbarer Akt, wenn ich mir mein Auto wieder zurückkaufe; ich bin ja auch dann kein Hehler, wenn ich eine Belohnung zur Wiederbeschaffung eines gestohlenen Gutes aussetze und auf diese Weise mein Gut am Ende auch wiederbekomme. Das Schweizer Bankgeheimnis, so gesehen, schützt den ursprünglichen Dieb, das erscheint absurd; hier ist nichts schützenswert.
- Es geht auch nicht um den Schutz von Daten, die die Intimsphäre oder das Grundrecht auf private Information betreffen, oder um Daten, die niemand ohne Zustimmung des Betroffenen weitergeben darf; die Intimsphäre ist hier nicht einmal im Ansatz gestreift. Es geht vielmehr jeweils um einen kriminellen Akt, der nach Aufklärung ruft. Es machen sich eher die Banken strafbar, wenn sie diese Aufklärung hintertreiben.
- Das Interesse der Kunden an der Geheimhaltung ihrer kriminellen Machenschaften ist sicher nicht schutzwürdig. Ist es denn überhaupt strafbar, wenn ein Bankangestellter diese Daten demjenigen übermittelt, der darauf einen moralischen und gesetzlichen Anspruch hat?
- Das Argument, dass der Staat durch sein Verhalten zu einem kriminellen Verhalten anstifte oder sich der Beihilfe schuldig mache, erscheint mir nicht schlüssig, der Staat stiftet keinen Bankangestellten dazu an, Straftaten zu begehen. Er nutzt allerdings die Gelegenheit, um Straftaten wirksam zu verfolgen.
- Selbst wenn in der Folge die Angebote von Bankdaten dieser Art sich mehren sollten, so ist das erstens – gegen Reinhard Müller (Z. 60–62) – ökonomisch nur hilfreich, die zu erwartenden Einnahmen, hinter denen ja ein absolut berechtigter Anspruch steht, übersteigen die Kosten vielfach. Zweitens ändert sich dadurch auch nicht grundsätzlich die Situation: In hohem Maße strafwürdiges Verhalten wird bestraft.

Es gilt hier letztlich abzuwägen zwischen einem möglichen Rechtsbruch durch den Staat – es erscheint mir dies gar nicht mehr so eindeutig und klar gegeben – und dem allgemeinen Interesse an der Aufdeckung und effektiven Verfolgung von Straftätern. Die Abwägung erscheint mir eindeutig: Der Staat hat allemal das Recht, die angebotenen Informationen zu kaufen, er ist dazu sogar verpflichtet im Interesse der Allgemeinheit, zur Finanzierung seiner Aufgaben: Kindergärten, Schulen, der Versorgung sozial und finanziell bedürftiger Menschen zum Beispiel.

1. *Wie ist die Inhaltsangabe gegliedert?*
2. *Welche Worte verbinden die einzelnen Abschnitte der Textwiedergabe, leiten über?*
3. *Wie erfolgt der Übergang von der Inhaltsangabe zur Stellungnahme?*
4. *Wann wird die eigene Position klar formuliert?*
5. *Wie ist die Stellungnahme gegliedert?*
6. *Welche Worte oder Formulierungen verbinden die einzelnen Abschnitte, leiten über?*
7. *Wie geht der Schreiber dieser Stellungnahme mit den schon im Text von Reinhard Müller formulierten Argumenten um (Z. 22–46)?*
8. *Eine Schwierigkeit ist der Umgang mit den Gegenargumenten: Wie sieht das in diesem Lösungsvorschlag aus? Arbeiten Sie Formulierungen heraus, die Sie für kennzeichnend oder hilfreich halten.*

# Visualisierung

## Lernen: innere Sprache und Bilder

**Drei Formen der Wissensabbildung**

| Aussageartige Repräsentation von Wissen | Analoge Repräsentation von Wissen | Handlungsmäßige Repräsentation |
|---|---|---|
| Wissen wird sprachlich abgespeichert als strukturiertes Netzwerk von Begriffen, die untereinander in Beziehung stehen | Wissen wird als Vorstellungsbild, nicht als Begriff abgespeichert | aktiver Umgang mit dem Wissen, etwas damit „tun" |
| diese innere Anordnung von Begriffen wird versprachlicht | im Moment des Denkens entwickelt unser inneres Auge eine innere Bildfolge des Wissens | verstehender Zugang zum Lernstoff |
| Wissen wird durch Herstellung von Zusammenhängen zwischen den Sachverhalten gespeichert | Wissen kann versprachlicht werden, wird jedoch als Bild gespeichert | Wissen wird durch Umwandlung in „Tun" gespeichert |

↓

Wissen wird im Zusammenspiel aller drei Abbildungsformen gespeichert

↓

Wissen wird leichter erfasst und behalten, wenn es sowohl sprachlich als auch bildhaft verarbeitet wird, d. h.

↓

**Visualisieren = innere Aktivierung = Erhöhung der Lernwirksamkeit**

## Aufgaben des Brautvaters

**Vor der Hochzeitsfeier zur Vorbereitung:**

- Schwiegersohn offiziell einladen zur Einführung in die Familie
- Anfahrtsrouten vorbereiten
- Zu-/Absagen der Gäste verwalten
- Getränke bestellen
- Gäste zu ihrer Unterkunft führen
- Gästen Sehenswürdigkeiten zeigen

**Bei der Hochzeitsfeier:**

- Braut in der Kirche zum Altar führen
- Braut in der Kirche an Bräutigam übergeben
- Tischrede bei der Hochzeitsfeier halten

## Mittags etwas Warmes

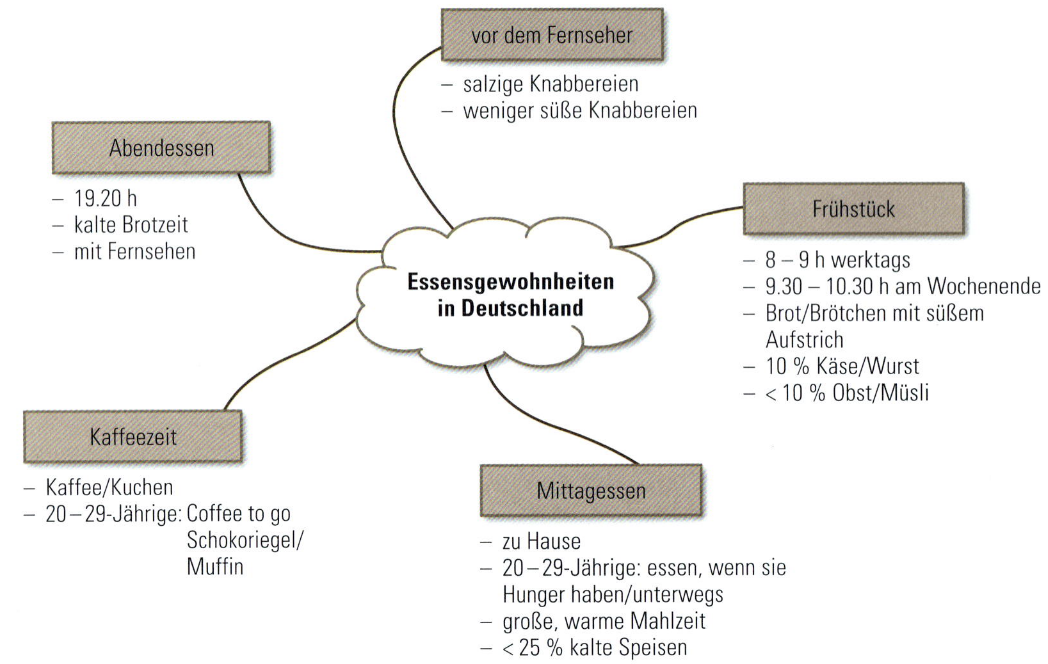


## 2009 – Jahr der Extreme

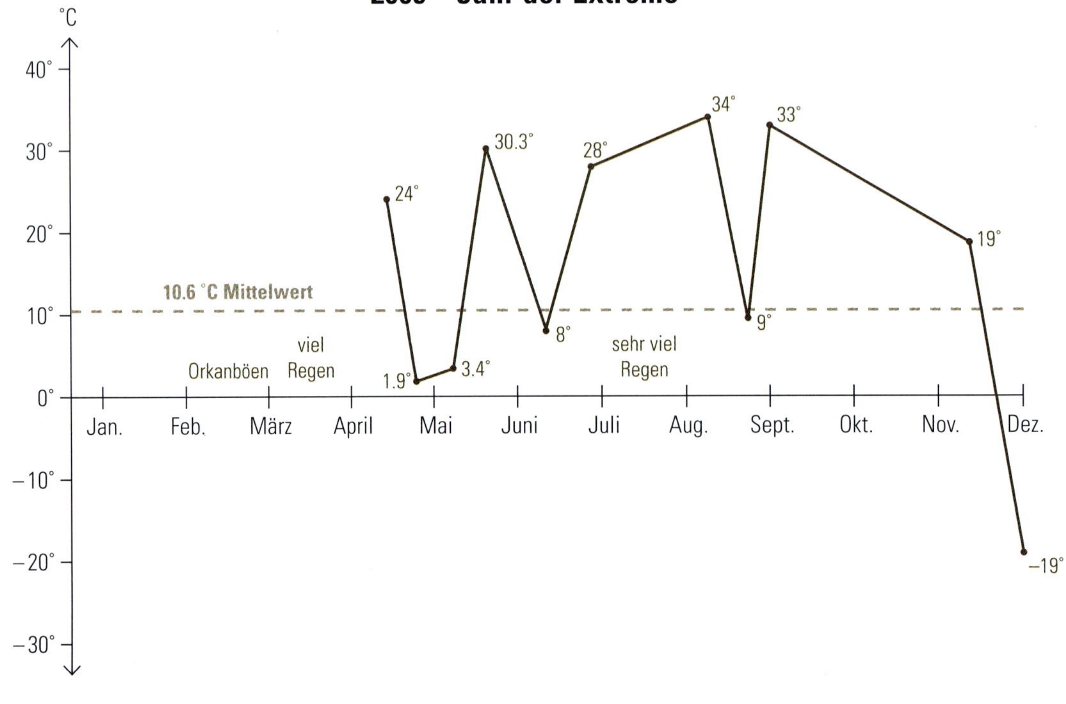

## Hatschi: Warum niesen wir?

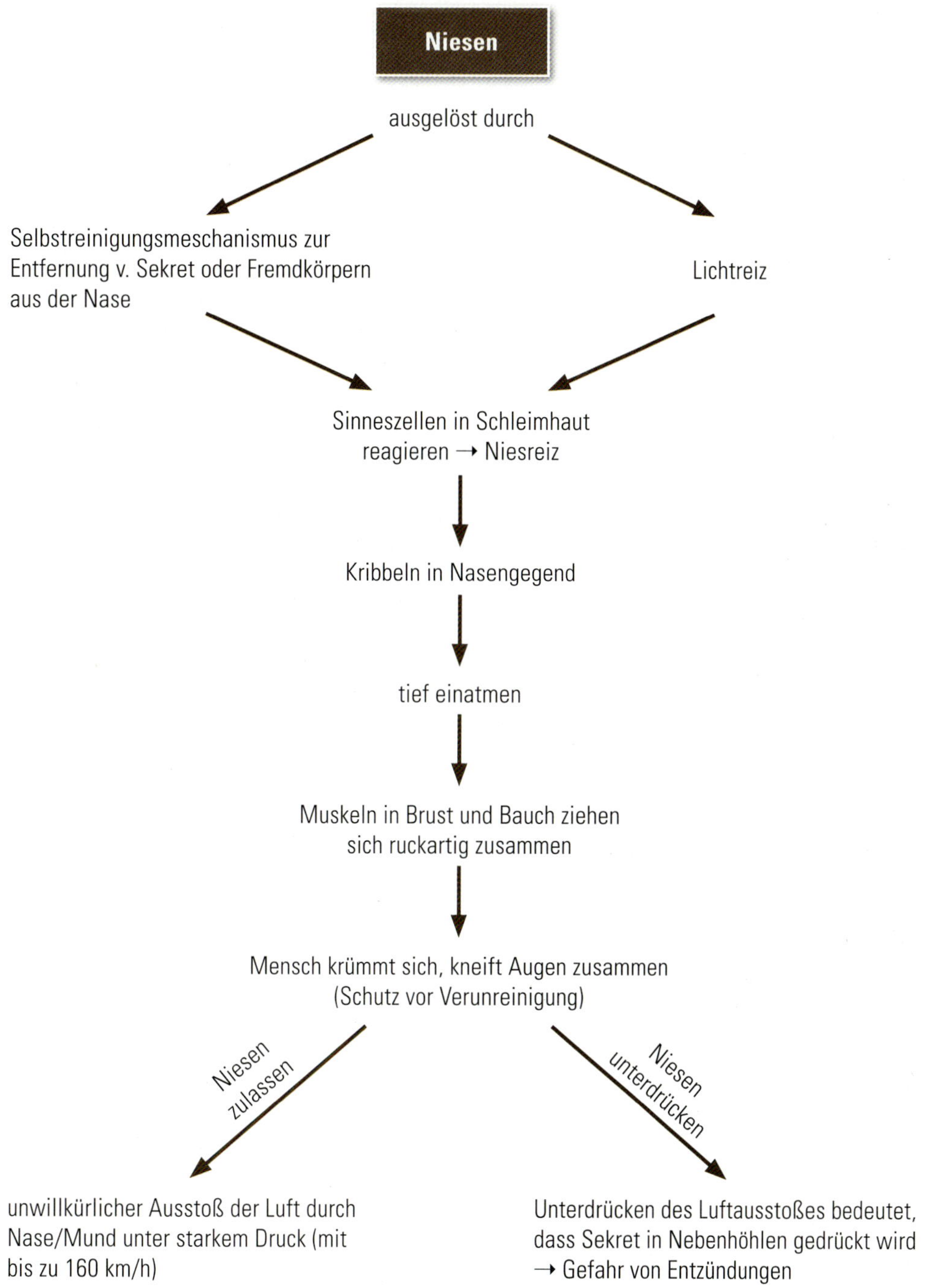

# Inhaltsangabe literarischer Prosatexte

## Das Original: Johann Peter Hebel, „Das Mittagessen im Hof" (S. 147)

Johann Peter Hebel

### Das Mittagessen im Hof (1805)

Man klagt häufig darüber, wie schwer und unmöglich es sei, mit manchen Menschen auszukommen. Das mag denn freilich auch wahr sein. Indessen sind viele von solchen Menschen nicht schlimm, sondern nur wunderlich, und wenn man sie nur immer recht kennte, inwendig und auswendig, und recht mit ihnen umzugehen wüsste, nie zu eigensinnig und nie zu nachgebend, so wäre mancher wohl und leicht zur Besinnung zu bringen. Das ist doch einem Bedienten mit seinem Herrn gelungen. Dem konnte er manchmal gar nichts recht machen und musste vieles entgelten, woran er unschuldig war, wie es oft geht. So kam einmal der Herr sehr verdrüsslich nach Hause und setzte sich zum Mittagessen. Da war die Suppe zu heiß oder zu kalt oder keines von beiden; aber genug, der Herr war verdrüsslich. Er fasste daher die Schüssel mit dem, was darinnen war, und warf sie durch das offene Fenster in den Hof hinab. Was tat der Diener? Kurz besonnen warf er das Fleisch, welches er eben auf den Tisch stellen wollte, mir nichts, dir nichts, der Suppe nach, auch in den Hof hinab, dann das Brot, dann den Wein und endlich das Tischtuch mit allem, was noch darauf war, auch in den Hof hinab. „Verwegener, was soll das sein?", fragte der Herr und fuhr mit drohendem Zorn von dem Sessel auf. Aber der Bediente erwiderte kalt und ruhig: „Verzeihen Sie mir, wenn ich Ihre Meinung nicht erraten habe. Ich glaubte nicht anders, als Sie wollten heute in dem Hof speisen. Die Luft ist so heiter, der Himmel so blau, und sehen Sie nur, wie lieblich der Apfelbaum blüht und wie fröhlich die Bienen ihren Mittag halten." – Diesmal die Suppe hinabgeworfen und nimmer! Der Herr erkannte seinen Fehler, heiterte sich im Anblick des schönen Frühlingshimmels auf, lächelte heimlich über den schnellen Einfall seines Aufwärters und dankte ihm im Herzen für die gute Lehre.

(Hebel, in: Poetische Werke, 1978, S. 55–56)

**Johann Peter Hebel** (1760–1826) wurde in Basel geboren, wo seine Eltern im Sommer als Dienstboten arbeiteten. Er verbrachte die Kindheit teils in Basel, teils im südbadischen Wiesental, der Heimat seiner Mutter.

Hebel besuchte das Gymnasium in Karlsruhe und studierte bis 1780 evangelische Theologie in Erlangen. Nach seiner Rückkehr arbeitet er drei Jahre als Hauslehrer, wird dann Lehrer in Lörrach und kommt 1791 an das Karlsruher Gymnasium. 1798 wird er zum Professor für Dogmatik und 1806 zum Kirchenrat ernannt; von 1808 bis 1814 leitet er das Karlsruher Gymnasium, bis man ihn in die evangelische Ministerialsektion, die oberste Kirchen- und Schulbehörde des Landes, beruft. 1819 wird er Prälat der evangelischen Landeskirche und dadurch Mitglied der Generalsynode und der ersten Kammer des Landtages.

Als Dichter war Hebel bereits 1803 durch seine „Alemannischen Gedichte" bekannt geworden, 1811 erschien das „Schatzkästlein des rheinischen Hausfreundes", eine Auswahl aus seinen Beiträgen zum Landkalender. Das Karlsruher Gymnasium hatte schon 1750 das Privileg erhalten, einen Kalender herauszugeben. Ab 1803 arbeitete Hebel zunächst daran mit und übernahm 1807 die Redaktion. Er verfasste fast alle Beiträge und gab dem Badischen Landkalender einen neuen Namen: „Der Rheinländische Hausfreund".

Neben dem Kalendarium enthielten Kalender dieser Art auch Ratschläge für Haus und Hof, astrologische Berechnungen, Daten zu wichtigen Märkten der Region, Sinnsprüche und Geschichten, die Unterhaltung mit Belehrung verbanden. Abgesehen von der Bibel waren sie für ihre Käufer oft die einzige Lektüre.



5267308

**Die Nacherzählung ...**

... soll unterhalten:

- anschaulich erzählen
- Spannung aufbauen wie die Vorlage
- Erzählton beibehalten
- Höhepunkt ausgestalten
- es darf in der ersten Person Singular erzählt werden
- schildern wie in der Vorlage
- direkte Rede verwenden
- Gespräche dramatisieren (direkte Rede)
- im Präteritum/Vergangenheit schreiben

**Die Inhaltsangabe ...**

... soll informieren:

- Überblick in der Einleitung geben
- Inhalt knapp, gerafft wiedergeben
- aufs Wesentliche konzentrieren
- W-Fragen beantworten
- Wiedergabe chronologisch aufbauen
- sachlich-informierende Sprache
- selbstständig formulieren
- aus der Ich-Form wird Er-Form
- indirekte Rede oder Redebeschreibung
- im Präsens/in der Gegenwart schreiben

## Inhaltsangabe von Franz Kafka, „Der Schlag ans Hoftor" (S. 148/149 f.)

Verknüpfung von 15 Sätzen durch Konjunktionen und Relativpronomen zu Satzgefügen, z. B.:

Als der Erzähler mit seiner Schwester auf dem Nachhauseweg in die Stadt an einem Hof vorbeikommt, schlägt die Schwester achtlos mit der Hand im Vorbeigehen an das Hoftor.
Einige Bewohner des nahen Dorfes, die Zeuge des Geschehens sind, warnen die Geschwister, dass der Hofbesitzer sie, Bruder wie Schwester, in Bälde verklagen werde.
Obwohl er diese Warnung nicht ernst nehmen kann, weil seiner Meinung nach kein Straftatbestand vorliegt, überredet der Erzähler seine Schwester, nach Hause zu gehen, damit die Verfolger sie nicht antreffen, als sie bald darauf einen bewaffneten Trupp Reiter auf sich zukommen sehen.
Der Trupp wird von einem Richter und seinem Gehilfen angeführt und der Erzähler wird aufgefordert, dem Richter in eine Bauernstube, die einer Folterzelle ähnelt, zu folgen.
Nachdem der Richter als Erstes das künftige Schicksal des Verhafteten bedauert hat, ist der Erzähler überzeugt, nicht mehr aus dem Gefängnis entlassen zu werden. (5 Sätze)

## Informationen zu den Schriftstellern Max Frisch und Phädrus (S. 160)

**Max Frisch** (1911–1991), geb. in Zürich, zählt zu den bedeutendsten deutschsprachigen Autoren der Jahrzehnte nach dem Zweiten Weltkrieg. Bis 1955 war Max Frisch auch als Architekt tätig. Zu seinen bekanntesten Werken zählen Homo faber, Stiller, Andorra, Biedermann und die Brandstifter und viele mehr.

**Phädrus** (1. Jh. n. Chr.):
Von Phädrus weiß man relativ wenig. Von der Herkunft war Phädrus vermutlich Makedonier und kam wohl bereits in jungen Jahren als Sklave nach Rom. Später wurde er von Kaiser Augustus freigelassen. Er verfasste die ersten Fabeln in lateinischen Versen. Als literarisches Vorbild gab er dabei den berühmten griechischen Fabeldichter Äsop (um 600 v. Chr.) an. Wegen seiner Fabeln, die Politiker und Zustände in Rom kritisierten, wurde Phädrus verhaftet und vor Gericht gestellt.

## Stichwortkatalog zu Nadja Einzmann, „Hochzeiten" (S. 154/156)

- A Eine vermutlich junge und verheiratete Frau denkt über ihr Leben nach.
- K Sie vermutet, dass sie ihren Mann aus purer Eifersucht auf ihre Schwester geheiratet hat.
- D Als die Schwester glücklich ihre Heiratsabsichten offenbart, zieht sie sich unglücklich in ihr Zimmer zurück.
- L Die Hochzeitszeremonie erfüllt alle romantischen Erwartungen.
- M Die Erzählerin weint dabei vor Neid und Missgunst.
- B Während der anschließenden Feier schottet sie sich zunächst von den Feiernden ab.
- C Sie betrinkt sich im Laufe des Abends und findet sich nach einem „Blackout" in den Armen eines Mannes wieder.
- F Sie verbringt die Nacht mit ihm.
- H Am nächsten Morgen macht sie ihm einen Heiratsantrag.
- I Eigentlich ist sie innerlich nicht bereit, sich zu binden.
- G Sie heiratet, weil er „Ja" sagt.
- J Später gibt sie vor, sich nicht an ihre eigene Hochzeit erinnern zu können.
- E Sie ist nicht unglücklich mit ihrem Mann.

## Zusammenfassung der Dialoge aus Brigitte Biermann, „Engel haben keinen Hunger" (S. 163)

**Lösung Text 1:** Anna, Katrins Mutter, möchte von Lena, ihrer zweiten Tochter, erfahren, wie es um Katrin bestellt ist. Lena berichtet voller Zorn, wie sehr Jean-Luc, ein attraktiver Halbfranzose, mit Katrins Gefühlen spiele und ihre Zuneigung ausnütze. Er lasse Katrin „am ausgestreckten Arm verhungern". Er verhindere aber, dass Katrin sich von ihm löst. Als die Mutter einen weiteren Jungen anspricht, Fabian, der ihr wegen seiner Sanftheit gefällt, meint Lena nur, dass dies eine einseitige Zuneigung sei. Nichtsdestotrotz glaubt Anna, es könne sich zwischen Fabian und Katrin etwas anbahnen.

**Lösung Text 2:** Auf dem Gymnasium, das Lena und Fabian besuchen, erfährt Lena von einer Wette, die Fabian und Katrin abgeschlossen haben sollen. Es sei darum gegangen, wer zuerst auf ein Gewicht von 45 Kilogramm komme. Lena kann es kaum glauben, da Fabian ihrer Auffassung nach sehr dünn ist. Die Freundin bittet Lena, nicht mit ihrer Schwester darüber zu sprechen, da sie nicht wisse, ob Fabian die Wette nicht doch geheim halten wolle.

**Lösung Text 3:** Im Badezimmer wird Lena auf Katrins Magerkeit aufmerksam. Während Katrin sich über ihre „fetten" Hüften und ihren angeblich zu dicken Hintern aufregt, sieht Lena, wie sehr der Bikini am Körper ihrer Schwester schlackert. Sie versucht Katrin auf diese unterschiedliche Wahrnehmung aufmerksam zu machen, doch diese lenkt ab, indem sie Lena um ihre silbernen Armreife bittet. Als Lena mit den Armreifen zurückkommt, erfährt sie, dass Fabi, der Freund Katrins, mit einem anderen Mädchen gesehen worden ist.

**Lösung Text 4:** Katrin und ihre Mutter, Anna, unterhalten sich im Park des Krankenhauses über Katrins Befinden. Katrin berichtet von dem Vorschlag des behandelnden Arztes, sie in eine Spezialklinik einzuweisen, da eine ambulante Therapie nur helfe, wenn Katrin wirklich gesund werden wolle. Voller Entsetzen wird Anna bewusst, wie schlimm es um ihre Tochter steht, denn Katrin erzählt von ihrer Angst, sich in Gefühlen von Sinnlosigkeit und Leere zu verlieren. Als Anna ihre Tochter trösten möchte, indem sie davon spricht, wie sehr die Familie die Kranke vermisse, bricht es aus Katrin heraus. Sie erzählt, dass sie nach Aussage des Arztes für ihre Familie nicht zu ertragen sei. Katrin spricht von ihrer Angst, sich letztlich selbst zu zerstören. Vor allem aber begreift sie, wie sehr sie die Hilfe ihrer Familie benötigt. Empört über das mangelnde Einfühlungsvermögen des Arztes nimmt Anna ihre kranke Tochter in den Arm.



5267310

### Inhaltsangabe zu Peter Stamm, „Am Eisweiher" (S. 172 f.)

Peter Stamms Erzählung „Am Eisweiher" ist 1999 in seinem Buch „Blitzeis" erschienen. Die Kurzgeschichte zeigt, welch tragische Auswirkungen rücksichtsloses und unbedachtes Handeln haben kann und wie wichtig es ist, Verantwortung für sein Tun zu übernehmen.

Der zwanzig Jahre alte Schweizer Ich-Erzähler arbeitet zwar schon in der Stadt Neuchâtel, fühlt sich aber seinem Heimatdorf immer noch sehr verbunden. Daher fährt er oft nach Hause. Am Tag des Geschehens kommt er erst gegen Mitternacht am Bahnhof an, da die Bahn sich verspätet hat. Die laue Sommernacht verführt ihn, seine Freunde aufzusuchen, die noch unternehmungslustig vor ihrem bereits geschlossenen Stammlokal stehen. Um die Anwohner nicht zu verärgern, beschließen die Jugendlichen, im Eisweiher, einem See außerhalb des Dorfes, ein nächtliches Bad zu nehmen. Als der Ich-Erzähler, der Badezeug und Fahrrad geholt hat, den anderen nachradelt, kommt ihm sein Freund Urs entgegen, der zurückfährt, um Flickzeug zu holen, weil seine Freundin Stefanie einen Platten hat. So kommt es, dass der Ich-Erzähler und Stefanie, die er bislang innerlich abgelehnt hat, fröhlich plaudernd zusammen den Weg zum Weiher zurücklegen. Am Teich angekommen, verzichtet er auf seine Badebekleidung, da er sieht, wie Stefanie nackt ins Wasser geht. Stefanie schlägt vor, zum alten Bootshaus zu schwimmen, anstatt den Freunden nachzuschwimmen, die schon bald am Ufer ein Lagerfeuer entzünden. Am Bootshaus fordert Stefanie den jungen Mann auf, sie zu wärmen. Vermutlich kommen sich die beiden im Folgenden auf dem Balkon des Bootshauses näher. Sie verstecken sich, als Urs, Stefanies Freund, sie suchen kommt, werden aber von Urs schnell entdeckt. Urs glaubt der Ausrede des Freundes nicht. Der nasse Abdruck der beiden auf dem Boden ist ihm Beweis genug. So fragt er den Freund nur, warum er das getan habe. Dann springt er, ohne zu überlegen und obwohl alle wissen, dass das gefährlich ist, vom Balkongeländer ins Wasser, wobei er von einem der Unterwasserpfähle tödlich verletzt wird. Die beiden sehen seinen Körper treiben. Während der Ich-Erzähler die Leiche des Freundes auf den Steg zieht, schwimmt Stefanie zum Ufer. Die Freunde rufen die Polizei, die den toten Urs neben dem verstörten Jungen findet. Die beiden Hauptbeteiligten erzählen der Polizei nichts von Urs' Verdacht. Auch die Freunde sprechen nicht darüber. Auf der Beerdigung sieht der Ich-Erzähler Stefanie zum letzten Mal. Einige Monate später erfährt er von ihrer Schwangerschaft. Über den Vorfall wird im Freundeskreis nicht gesprochen.

# Interpretation epischer Texte

### Interpretation zu Nadja Einzmann, „Hochzeiten" (S. 154/195)

Der Traum der meisten jungen Mädchen war früher die eigene Hochzeit; auch heute noch ist sie für viele ein wichtiges Ziel und für alle Hochzeitspaare sicher ein besonderes Ereignis. Dies ist der Gegenstand der Kurzgeschichte „Hochzeiten" von Nadja Einzmann, erschienen 2001 in ihrem Erzählband „Da kann ich nicht nein sagen. Geschichten von der Liebe". Der Titel lässt vermuten, dass es der Autorin um die Bedeutung der Hochzeit für junge Frauen geht. Mir scheint das Thema allerdings ein anderes zu sein: Der Titel verdeckt ein Beziehungsproblem, die problematische Beziehung der Ich-Erzählerin zu ihrer Schwester. Dies legt schon die Inhaltsangabe nahe:

Die Ich-Erzählerin erlebt die Hochzeit ihrer Schwester, über die sie sich angeblich freut, zugleich frustriert und neidvoll mit. Sie betrinkt sich und erwacht am nächsten Morgen neben einem Mann, der bereit ist, sie zu heiraten. Ihre Schwester plant begeistert diese Hochzeit, sie findet statt, und die Ich-Erzählerin findet sich in einer Ehe wieder, durchaus nicht unglücklich. An ihre Hochzeit vermag sie sich indes nicht zu erinnern.

Eine merkwürdige Geschichte: Warum kann sich die Ich-Erzählerin nicht mehr an ihre Hochzeit erinnern? Was erfahren wir über sie?

Sie hat ihre Schwester „immer bewundert" (Z. 2), ihrer „rosig-weichen Haut" und ihres Lächelns wegen (Z. 3–5). Vermutlich also ist sie selbst nicht so hübsch wie ihre Schwester, auf eine eigene Hochzeit ist ihr Leben daher nicht eingestellt:

- Der erste Satz erklärt die eigene Hochzeit aus dieser Bewunderung;
- sie beschreibt ihre Perspektive als ein „friedliches Leben ohne Spiegel und in weiten Pyjamas" (Z. 33) – auch dies deutet darauf hin, dass sie in ihrer Selbsteinschätzung wohl nicht so gut aussieht, als dass sich ein Mann für sie besonders interessieren könnte.

Gleichwohl kann sie die Tatsache, dass ihre Schwester heiratet, kaum ertragen: Sie weint die ganze Nacht, als sie davon erfährt (Z. 10 f.), sie zieht sich auf der Hochzeit selbst in eine Ecke zurück (Z. 24) und sie betrinkt sich völlig (Z. 26 f.). Wie glaubhaft ist also ihre Bewunderung für ihre Schwester? Dieses Gefühl ist offensichtlich wohl verknüpft mit dem Bewusstsein des eigenen Ungenügens und mit Neid; denn obwohl sie den Bräutigam ihrer Schwester, der sie seinerseits wohl auch eher freundlich ignoriert (Z. 18), nicht mag (Z. 17), verspürt sie den intensiven Wunsch, mit ihrer Schwester zu tauschen (Z. 19–21).

Sie heiratet daher vermutlich, um mit der schönen Schwester gleichzuziehen. Sie hatte sich mit ihrem einsamen, „friedlichen Leben" zwar abgefunden, ergreift aber sofort die Chance einer eigenen Hochzeit, wie sie sagt, ohne es eigentlich zu wollen (Z. 35 f.). Gegen diese Aussage spricht allerdings, dass es ihr Bräutigam ist, der „ja" sagt (Z. 30, 34) – also doch als Antwort auf eine entsprechende Frage? Und wieso blieb der Ich-Erzählerin nichts anderes übrig? Die Motivation zu ihrer Hochzeit bleibt somit eher offen, es ist jedenfalls nicht eine Liebesbeziehung; sie liebt ihren Mann wohl nicht, kann sich aber durchaus geliebt fühlen: Er ist zärtlich (Z. 34 f.) und erfüllt ihre sexuellen Bedürfnisse (Z. 42 f.), er umsorgt und verhätschelt sie in völliger Umkehr einer traditionellen Rollenverteilung in der Ehe (Z. 42).

Es bleibt allerdings: Sie ist in diese Ehe eher unvermittelt hineingestolpert, deshalb – so kann ich nur vermuten – kann sie sich an ihre Hochzeit, die die Schwester geplant hat, auch nicht mehr erinnern. Ganz plausibel erscheint diese Erklärung nicht, bedingt durch die Erzählperspektive:

Es liegt eine Ich-Erzählung vor, wir erfahren über die Protagonistin (die Hauptperson) also nur das, was sie selbst über sich mitteilt:

- Ihre Beziehung zu ihrer Schwester ist sicher nicht mit der Aussage „Bewunderung" erschöpft, das Neidgefühl oder die Eifersucht – was auch immer an negativen Empfindungen – wird ausgeblendet; im Verhalten und an den Reaktionen der Ich-Erzählerin können wir diesen negativen, dunklen Bereich an Empfindungen erahnen.
- Wir erfahren nichts über das Aussehen der Protagonistin. Wir können vermuten, dass sie nicht so gut aussieht und dass sie dicker ist als ihre Schwester. Sie lebt völlig vereinsamt. (Z. 30 ff.) Vermutlich ist sie die Ältere.
- Wir erfahren doch eher wenig über die Geschehnisse und Gespräche, die der Verabredung zur Hochzeit vorausgehen.
- Wir erfahren nichts über das Aussehen des Ehemannes der Protagonistin.
- Wir haben gelegentlich gute Gründe, die Aussagen, die sie über sich und ihren Mann macht, die Anbahnung und Verfestigung ihrer Beziehung, infrage zu stellen.



5267312

So schiebt sie ihm die Initiative zu dieser Ehe zu und unterschlägt ihre Frage, die seiner positiven Antwort vorausgegangen sein muss (Z. 30).

- Es scheint geradezu, als habe sie mit ihrem Mann das große Los gezogen (Z. 41 f.), nur gibt sie es nicht zu – kann sie es nicht zugeben in ihrer Fixierung auf die Hochzeit ihrer Schwester?

Die Ich-Erzählerin setzt mit dem Rückblick ein, erklärt den Gesamtprozess ihrer eigenen Eheschließung mit ihrer Beziehung zu ihrer Schwester, erzählt dann diesen Vorgang lückenhaft – und kommt ganz zum Schluss auf ihre gegenwärtige Situation zu sprechen. Im Grunde müsste sie jetzt doch sehr glücklich sein: Sie hat mit ihrer Schwester gleichgezogen, wird offensichtlich geliebt und gleichsam auf Händen getragen, warum hat sie ihre eigene Hochzeit dann offensichtlich vollkommen verdrängt? Weil sie ihren Mann nicht liebt? Weil sie aus der Rolle der Benachteiligten, aus der Rolle derjenigen, die ihre Schwester immer bewundert hat, nicht herauskommt?

Wie sehr sie auf die Schwester fixiert ist, wird durch die Motivstruktur unterstrichen:

- Die Protagonistin wendet sich mit denselben Worten, derselben rhetorischen Frage an ihre Schwester, mit der sich diese an sie gewandt hat, um ihre Hochzeit mitzuteilen (Z. 7–9, 36 f.).
- Auch die Reaktion auf diese Ankündigung ist identisch (Z. 9 f., 37), bei der Schwester allerdings unverstellt herzlich und ungetrübt, derart, dass sie mit Freuden die Hochzeit plant.
- Sie plant sie zumindest partiell genau so wie ihre eigene Hochzeit (Z. 11 ff., 38 f.), weitere Einzelheiten oder Parallelen erfahren wir nicht, die Ich-Erzählerin blendet sie aus oder kann sich in der Tat nicht mehr daran erinnern (Z. 40 f.).
- Diese Eigentümlichkeit – die fehlende Erinnerung an die eigene Hochzeit – wird noch einmal ausdrücklich wiederholt und als Merkwürdigkeit unterstrichen (Z. 43): Sie bleibt merkwürdig, ich vermag sie nicht recht nachzuvollziehen oder zu verstehen.

1. *Was ist die Funktion des ersten Satzes? Finden Sie einen anderen ersten Satz in gleicher Funktion.*
2. *Welche weiteren Informationen enthält die Einleitung?*
3. *Gibt es einen Übergangssatz zur Inhaltsangabe? Einen solchen Übergangssatz muss es nicht geben, wir fragen trotzdem: Fällt Ihnen ein anderer Übergang ein?*
4. *Der Übergang zur Interpretation ist wichtig: Wie ist er gestaltet?*
5. *Was enthalten die folgenden drei Absätze inhaltlich? Warum sind sie in drei Absätze untergliedert?*
6. *Wichtig bei der Interpretation ist die Absicherung der Aussagen, die Sie machen, durch den Text oder am Text: Wie erfolgt das in diesen drei Absätzen?*
7. *Wie gelingt der Übergang zur Untersuchung der Erzählperspektive?*
8. *Welche Fragen liegen der Analyse der Erzählperspektive zugrunde?*
9. *Gibt es einen Übergang zur Untersuchung der Motivstruktur?*
10. *Was wird über die Funktion der Motive gesagt?*
11. *Welche Beobachtungen am Text werden in den Zusammenhang „Motivstruktur“ gestellt?*
12. *Möglicherweise überrascht Sie der letzte Satz? Warum?*

## Interpretation zu Doris Dörrie, „Wir reden gerade so nett“ (S. 196/198)

Ehen oder – allgemeiner noch – die Beziehungen zwischen den Geschlechtern sind immer problematisch. Wirklich immer? Auf amüsante Weise greift Doris Dörrie in ihrer Kurzgeschichte „Wir reden gerade so nett“ diese Frage auf; der Text ist 2008 in dem Sammelband „Ruckzuck. Die schnellsten Geschichten der Welt“, herausgegeben von Daniel Kampa, erschienen. Was wird erzählt?

Ein Ehepaar sitzt zum Abendessen in einem Restaurant. Beide sind müde nach ihrem Arbeitsalltag. Die Frau bemüht sich um ein Gespräch, bis sie bemerkt, dass ihr Mann ihr gar nicht zuhört. Verletzt und entnervt steht sie auf und weint sich aus auf der Damentoilette. Am Nebentisch ereignet sich das Gleiche in umgekehrter Rollenverteilung: Er redet auf seine Partnerin ein, der das zu viel wird, sodass sie weinend in den Toilettenraum flüchtet. Die beiden Herren nehmen Kontakt zueinander auf, der zweite setzt sich zum ersten an den Tisch und sie beginnen sich zu unterhalten. Die gleiche Situation entwickelt sich im Toilettenraum. Beide Paare unterhalten sich angeregt.

Beide Paare unterhalten sich angeregt – in neuer Formation: Die Männer untereinander kommen gut in ein Gespräch, das Gleiche gelingt den beiden Frauen. Der eheliche Alltag allerdings erschwert es, dass Mann und Frau am Abend noch gut in ein Gespräch miteinander kommen können. Am Alltag können Beziehungen zerbrechen.

Das zu zeigen, ist allerdings nicht die Intention dieser Kurzgeschichte, dazu ist sie zu witzig und leicht gestrickt:

- Der Witz resultiert inhaltlich schon aus der Parallelität des durchaus ja peinlichen Geschehens im Restaurant, also einem öffentlichen Raum;
- die Peinlichkeit wird unterstrichen durch das umgeworfene Weinglas (Z. 20 f.), die Serviette im Salat (Z. 70 f.) und den doppelten auffallenden Abgang der beiden Frauen (Z. 12 ff., 69 ff.), der in dieser Doppelung gleichermaßen peinlich und komisch wirkt.
- Der Witz resultiert weiterhin aus der Verschränkung der Situation: Im ersten Fall redet die Frau und ihr Mann vermag vor lauter Müdigkeit nicht mehr zuzuhören, im zweiten Fall ist es genau umgekehrt.
- Die Parallelität ereignet sich dann noch einmal auf der Toilette: Beide Frauen stellen fest, dass die Wimperntusche entgegen der Aussage der Werbung eben nicht wasserfest ist (Z. 80–84), und kommen dadurch ins Gespräch.
- Das Gespräch gelingt beiden Paaren bei jeweils umgekehrtem Verhaltensmuster: Der erste Herr ist im Unterschied zu dem zweiten Herrn abends nicht mehr in der Lage zum Gespräch mit seiner Frau, die zweite Dame ist im Unterschied zur ersten dazu ebenfalls nicht mehr in der Lage – eine Parallele und Verschränkung gleichermaßen, sodass der Leser geradezu den Eindruck gewinnen könnte, es hätten sich in den beiden Ehepaaren gerade die falschen Partner zusammengetan.

Zusätzlich gesteigert wird der Witz durch die Erzählperspektive: Doris Dörrie erzählt diese Geschichte nicht in der Außensicht eines stillen Beobachters, nicht auktorial aus der Sicht des allwissenden Erzählers, sondern unmittelbar aus der Sicht des ersten Paares, genauer: aus der Perspektive des ersten Herrn und der ersten Dame, jeweils in Form des inneren Monologs. In der Konsequenz ergibt sich eine ebenso reizvolle wie komplizierte, den Leser fordernde Verschränkung der Sichtweisen:

- Wir erleben das erste Konfliktgeschehen und seine Vorgeschichte zweimal, jeweils subjektiv vermittelt: aus der Sicht des Mannes und aus der Sicht der Frau.
- Das zweite Konfliktgeschehen erleben wir einmal aus der Beobachterperspektive des ersten Herrn und zweitens aus der Beobachterperspektive der ersten Dame.



5267314

- Diese Beobachterperspektiven lösen sich dann jeweils auf in einen angeregten Dialog.
- Hinzu kommt der Wechsel des Standortes oder Raumes: Restaurant und Toilette.

Was ist das Resultat? Eine sehr lebendige, witzige Geschichte über die Mühen der alltäglichen Ehe, höchst dramatisch komponiert (Geschehen und Dialoge). Doris Dörrie kommt freilich auch vom dramatischen Fach, nämlich vom Film.

(1) *Was ist die Funktion der ersten zwei Sätze?*

(2) *Finden Sie einen anderen Einleitungssatz, der die gleiche Funktion hat.*

(3) *Welche weiteren Informationen enthält die Einleitung? Lesen Sie sie genau.*

(4) *Gibt es einen Überleitungssatz zur Inhaltsangabe?*

(5) *Fällt Ihnen an der Inhaltsangabe etwas auf (Stichwort „Dialoge“)?*

(6) *Wie werden die Dialoge hier erfasst?*

(7) *Wie wird der Übergang zum nächsten Abschnitt hergestellt?*

(8) *Was ist die Funktion dieses Abschnitts?*

(9) *Wie ist der Übergang zum folgenden Abschnitt gestaltet?*

(10) *Was wird in diesem Abschnitt untersucht?*

(11) *Wie wird der Übergang zum folgenden Abschnitt gestaltet?*

(12) *Was ist sein Thema?*

(13) *Welche Funktion hat der Schluss?*

## Lyrik und ihre Interpretation

Bearbeiten Sie die folgenden Gedichtinterpretationen jeweils mit diesen Aufgaben:

(1) *Formulieren Sie die Fragen, auf die die einzelnen Abschnitte eine Antwort geben.*

(2) *Vergleichen Sie diese Fragen mit dem Arbeitsauftrag zu Mörikes Gedicht auf ▸▸▸ S. 215 bzw. zu Hebbels Gedicht auf ▸▸▸ S. 217/303 und mit den grundsätzlichen Fragen bei der Lyrikinterpretation auf ▸▸▸ S. 219. Was stellen Sie fest?*

(3) *Schauen Sie sich noch einmal die Einleitung an: Schreiben Sie eine Alternative dazu.*

(4) *Zwischen den einzelnen Abschnitten finden sich Überleitungen oder Überleitungssätze. Benennen Sie sie. Welche Arten von Überleitungen lassen sich unterscheiden?*

(5) *Die Interpretationsaussagen werden abgesichert durch Textbelege: Welche sprachlichen und technischen Möglichkeiten des Textbelegs lassen sich erkennen?*

## Interpretation zu Eduard Mörike, „Septembermorgen“

Eduard Mörike (1804–1875)

### Septembermorgen (1827)

Im Nebel ruhet noch die Welt,
Noch träumen Wald und Wiesen:
Bald siehst du, wenn der Schleier fällt,
Den blauen Himmel unverstellt,
Herbstkräftig die gedämpfte Welt
In warmem Golde fließen.

(Mörike, in: Sämtliche Werke, Band 1, 1961, S. 101)

In nur zwei Sätzen, verteilt auf nur sechs Verse, wird das Bild einer friedlichen Natur entworfen im Übergang von der Nacht in den Tag.

Dieser Übergang wird sprachlich genau nachvollzogen; drei Schritte lassen sich inhaltlich unterscheiden:

- Die Ruhe der Nacht prägt den ersten Satz, die beiden ersten Verse sind parataktisch[1] strukturiert, die Verben drücken die Ruhe aus, die „noch“ gegeben ist – das Wort wird wiederholt und deutet schon auf die Veränderung; der Doppelpunkt markiert dies noch einmal.
- Aufgenommen wird dies als Ankündigung im dritten Vers. Im Leser wird eine Erwartung erweckt, er wird angesprochen: „Bald siehst du …“. Der eingeschobene Nebensatz nimmt die Bewegung schon vorweg: Der Schleier wird sehr bald fallen.
- Die drei letzten Verse zeichnen das Bild der sich öffnenden Natur, einer lebendigen (V. 6) und zugleich herbstlich gedämpften (V. 5) Natur, kräftig noch in den Farben (blau, herbstkräftig, Gold) und doch schon mild, jahresaltersmilde. Als Harmonie von Ruhe und fließender Bewegung stellt sich die Natur dar.

Sie stellt sich selbst so dar, denn durchgehend begegnet sie uns personifiziert: Welt, Wald und Wiesen „ruhen“ und „träumen“, sie tragen einen Schleier. Wie lässt sich die Wiederholung des Wortes „Welt“ (V. 1 und V. 5) deuten? Die Natur-Welt insgesamt ist gemeint, sie präsentiert sich uns als den Beobachtern anders als noch einen Monat zuvor, herbstlich, das prägt sie ganz und gar.

Auffallend ist die Form:

- Das Reimschema ist a b a a a b. Wie lässt es sich strukturieren? Zwei Möglichkeiten bieten sich an: Kreuzreim a b – Paarreim a a – Kreuzreim a b, eine Dreigliederung, ein klarer Rahmen, der im Zentrum ein Reimpaar umschließt. Es lässt sich formal so sehen; diese Sicht steht in gewisser Spannung zum Satzbau und zur inhaltlichen Aussage, die anders aufgebaut ist, wie wir gesehen haben. Alternativ zu erwägen erscheint mir daher die zweite Möglichkeit: Ruhe und Erwartung (a b) – Steigerung der Erwartung und Vorwegnahme der Öffnung der Welt, wenn man die dann folgenden drei a-Verse (a a a) als Einheit betrachtet – Auflösung der aufgebauten Spannung im letzten Vers (b).
- Wir haben vor uns durchgehend jambische Verse – aber variabel gestaltet in Orientierung an den Kadenzen: Die a-Verse sind viertaktig gehalten und schließen mit männlicher Kadenz, die b-Verse haben nur drei Takte, schließen aber weicher mit weiblicher Kadenz: Der Schlussvers muss, dem Charakter des Gedichts entsprechend, daher ein b-Vers sein.
- Eine letzte (kleine) Besonderheit: Das Wort „herbstkräftig“ ist eine Neuprägung Mörikes, zweifellos gelungen, da prägnant (= knapp und treffend). Nicht zufällig fügt sich dieses Wort nicht dem Metrum, stellt sich – in schwebender Betonung – quer und fällt damit auch rhythmisch noch einmal auf.

1 „Parataxe“ bedeutet wörtlich die Nebeneinander-Stellung, gemeint ist die Aneinanderreihung von Hauptsätzen (▸▸▸ S. 270).



5267316

## Interpretation zu Friedrich Hebbel, „Herbstbild“

Friedrich Hebbel (1813–1863)

### Herbstbild (1852)

Dies ist ein Herbsttag, wie ich keinen sah!
Die Luft ist still, als atmete man kaum,
Und dennoch fallen raschelnd, fern und nah,
Die schönsten Früchte ab von jedem Baum.

O stört sie nicht, die Feier der Natur!
Dies ist die Lese, die selber hält,
Denn heute löst sich von den Zweigen nur,
Was vor dem milden Strahl der Sonne fällt.

(Hebbel, in: Hebbels Werke, 1899, S. 75)

Frühling – Sommer – Herbst – Winter: Das ist der Zyklus der Jahreszeiten. Was verknüpfen wir mit dem Herbst? Wir kennen die Redewendung vom „goldenen Oktober“, wir kennen aber auch die feuchtkalten Herbststürme. In Friedrich Hebbels „Herbstbild“, entstanden 1852, geht es um den Herbst als die Zeit der Ernte.

Das lyrische Ich entwirft in den zwei Strophen von je vier Zeilen ein ganz besonderes Bild dieser Erntezeit, genauer: eines bestimmten Tages im Herbst (V. 1). Die erste Strophe ist Naturbeschreibung. Schon Vers 1 betont die Einzigartigartigkeit dieses Tages, in den folgenden Versen wird konkretisiert: völlige Ruhe und Stille, Windstille, und zugleich fallen die Früchte von den Bäumen. Die zweite Strophe erklärt oder interpretiert diese Situation als „Feier der Natur“ (V. 5) selbst: Hier wird nicht von Menschen geerntet, hier wird nicht von Menschen ein Erntedankfest gefeiert; die Natur selbst vollzieht die Ernte (V. 6) als ein gleichsam religiöses Fest, in das die Menschen nicht eingreifen sollen (V. 5), da sie hier nur stören könnten. Nur als Beobachter dieser einzigartigen Natur-Feier hat das lyrische Ich Anteil daran.

Die Natur wird dargestellt als ein aktives, selbsttätiges Wesen in einem festlich-feierlichen Vorgang von religiöser Dimension; dies wird deutlich in V. 8: „Was vor dem milden Strahl der Sonne fällt“; „vor“, nicht – wie man doch erwarten könnte – „von“: Was ändert sich dadurch? Aus einer Kausalbeziehung, einer Erklärung, wird ein weihevoller Akt, vergleichbar einem Opferfest vor dem Altar oder vor Gott: die Ernte als ein Opferfest, ein heiliges Fest einer heilig verstandenen Natur mit sich selbst.

Diese Sicht der Natur wird in der zweiten Strophe hergestellt: durch den Appell des lyrischen Ichs, die zentrale Metapher (V. 5) und die Personifikation der Natur (V. 6). Die erste Strophe beschreibt, die zweite überhöht zur religiösen Feier; inhaltlich wiederholt zugleich die zweite Strophe gegen Schluss (V. 7) den Schluss der ersten Strophe (V. 3 f.): Auf diese Weise sind beide Strophen eng aneinander gebunden, gleichsam verdichtet. Das Reimschema unterstützt die Zweiteilung im Aufbau: a b a b und c d c d, der durchgehende Kreuzreim wechselt nach der ersten Strophe. Das Metrum ist regelmäßig strukturiert: ein fünftaktiger Jambus mit durchgehend männlichen Kadenzen. Versende und satzrhythmische Zäsur oder Pause fallen immer zusammen, wir haben kein Enjambement. Zugleich aber ist der Rhythmus lebendig aufgelockert durch Spannungen zwischen der metrischen und der Satzbetonung in V. 1 („Dies ist ein …“), V. 5 („stört sie nicht“) und V. 6 („Dies ist die …“): Man nennt dies „fließende Betonungen“. Der Satzbau ist abwechslungsreich, lebendig gestaltet: Wir finden Nebensatzkonstruktionen (V. 1 f., 6, 8), Beifügungen (V. 3) und nachgestellte Objektbestimmungen (V. 5).

Aussageabsicht ist die Verklärung der Natur in eine personale, naturgöttliche Dimension im Zusammenhang der Fruchternte. Formal wird diese Aussage deutlich unterstrichen: durch die Zweiteilung im Aufbau, die strenge metrische Struktur, die zentrale Naturmetapher und die Personifikation der Natur.

# Arbeitsgrundlagen und Werkzeuge

Im Folgenden finden Sie eine Zusammenstellung von Hilfsmitteln, mit denen Sie eine Aufgabenstellung besser bewältigen können.

## Operatoren

Mit den unten stehenden Verben werden in Abschlussprüfungen die Aufträge zum Verfassen der Texte verschiedener Arten, also der Prüfungsaufsätze, gekennzeichnet; es ist wichtig zu wissen, was mit diesen „Operatoren" jeweils gemeint ist; dazu sollen die Erklärungen dienen.

- Beschreiben: Personen, Situationen, Vorgänge, Handlungen oder Diagramme genau – also eingehend – sachlich darstellen, ohne sie zu bewerten.
- Auswerten: Strukturen, Leitgedanken, Strategien und Elemente eines Diagramms – auch unter bestimmten Aspekten – herauslösen und auf das Wesentliche konzentriert darstellen.
- Analysieren: Einen Text oder ein Diagramm zerlegen, strukturiert und systematisch – als Mindmap, mit Ober- und Unterbegriffen oder als Strukturbild geordnet – einzelne Aspekte oder Elemente eines Textes erschließen und für sich, aber in Übereinstimmung mit dem Textganzen, darstellen.
- Erklären: Einen Sachverhalt, einen Vorgang, eine Handlung bzw. eine Entscheidung in einen Begründungszusammenhang stellen oder etwas schlussfolgernd herleiten.
- Erläutern: Einen Sachverhalt, einen Vorgang, eine Handlung bzw. eine Entscheidung veranschaulichen, verdeutlichen oder etwas einsichtig vor Augen führen.
- Beurteilen: Textinhalte oder Diagramme, Sachverhalte, Aussagen, Maßnahmen, Lösungen und anderes reflektieren, prüfen und begründend einordnen.
- Zusammenfassen, eine Inhaltsangabe verfassen: Einen Text sachbezogen, strukturiert und auf das Wesentliche beschränkt sachlich und ohne Wertungen wiedergeben.
- Darlegen und begründen: Standpunkte, Auffassungen oder Urteile argumentativ herleiten und stützen bzw. Zusammenhänge oder Probleme unter einer bestimmten Fragestellung sachlich ausführen.
- Interpretieren: Einen Sachtext oder ein Diagramm erklärend und wertend auslegen bzw. einen literarischen Text in seiner Wechselbeziehung von Inhalt und Form und mithilfe textanalytischer Mittel und Verfahren untersuchen und seine Aussage erläutern.
- Weiterschreiben, aus einer Sicht schreiben, einen Brief oder Tagebucheintrag schreiben: An einer literarischen Textvorlage orientiert und zugleich inhaltlich und sprachlich eigenständig-kreativ einen Text neu erstellen bzw. fortsetzen.



5267318

# Arbeitsmethoden

## VORWISSEN ABRUFEN

Viele Aufgabenstellungen machen es erforderlich, dass wir uns auf unser Vorwissen besinnen. Da Vorwissen oft nur unvernetzt oder in ganz anderen Zusammenhängen abgespeichert ist, helfen assoziative und kreative Schreibtechniken, unser vielfältiges Repertoire zu öffnen und nutzbar zu machen.

### Brainstorming (alleine)

Hier wird Ihnen *eine* Möglichkeit des Brainstormings vorgestellt:

- Schreiben Sie zunächst das Thema oder den zentralen Begriff der Aufgabenstellung an den oberen Rand des Papiers.
- Sie haben drei Minuten Zeit: Notieren Sie sich nun *untereinander* Begriffe, die *nicht* miteinander verknüpft sind.
- Fallen Ihnen zu einem Begriff verknüpfte Ideen oder Begriffe ein, schreiben Sie diese in der Reihe des Begriffs *nach rechts* weiter. Diese Reihen nennt man Assoziationsketten.

Tipp: Lassen Sie Ihre Gedanken „laufen". Bewerten Sie während des Brainstormings Ihre Gedanken, Intuitionen und Erinnerungsbilder nicht. Sie können dabei einzelne Gedankenketten weiterentwickeln, bis Sie zu einem Ende kommen. Setzen Sie dann wieder bei einem weiteren Begriff an. Manchmal hilft es, die W-Fragen zum Thema zu stellen oder selbst Fragen zum Begriff zu entwickeln. Auch die Vorstellung von relevanten Situationen und Erlebnissen kann hilfreich sein.

Beispiel: Die Themenfrage lautet:
Sollte man das Halten von exotischen Haustieren in der Stadt verbieten?

**Exotische Haustiere**

| | | |
|---|---|---|
| Gefahr für Leib und Leben | – | Eigentümer/Nachbarn/Allgemeinheit – Verlässlichkeit des Halters/Kontrolle? Beispiele: ausgesetzte Boas in Baggerseen; entlaufener Löwe aus Zoohaltung |
| artgerechte Haltung | – | Kritik an Zoohaltung – Fachleute – Kosten für Ernährung – Raumverhältnisse/ Auslauf – soziale Bedürfnisse – Rudel – Krokodile – Feuchtbiotop Badewanne? |
| Vermenschlichung der Tiere | – | Irrtum – Beziehungsunfähigkeiten |
| harmlose Exoten | – | Papageienkolonien – keine heimischen Arten – keine natürlichen Feinde |

### Gruppenbrainstorming

Sie notieren ein Wort und reichen das Blatt an Ihren Nachbarn weiter. Dieser bindet entweder im Sinne der Assoziationskette (s. das Beispiel oben) ein weiteres Wort rechts an oder schreibt ein von Ihrem Gedanken unabhängiges Wort links unter Ihr Wort. Diese Methode eignet sich vor allem, wenn ein dreiminütiges Brainstorming im Plenum vorangegangen war. So kann die Gruppe ihr gemeinsames Informationsrepertoire bestmöglich ausschöpfen.

### Clustern

Schreiben Sie ein Kernwort in die Mitte eines Blattes. Notieren Sie rundherum einzelne Begriffe oder Satzfetzen, die Ihnen zu diesem Kernwort einfallen. Kreisen Sie nun diese Assoziationen ein und verbinden Sie sie mit dem zentralen Kernwort. Diese neuen „Kernwörter" rufen nun jeweils weitere Assoziationen hervor, die Sie ebenfalls umkreisen und mit den vorherigen Begriffen verbinden.

### Assoziatives Schreiben

Klären Sie das Thema und die Aufgabenstellung. Um Ideen zu sammeln, schreiben Sie „drauflos", bis Ihnen nichts mehr einfällt. Dann setzen Sie einfach – auch mitten im Satz – ab und beginnen in der nächsten Zeile neu. Lassen Sie sich beim assoziativen Schreiben durchaus fünfzehn Minuten Zeit.

### Spinnennetz

Sie beginnen mit dem zentralen Begriff zu einem Thema, das Sie in die Mitte der Seite schreiben. Gehen Sie nun assoziativ von Begriff zu Begriff vor, indem Sie die Begriffe durch Linien verbinden. Sie können auch entfernte Begriffe mit Linien verbinden, sofern sie zusammenhängen. Mit der Zeit ergibt sich ein engmaschiges Netz, das einem Spinnennetz ähnelt.

### Freundschaftsinterview

Erstellen Sie eine Liste Ihrer Bekannten und Freunde. Suchen Sie sich eine Person aus, mit der Sie sich zu einem Thema austauschen wollen. Entwickeln Sie schriftlich eine Art Gesprächsleitfaden. Über diese Methode können Sie sich über Ihren Standpunkt Klarheit verschaffen, sich an Ihr Vorwissen erinnern etc.

## STRUKTURIEREN VON GEDANKEN UND INHALTEN

Nach der Sammlung von Ideen, Erinnerungen oder Fakten muss dieses Vorwissen bzw. Material in einem weiteren Schritt strukturiert werden. Hierbei trennen Sie auch Wesentliches von Unwesentlichem.

### Mindmap

Die Mindmap wird zur strukturierten Gedankensammlung genutzt. Sie kann für die Ideensammlung, -sichtung und -ordnung zur Problemerörterung und im Rahmen eines Projekts eingesetzt werden. Auch als übersichtliche Visualisierung in einer Präsentation wird die Mindmap verwendet. In der Prüfungsvorbereitung können mit dieser Methode Lerninhalte gesammelt und gegliedert werden.
Das Papier wird im Querformat genutzt.

- In die Mitte setzen Sie einen zentralen Begriff, ein Bild oder eine Skizze, um das zu behandelnde Thema oder die Problemstellung auszudrücken.
- Zeichnen Sie von diesem Zentrum ausgehend eine Linie zu jedem Oberbegriff für einen wichtigen Aspekt, der Ihnen zum zentralen Begriff oder Thema einfällt. Heben Sie diese neuen Begriffe farblich oder typografisch (durch das Schriftbild) hervor.
- Von jedem dieser neuen Schlüsselwörter ausgehend kann sich nun ein Geflecht hierarchisch (also nach Rangordnung) untergeordneter Begriffe entfalten.
- Achten Sie auf Übersichtlichkeit in Ihrer Visualisierung, indem Sie verschiedene Farben, Schriftarten und Symbole einsetzen.
- Benutzen Sie Pfeile, Piktogramme, Ausrufe- und Fragezeichen – sie sind für den Betrachter eine wichtige Verständnishilfe.



5267320

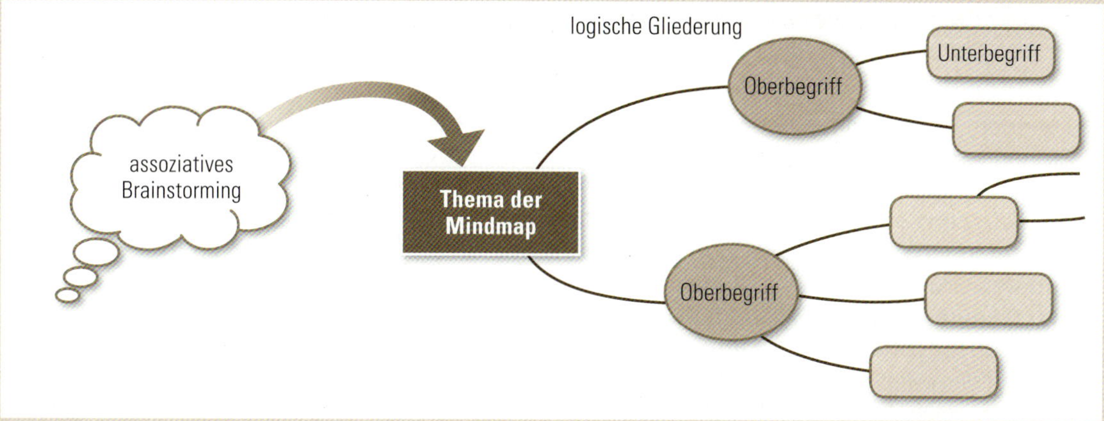


## PMI-Methode

Mit der PMI-Methode können (allein oder in der Gruppe) Vorteile – Nachteile – offene Fragen einer Problemstellung erfasst und sichtbar gemacht werden. Dazu benötigt man das folgende Schema:

| Problem | |
|---|---|
| **Pluspunkte** | **Minuspunkte** |
| + …<br>+ … | – …<br>– …<br>– … |
| **Interessante Fragen:**<br>**1)** …<br>**2)** … | |

1. Sie füllen in Einzelarbeit die Pluspunkte-Spalte aus, dann die Minuspunkte-Spalte.
2. Danach notieren Sie offene Fragen zum Thema.
3. Nun stellen die Gruppenmitglieder innerhalb einer Gruppe nacheinander ihre Plus- und Minuspunkte vor; die anderen Gruppenmitglieder ergänzen ihre Sammlung.
4. Dann stellt jedes Gruppenmitglied eine seiner „interessanten Fragen", die die Gruppe zu beantworten versucht.
5. Die gesammelten Punkte werden schließlich entweder im Plenum vorgestellt und diskutiert oder weiterverwendet (zum Beispiel zum Aufsatzschreiben).

## Strukturlegemethoden

Diese Methoden helfen zum Beispiel
a) die Struktur eines Textinhaltes zu visualisieren und den Text dadurch besser zu verstehen
b) oder die Grundbegriffe eines Lerngebietes zu strukturieren und dadurch zu wiederholen.
Sie stellen Kärtchen mit Schlüsselwörtern, zum Beispiel aus einem zu bearbeitenden Text oder einem Lerngebiet, entweder selbst her oder Sie erhalten 20 bis 30 Kärtchen mit je einem Begriff aus einem Stoffgebiet, das Sie bereits erarbeitet haben.
Sie sollen nun diese Kärtchen nach inhaltlichen Kriterien in eine Struktur legen. Wenn Sie mit der Struktur zufrieden sind, können Sie die Kärtchen aufkleben. Vergleichen Sie Ihre Struktur mit den Strukturen Ihrer Teammitglieder. Wenn diese Methode dazu dient, Ihre „Erinnerungslandkarte" der Begriffe zu einem Thema widerzuspiegeln, gibt es grundsätzlich kein „richtig" oder „falsch".
Eine weitere Variante, wenn Sie Kärtchen erhalten haben, besteht darin: Lesen Sie die Kärtchen mit den Begriffen und unterteilen Sie sie in „verstanden" und „nicht verstanden". Die nicht verstandenen Begriffe klären Sie in der Kleingruppe mit Ihren Partnern.

## ARGUMENTIEREN

### Pro-Kontra-Debatte

1. Zu einem Thema bzw. einer Fragestellung wird ein erstes Meinungsbild im Plenum erstellt.
2. Zu den jeweiligen Positionen werden nun Gruppen durch Zulosen der Positionen (mit farbigen Karten oder Ähnlichem) gebildet.
3. Die Gruppen setzen sich mit der ihnen zugelosten Position auseinander und erarbeiten Begründungen für ihre Standpunkte. Auch die evtl. zu erwartenden Gegenargumente der anderen Gruppen sollten diskutiert und deren Widerlegung erarbeitet werden. Zwei oder drei Gruppenmitglieder werden als Sprecher bestimmt.
4. Die Gruppensprecher sitzen im Kreis, die anderen Schüler gruppieren sich um den Kreis.
5. Ein Schüler oder die Lehrkraft fungiert als Gesprächsleiter, der die Debatte eröffnet.
6. Die Gruppensprecher dürfen jeweils ein zweiminütiges Statement zu ihrer Position abgeben. Danach antworten die anderen Gruppenmitglieder nach einer vom Gesprächsleiter vorgegebenen Reihenfolge auf die Statements und tauschen Argumente/Gegenargumente aus (ca. 20 Minuten lang).
7. Die Zuschauer beurteilen, welche Argumente überzeugend und welche nicht überzeugend waren, und berichten, ob sie evtl. ihre eingangs beim Meinungsbild geäußerte Position verändert haben.

### Streitlinie

1. Eine Entscheidungsfrage wird in den Raum gestellt.
2. Durch Abzählen (1, 2) wird die Klasse in zwei Hälften aufgeteilt. Alle „Einser" vertreten die Pro-Seite, alle „Zweier" die Gegenposition.
3. Einser und Zweier stellen sich in zwei Linien einander gegenüber auf. Sie tauschen im Wechsel ihre jeweiligen Argumente bzw. Meinungen zur Fragestellung aus.
4. Nach zwei Minuten werden die Rollen gewechselt.

## KOOPERATIVE LERN- UND ARBEITSFORMEN

### Think – Pair – Share

In drei Schritten erfolgt die Klärung einer Problemstellung:
1. Sie lösen die Aufgabe für sich allein (denken: think).
2. Sie tauschen sich mit Ihrem Partner über Ihr Ergebnis aus (teilen: pair).
(In einem weiteren Schritt können Sie zunächst in der Vierergruppe arbeiten. Hierbei sollen Sie Ihr gemeinsames Ergebnis visualisieren.)
3. Sie tragen dem Plenum Ihre gemeinsame Lösung vor (share).

Sie erhalten so die Möglichkeit, erst Ihre Kompetenz und Ihr Wissen anzuwenden und das Ergebnis zunächst in einem geschützten Raum auszutauschen und zu ergänzen, um dann Ihre Ergebnisse mit mehr Sicherheit einer größeren Öffentlichkeit vortragen zu können.

### Platzdeckchen *(placemat)*

Sie arbeiten zu viert an einem Tisch. In der Mitte liegt ein großer gemeinsamer Bogen Papier, den Sie ungefähr wie in der Abbildung aufteilen. Jedes Gruppenmitglied schreibt mit eigener Farbe in das Feld, das vor ihm liegt.

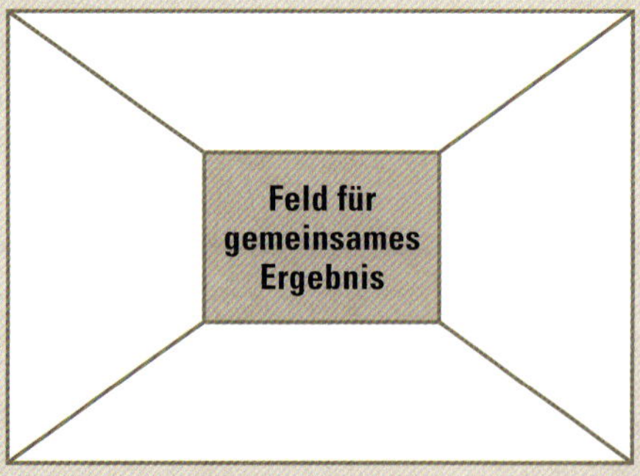


1. Sie erhalten den Arbeitsauftrag und lesen ihn.

2. Sie lösen die Aufgabe schriftlich in Ihrem Feld des Bogens in Ihrer Farbe.
3. Sie drehen nun das Platzdeckchen und lesen die Lösungen der Gruppenmitglieder.
4. Sie visualisieren ein gemeinsames Ergebnis in der Mitte des Platzdeckchens.

## Gruppentourismus (oder: Einer bleibt, die anderen gehen)

Jede Arbeitsgruppe (im Beispiel: eine Vierergruppe) legt ihr jeweiliges Ergebnis in die Mitte des Gruppentisches oder hängt es an einer Pinnwand auf. Ein Gruppenmitglied bleibt und präsentiert das Ergebnis den „Besuchern". Die anderen drei Gruppenmitglieder verteilen sich auf die anderen Gruppen wie folgt: Ein Mitglied geht zur nächsten Gruppe, ein weiteres zur übernächsten und ein drittes noch eine Gruppe weiter. Sie notieren sich die Ergebnisse der jeweiligen Gruppe und kehren zu ihrem eigenen Gruppentisch zurück. Nunmehr werden die Ergebnisse aller Gruppen in jeder Gruppe berichtet, diskutiert und, so nötig, in das eigene Ergebnis integriert. Bleiben Fragen offen, werden sie im Plenum diskutiert.

## Markt der Möglichkeiten und Marktplatz

In Kleingruppen werden Teilaspekte eines Themas erarbeitet.

- Teilnehmer A1, A2 und A3 erarbeiten Teilthema 1.
- Teilnehmer B1, B2 und B3 erarbeiten Teilthema 2 und
- Teilnehmer C1, C2 und C3 erarbeiten Teilthema 3.

Die Gruppen erstellen zu ihrem Thema eine Visualisierung (Poster usw.) und präsentieren auf einem Marktplatz ihre Ergebnisse. Während ein Gruppenmitglied jeweils den anderen Gruppen die Ergebnisse präsentiert, können sich die anderen Gruppenmitglieder auf dem Marktplatz umsehen und sich informieren. Sie kommen dann in ihre Gruppe zurück und das nunmehr angehäufte Wissen kann verarbeitet werden über weitere Aufgabenstellungen.

## Reziprokes Lesen

Sie arbeiten in Gruppen mit maximal vier Mitgliedern. Der Ihnen vorliegende Text ist in Abschnitte eingeteilt.

- A liest den ersten Abschnitt laut vor.
- B fasst den Inhalt des Gehörten zusammen.
- C stellt Fragen, die sich aus dem Text beantworten lassen.
- D stellt Vermutungen über den Inhalt des folgenden Abschnittes an.

Alternative Vorgehensweise: Sie arbeiten zu viert. Der Ihnen vorliegende Text ist in vier Abschnitte geteilt.

- A liest den ersten Abschnitt vor und stellt Fragen, die aus dem Abschnitt beantwortet werden können.
- B fasst den Abschnitt zusammen, ohne zu lesen.
- C bittet die anderen Gruppenmitglieder um Worterklärungen. Zudem lässt er sich schwierige Textstellen erläutern.
- D stellt Vermutungen über den Inhalt des folgenden Abschnitts an.

Die anderen hören jeweils genau zu, kooperieren und unterstützen, so notwendig.
Danach werden die Rollen im Uhrzeigersinn um einen Buchstaben verändert und der folgende Abschnitt wird genauso bearbeitet.

## Tempoduett

Sicherlich haben Sie auch schon bemerkt: Sie haben einen Stoff dann verstanden, wenn Sie ihn einem Mitschüler erläutern können. Das Tempoduett arbeitet mit dieser Erfahrung. Sie können es einsetzen, wenn Sie Stoff neu erarbeiten oder wenn Stoff wiederholt wird.
Die Klasse wird in zwei Gruppen eingeteilt. Eventuell ist es sinnvoll, sich in zwei Reihen zu setzen. Jede Gruppe erhält einen anderen Text mit einer Aufgabe. Hat jemand seine Aufgabe in

seinem Tempo bewältigt, steht er auf und geht mit einem Mitglied der anderen Gruppe zusammen. Nun erläutert A dem oder der anderen (B) seine Aufgabe und seine Lösung.
Dann wechseln Sie die Rollen. Die Aufgaben werden entweder getauscht und jeder der beiden kontrolliert das Ergebnis des Partners, indem er die Aufgabe selbst durchführt. Oder der Lehrer oder die Lehrerin stellt vertiefende Aufgaben, die von den beiden Partnern gemeinsam gelöst werden.
Alternative Vorgehensweise: Es gibt zwei verschiedene Aufgaben (Texte mit Fragen oder Ähnlichem, nach Möglichkeit auf verschieden farbiges Papier kopiert).
1. Die Hälfte der Klasse erhält Aufgabe 1, die andere Hälfte erhält Aufgabe 2.
2. Jeder Schüler bearbeitet seine Aufgabe in Einzelarbeit in seinem Arbeitstempo.
3. Wenn der Schüler die Aufgabe gelöst hat, steht er auf und begibt sich zu einem vorher markierten Platz für Aufgabe 1 oder 2 (zum Beispiel verschiedene Ecken des Klassenzimmers), wo er auf einen Mitschüler wartet, der ebenfalls mit der Aufgabenbearbeitung fertig ist. Die beiden vergleichen ihre Lösungen und fragen bei Problemen bei der Lehrkraft nach.
4. Nun holen sich beide Schüler die andere Aufgabe, die sie noch nicht bearbeitet haben, und verfahren bei der Bearbeitung der neuen Aufgabe genauso.

### Drei-Schritt-Interview

Mit der Drei-Schritt-Methode übt man das „Aktive Zuhören" und das Paraphrasieren (etwas mit anderen Worten, aber sinngemäß ausdrücken). Sie können mit dieser Methode Lernstoff wiederholen, überprüfen und vertiefen.
Sie arbeiten im Dreier- oder Viererteam an einem eigenen Gruppentisch. Sie erhalten ein Thema, zu dem Sie sich wechselseitig interviewen. Jeder sollte jede Rolle innegehabt haben.

In einer Dreiergruppe:
1. A fragt B. C notiert die wichtigsten Punkte.
2. B fragt C. A hält Ergebnisse fest.
3. C fragt A. B notiert.

In einer Vierergruppe:
1. A interviewt B. Gleichzeitig interviewt C D.
2. B interviewt A. D befragt C.
3. Im Viererteam berichtet jedes Mitglied die Antworten des eigenen Partners.

### Lernkarten erstellen

Erstellen Sie in der Gruppe zu einem Themengebiet Erinnerungskarten. Schreiben Sie auf eine Karte einen Begriff. Sie können die Lösung auf die Rückseite schreiben. Mischen Sie Ihre Memorykarten und legen Sie sie in die Mitte des Tisches. Gehen Sie nun als Gruppe einen Tisch weiter. Sie finden die Memorykarten der an diesem Tisch ansässigen Gruppe vor. Jeder zieht nun jeweils eine Karte, wenn er an der Reihe ist, und spricht über den Begriff. Die Gruppe korrigiert oder ergänzt. Als Abschluss kann die Besuchergruppe die Memorykarten um weitere ergänzen, falls wichtige Begriffe von der ansässigen Gruppe nicht notiert worden sind.
Gehen Sie dann an Ihren Tisch zurück und überprüfen Sie Ihre Memorykarten auf Hinweise. Tauschen Sie sich im Plenum über Ihre Erfahrungen aus.

## REFLEKTIEREN UND BEWERTEN

### Schreibend über das Gelernte nachdenken

Schreiben Sie eine Mail: Sie erklären einem Freund den Stoff der Stunde oder eine Vorgehensweise, einen Gedankengang oder eine Regel. Lassen Sie Ihre Mail von Ihrem Nachbarn lesen.


5267324

### 3–2–1

Nach einem Lehrervortrag oder einem Schülerreferat oder am Ende einer Unterrichtsstunde erhalten Sie eine leere Karteikarte. Sie notieren sich in drei bis fünf Minuten:
3 wichtige Begriffe, die Sie sich merken müssen,
2 Begriffe, Konzepte oder Fakten, über die Sie gerne mehr wissen möchten,
1 Kompetenz, die Sie jetzt erworben haben.

### Fünf Finger

Zeichnen Sie den Abdruck Ihrer Hand auf ein Blatt Papier oder in Ihr Heft. Beschriften Sie nun jeden Finger, indem Sie zum Beispiel folgende Aufgabe bearbeiten:
1. Finger: Mit welchem Gefühl verlasse ich den Unterricht? ...
2. Finger: Eine Sache fand ich heute besonders interessant: ...
3. Finger: Eine Sache, über die ich noch mehr erfahren möchte: ...
4. Finger: Ein Punkt, den ich an meiner Arbeitsweise verändern möchte: ...
5. Finger: Eine Fähigkeit, in der ich besonders gut bin: ...

### Selbstevaluation durch Aufstellung auf einer Linie oder im Fadenkreuz

Sie können Ihr Lernverhalten selbst mithilfe bestimmter Methoden als Blitzlicht im Klassenverband und in der Gruppe überprüfen und auswerten (evaluieren), zum Beispiel:
Im Raum liegt eine Schnur. Die Mitte ist als Nullpunkt gekennzeichnet. Die beiden Enden sind der Plus- und der Minuspunkt. Jetzt werden Ihnen konkrete Fragen gestellt. Stellen Sie sich jeweils entsprechend auf der Linie auf. Sie sehen, wo Sie und wo die anderen stehen. So entwickelt sich eine Selbstbewertung in einer bestimmten Frage. Fragen können sein: Haben Sie das Konzept der Stellungnahme verstanden? Oder: Können Sie jetzt eine Gliederung erstellen? Oder: Mit dem Thema X habe ich mich ... beschäftigt.
Sie können zu der x-Achse auch eine zusätzliche y-Achse legen: Die y-Achse könnte messen, wie sicher Sie sich im Stoff fühlen.

### Venn-Diagramme

Sie erhalten drei kreisförmige bunte Papiere. Papier 1 bedeutet: meine Gedanken. Papier 2 bedeutet: eure Gedanken. Papier 3 steht für: im Unterricht erfahrene Gedanken. Legen Sie die Papiere entsprechend ihrem Anteil aneinander. Sie können auf diese Weise ermitteln, wie groß Ihr Lernzuwachs war, von wem er kam und wie sich Ihr Wissen entwickelt hat.

### Hand aufs Herz

Auf das Signal der Lehrkraft legen alle Schüler die Hand aufs Herz. Dabei zeigen Sie mit der Anzahl der ausgestreckten Finger an, wie interessant und lehrreich Sie die Stunde oder die Einheit empfunden haben. Fünf Finger bedeuten höchstes Lob, ein Finger zeigt an, dass Sie die Stunde eher schlecht bewerten. Die Bewertung soll so schnell verlaufen, dass nur der Lehrer oder die Lehrerin das Feedback erkennen kann.

## SCHREIBPLAN

Schreibpläne dienen dazu, den eigenen Schreibprozess bzw. die Textproduktion vorzubereiten, d. h. zu planen und zu reflektieren. Dabei sollen die Inhalte, über die man schreiben möchte, zunächst vorstrukturiert und in Stichworten vorformuliert werden.
Der Schreibplan kann in Form einer Mindmap, eines Clusters oder einer Tabelle angelegt sein. Alle Überlegungen, die im Vorfeld geklärt werden müssen, werden in den Schreibplan eingetragen.

Das Schreiben eines Textes besteht aus vier Phasen: 1. Planungsphase, 2. Schreibplan, 3. Textproduktion, 4. Überarbeitung
Folgende Vorüberlegungen sind zum Erstellen eines Schreibplans wichtig:

### Planungsphase: Aufgabenstellung analysieren und verstehen

- Wie lautet das Thema?
- Welche Schreibform ist erforderlich? Muss ein informierender oder ein argumentierender Text verfasst werden? Je nach verlangter Textsorte, muss die Schreibstrategie angepasst und die sprachlichen Formulierungen modifiziert werden.
- Wer ist der Adressat des Textes? Ist er in der Aufgabenstellung angegeben oder darf er selbst bestimmt werden?
- Was ist die Schreibabsicht, d. h., was soll mit dem Text beim Adressaten erreicht werden? Auch diese Frage kann aus der Aufgabenstellung heraus erschlossen werden.

### Schreibplan: Aufbau und Form eines Textes

Wenn die oben stehenden Fragen geklärt sind, ist zu überlegen, welchen Aufbau und welche Form der Text haben soll bzw. muss.
In der Regel bestehen alle Texte aus drei Elementen:

1. Einleitung: In ihr wird zum Thema bzw. zum Anliegen geführt.
2. Hauptteil: Er dient der Ausführung der Gedanken zum Thema.
3. Schluss: Er dient der Abrundung des Textes, kann eine Schlussfolgerung enthalten, je nach verlangter Schreibform.

Folglich wird für jede Aufgabe ein eigener Schreibplan erstellt.

### Textproduktion: Schreiben

Nun erst beginnt das eigentliche Schreiben. In den Schreibplan, z. B. in Tabellenform, werden die Ergebnisse zunächst stichwortartig eingetragen. Danach werden die inhaltlichen Aspekte überprüft, korrigiert, ergänzt oder gekürzt. Anschließend wird der Text ausformuliert.

### Überarbeitung

Nach der Ausformulierung werden alle zu berücksichtigenden Kriterien überprüft. Mithilfe des Schreibplans wird also abgehakt, ob beim Schreiben an den Adressaten gedacht wurde, ob eine Einleitung formuliert wurde, ob sie ansprechend formuliert ist usw.
Sind alle Kriterien erfüllt, kann der Text in Reinschrift übertragen werden. Das ist nach dem ersten Schreiben meistens nicht der Fall. Denn beim Durchlesen des Entwurfs fallen einem oft logische Brüche, fehlende Aspekte oder Rechtschreibfehler auf. Deshalb wird in der Regel der Erstentwurf nochmals überarbeitet, indem umformuliert, umgestellt, ergänzt oder Passagen gestrichen werden.
Die vierte Phase kann sich mehrfach wiederholen, je nachdem, wie gut der Text gelungen ist. Manchmal hilft es, eine Nacht darüber zu schlafen oder den Text von einer außenstehenden Person lesen zu lassen. Diese Person kann dann Tipps geben, die in der nächsten Überarbeitungsphase beachten werden.

## SCHREIBWERKSTATT

Zielsetzung: Ziel einer Schreibwerkstatt ist es, selbst verfasste Texte zu verbessern, und zwar in jeder Hinsicht:

- *inhaltlich:* argumentativ, in der Logik des Aufbaus und in der Stimmigkeit des Sachverhalts oder Vorgangs,
- *stilistisch:* in Wortwahl, Ausdrucksweise und Gestaltung der Sätze zur überzeugenden Vermittlung des Inhalts,

- *auf sprachliche Richtigkeit:* korrekte Form von Rechtschreibung, Grammatik, Satzbau und Zeichensetzung.

Je nach Textsorte und Aufgabenstellung, Zeitrahmen und Adressaten kann es auch sinnvoll sein, nur einzelne dieser drei Gesichtspunkte für eine Verbesserung auszuwählen.

Motivation dafür, einen selbst verfassten und fertig geschriebenen Text zu bearbeiten, ist
- zum einen der Wunsch, den eigenen Ansprüchen zu genügen und einen Text gut und fehlerfrei fertigzustellen,
- zum anderen die Notwendigkeit, bei einer öffentlichen Präsentation des Textes dem Empfänger bzw. Leser die eigene Person bestmöglichst vorzustellen,
- die Meinung, die man vertritt, überzeugend vorzutragen
- oder auch das Bedürfnis nach guter Unterhaltung zu befriedigen, damit eine Geschichte mit Vergnügen gelesen werden kann.

Chance: Die gemeinsame Überarbeitung von Texten in einer Gruppe bietet die Möglichkeit, die Vielzahl von Gesichtspunkten, die zu beachten sind, nicht als unüberwindbare Hürde zu erleben, sondern durch die Konzentration auf einen einzigen Aspekt die Mitglieder der Arbeitsgruppe erfolgreich zu unterstützen, ja vielleicht sogar über einzelne Fragen ins Gespräch miteinander zu kommen.

Vorgehensweise: Verfassen Sie in Einzelarbeit den Text gemäß Aufgabenstellung und Textsorte (Beispiele sind in den meisten Kapiteln des Buches zu finden). Setzen Sie sich in Kleingruppen (beispielsweise zu viert) an einen „runden Tisch".

### Erste Runde

1. Geben Sie Ihren Text nach rechts weiter und lesen Sie den Ihnen nun vorliegenden auf seine inhaltliche Qualität hin durch. Kennzeichnen Sie Stellen, die Sie ändern möchten, mit einem Rotstift und schreiben Sie auf ein beiliegendes Blatt zu Ihrem Namen Ihre Verbesserungsvorschläge: von kritischen Anmerkungen bis hin zu Stichworten für eine neue Formulierung.
2. Geben Sie (beispielsweise nach 10 Minuten) das Text- und das Korrekturblatt nach rechts weiter, markieren Sie in dem Text, den Sie erhalten haben, wieder die Stellen, die Sie ändern möchten, diesmal mit grüner Farbe, und schreiben Sie Ihre Anmerkungen mit Ihrem Namen unter die Hinweise des Erstkorrektors.
3. Geben Sie die Blätter (zum vereinbarten Zeitpunkt) weiter und bearbeiten Sie den dritten fremden Text mit einer dritten Farbe wie zuvor.
4. Geben Sie die beiden Blätter dem Verfasser.

Der Verfasser überarbeitet seinen Text in Einzelarbeit und erstellt eine zweite Fassung, indem er die Hinweise beachtet und – was ihm einleuchtet – einarbeitet; jeder hat auch Gelegenheit, die Korrektoren zu fragen und gegebenenfalls in einer kleinen Konferenz die Vorschläge miteinander zu diskutieren, in strittigen Fällen auch den Lehrer einzubeziehen.

### Zweite Runde

Bearbeiten Sie die Texte in stilistischer Hinsicht (Ablauf wie in der ersten Runde).
Der Verfasser stellt danach eine dritte Fassung seines Textes her.

### Dritte Runde

Die neuen Textfassungen werden auf ihre sprachliche Richtigkeit hin bearbeitet; dabei ist es sinnvoll, nicht jede mögliche Fehlerart von allen Mitgliedern in jedem Text zu überprüfen, sondern arbeitsteilig vorzugehen; in dieser Runde sind – je nach Menge der zu prüfenden Fehlerarten – mehrere Durchgänge notwendig. Prüfen Sie nach folgenden Kriterien:

1. Ist der Satzbau in Ordnung (Wörter innerhalb der Sätze, das Satzgefüge mit Haupt- und Nebensätzen)?

2. Stimmt die Wahl der Konjunktionen und dementsprechend die Stellung des Verbs bzw. Hilfsverbs im Satz?
3. Stimmt die Grammatik: Stehen Substantive/Nomen und ihre Beifügungen im richtigen Kasus (Fall) – Nominativ, Genitiv, Dativ, Akkusativ –, ist er den Präpositionen gemäß richtig gewählt?
4. Stimmt die Grammatik: Sind die Verben richtig gebildet, insbesondere die Zeitformen: Präsens, Futur, Präteritum ..., die Modi: Indikativ, Konjunktiv, ...?
5. Stimmt die Rechtschreibung: Groß- und Kleinschreibung (sind insbesondere Substantivierungen/Nominalisierungen großgeschrieben)?
6. Stimmt die Schreibung der s-Laute: s – ss – ß (insbesondere die Unterscheidung von *das* und *dass)?*
7. Stimmt die Setzung der Kommas (das ist auch möglich in Verbindung mit der Prüfung des Satzbaus) und der anderen Satzzeichen: Punkt, Doppelpunkt (evtl. mit Anführungszeichen bei direkter Rede), Ausrufezeichen, Fragezeichen, Semikolon (Strichpunkt)?
8. Sind Fremdwörter richtig geschrieben?
9. Korrigieren Sie Flüchtigkeitsfehler und andere fehler- oder zweifelhafte Schreibweisen (Konsonantenverdoppelung, Dehnungs-h, ...).

Der Verfasser stellt die Endfassung des Textes her.
Wichtiger Hinweis: Für die Überarbeitung der sprachlichen Richtigkeit empfiehlt es sich, im Kapitel „Sprache beherrschen" in diesem Buch oder in einem speziellen Sprachbuch die Regeln für Satzbau, Grammatik und Rechtschreibung nachzulesen, auch Nachschlagewerke (Rechtschreib-, Grammatik-, Fremdwortlexikon) hinzuzuziehen oder PC-Hilfen zum normgerechten Schreiben zu nutzen. In Zweifelsfällen kann sicherlich auch der Deutschlehrer gefragt werden.

Schlussbemerkung: Das umfassende Verfahren einer Schreibwerkstatt zur Überarbeitung selbst verfasster Texte kann immer in verschiedener Art und Weise variiert werden, indem

- weitere Durchgänge geplant werden; dies empfiehlt sich vor allem dann, wenn ein gemeinsamer Text der Gruppe oder der Klasse (Leserbrief, Antrag an die SMV, die Schulleitung oder Ähnliches) formuliert werden soll;
- stärker arbeitsteilig vorgegangen wird, beispielsweise in einem einzigen Durchgang jeweils nur ein Gruppenmitglied die inhaltliche Seite, die stilistische Seite und den Aspekt der sprachlichen Richtigkeit bearbeitet – das ist das zeitlich kürzeste Verfahren;
- ein Korrekturschritt, beispielsweise der erste, vom Lehrer durchgeführt wird; die Mitglieder der Schreibwerkstatt haben dann die Aufgabe, über angestrichene Formulierungen nachzudenken und Verbesserungs- oder Berichtigungsvorschläge zu machen (auch da können die drei Aspekte getrennt bearbeitet werden).

## AUS DER THEATERPÄDAGOGIK

### Eine Rollenbiografie entwickeln

Wählen Sie eine Figur und schreiben Sie in der Ich-Form eine Biografie Ihrer Figur. Entnehmen Sie hierzu Informationen aus der Aufgabenstellung oder entwickeln Sie selbst eine Fantasiefigur. Sie sollten sich einen Namen überlegen, Wohnort, Geburtsort, Alter, Geschlecht, Bildungsgang, Beruf. Welche Werte sind Ihnen wichtig? Welches Selbstbild haben Sie? Wie stehen Sie zu anderen Menschen? Sind Sie extrovertiert oder eher introvertiert? Misstrauen Sie anderen eher oder sind Sie naiv vertrauensselig? Bearbeiten Sie nun die Aufgabe so, wie sie von Ihrer Figur gelöst werden kann.

## PROJEKTUNTERRICHT

Ein Projekt ist ein Produkt gemeinsamer Planung, Organisation und Herstellung. Was bedeutet das nun für den Unterricht, was ist Projektunterricht?

- Projektunterricht ist eigentlich keine Methode, vielmehr sind in der Realisierung eines unterrichtlichen Projekts unterschiedliche Methoden denkbar und beteiligt.
- Es ist ein Prozess, der vom ersten bis zum letzten Schritt gemeinsam geplant, organisiert und durchgeführt wird: Lehrer wie Schüler formulieren ein Ziel oder eine Aufgabe, die sie in einer bestimmten Zeit bewältigen wollen.
- Sie planen, welche Schritte oder Phasen dazu notwendig sein werden; sie planen, was sie dazu an Informationen brauchen und wie sie diese Informationen finden; sie planen, welche Teilziele erreicht werden sollen, welche Produkte hergestellt werden sollen, wer welche Aufgaben übernimmt; sie legen einen Zeitplan fest.
- Das Projekt kann nach Abschluss eines jeden Schrittes bzw. Abschnittes des Projektplans beendet werden.
- Am Ende steht meistens die Präsentation eines Produkts. In einem Projekt wie „Bewerbung" kann dies aber zum Beispiel auch die Durchführung eines Vorstellungsgesprächs sein.
- Wichtig für jeden Projektunterricht ist die Verbindung von theoretischem Wissen und seiner Umsetzung in Handeln, in die Praxis.

# SACHWORTVERZEICHNIS





5267330

# TEXTQUELLENVERZEICHNIS


## Kapitel 1

**Moll, Sebastian:** *Speckröllchen lösen Begeisterung aus*, in: Stuttgarter Zeitung, 12.09.2009.

**Gaul, Simon:** *In der Ruhe liegt die Kraft*, in: Stuttgarter Zeitung, 12.09.2009.

**Reiter, Markus:** *Das Prinzip Gier, getarnt als Naturrecht*, in: Stuttgarter Zeitung, 16.04.2010.

**Braun, Adrienne:** *Jungen mögen es nicht gern jugendfrei*, in: Stuttgarter Zeitung, 28.01.2006.

## Kapitel 2

**Schulz von Thun, Friedemann:** *Miteinander reden 1. Störungen und Klärungen: Allgemeine Psychologie der Kommunikation*, Rowohlt Taschenbuch Verlag, Reinbek, 1981.

**Pink, Ruth:** *Kommunikation ist mehr als nur reden. Ein Ratgeber nicht nur für Frauen*, Deutsch Sparkassen Verlag GmbH, Stuttgart, 2001.

**Illies, Florian:** *Das Übungsbuch für schlechtes Gewissen*, Argon Verlag, Berlin, 2001.

## Kapitel 4

**Heissmeyer, Arno:** *Schuluniform: Einheitslook im Klassenzimmer*, veröff. am 05.03.2007 in Focus Online unter www.focus.de/familie/schule/einheitslook-im-klassenzimmer-schuluniform_id_2523559.html [30.04.2017].

**Weinberg, Johannes:** *Deutsch für Deutsche, Sprache im Alltag.* Fischer, Frankfurt a. M., 1971, S. 87–88.

**Hennis, Andrea:** *Einheitskluft statt Markenzwang: Eltern wollen Schuluniformen*, veröff. am 12.11.2008 in Focus Online unter www.focus.de/familie/schule/unterricht/eltern-wollen-schuluniformen-einheitskluft-statt-markenzwang_id_2527598.html [30.04.2017].

**Clauß, Annette:** *Bloß kein Einheitslook*, in: Stuttgarter Zeitung, 12.01.2010.

**Müller, Reinhard:** *Verlockend*, in: Frankfurter Allgemeine Zeitung, 01.02.2010.

**Janssen, Susanne:** *Die Hälfte aller Gewalttäter ist betrunken*, in: Stuttgarter Zeitung, 09.02.2010.

**Klüting, Rainer:** *Die Späher*, in: Stuttgarter Zeitung, 24.02.2010.

**Postel, Tonio:** *In ist, wer drin ist*, in: provo. Das junge Magazin, 2/2010, S. 16–17.

**Reiter, Markus:** *Abgefallener Prophet des weltweiten Netzes*, in: Stuttgarter Zeitung, 30.01.2010.

**Bethge, Philip:** *„Dynamik der Mathe"*, in: Der Spiegel, 4/2010, S. 128–129.

## Kapitel 7

**Brüning, Ludger/Saum, Tobias:** Erfolgreich unterrichten durch Visualisieren. Grafisches Strukturieren mit Strategien des Kooperativen Lernens, NDS Verlagsgesellschaft, Essen, 2007, S. 51.

**gp/Der Teckbote:** *Hatschi: Warum niesen wir? Austretende Luft kann es auf 160 Stundenkilometer bringen*, in: Der Teckbote – Kirchheimer Zeitung, 07.01.2010.

**AP/Der Teckbote:** *Mittags etwas Warmes*, in: Der Teckbote – Kirchheimer Zeitung, 08.01.2010.

**Czimmer-Gauß, Barbara:** *2009 – Jahr der Extreme. Überschwemmungen im Juli, Minusrekorde im Dezember*, in: Der Teckbote – Kirchheimer Zeitung, 07.01.2010.

**lps/du/Der Teckbote:** *Der Vater der Braut ist mehr als nur Statist, er kann viele Aufgaben erledigen*, in: Der Teckbote – Kirchheimer Zeitung, 09.01.2010.

## Kapitel 8

**DUDEN** – *Das große Fremdwörterbuch*, hrsg. vom Wissenschaftlichen Rat der Dudenredaktion/Dudenverlag, Bibliographisches Institut, Mannheim, 2007, S. 328.

**Medienpädagogischer Forschungsverbund Südwest (mpfs):** *JIM-Studie 2016. Jugend, Information, (Multi-) Media. Basisstudie zum Medienumgang 12- bis 19-Jähriger in Deutschland*, Stuttgart, November 2016, S. 14.

**Ostendorf, Heribert:** *Strafverschärfungen im Umgang mit Umgang mit Jugendkriminalität*, in: Handbuch Jugendkriminalität. Kriminologie und Sozialpädagogik im Dialog, hrsg. von Bernd Dollinger und Henning Schmidt-Semisch, Springer VS, Wiesbaden, 2010. S. 91–104.

**Bode, Heidrun/Heßling, Angelika:** *Jugendsexualität. Wiederholungsbefragung von 14- bis 17-Jährigen und ihren Eltern. Ergebnisse der Repräsentativbefragung aus 2005*, hrsg. von Bundeszentrale für gesundheitliche Aufklärung, Köln, 2006, S. 106.

**Bode, Heidrun/Heßling, Angelika:** *Jugendsexualität 2015. Die Perspektive der 14- bis 25-Jährigen. Ergebnisse einer aktuellen repräsentativen Wiederholungsbefragung*, hrsg. von Bundeszentrale für gesundheitliche Aufklärung, Köln, 2016, S. 163.

**Bode, Heidrun/Heßling, Angelika:** *Jugendsexualität 2015. Die Perspektive der 14- bis 25-Jährigen. Ergebnisse einer aktuellen repräsentativen Wiederholungsbefragung*, hrsg. von Bundeszentrale für gesundheitliche Aufklärung, Köln, 2016, S. 70.

## Kapitel 9

**Stamm, Peter:** Blitzeis: Erzählungen, Arche Verlag AG, Zürich/Hamburg, 1999, S. 85–86.




5267332

**Kafka, Franz:** *Der Schlag ans Hoftor,* in: Gesammelte Werke in zwölf Bänden, Band 6: Beim Bau der Chinesischen Mauer, hrsg. von Hans-Gerd Koch, Fischer Taschenbuch Verlag, Frankfurt a. M., 1994, S. 83–84.

**Frisch, Max:** *Tagebucheintrag von 1946,* in: Max Frisch. Gesammelte Werke in zeitlicher Folge, Band II: 1944–1949, hrsg. von Hans Mayer unter Mitwirkung von Walther Schmitz, Suhrkamp, Frankfurt a. M., 1998, S. 397–398.

**Phädrus:** *Wolf und Lamm,* in: Fabeln, hrsg. von Therese Pose, Reclam, Stuttgart, 1975, S. 13.

**Einzmann, Nadja:** *Da kann ich nicht nein sagen. Geschichten von der Liebe*, Fischer Taschenbuch Verlag, Frankfurt a. M., 2004, S. 48–49.

**Jenny, Zoë:** *Ein schnelles Leben,* 4. Aufl., Aufbau Taschenbuch-Verlag, Berlin, 2007, S. 24–26.

**Biermann, Brigitte:** *Engel haben keinen Hunger. Katrin L.: Die Geschichte einer Magersucht*, Beltz Verlag, Weinheim/Basel, 2006, S. 18–19, 20–21, 81–82.

**Brecht, Bertolt:** *Der hilflose Knabe*, in: Deutsche Parabeln, hrsg. von Josef Billen, Reclam, Stuttgart, 1982, S. 148.

**de Saint-Exupéry, Antoine:** *Der kleine Prinz,* Karl Rauch Verlag, Düsseldorf, 1972, S. 54–55.

**Altenberg, Peter:** *Wie ich es sehe*, 4. Aufl., Fischer Verlag, Berlin, 1904, S. 262–263.

**Arthur Schopenhauer:** *Die Stachelschweine*, in: Sämtliche Werke, Band 5: Parerga und Paralipomena, hrsg. von Wolfgang Freiherr von Löhneysen, Stuttgart/Frankfurt a. M., Cotta/Insel Verlag, 1965, S. 765.

**Kästner, Erich:** *Der tägliche Kram. Chansons und Prosa,* Fischer, Frankfurt a. M., 1979, S. 137–139.

**Stamm, Peter:** Blitzeis: Erzählungen, Arche Verlag AG, Zürich/Hamburg, 1999, S. 9–14.

## Kapitel 10

**von Goethe, Johann Wolfgang:** *Die Wahlverwandtschaften*, in: Werke. Hamburger Ausgabe in 14 Bänden. Band 6: Romane und Novellen I, hrsg. von Erich Trunz, Dt. Taschenbuch Verlag, München, 1998, S. 242.

**von Kleist, Heinrich:** *Michael Kohlhaas*, in: Sämtliche Werke und Briefe. Zweiter Band, 3. Auflage, hrsg. von Helmut Sembdner, Carl Hanser, München, 1964, S. 9.

**Dickens, Charles:** *David Copperfield, übersetzt von Gustav* Meyrink, Zweitausendeins, Frankfurt a. M. 2003, S. 7.

**Tolstoi, Lew:** *Anna Karenina*, übersetzt von Rosemarie Tietze, Carl Hanser Verlag, München, 2009, S. 7.

**Franz Kafka:** *Der Proceß*, 7. Aufl. S. Fischer Verlag, Frankfurt a. M., 2008, S. 5.

**Thomas Mann:** *Der Zauberberg*, 18. Aufl., S. Fischer Verlag, Frankfurt a. M., 2007, S. 9.

**Grass, Günter:** *Die Blechtrommel,* Steidl, Göttingen, 1999, S. 9.

**Queneau, Raymond:** *Stilübungen*, aus dem Französischen übersetzt von Frank Heibert und Hinrich Schmidt-Henkel, Suhrkamp, Frankfurt a. M., 2016, S. 7–20).

**Hebel, Johann Peter:** *Unverhofftes Wiedersehen,* in: Schatzkästlein des rheinischen Hausfreundes – mit Holzschnitten von C. Stauber und C. H. Schmolze, hrsg. von Werner Weber, Manesse, Zürich, 1950, S. 263–267.

**Handke, Peter:** *Prosa, Gedichte, Theaterstücke,* Hörspiel, *Aufsätze*, Suhrkamp, Frankfurt a. M., 1969, S. 83–84.

**Einzmann, Nadja:** *Da kann ich nicht nein sagen. Geschichten von der Liebe*, Fischer Taschenbuch Verlag, Frankfurt a. M., 2004, S. 50 und S. 102.

**Kluge, Alexander:** *Neue Geschichten. Hefte 1–18. „Unheimlichkeit der Zeit"*, Suhrkamp, Frankfurt a. M., 1977, S. 216–217.

**Kafka, Franz:** *Der Aufbruch*, in: Gesammelte Werke in zwölf Bänden, Band 8: Das Ehepaar und andere Schriften aus dem Nachlass / (ohne Titel), hrsg. von Hans-Gerd Koch, Fischer Taschenbuch Verlag, 1994, S. 11.

**Wondratschek, Wolf:** *Ein Bauer zeugt mit einer Bäuerin einen Bauernjungen, der unbedingt Knecht werden will,* Carl Hanser Verlag, München 1970, S. 18.

**Dörrie, Doris:** *Wir reden gerade so nett*, in: Ruckzuck. Die schnellsten Geschichten der Welt, 2. Aufl., hrsg. von Daniel Kampa, Diogenes, Zürich, 2008, S. 31–34.

**William Sansom:** *Difficulty with a Bouquet/Lasst Blumen sprechen*, in: 22 Short Shorts/22 kurze Kurzgeschichten, 11. Aufl., hrsg. von Kristof Wachinger, übersetzt von Theo Schumacher, Deutscher Taschenbuch Verlag, München, 2001, S. 156–161.

## Kapitel 11

**Müller, Günther:** *Problem*, in: Tagtäglich. Gedichte, 4. Aufl., hrsg. von Joachim Fuhrmann, Rowohlt Taschenbuch Verlag, Reinbek, 1980, S. 136.

**Krischker, Gerhard C.:** *Mein Vater*, in: Tagtäglich. Gedichte, 4. Aufl., hrsg. von Joachim Fuhrmann, Rowohlt Taschenbuch Verlag, Reinbek, 1980, S. 22.

**Kehlmann, Daniel:** *Die Vermessung der Welt,* Rowohlt Taschenbuch Verlag, Reinbek, 2008, S. 128.

**von Goethe, Johann Wolfgang:** *Wandrers Nachtlied,* in: Werke. Hamburger Ausgabe in 14 Bänden. Band 1: Gedichte und Epen I, hrsg. von Erich Trunz, Dt. Taschenbuch Verlag, München, 1998, S. 142.

**Britting, Georg:** *Feuerwoge jeder Hügel,* in: Moderne deutsche Naturlyrik, hrsg. von Edgar Marsch, Reclam, Stuttgart, 1980, S. 42.

**Klabund (Alfred Henschke):** *Ironische Landschaft,* in: Gedichte (Sammlung Hofenberg), hrsg. von Karl-Maria Guth, Verlag der Contumax GmbH & Co. KG, Berlin, 2013, S. 15.

**Stramm, August:** *Patrouille*, in: Menschheitsdämmerung, hrsg. von Kurt Pinthus, Rowohlt Taschenbuch Verlag, Hamburg, 1959, S. 87.

**Carroll, Lewis:** Alice im Wuderland/Alice hinter den Spiegeln, übersetzt und hrsg. von Christian Enzensberger, Insel Verlag, Frankfurt a. M., 1963, S. 144–145 und S. 200–201.

**Bonn, Franz (von Miris):** *Wie es wär, wenn's anders wär*, in: Das Nonsens-Buch, hrsg. von Peter Köhler, Reclam, Stuttgart, 1990, S. 141–142.

**Morgenstern, Christian:** Galgenlieder. Palmström. Palma Kunkel. Der Gingganz, Reclam, Stuttgart, 1998, S. 18 und S. 24.

**Erhardt, Heinz:** *Das große Heinz Erhardt Buch*, Wilhelm Goldmann Verlag, München, 1984, S. 315.

**Mörike, Eduard:** *Septembermorgen*, in: Sämtliche Werke, Briefe. Ausgabe in drei Bänden. Band 1: Gedichte, Dramatisches, Erzählendes, hrsg. von Gerhard Baumann mit Siegfried Grosse, J. G. Cotta'sche Buchhandlung Nachf., Stuttgart, 1961, S. 101.

**Hebbel, Friedrich:** *Herbstbild*, in: Hebbels Werke. Erster Band, hrsg. von Karl Zeiß, Bibliographisches Institut, Leipzig und Wien 1899, S. 75.

**Rilke, Rainer Maria:** *Herbsttag*, in: Werke in drei Bänden. Erster Band. Gedicht-Zyklen, hrsg. vom Rilke-Archiv, Insel Verlag, Frankfurt a. M., 1966, S. 154.

**Heym, Georg:** *Trostloser Herbst*, in: Dichtungen und Schriften. Band I: Lyrik, hrsg. von Karl Ludwig Schneider, Verlag Heinrich Ellermann, Hamburg 1964, S. 125.

**Kuijer, Guus:** *Wir alle für immer zusammen*, übersetzt von Sylke Hachmeister, Omnibus/Bertelsmann Verlag, München, 2005.

### Kapitel 12

**Wojtiniak, Gabi:** *Der Weg des Mondes. Geschichten- und Märchenerzähler sind rar geworden in Damaskus*, veröff. am 22.09.2006 unter www.freitag.de/autoren/der-freitag/der-weg-des-mondes [30.04.2017].

**Hohler, Franz:** *Die Karawane am Boden des Milchkrugs. Groteske Geschichten*, Luchterhand, München, 2003, S. 43–44.

**Stiefele, Werner:** *„Reichskristallnacht" – Der Pogrom in Stuttgart"* (szenische Dokumentation). Auftragsarbeit für das Staatstheater Stuttgart, Lesung im Kammertheater, Stuttgart, 1983/84.

**Weller, Martin:** *Die Leiden des jungen Banli*, in: LITERATURMACHEN, 10/2006, Literaturhaus Stuttgart, o. S.

**Zaimoglu, Feridun:** *Kanak Sprak. 24 Mißtöne vom Rande der Gesellschaft*, 8. Aufl., Rotbuch Verlag, Berlin, 2010, S. 91–96.

**Einzmann, Nadja:** *Da kann ich nicht nein sagen. Geschichten von der Liebe*, Fischer Taschenbuch Verlag, Frankfurt a. M., 2004, S. 57–58.

**Graf, Oskar Maria:** *Kalendergeschichten*, Deutscher Taschenbuch Verlag, München, 1978, S. 155–157.

**Kabatek, Elisabeth:** *Dorscht*, in: Trott-war 07/2009, o. S.

**Kafka, Franz:** *Heimkehr (von Kafka ohne Titel verfasst, von Max Brod mit Heimkehr betitelt)*, in: Gesammelte Werke in zwölf Bänden, Band 8: Das Ehepaar und andere Schriften aus dem Nachlass, hrsg. von Hans-Gerd Koch, Fischer Taschenbuch Verlag, Frankfurt a. M., 1994, S. 162–163.

**o. A./Un Groupe D'ouvriers (Gruppe von Arbeitern):** *Le Mur Du Mepris*, in: Arbeitsbilder, hrsg. und übersetzt von Kollektiv Interfoto, Genf, 1982, S. 43.

### Kapitel 13

**Schreiber, Anja:** *Wer bin ich, was kann ich?*, in: Start in den Beruf (Beilage), Stuttgarter Zeitung, 18.9.2010, o. S.

**Schreiber, Anja:** *Bloß keinen Serienbrief verschicken*, in: Start in den Beruf (Beilage), Stuttgarter Zeitung, 18.9.2010, o. S.

**dpa:** *Bewerben Jugendliche sich ...*, in: Start in den Beruf (Beilage), Stuttgarter Zeitung, 18.9.2010, o. S.

### Kapitel 14

**Heinrich, Christian:** *Fehler machen Worte*, veröff. am 30.09.2009 in ZEIT Online unter www.zeit.de/2009/19/B-Sprachentwicklung [30.04.2017].

**Stelzer, Caroline:** *Hallo? Ist da wer? – Hieroglyphen*, veröff. am 27.02.2009 in Der Tagesspiegel Online unter www.tagesspiegel.de/weltspiegel/werbinich/hallo-ist-da-wer/1461938.html [30.04.2017].

**Auster, Paul:** *Mann im Dunkel*, 4. Aufl. übersetzt von Werner Schmitz, Rowohlt Taschenbuch Verlag, Reinbek, 2010, S. 51–52.

**Brecht, Bertolt:** *Ulm 1592*, in: Ausgewählte Werke in sechs Bänden. Jubiläumsausgabe zum 100. Geburtstag. Band 3: Gedichte I (Sammlungen), Suhrkamp, Frankfurt a. M. 1997, S. 283–284.

**Peter-Jürgen Boock/Peter Schneider:** *Ratte – tot ... Ein Briefwechsel*, 5. Aufl., Luchterhand, Darmstadt/Neuwied, 1986, S. 57.

### Lösungsteil

**Hebel, Johann Peter:** *Poetische Werke*, Winkler Verlag, München, 1978, S. 55–56.

**Mörike, Eduard:** *Septembermorgen*, in: Sämtliche Werke, Briefe. Ausgabe in drei Bänden. Band 1: Gedichte, Dramatisches, Erzählendes, hrsg. von Gerhard Baumann mit Siegfried Grosse, J. G. Cotta'sche Buchhandlung Nachf., Stuttgart, 1961, S. 101.

**Hebbel, Friedrich:** *Herbstbild*, in: Hebbels Werke. Erster Band, hrsg. von Karl Zeiß, Bibliographisches Institut, Leipzig und Wien 1899, S. 75.

# BILDQUELLENVERZEICHNIS

Achim Meissner / MPixel, Krefeld: 79 (Achim Meissner)
akg-images GmbH, Berlin: 69, 117, 177.1, 216.1 (picture alliance/dpa), 217.2 (Sotheby's), 225.1, 238.1, 308 alamy images, Abingdon/ Oxfordshire: 219.1 (Timewatch _Images), 225.2 (imagebroker)
Alexandra Vosding Fotodesign, Bad Homburg: 156
alimdi.net, Deisenhofen: 21 (Rolf Nussbaumer)
Baaske Cartoons, Müllheim: 83 (Tomaschoff)
Berthold Fabricius Fotografie, Hamburg: 32 (Prof.Dr.Friedemann Schulz von Thun)
bpk–Bildagentur, Berlin: 192.2, 215.2 (Dietmar Katz)
Bulls Pressedienst GmbH, Frankfurt am Main: 36 (Browne/ Distr.King Features Syndicate, Inc./Distr.Bulls), 245 (Peanuts Worldwide LLC/Distr.Andrews McMeel Syndicate/Distr.Bulls), 264 (Perscheid/Distr.Bulls), 289 (Joscha Sauer/Distr.Bulls), 297 (Perscheid/ Distr.Bulls), 304 (Ruthe/Distr.Bulls)
Bundeszentrale für gesundheitliche Aufklärung (BZgA), Köln: 149 u. 150 (Bode, Heidrun, Heßling, Angelika (2015): Jugendsexualität 2015.Die Perspektive der 14- bis 25-Jährigen. Ergebnisse einer aktuellen Repräsentativen Wiederholungsbefragung)
Deutsche Post DHL Group, Bonn: 114
Deutsches Literaturarchiv Marbach, Marbach am Necker: 218.1
Eyferth, Konrad, Berlin: 93, 168, 169, 186, 222
fotolia.com, New York: 16.1 (xalanx), 16.2 (BillionPhotos.com), 16.3 (Picture-Factory), 16.4, 28 (Epibrate Images), 40.1, 40.254 (pathdoc), 44 (lacrimastella), 45 (snaptitude), 56 (sepy), 78.1 (tomhanisch), 78.2 (dtuluu), 82.1 (valerybrozhinsky), 84.1 (chrismo63), 84.2 (martialred), 84.3 (martialred), 84.4 (guukaa), 85 (oneinchpunch), 167.1 (Narayan Lazic), 167.2 (Julia Lami), 177.2 (antiqueimages), 190 (michanolimit), 206 (BillionPhotos.com), 207 (Patrizia Tilly), 208 (Rolf Geprgs)
Frericks, Heidi, Stuttgart: 106
Griese, Dietmar, Laatzen: 249
Hild, Claudia, Angelburg: 57, 64, 125, 205
Huber Images, Garmisch-Partenkirchen: 122 (Bernhart)
imagetrust GmbH & Co.KG, Koblenz: 236 (Michael Hauri)
Interfoto, München: 228 (Sammlung Rauch), 258
iStockphoto.com, Calgary: 214 (dolgachov), 215.1 (kyoshino), 226 (bgfoto), 234 (iStock Editorial), 249 (iStockphoto), 249 (GlobalP)
Jackisch, Björn, Hannover: 54 (alle)
Kabatek, Elisabeth: 253 (Volker Schrank)
Keystone Pressedienst, Hamburg: 25
Klusen, Peter, Viersen: 148.3
laif, Köln: 84.5 (Jonathan Sprague/ Redux/Redux), 173 (Annette Schreyer), 180 (Gaby Gerster)
Landesmedienzentrum Baden-Württemberg, Stuttgart: 238.2
mpfs - Medienpädagogischer Forschungsverbund Südwest c/o Landesanstalt für Kommunikation Baden-Württemberg (LFK), Stuttgart: 138 (JIM 2016), 138 (JIM 2016), 140 (JIM 2016)
Photocase GmbH, Berlin: 218.2 (utopiq23)
Photoschule Horn, Eisenach: 216.2
Picture-Alliance GmbH, Frankfurt/M.: 18 (AP/Walter Chin), 67 (JOKER), 82.2, 86 (M.i.S.-Sportp), 95, 136 (dpa-Infografik), 139 (dpa-Infografik), 141 (dpa-Infografik), 141 (dpa-Infografik), 142 (dpa-Infografik), 142 (dpa-Infografik), 143 (dpa-Infografik), 143 (dpa-Infografik), 144 (dpa-Infografik), 144 (dpa-Infografik), 145 (dpa-Infografik), 147 (dpa-Infografik), 147 (dpa-Infografik), 148.1 (dpa-Infografik), 148.2 (dpa-Infografik), 195 (Manfred Rehm), 200.1 (dpa-Bildarchiv), 202 (Stefan Hesse), 309 (Sven Simon)
RTL Television GmbH, Köln: 247 (Marcel Weisheit)
Schiele, Martina, Kirchheim unter Teck: 26
Schulz von Thun, Institut für Kommunikation, Hamburg: 33, 35
Shutterstock.com, New York: 200.2 (Andrey_Popov)
Stadtmuseum Amberg, Amberg: 161 (Michael Mathias Prechtl „Das utopische Paar")
Stiefele, Werner, Remshalden: 240 (Karl-Heinz Lampmann)
stock.adobe.com, Dublin: 157 (bina01), 192.1 (TTstudio), 199 (Mrkvica)
TIKWA, www.tikwa-atelier.de, Heusenstamm: 154
TopicMedia Service, Mehring-Öd: 198 (Bruckner)
ullstein bild, Berlin: 162 (Jürgen Bauer), 165 (Schleyer), 174 (Photo12), 176 (Archiv Setzer-Tschiedel), 178, 204 (Sven Simon), 217.1, 219.2 (Granger Collection), 223 (Keystone Pressedienst), 227.1 (Imgano), 227.2, 242 (Leber), 251, 255 (Imagno)
Unfallkasse Baden-Württemberg, Stuttgart: 55
Verlag Friedrich Oetinger GmbH, Hamburg: 229 (Illustration von Alice Hoogstaad aus: Wir alle für immer zusammen, Verlag Friedrich Oetinger, Hamburg 2001.2005, S.9)
Visum Foto GmbH, Hannover: 197 (PhotoXPress)
Wanke, Sylvia, Stuttgart: 14, 30, 48, 62, 90, 104, 120, 134, 152, 184, 212, 232, 260, 270
wikimedia.commons: 222
www.martinstollberg.de, Stuttgart: 77

# EINIGE STARKE BZW. UNREGELMÄSSIGE VERBEN

backen (bäckt/backt) – backte/buk – gebacken
befehlen (befiehlt) – befahl – befohlen
beginnen – begann – begonnen
beißen – biss – gebissen
bewegen (jdn. veranlassen) – bewog – bewogen
biegen – bog – gebogen
binden – band – gebunden
bitten – bat – gebeten
bleiben – blieb – (ist) geblieben
brechen (bricht) – brach – (hat/ist) gebrochen
brennen – brannte – gebrannt
bringen – brachte – gebracht
denken – dachte – gedacht
dringen – drang – (hat/ist) gedrungen
dürfen (darf) – durfte – gedurft
empfehlen (empfiehlt) – empfahl – empfohlen
empfinden – empfand – empfunden
erschrecken (erschrickt) – erschrak – (ist) erschrocken
essen (isst) – aß – gegessen
fahren (fährt) – fuhr – (hat/ist) gefahren
fallen (fällt) – fiel – (ist) gefallen
fangen (fängt) – fing – gefangen
finden – fand – gefunden
fliegen – flog – (hat/ist) geflogen
fliehen – floh – (hat/ist) geflohen
fließen – floss – (ist) geflossen
fressen (frisst) – fraß – gefressen
frieren – fror – (hat/ist) gefroren
geben (gibt) – gab – gegeben
gehen – ging – (ist) gegangen
gelingen – gelang – (ist) gelungen
gelten (gilt) – galt – gegolten
genießen – genoss – genossen
geschehen (geschieht) – geschah – (ist) geschehen
gewinnen – gewann – gewonnen
gießen – goss – gegossen
gleichen – glich – geglichen
graben (gräbt) – grub – gegraben
halten (hält) – hielt – gehalten
hängen – hing – gehangen (aber: hängen – hängte – gehängt)
heben – hob – gehoben
heißen – hieß – geheißen
helfen (hilft) – half – geholfen
kennen – kannte – gekannt
klingen – klang – geklungen
kneifen – kniff – gekniffen
kommen – kam – (ist) gekommen
können (kann) – konnte – gekonnt
lassen (lässt) – ließ – gelassen
laufen (läuft) – lief – (ist) gelaufen
leiden – litt – gelitten
lesen (liest) – las – gelesen
liegen – lag – gelegen
lügen – log – gelogen
messen (misst) – maß – gemessen
mögen (mag) – mochte – gemocht
nehmen (nimmt) – nahm – genommen
nennen – nannte – genannt
raten (rät) – riet – geraten
reißen – riss – gerissen
rennen – rannte – (ist) gerannt
rufen – rief – gerufen
scheinen – schien – geschienen
schlafen (schläft) – schlief – geschlafen
schlagen (schlägt) – schlug – geschlagen
schließen – schloss – geschlossen
schneiden – schnitt – geschnitten
schreiben – schrieb – geschrieben
schreien – schrie – geschrien
schweigen – schwieg – geschwiegen
schwimmen – schwamm – (hat/ist) geschwommen
sehen (sieht) – sah – gesehen
sitzen – saß – gesessen
sprechen (spricht) – sprach – gesprochen
springen – sprang – (ist) gesprungen
stehen – stand – gestanden
stehlen – stahl – gestohlen
steigen – stieg – (ist) gestiegen
sterben (stirbt) – starb – (ist) gestorben
stoßen (stößt) – stieß – (hat/ist) gestoßen
streiten – stritt – gestritten
tragen (trägt) – trug – getragen
treffen (trifft) – traf – getroffen
treten (tritt) – trat – getreten
trinken – trank – getrunken
vergessen (vergisst) – vergaß – vergessen
verlieren – verlor – verloren
verzeihen – verzieh – verziehen
wachsen (wächst) – wuchs – (ist) gewachsen
waschen (wäscht) – wusch – gewaschen
werben (wirbt) – warb – geworben
werden (wird) – wurde – (ist) geworden
werfen (wirft) – warf – geworfen
wiegen – wog – gewogen (aber: wiegen – wiegte – gewiegt)
wissen (weiß) – wusste – gewusst
ziehen – zog – gezogen



5267336

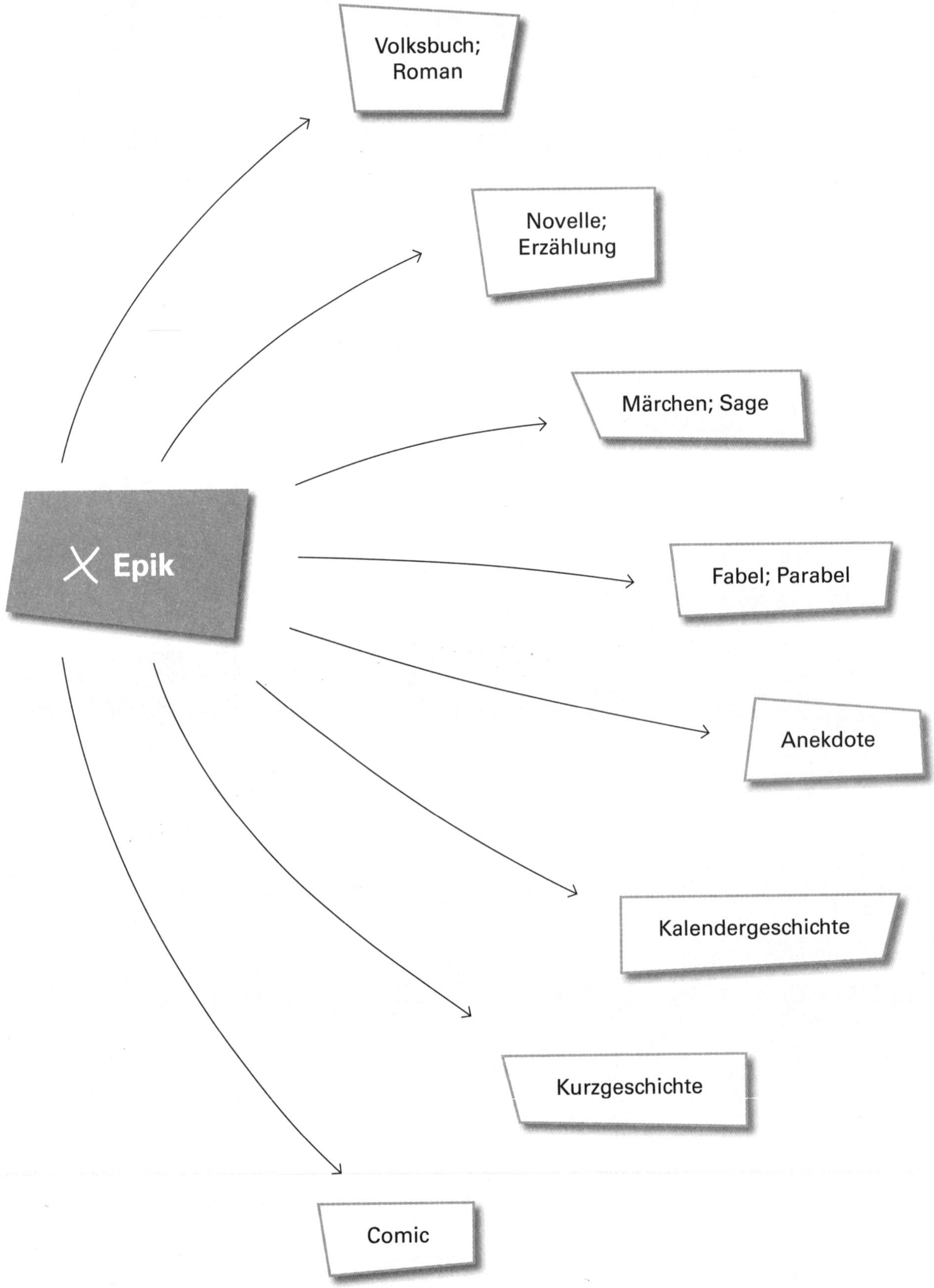
Epik
Volksbuch; Roman
Novelle; Erzählung
Märchen; Sage
Fabel; Parabel
Anekdote
Kalendergeschichte
Kurzgeschichte
Comic